Obras Seletas de Edmund Burke

Uma nova publicação da Edição Payne

Volume I

Pensamentos sobre a causa da atual insatisfação

Os dois discursos sobre a América do Norte

Volume 2

Reflexões sobre a Revolução na França

Volume 3

Cartas sobre uma paz regicida

Textos Diversos

Edmund Burke

Reflexões sobre a Revolução na França

Prefácio

Francis Canavan

Tradução

Eduardo Francisco Alves

Liberty Fund

Topbooks

Reflections on the Revolution in France
Foreword and editorial additions © 1999 Liberty Fund, Inc.
Volume 2 of The Payne Edition, originally published by Oxford Clarendon Press.

Apresentação e adições do editor © 1999 Liberty Fund, Inc.
Volume 2 da Payne Edition, originalmente publicado pela Oxford Clarendon Press.
© 2007 Topbooks para edição em língua portuguesa
1ª edição brasileira: novembro 2012
2ª edição brasileira: fevereiro 2015

Editor
José Mario Pereira

Editora assistente
Christine Ajuz

Projeto gráfico e capa
Victor Burton

Revisão
Heitor Aquino Ferreira
Ivna Holanda Pereira
Miguel Barros

Índice
Joubert Brízida

Diagramação
Arte das Letras

Gerente do programa editorial em português do Liberty Fund, Inc.
Leônidas Zelmanovitz

TOPBOOKS EDITORA E DISTRIBUIDORA DE LIVROS LTDA.
Rua Visconde de Inhaúma, 58 / gr. 203 — Rio de Janeiro — RJ
CEP: 20091-000 Telefax: (21) 2233-8718 e 2283-1039
www.topbooks.com.br / topbooks@topbooks.com.br

Impresso no Brasil

Sumário

Prefácio

Reflexões sobre a Revolução na França, de Edmund Burke, é a sua obra mais famosa, incessantemente reeditada e lida por milhares de estudantes e leitores em geral, bem como por profissionais da erudição acadêmica. Assim que surgiu, em 1º de novembro de 1790, foi rapidamente rebatida por uma enxurrada de livros e panfletos. E. J. Payne, escrevendo em 1875, disse que nenhum deles "é hoje tido em grande conta", exceto o *Vindiciae Gallicae*,[1] de sir James Mackintosh. Na verdade, no entanto, *The Rights of Man* [Os Direitos do Homem], Parte I, de Thomas Paine, embora não a melhor resposta, foi e continua sendo até hoje de longe a mais popular. Ainda se encontra em catálogo.

Burke não se dignou responder a Paine diretamente, mas em 1791 publicou uma sequência às suas *Reflexões*, sob o título *An Appeal from the New to the Old Whigs* [Um Apelo dos Novos aos Velhos Whigs].[2] Nele, citava diversas páginas do livro de Paine, sem declarar a fonte, tomando-as como representativas dos pontos de vista de todos os britânicos simpatizantes da Revolução na França.

---

[1] P. 132 desta edição.

[2] Esse documento inclui-se nas *Novas Reflexões sobre a Revolução na França* (Indianapolis: Liberty Fund, 1992), org. por Daniel E. Ritchie.

Paine retrucou com *The Rights of Man*, Parte II. Mas Burke o ignorou; assim, de fato, não houve debate entre ele e Paine. Os dois altercavam por meio de apelos ao público britânico.

A ideologia democrática radical

Burke tinha conhecimento pessoal de Paine, mas é pouco provável que o tivesse em mente quando escreveu as *Reflexões*. Ele já conhecia a ideologia democrática radical que inspirava a exigência, por parte de membros da Câmara dos Comuns, de que se ampliasse o direito de voto do povo. Típica mas erroneamente, atribuiu essa ideologia à maior parte dos parlamentares reformistas, como disse em seu *Speech on the Reform of the Commons in Parliament*, em 1782.[3]

A premissa da ideologia radical era que os homens são, por natureza, dotados de direitos naturais, mas não, como achava Aristóteles, animais políticos, destinados pela natureza a viver em sociedades políticas organizadas. No "estado de natureza" pré-político não havia governo, e todo homem era um indivíduo naturalmente soberano com um direito absoluto a se governar. Só ele poderia transferir esse direito para um governo, e nem mesmo ele poderia transferi-lo totalmente. A única sociedade civil em que ele poderia legitimamente entrar seria uma na qual seu direito natural a se governar virasse o direito natural de tomar parte, em termos iguais com qualquer outro homem, no governo da sociedade civil.

Esse ponto de vista se traduz como os princípios de igualdade política e domínio da maioria. A sociedade civil é uma instituição

[3] Esse discurso inclui-se nos *Textos Diversos*, que fazem parte do conjunto de três volumes das *Obras Seletas*.

puramente artificial, criada por indivíduos independentes, que acertam um com o outro estabelecer um governo cujo objetivo básico é protegê-los no exercício de seus direitos naturais. Seus princípios estruturais básicos são ditados pela natureza do homem como indivíduo soberano. Nessa teoria, os direitos naturais antecedem as obrigações sociais.

A reação de Burke à Revolução na França

Burke deparou-se com essa teoria também em *A Discourse on the Love of Our Country* [Um Discurso sobre o Amor pelo nosso País], discurso que um ministro dissidente, dr. Richard Price, pronunciou em 4 de novembro de 1789 para a Revolution Society, um grupo que se reunia anualmente para festejar a Revolução Inglesa de 1688. Esse discurso (que Burke só viria a ler em janeiro) foi feito dois dias depois que a Assembleia Nacional francesa confiscou as propriedades imóveis da Igreja Católica na França. A reação de Burke à Revolução na França formou-se lentamente, mas os acontecimentos na França, no outono de 1789, como o confisco de propriedades da Igreja, abriram-lhe os olhos para como a Revolução lá foi radical. O discurso do dr. Price despertou em Burke o medo de uma ideologia semelhante vir a provocar uma revolução igual na Grã-Bretanha.

Em 9 de fevereiro de 1790, ele fez um discurso na Câmara dos Comuns sobre o orçamento do Exército, que marcou o início do que acabou sendo seu completo rompimento com seu partido político, o dos Whigs, agora liderado por Charles James Fox, que admirava a Revolução na França. Nesse meio-tempo, Burke trabalhava no que viriam a tornar-se as *Reflexões sobre a Revolução na*

França. Havia começado com uma carta, escrita em novembro de 1789, a Charles-Jean-François Depont.[4] Depont, um jovem francês que visitara a família de Burke em 1785, agora escrevera para pedir a Burke que lhe garantisse que os franceses eram dignos da liberdade que sua Revolução lhes trazia. A resposta de Burke foi uma análise calma e ponderada da Revolução. Quando o dr. Price instigou-o a reagir a seu elogio da Revolução na França, Burke vazou a resposta na forma de mais uma carta a Depont. Mas esta veio a tornar-se um livro dirigido, na realidade, ao público britânico, em estilo altamente retórico.

E ainda assim as *Reflexões* são mais, muito mais do que retórica. E. J. Payne, o organizador deste conjunto de volumes, que era muito inglês e muitíssimo homem da era vitoriana do século XIX, pôde dizer: "Nenhum estudante de história, a essa altura, precisa que lhe digam que a Revolução na França foi, em um sentido mais ou menos ampliado, uma coisa muito boa."[5] (Quando o bicentenário da Revolução foi comemorado, em 1989, os acadêmicos não estavam mais tão certos a esse respeito.)[6] Payne também, como a maioria dos alunos de Burke educados nas Ilhas Britânicas, reflete o empirismo e o positivismo, que são traços tão fortes do pensamento inglês e dificultam para os alunos ingleses de Burke perceber que existe uma filosofia autêntica embaralhada na bela retórica das *Reflexões*.

---

[4] Essa carta está incluída em Ritchie, org., *Further Reflections on the Revolution in France*.

[5] P. 53 desta edição.

[6] Ver, por exemplo, Simon Schama, *Citizens: A Chronicle of the French Revolution* (N. York: Alfred A. Knopf, 1989).

Não é que Burke tenha sido ou pretendido ser filósofo. Nem é seu livro uma reflexão filosófica distanciada sobre um grande acontecimento histórico. Ele se destina não meramente a explicar aquele evento, mas a convencer o público leitor de que a Revolução na França é uma ameaça à civilização da Europa, e da Grã-Bretanha em particular. E, no entanto, uma vez que a Revolução foi erigida sobre uma teoria política, Burke achou-se obrigado a, pela primeira vez, organizar suas próprias crenças anteriores sobre Deus, o homem e a sociedade em uma contrateoria política coerente.

A teoria constitucional de Burke

Reflexões começa com um ataque ao dr. Price e seu discurso.[7] De acordo com o dr. Price, conforme citado por Burke, George III era "quase o *único* rei legítimo do mundo, por ser o *único* que deve sua coroa à *escolha de seu povo*".[8] A escolha popular, então, era o critério de legitimidade. Isso seguia-se do que o dr. Price disse que era um princípio básico estabelecido pela Revolução de 1688, ou seja, o direito do povo inglês de "1. 'Escolher nossos próprios governantes.' 2. 'Demiti-los por prevaricação.' 3. 'Formar um governo para nós mesmos'."[9] Burke entendeu essa declaração do direito do povo como uma afirmação da doutrina da soberania popular e

---

7 As páginas que se seguem foram extraídas, com a permissão do editor, de *Edmund Burke: Prescription and Providence* (Durham, N. C.: Carolina Academic Press; Claremont, Calif.: Claremont Institute for the Study of Statesmanship and Political Philosophy, 1987). Todas as remissões a páginas, desse ponto em diante, a não ser que especificado de outro modo, referem-se ao texto das *Reflexões* neste volume.

8 P. 159.

9 P. 162.

denunciou-a como desconhecida para a Constituição britânica e incompatível com ela.

Certamente, ele disse, era desconhecida para os líderes da Revolução de 1688. Ele admitiu que seria "difícil, talvez impossível, estabelecer limites para a mera competência *abstrata* do poder supremo, conforme era exercido pelo Parlamento naquela época". Mas não havia dúvida na mente dos líderes revolucionários, nem na de Burke, sobre os limites do que eles eram *moralmente* capacitados a fazer:

> A Câmara dos Lords, por exemplo, não é moralmente competente para dissolver a Câmara dos Comuns; não, nem mesmo para dissolver a si mesma, nem para abdicar, se quisesse, da sua própria parte na legislatura do reino. Embora um rei possa abdicar por sua pessoa, não pode abdicar pela monarquia. Por uma razão tão ou mais forte, a Câmara dos Comuns não pode renunciar à sua parcela de autoridade. O compromisso e pacto da sociedade, que geralmente recebe o nome de constituição, proíbe essa invasão e essa rendição. As partes constituintes de um Estado são obrigadas a manter seu compromisso público uma com a outra e com todos os que dependem de seus compromissos para interesses sérios, tanto quanto o Estado todo é obrigado a manter sua palavra com comunidades isoladas.[10]

O princípio de herança

Por esse princípio, Burke continua, "a sucessão da coroa sempre foi o que é agora, uma sucessão hereditária por lei". Originalmente, a sucessão era definida pelo direito consuetudinário; depois da Revolução, pelo direito estatutário. "Essas duas descrições do direito

---

[10] P. 169.

têm a mesma força", no entanto, "e derivam de uma autoridade igual, emanando do acordo comum e do pacto original do Estado, *communi sponsione reipublicae*, e como tal são igualmente obrigatórias, para o rei e para o povo também, na medida em que seus termos forem observados, e eles continuem o mesmo organismo político".[11] O princípio moral operativo, como se há de observar, é que os termos da constituição, uma vez estabelecidos, devem ser observados. Mas o motivo para aceitar o governo hereditário como um princípio *constitucional* é um motivo prático: "Nenhuma experiência nos ensinou que, por algum outro caminho ou método que não o de uma *coroa hereditária*, nossas liberdades podem ser regularmente perpetuadas e mantidas sagradas como nosso *direito hereditário*".[12] Foi essa consideração que fez de Burke um monarquista, não a devoção a quaisquer princípios abstratos de direito régio paralelo a princípios abstratos de direito popular. Burke rejeitou explicitamente as noções de que "a realeza hereditária era o único governo legítimo do mundo" e de que "a monarquia tinha mais sanção divina do que qualquer outro modo de governo", ou de que "um direito a governar por herança [fosse], a rigor, *indiscutível* em toda pessoa que se devesse encontrar na sucessão a um trono, e sob qualquer circunstância".[13] Mas ele considerava a monarquia hereditária justificada como parte integral de uma Constituição que era totalmente baseada no princípio de herança e, historicamente, havia servido bem ao povo.

"Temos", ele disse, "uma coroa patrimonial; uma nobreza patrimonial; e uma Câmara dos Comuns e um povo herdeiros de

[11] P. 169.
[12] P. 174.
[13] P. 176-77.

privilégios, franquias e liberdades de uma longa linhagem de ancestrais". De fato, "foi política uniforme de nossa constituição reivindicar e afirmar nossas liberdades como um *legado inalienável* deixado para nós por nossos antepassados e a ser transmitido à nossa posteridade; como um patrimônio que pertence especialmente ao povo deste reino, sem nenhuma referência que seja a algum outro direito mais geral ou anterior".[14]

Essa passagem pode parecer implicar que não há nenhuma norma de direito natural anterior e superior à Constituição. Mas há de se notar que Burke fala aqui não da ordem moral objetiva, mas da "política uniforme de nossa constituição" e que ele louva essa política não como uma declaração de princípios morais definitivos, mas como uma manifestação de sabedoria prática, "funcionando segundo o padrão da natureza".[15]

Há de se notar ainda mais que, ao longo dessa passagem, Burke contrasta direitos herdados não com direitos naturais (aos quais ele podia apelar, como de fato apelou em outras ocasiões), mas com "os direitos dos homens", que são os direitos originais dos homens no estado de natureza. O dr. Price e outros presumem que é possível apelar para esses direitos, a fim de determinar que direitos os homens deviam ter agora, em uma antiga e bem-estabelecida sociedade civil. É esse apelo que Burke diz ter sido rejeitado por antigos estadistas ingleses, em favor dos direitos históricos dos ingleses.

Esses estadistas, sensatamente, "preferiram esse direito" *hereditário*, positivo e registrado, a tudo que pode ser caro ao homem e ao

---

[14] P. 185-86.
[15] P. 185-186.

cidadão, àquele vago direito especulativo que expunha sua herança garantida a ser objeto de disputa e despedaçada por qualquer desregrado espírito litigioso".[16] É aconselhável, portanto, dispor de alguma definição viável de quais são os direitos do homem. Direitos positivos e registrados são melhores do que direitos originais, na visão de Burke, porque foram definidos, nuançados e receberam modos seguros de proteção no decorrer de longa experiência histórica. Direitos originais, que são mais objeto de especulação do que de experiência, podem dar origem a reivindicações arbitrárias conflitantes, capazes de estraçalhar uma sociedade.

Os verdadeiros direitos do homem

Além disso, é entender mal a condição social achar que as reivindicações que os homens fazem à sociedade e uns aos outros podem ser reduzidas a direitos de que eles desfrutavam de forma abstrata e irrestrita, antes que a sociedade civil viesse a existir. Burke nunca negou que houve um estado de natureza, em que os homens tinham direitos originais, ou que a sociedade civil havia sido formada por um pacto. Ou ele aceitava esses pontos de vista como se tende a aceitar os lugares-comuns de uma época, ou ele sabia que outros os aceitaram tão generalizadamente que negá-los seria perder a discussão logo de saída. Por sabe-se lá que motivo, ele se restringiu a afirmar que os direitos originais dos homens não eram só irreais, mas também irrelevantes para a sociedade civil. A transformação que eles sofreram no Estado civil foi tão profunda que já não serviam mais de padrão para

[16] P. 184-85.

julgar os direitos do "homem social civil".[17] Nas palavras do próprio Burke:

> Esses direitos metafísicos penetrando na vida comum, como raios de luz penetram por um meio denso, sofrem, pelas leis da natureza, uma refração de sua linha reta. De fato, na rudimentar e complicada massa de paixões e preocupações humanas, os direitos primitivos do homem sofrem uma tal variedade de refrações e reflexos, que se torna absurdo falar deles como se continuassem na simplicidade de sua direção original. A natureza do homem é intricada; os objetivos da sociedade são da maior complexidade possível; e, portanto, nenhuma simples disposição ou direção de poder será adequada ou à natureza do homem, ou à qualidade de seus negócios.[18]

Devemos, então, pensar de outro modo sobre os direitos dos homens em sociedade:

> Se a sociedade civil é feita para proveito do homem, todas as vantagens para as quais ela é feita tornam-se seu direito. Ela é uma instituição de beneficência; e a própria lei só é beneficência quando age segundo uma regra. Os homens têm o direito de viver por essa regra; eles têm o direito à justiça; como entre seus companheiros, quer seus companheiros estejam em função política ou em ocupação banal. Eles têm direito aos frutos de sua operosidade; e aos meios de tornar frutífera essa operosidade. Eles têm direito às aquisições de seus pais; à nutrição e ao progresso de sua prole; à instrução na vida e à consolação na morte. Seja o que for que cada homem possa fazer separadamente, sem invadir os demais, ele tem o direito de fazê-lo para si mesmo; e tem o direito a uma justa parcela de tudo que a sociedade, com todas as suas combinações de habilidade e força, possa fazer em seu favor.[19]

---

[17] P. 222.

[18] P. 224.

[19] P. 220-21.

A sociedade civil é "uma instituição de beneficência"; seu propósito é fazer bem a seus membros, e o bem que ela possa fazer por eles torna-se seu direito, e legítima sua reivindicação sobre isso. Mas seus direitos civis não são meramente a forma legal assumida, após o pacto social, por seus direitos naturais originais. Nem o governo deriva do direito original do homem de agir de acordo com sua própria vontade e julgamento.

Os propósitos do governo são especificados pelas carências naturais dos homens, compreendidas não como seus desejos, mas como suas reais necessidades. "O governo", de acordo com Burke, "é uma invenção da sabedoria humana para prover as *necessidades* humanas. Os homens têm direito a que essas necessidades sejam providas por essa sabedoria".[20] Mas entre essas necessidades está a educação dos homens para a virtude por meio de restrições, tanto morais quanto legais, a suas paixões. "Nesse sentido, as restrições aos homens, bem como a suas liberdades, devem figurar entre seus direitos". Burke, está-se vendo, dirige-se a fins racionais morais como o princípio legítimo do governo e afasta-se dos direitos originais e seu corolário, o consenso. Mas seu interesse imediato nessa passagem é destacar que: "Como as liberdades e as restrições variam com a época e as circunstâncias, e admitem infinitas modificações, elas não podem ser estabelecidas sobre nenhuma regra abstrata; e nada é tão insensato quanto discuti-las com base nesse princípio".[21]

Mais exatamente, dever-se-ia dizer: "Os direitos dos homens estão em uma espécie de posição *mediana,* incapazes de serem definidos,

[20] P. 222.
[21] P. 223.

mas não impossíveis de serem discernidos. Os direitos dos homens nos governos são suas vantagens; e esses costumam estar em equilíbrio entre diferenças de bem; em meio-termo às vezes entre bem e mal, e, às vezes, entre mal e mal".[22] Para esclarecer aonde Burke quer chegar, concordemos, à guisa de exemplo, que não é bom para os seres humanos serem levados a passar fome, espancados, humilhados, privados de afeição humana, ou intelectualmente entorpecidos. É concebível haver circunstâncias em que qualquer uma dessas coisas, em um grau limitado e por um tempo limitado, possa fazer a alguém mais bem do que mal. Mas isso só se poderia justificar como um meio para fins bons, pois essas coisas não são, em si mesmas, bens humanos. Portanto, não podem constituir os objetivos da vida ou os propósitos da sociedade. Por outro lado, é possível enumerar necessidades humanas que de fato especificam, de um modo geral, para que serve a sociedade civil, e Burke enumerou algumas delas.

As metas da sociedade civil

A sociedade civil existe para garantir aos homens justiça, os frutos de sua operosidade, as aquisições de seus pais, a nutrição e o progresso de sua prole, a instrução na vida e a consolação na morte. Estes são alguns dos benefícios que uma sociedade civil deve prover aos homens. Mas é impossível definir com antecedência, em abstrato e para todas as circunstâncias possíveis, as formas concretas em que esses benefícios devem ser adquiridos e salvaguardados. Isso deve ser deixado à experiência social e ao gradual desenvolvimento do costume e da lei.

[22] P. 225.

A finalidade da sociedade civil, então, em termos globais, é promover o que é bom para os seres humanos. Os bens humanos "não são impossíveis de discernir" – Burke não era um relativista cultural radical – e podem servir como as metas gerais que orientam a lei e as políticas públicas. Eles estabelecerão, portanto, os limites extremos do que o governo pode fazer às pessoas e definirão o que ele não lhes pode fazer. Burke não foi incoerente quando denunciou a ascendência protestante na Irlanda e Warren Hastings na Índia por violarem o direito natural no tratamento das populações sujeitas ao seu poder. Negar que o direito natural seja um código abstrato de direitos não é dizer que ele nada proíbe.

Mas, quando se trata de especificar em concreto os direitos sobre a sociedade que suas metas conferem às pessoas, fica evidente que os direitos dos homens "estão em uma espécie de posição *mediana*, incapazes de definição". Eles não podem ser definidos, isto é, em abstrato e por antecipação. Os bens humanos devem ser limitados e bem arrumados, a fim de serem simultaneamente alcançáveis em sociedade. Não só isso, mas os males, que são negações do bem, devem ser tolerados, às vezes até protegidos, a fim de que algum bem pelo menos possa ser alcançado. Uma sociedade impiedosamente purgada de qualquer injustiça pode acabar virando uma vasta prisão. A mesma coisa, aliás, poderia acontecer a uma sociedade obstinadamente dedicada à liberdade individual.

O direito de governar

Essas considerações são particularmente relevantes para o direito que estava fundamentalmente em questão entre Burke e seus oponentes. Estes afirmavam que todos os homens no estado de natureza tinham o direito soberano de se governar e, por esse motivo, tinham direito a uma participação igual no governo da sociedade civil. Burke afirmava que o que era importante no Estado civil não era que a vontade de todos os homens tivesse registro no processo de governo, mas que seus reais interesses (bens, vantagens) fossem realizados.

Ao entrar para a sociedade civil, insistia Burke, o homem "abdica de todo direito a ser seu próprio governante".[23] Donde, "quanto à parcela de poder, autoridade e comando que cada indivíduo deveria ter na administração do Estado, isso devo negar que esteja entre os direitos originais diretos do homem na sociedade civil". Ao contrário, "é uma coisa a ser estabelecida por convenção".[24] "No momento em que se reduz alguma coisa dos plenos direitos do homem, devendo cada qual governar a si mesmo e sofrer qualquer limitação artificial positiva desses direitos, a partir desse momento, toda a organização do governo torna-se uma ponderação de conveniência". Mas organizar um governo e distribuir seus poderes "exige um conhecimento profundo da natureza e necessidades humanas e das coisas que facilitam ou dificultam os variados fins que devem ser buscados pelo mecanismo das instituições civis".[25] A distribuição do poder no Estado, em outras palavras, deveria ser feita por um julgamento prudente sobre que estrutura de governo realizará melhor as metas da sociedade civil, não apenas de forma geral, mas *nesta* sociedade historicamente existente. Mas isso indica

[23] P. 222.
[24] P. 221.
[25] P. 223.

que determinação, mais do que direitos originais e consentimento individual, é o princípio organizador e legitimador de uma Constituição. Segue-se mais uma conclusão sobre a natureza da teoria política: "A ciência de construir uma nação, ou renová-la, ou reformá-la, não pode, como qualquer outra ciência experimental, ser ensinada *a priori*. Nem há de ser uma breve experiência que nos poderá instruir nessa ciência prática".[26] A teoria moral e política pode esclarecer-nos sobre os fins essenciais da vida social, mas os meios para chegar a eles são o objetivo de uma ciência prática que se baseia na experiência.

Quem, então, fará os julgamentos práticos em política? Essa pergunta não pode ser respondida apelando para os direitos dos homens. "Os homens não têm nenhum direito ao que não é razoável e ao que não é para seu benefício."[27] Mas, quanto ao que é para seu benefício, Burke disse: "A vontade da multidão e seu interesse muitas vezes devem divergir".[28] O primeiro dever dos estadistas, de fato, é prover "o sustento da *multidão*; porque é a *multidão*; e é, portanto, como tal, o primeiro objetivo (...) em todas as instituições".[29] Mas o objetivo é o bem do povo e não a execução de sua vontade. Os deveres dos estadistas, em consequência, não cabem por direito àqueles que a multidão escolheu, mas deveriam ser executados pelos qualificados por "virtude e sabedoria, efetivas ou presumíveis",[30] para a função de governar.

---

[26] P. 223.
[27] P. 226.
[28] P. 211.
[29] P. 278-79.
[30] P. 208.

A visão de Burke da democracia

Burke era, sem dúvida, o que hoje se chama de um elitista e, em sua própria terminologia, um aristocrata por princípio. Ele tinha em muito baixa estima a capacidade política da massa da população, e, quando concordou que o povo tinha um papel no governo, referia-se apenas a um segmento do povo razoavelmente bem-educado e próspero. Mas o principal alvo de seu ataque à teoria democrática de sua época não era tanto a ideia de que o populacho em geral era capaz de exercer o poder político quanto o princípio de que esse populacho tinha um direito inerente a que fosse feita a sua vontade.

Ele certamente rejeitava a noção de "que uma democracia pura é a única forma tolerável a que a sociedade humana se pode lançar".[31] Mas seria uma forma aceitável, embora não com frequência:

> Não reprovo nenhuma forma de governo meramente sobre princípios abstratos. Pode haver situações nas quais a forma puramente democrática se tornará necessária. Pode haver outras (muito poucas e muito particularmente circunstanciadas) em que ela seria claramente desejável. Não creio ser esse o caso da França ou de qualquer outro grande país.[32]

A democracia como uma mera forma de governo, então, seria às vezes, ainda que apenas raramente, aceitável para Burke. O que nunca seria aceitável era que o povo devesse agir como se fosse o senhor total.[33] Burke explicou sua objeção a essa concepção de soberania popular durante sua defesa do princípio de uma

[31] P. 309.
[32] P. 310.
[33] P. 270.

oficialização da religião pelo Estado. Sob um "governo misto e moderado",[34] como o da Grã-Bretanha, "cidadãos livres (...) a fim de garantir sua liberdade, (...) devem desfrutar de uma determinada parcela de poder". Mas todas "as pessoas que possuem alguma parcela de poder deveriam ser fortemente inculcadas com a ideia de que agem em encargo de confiança; e de que devem prestar contas de sua conduta nesse encargo ao único grande mestre, autor e fundador da sociedade".[35]

A autoridade e a ordem da criação

Esse senso de que a autoridade é um encargo de confiança dado por Deus é ainda mais necessário "onde a autoridade popular é absoluta e irrestrita". Ninguém pode nem deveria castigar um povo inteiro, disse Burke, mas seguiu-se esta conclusão: "Uma democracia perfeita é, portanto, a coisa mais desavergonhada do mundo". É essencial, então, que "não se tolere que o povo imagine ser a sua vontade, mais do que a dos reis, o padrão de certo e errado". Para exercer o poder político, ou alguma parte dele, as pessoas se devem esvaziar "de toda a ânsia da vontade egoísta, o que sem religião é totalmente impossível que algum dia consigam". Devem ter "consciência de que exercem, e exercem talvez em um elo mais elevado da ordem de delegação, o poder que, para ser legítimo, deve estar de acordo com aquela lei eterna imutável na qual vontade e razão são a mesma coisa".[36]

---

[34] P. 309.
[35] P. 267.
[36] P. 268-69.

A frase concernente ao lugar do povo na ordem de delegação é interessante, porque ela pode referir-se a uma teoria da origem da autoridade política que era geralmente aceita na Escolástica tardia e foi mais elaboradamente apresentada por um jesuíta do século XVI, Francisco Suárez. Nessa teoria, toda autoridade política vem de Deus, não por algum estatuto divino especial, mas simplesmente como uma consequência de Deus ter feito do homem um animal político por natureza. Tal autoridade, consequentemente, é inerente, em primeira instância, no organismo político ou na comunidade inteira. Mas a comunidade pode transferir e, pelo seu próprio bem comum, transferirá sua autoridade a um rei ou a um corpo de homens menor do que o todo.[37]

De qualquer modo, Deus desempenha um papel maior na teoria política de Burke do que na de Paine. Para Paine, uma vez que Deus concedeu ao homem seus direitos originais na criação, Seu trabalho estava pronto. Os homens, então, eram capazes de criar autoridade política a partir de sua própria vontade. Mas, para Burke, a autoridade até mesmo do povo era um encargo de confiança recebido de Deus. Eles eram responsáveis diante d'Ele por sua conduta nesse encargo e deviam desempenhá-lo de acordo com "aquela lei eterna imutável, na qual vontade e razão são a mesma coisa". No pensamento de Burke, a vontade arbitrária nunca era legítima, porque a vontade jamais era superior à razão, nem mesmo no soberano Senhor do Universo. Em Deus, no en-

[37] Que Burke tinha conhecimento dos textos de Suárez é indicado por ele citar esse autor um tanto longamente em seus *Tracts relating to Popery Laws*, em *The Writings and Speeches of Edmund Burke*, org. de Paul Langford (Oxford: Oxford University Press, Clarendon Press, 1981–), 9:457-58.

tanto, a vontade é sempre racional, porque Sua vontade é idêntica à Sua razão. As pessoas, por sua parte, devem tornar sua vontade racional mantendo-a em subordinação e em conformidade à lei de Deus.

A ordem moral da criação

A lei de Deus que Burke tem em mente é não só, basicamente, Sua lei revelada, mas o direito moral natural, porque este constitui uma lei que deriva da natureza do homem conforme criado por Deus. O Criador é:

> o instituidor, autor e protetor da sociedade civil; sem a qual o homem não teria nenhuma possibilidade de chegar à perfeição de que sua natureza é capaz, nem mesmo de aproximar-se dela remota e fracamente. (...) Ele, que deu nossa natureza para ser aperfeiçoada por nossa virtude, determinou também os meios necessários para sua perfeição. Ele concebeu, portanto, o Estado. Ele estabeleceu sua ligação com a fonte e arquétipo original de toda perfeição.[38]

Há toda uma metafísica implícita nessa passagem. Deus, como Criador, é a fonte de qualquer ser. A plenitude infinita de Seu ser, portanto, é o arquétipo de todo ser e vir a ser finitos. Todos os seres criados refletem o bem de sua causa primária e tendem a seu próprio pleno desenvolvimento e perfeição, aproximando-se da perfeição d'Ele, cada qual a seu próprio modo e dentro dos limites de suas potencialidades. O Estado, como o meio necessário para a perfeição humana, deve estar ligado a esse arquétipo original. Na

[38] P. 274.

filosofia de Burke, não pode haver sociedade meramente secular, porque não existe mundo meramente secular.

O fim do Estado, para Burke, é divinamente estabelecido e, em seu ponto mais elevado, é nada menos do que a perfeição da natureza humana por sua virtude. (De acordo com Burke, "em uma comunidade nacional cristã, a Igreja e o Estado são uma coisa só, sendo diferentes partes integrais do mesmo todo".[39] Ele então achou fácil atribuir ao Estado, ou à nação, ou à sociedade civil, a totalidade das metas sociais dos homens, enquanto, hoje, estaríamos inclinados a dividi-las entre as esferas política e religiosa.)

Donde Burke pôde dizer: "A sociedade é de fato um contrato",[40] mas com uma diferença. A constituição da sociedade civil era uma convenção cuja forma e cujo modelo não eram uma conclusão necessária tirada de princípios do direito natural. Não obstante, a sociedade era natural, no sentido de ser o meio necessário e divinamente estabelecido para realizar a perfeição da natureza humana. Se equipararmos o natural com o primitivo, diremos que é mais natural morar em uma caverna do que em uma casa; é isso que se encontra geralmente implícito na expressão "volta à natureza". Mas, se equipararmos o natural com a perfeição madura de alguma espécie de ser, diremos que é mais natural para os seres humanos viver em casas do que em cavernas. É inegável que casas são obras artificiais de mãos humanas, mas elas são um hábitat natural para os homens porque podem satisfazer mais adequadamente do que as cavernas as necessidades da natureza humana. De forma seme-

---

[39] *Speech on the Petition of the Unitarians*, in *The Works of the Rt. Hon. Edmund Burke* (London, Rivington, 1812) 10:44.
[40] P. 272.

lhante – e era isso que Burke queria dizer – a sociedade civil é artificial, convencional e até, se quiserem, contratual. Mas ela é natural para o homem porque "ele nunca está mais perfeitamente em seu estado natural do que quando é situado onde a razão pode ser mais bem cultivada e, na maior parte, predomina".[41] A teleologia aristotélica dessa observação parece óbvia.

O CONTRATO SOCIAL

A sociedade, então, é de fato um contrato, mas que não deve ser encarado à mesma luz que um contrato comercial, o qual se faz para um propósito limitado e autocentrado e que pode ser dissolvido pela vontade das partes contratantes. Paine podia encarar a sociedade humana como mais exatamente um vasto negócio comercial, potencialmente de âmbito mundial, que se mantinha íntegro por interesse recíproco e consenso mútuo. Burke não podia participar dessa visão utilitária do Estado:

> Deve ser encarado com outra reverência; porque não se trata de uma parceria em coisas subservientes apenas à grosseira existência animal de uma natureza temporária e perecível. É uma parceria em toda ciência; uma parceria em toda arte; uma parceria em toda virtude e em toda perfeição.[42]

Devido à natureza de seus propósitos, o contrato da sociedade tem um caráter e uma força de obrigação que são diferentes dos de contratos comuns. "Como os fins dessa parceria não podem

[41] *An Appeal From the New to the Old Whigs,* in Ritchie, org., *Further Reflections on the Revolution in France,* p. 168-69.
[42] P. 272.

ser alcançados em muitas gerações, torna-se uma parceria não só entre os que estão vivos, mas entre os que estão vivos, os que morreram e os que ainda vão nascer."[43] Essa sentença ofendia o bom senso de Paine e o levou a perguntar que obrigação possível há de existir entre os que morreram e sumiram e os que ainda não nasceram nem chegaram ao mundo; *a fortiori*, como poderia qualquer um deles impor obrigações aos vivos? Num sentido literal ele tinha, evidentemente, bastante razão. Mas, se voltarmos nossa atenção das vontades contratantes para os fins morais racionais que essas vontades estão obrigadas a servir, podemos concluir que, à luz desses fins, obrigações recaem sobre a atual geração vindas do passado, e há obrigações com respeito a gerações que ainda não nasceram.

Os homens só alcançaram suas metas sociais naturais na história. As estruturas herdadas do passado, se serviram e ainda servem a essas metas, são impositivas para os que nasceram nelas. Essas pessoas não são moralmente livres para desmontar as estruturas conforme a sua vontade e começar de novo a partir das fundações. Pois as metas em questão não são apenas aquelas do conjunto de indivíduos agora presentes no mundo, mas também as da natureza humana e de Deus.

A constituição de uma sociedade, ainda que convencional e historicamente condicionada, torna-se uma parte da ordem moral natural, por causa dos fins a que ela serve. Este é o pensamento que está por trás da linguagem retórica de Burke na próxima passagem sobre o contrato da sociedade:

---

[43] Ibid.

> Cada contrato de cada Estado particular é apenas uma cláusula no grande contrato primitivo de sociedade eterna, ligando a natureza inferior com a superior, conectando o mundo visível e o invisível, de acordo com um pacto fixo sancionado pelo juramento inviolável que sustenta toda natureza física e toda natureza moral, cada qual em seu lugar determinado. Essa lei não está sujeita à vontade dos que, por alguma obrigação acima deles, e infinitamente superior, são forçados a submeter sua vontade a ela.[44]

O "grande contrato primitivo" e o "voto inviolável" são, naturalmente, a ordem moral do mundo conforme estabelecida por Deus. Essa ordem moral fornece uma lei à qual as sociedades civis, bem como os indivíduos, são obrigados a se conformar.

Quando a revolução é justificada

Mas as pessoas nunca são livres para mudar a Constituição e seu governo? Burke não diz exatamente isso. "As corporações municipais desse reino universal não estão moralmente em liberdade para, conforme sua vontade, e sobre especulações de uma melhora contingente, separar por completo e romper os liames de sua comunidade subordinada e dissolvê-la num caos associal, incivil e desconectado de princípios elementares".[45] A expressão-chave nessa afirmação é "conforme sua vontade". Existe também a suposição tácita, característica de Burke, de que uma revolução política seria equivalente a uma dissolução da sociedade como tal. Subjacente a essa suposição, havia uma ideia da constituição que um escritor descreveu muito bem com estas palavras: "Burke... entendia que

[44] Ibid.

[45] P. 272-73.

'constituição' significava a estrutura social inteira da Inglaterra, e não só a estrutura formal do governo. (...) Incluída em seu conceito de constituição estava toda a corporação social a que ele se dedicava".[46] Povo nenhum, disse Burke, tinha o direito de derrubar essa estrutura conforme sua vontade e pela especulação de que assim fazendo poderia melhorar as coisas.

Não obstante, ele não podia negar, como não negou, que uma revolução às vezes fosse necessária. Apenas insistia em que ela não poderia ser justificada por razões tão óbvias e tão forçosas que faziam, elas próprias, parte da ordem moral:

> É a primeira e suprema necessidade apenas, uma necessidade que não é escolhida, mas escolhe, uma necessidade essencial à deliberação, que não admite discussão nem exige evidência, que sozinha pode justificar um recurso à anarquia. Essa necessidade não é nenhuma exceção à regra; porque essa necessidade é ela própria uma parte também daquela disposição moral e física das coisas à qual o homem deve ser obediente, de bom grado ou à força. Mas, se aquilo que é apenas submissão à necessidade vier a se tornar objeto de escolha, a lei é violada, a natureza desobedecida e os rebeldes são proscritos, expulsos e exilados deste mundo de razão, ordem, paz, virtude e frutífera penitência para o mundo antagônico de loucura, discórdia, vício, confusão e sofrimento inútil.[47]

Pode-se achar que aqui Burke extrapolou da retórica para a rapsódia. E, no entanto, as linhas de sua argumentação são bastante claras. Em *An Appeal from the New to the Old Whigs*, ele as tornou ainda mais claras e explícitas. Fica difícil, portanto, entender por que

---

[46] R. B. Ripley, "Adams, Burke, and Eighteenth-Century Conservatism", *Political Science Quarterly* 80 (1965): 228.
[47] P. 273.

Frank O'Gorman diz: "Esse escritor sempre achou estranho que Burke raramente se refira, seja explícita ou mesmo implicitamente, aos princípios que se espera tenham sido os fundamentos de seu pensamento. Burke era, de fato, desinteressado pelas manobras do poder divino".[48] A esse escritor parece óbvio que, particularmente nas *Reflexões* e em *An Appeal*, Burke não só se refere mas também elabora em detalhes os princípios que são o fundamento de sua teoria da sociedade civil e da autoridade política. Ele foi, é verdade, um político praticante, não um filósofo, e, nessas duas obras, escreveu um tratado polêmico e não desapaixonado de teoria política. Mas sua polêmica incluiu a apresentação de uma contrateoria à teoria que ele atacara. A contrateoria, por sua vez, dependia de premissas explicitamente afirmadas de uma natureza moral e metafísica. As premissas são expostas, deve-se admitir, em linguagem retórica, especialmente nas *Reflexões*. Mas elas, para pegar emprestadas as palavras de Burke, não são impossíveis de ser discernidas.

Premissas básicas do pensamento de Burke

Em síntese, as premissas essenciais do pensamento político de Burke são fornecidas pela metafísica de um universo criado. Elas supõem a superioridade da razão ou do intelecto à vontade, tanto em Deus quanto no homem. Parte desse universo é a ordem moral natural baseada na natureza do homem conforme criado por Deus. A natureza do homem é orientada por criação visando fins que podem ser globalmente descritos como sua perfeição natural. Uma

[48] *Edmund Burke: His Political Philosophy* (Bloomington & London: Indiana University Press, 1973), p. 13, n. 5.

vez que a sociedade civil é necessária à obtenção dessa perfeição, ela também é natural e instituída por Deus.

A autoridade do Estado deriva dos fins racionais e morais que a natureza o destinou a servir. O consentimento desempenha um papel na formação do Estado e na concessão de autoridade ao governo, uma vez que as duas coisas envolvem ações humanas de escolha. Mas a obrigação de formar uma sociedade civil é anterior ao consenso, e, para os nascidos sob uma Constituição, o consentimento à Constituição é ordenado pela obrigação prévia de obedecer a um governo que serve adequadamente às metas naturais da sociedade. Direitos também desempenham um papel na teoria política de Burke. Mas o direito político básico é o direito a ser bem governado, não o direito de governar a si próprio. No pensamento de Burke, determinação e obrigações são mais fundamentais do que direitos e consenso.

Francis Canavan
Fordham University

Nota do organizador da edição americana

Neste volume, a paginação da edição de E. J. Payne é indicada pelos números das páginas entre colchetes encaixados no texto. Remissões foram modificadas para refletir a paginação da atual edição. As grafias de Burke e de Payne, o uso de maiúsculas e de itálicos foram mantidos, por estranhos que possam parecer a olhos modernos. O uso de dupla pontuação (p. ex., , __) foi eliminado, exceto em citações. Corrigimos a eventual confusão feita por Payne entre Charles-Jean-François Depont, a quem foram dirigidas as *Reflexões sobre a Revolução na França*, e Pierre-Gaëton Dupont, que traduziu as *Reflexões* para o francês.

Todas as referências à *Correspondência* de Burke pertencem à edição de 1844.

Cronologia

1729 Burke nasce em Dublin, em 12 de janeiro.

1735-40 Mora com parentes da mãe na parte campestre do Condado de Cork.

1741-44 Frequenta a escola quacre de Abraham Shackleton, em Kildare.

1744-48 Frequenta o Trinity College de Dublin e forma-se em B. A. [Bachelor of Arts].

1750 Muda-se para Londres a fim de estudar direito nos Inns of Court, que abandona por uma carreira literária.

1756 Publica *A Vindication of Natural Society*, uma sátira sobre o pensamento político e religioso no Iluminismo.

1757 Publica *A Philosophical Enquiry into the Origin of Our Ideas of the Sublime and Beautiful*, um ensaio em estética.
Casa-se com Jane Nugent.

1758 Nasce Richard Burke Jr. / Torna-se editor de *The Annual Register*.

1761 Volta à Irlanda como secretário de William Gerard Hamilton, primeiro secretário do lord governador do Condado.
Começa, mas nunca termina, *Tracts Relative to the Laws Against Popery in Ireland*.

1764 Volta a Londres, tem um áspero rompimento com Hamilton. Torna-se sócio fundador, com Johnson, Reynolds, Goldsmith e outros, do The Literary Club.

1765 Torna-se secretário particular do marquês de Rockingham. George III relutantemente nomeia Rockingham primeiro-ministro. Burke é eleito para a Câmara dos Comuns pelo distrito de Wendover.

1766 Rockingham é demitido do cargo de primeiro-ministro, após conseguir a revogação do Stamp Act, que inflamara as colônias norte-americanas.

1768 Burke compra uma propriedade em Buckinghamshire.

1770 Publica *Thoughts on the Cause of the Present Discontents,* o credo político dos Whigs de Rockingham.

1771 Torna-se agente parlamentar para a colônia de Nova York.

1773 Visita a França.

1774 Eleito membro do Parlamento pela cidade de Bristol, faz discurso clássico sobre a independência de um parlamentar. Lança o *Speech on American Taxation,* criticando a política britânica de tributar as colônias.

1775 Faz o *Speech on Conciliation with the Colonies.*

1780 Por causa da oposição, retira-se das eleições em Bristol. É eleito membro do Parlamento pelo distrito de Malton, através da influência de Rockingham. Seu *Speech on The Economical Reform* defende a política Whig de reduzir a influência do rei sobre o Parlamento.

1782 Rockingham é novamente nomeado primeiro-ministro para acabar com a guerra norte-americana.
Burke torna-se tesoureiro-pagador das Forças.
Rockingham morre no cargo.

1783 Os Whigs de Rockingham, sob Charles James Fox, formam um governo de coalizão com lord North.

Burke, novamente tesoureiro-pagador, faz o *Speech on Fox's East India Bill,* atacando o governo da Índia pela East India Company. A coalizão perde o poder e cai, sendo substituída pelo ministério Tory de William Pitt, o Novo, deixando os Whigs fora do poder pelo resto da vida de Burke.

1786 Burke propõe o *impeachment* de Warren Hastings, governador-geral da Companhia em Bengala.

1788 Começa o julgamento de Hastings, conduzido por Burke.

1789 Começa a Revolução na França.

1790 Em novembro, publica *Reflexões sobre a Revolução na França.*

1791 Rompe com Fox, líder dos antigos Whigs de Rockingham, por causa da Revolução na França.

A Letter to a Member of the National Assembly [of France], *An Appeal from the New to the Old Whigs,* e *Thoughts on French Affairs.*

1793 Eclode a guerra entre a Grã-Bretanha e a França.

Burke critica vigorosamente a incapacidade de levar adiante a guerra em *Observations on the Conduct of the Ministry* e *Remarks on the Policy of the Allies.*

1794 Termina a acusação a Hastings; Burke deixa o Parlamento. Morre o filho de Burke.

1795 Hastings é absolvido.

Thoughts and Details on Scarcity.

1796 Burke defende sua vida pública em *A Letter to a Noble Lord.*

1796-97 *Letters on a Regicide Peace* protesta contra a disposição britânica de fazer a paz com a França revolucionária.

1797 Morre Burke, em 9 de julho.

Obras Seletas de Edmund Burke

Volume 2

Reflexões Sobre a Revolução na França

Introdução por E. J. Payne

A famosa carta ou panfleto contida neste volume representa as maquinações de uma mente extraordinária durante uma crise extraordinária: portanto, pode ser comparada a muito poucas coisas que já foram ditas ou escritas. Composta em uma era literária, mal se pode dizer que pertença à literatura; e, no entanto, dentre as obras-primas literárias, é uma das maiores. Nada incorpora da história, salvo fragmentos que, na maior parte, perderam seu interesse, e ainda assim livro nenhum do mundo tem maior significação histórica. Ele despreza e desafia a filosofia, mas revela um sistema todo seu, compacto e ímpar. Ele pisoteia a lógica e, no entanto, demonstra ao leitor mais lógico uma convicção de que seu raciocínio imperfeito é substancialmente correto. Ninguém pensaria em concordar com ele no total, embora possua partes com as quais qualquer mente aberta concordará. Suas muitas observações autênticas e sábias são mescladas com sofismas descarados e extravagantes: seu argumento, com toda a aparência de exatidão legal, é perturbado por impetuosas lufadas de raiva e interrompido por abismos que se escancaram diante do leitor menos atento. É um quebra-cabeças intelectual, de solução não muito difícil: donde poucos livros são mais bem adaptados a estimular a atenção e o julgamento e a gerar o inestimável hábito da vigilância mental. É muito simples descobrir seus defeitos. Nenhum livro do mundo mostra-se presa mais fácil de críticas hostis: há milhares de escolares, "com noções liberais sob seus bonés", para quem o maior intelecto de nossa nação desde Milton,[1] representado pelas partes mais famosas da presente obra, bem poderia parecer pouco mais do que um tolo. Após algum tempo, essa impressão desaparece; a eloquência e a convicção profunda fizeram seu serviço, e a sabedoria de umas poucas páginas, tratando principalmente de generalidades, se estende construtivamente para a obra inteira. Mas o leitor agora volta a vacilar: e essa alternância perpétua de julgamento por parte de um leitor não constitui inteiramente a sério a parte principal daquele fascínio que Burke exerce universalmente. É como o [vi] fascínio de prestidigitação: ora você acredita nos seus olhos, ora não lhes dá mais crédito; o brilho do espetáculo a princípio deslumbra, ofusca, e em seguida convence; e você pouco liga para o que está por trás. Era o que o autor pretendia: a faculdade crítica fica desarmada, a imaginação enfeitiçada.

A que Burke se propôs quando se sentou para escrever este livro? A carta a Depont é obviamente um mero gancho em que pendurar seu argumento. O livro foi escrito para o público britânico. Ele acreditava prever para onde tendia o movimento revolucionário na França: via um grupo na Inglaterra encarando-o com benevolência, o outro com indiferença; via nítidas tendências revolucionárias de todos os lados entre as pessoas, e nem um único braço até agora se erguera para advertir sobre a catástrofe iminente. Burke visava

---

[1] Assim Macaulay qualificou Burke.

reconvocar a nação inglesa a seus antigos princípios e demonstrar a insensatez e imprudência do movimento político francês. A independência de Burke levou-o ao ponto de repudiar seu próprio partido. O grande e histórico partido Whig, o partido de Somers, de Walpole e de Chatham, passava lentamente por uma penosa transformação, que muitos observadores confundiam com dissolução. Burke viu-se constrangido a abandoná-lo, e isso em uma ocasião que permitia a oportunidade de emprestar-lhe apoio material. Desse momento em diante, ele se tornou um homem marcado. Para Burke, até o ato de pensar por si mesmo foi estigmatizado como crime. Enquanto os eventos da Revolução na França fossem louvados pelos líderes de seu partido, ele não deveria ter permitido que vissem que tais eventos só despertavam nele raiva e desprezo; nem deveria ter apelado à nação em geral para que o apoiasse nessa oposição. Esse apelo ao público geral era característico de uma explícita mudança de lealdade. Daí o descrédito que cobriu os últimos anos de sua vida, erigido pelos que foram seus companheiros durante uma carreira de um quarto de século. Daí sua contradenúncia, apontando-os como os "Novos Whigs", como renegados dos princípios da Revolução Inglesa, por causa de sua aprovação às mudanças políticas que ocorriam na França.

As opiniões de Burke na presente obra são condizentes com as contidas no primeiro volume?* Não obstante aquela unidade fundamental que pode ser justificadamente atribuída às opiniões de Burke, [vii] seria inútil negar que o presente tratado, como os escritos

* Trata-se do primeiro volume das *Obras Seletas de Edmund Burke*, editadas por Payne, que contém *Pensamentos sobre a causa da atual insatisfação* e *Os dois discursos sobre a América do Norte*. (N. do E.)

subsequentes, contém, em comparação com seus primeiros textos, certas discrepâncias muito grandes. Que são, no entanto, apenas poucas; são óbvias e encontram-se na superfície. É difícil para quem vive cem anos depois de sua época dizer se essas discrepâncias eram ou não justificáveis. Um exame atento revelará que elas giravam principalmente em torno de palavras. Por exemplo, no primeiro volume das Obras Seletas, a Câmara dos Lords é considerada uma forma de representação popular; no presente volume, diz-se que os Pares têm sua participação no governo por um direito original e irrevogável. Vinte anos antes, Burke afirmara que os dízimos eram meramente uma parte da taxação, que a vontade nacional separava para o sustento de uma instituição nacional. Na presente obra, ele argumenta que os bens da Igreja possuem as qualidades de propriedade privada. No volume inicial, dizia-se que todos os governos dependem da opinião pública; no presente volume, Burke insiste que a opinião pública age dentro de limites muito mais estreitos. Por força dessas diferenças, supôs-se que Burke agora abandonara por completo os princípios políticos que o haviam orientado ao longo de vinte e cinco anos de carreira, ou então que ele realmente era, como um escritor Tory o havia chamado, "o homem mais falso e ambíguo que já existiu". Mas um homem que não fosse tão ambíguo assim jamais poderia ser um político, embora pudesse ser um herói e um mártir. Verdades abstratas, quando encarnadas na forma de opinião popular, às vezes se revelam falsidades morais. E a opinião popular, na maioria dos casos, demonstra ser uma força enganadora e inconstante. Instituições ficam de pé ou caem de acordo com sua força e coesão materiais; e, embora estas não sejam de modo algum desligadas dos argumentos apresentados contra ou a favor delas, os nomes e as qualidades de que são investidas em debates são uma consideração totalmente secundária. A posição da Igreja, por exemplo, ou a dos Pares do Reino, não foi materialmente influenciada por nenhum dos modos de encará-la. A Igreja e a nobreza ficaram de pé, como de pé continuaram, porque são ligadas por muitos laços realmente fortes, embora sutis e complicados, com a entidade nacional. Elas se mantêm, em certo grau, porque é provável que a metade mais forte da nação combateria por elas. "Taxação nacional", e "propriedade privada", "direito patrimonial" e "representação popular" são, de fato, pouco mais do que antíteses ornamentais.

[viii] Não é a discrepâncias tão óbvias que devemos o fato de que a conexão entre as ideias do presente tratado e as contidas no volume anterior seja menos facilmente traçada por pontos de semelhança do que por pontos de contraste. As causas de diferença vão mais fundo e se espalham mais largamente. Em primeiro lugar, Burke, no presente volume, tenta agradar a um público maior. Ele fala diretamente a toda a nação inglesa, e indiretamente a todos os cidadãos do mundo civilizado.

Em suas primeiras denúncias da Revolução na França, Burke estava quase sozinho. À primeira vista, ele parecia ter contra si a mais apreciada das tradições inglesas. Se havia uma palavra que durante um século fora sagrada para os ingleses esta era a palavra Revolução. Aqueles que a consideravam ofensiva estavam quase totalmente extintos: e um preceito de cem anos havia santificado a Revolução Inglesa mesmo aos olhos dos mais renhidos adversários do Whiguismo. O rei, em torno do qual se haviam concentrado os Whigs descontentes e o restante dos Tories, era ele próprio criatura da Revolução. Agora o partido de Fox reconhecia uma relação legítima entre a Revolução de 1688 e aquela que a cada dia entrava em algum novo estágio de seu possante desenvolvimento na França. Havia, na realidade, apenas uma pequena conexão entre as duas. Burke nunca disse maior verdade quando afirmou que a Revolução de 1688 fora "uma revolução não feita, mas evitada". As vastas convulsões de 1789 e dos anos seguintes foram mal entendidas pelos Whigs de Fox. Fechados em seu círculo estreito, não conseguiam fazer ideia de um movimento político em escala maior do que uma coalizão: para eles, a Revolução na França parecia uma reles rearrumação whiguista das coisas, que logo se acomodariam em seus lugares, o rei, como na Inglaterra, aceitando uma posição subordinada a seus ministros. E nem Pitt e seu partido, com a força do Parlamento e a nação em seu apoio, estavam dispostos a censurá-la. Havia um duplo motivo para apreciá-la, por parte do Premier inglês. Por um lado, era uma surpresa e uma satisfação ver a terrível monarquia da França desmoronar sem um sopro, e a inimiga hereditária da Inglaterra despojada, ao que tudo indicava, de qualquer poder de ataque ou retaliação. Por outro, o Sr. Pitt imaginava que o novo governo naturalmente seria favorável àqueles princípios liberais de relacionamento comercial que ele havia forçado contra o antigo com tanta dificuldade. Nenhum dos lados viu, como [ix] Burke havia visto, a real magnitude do movimento político na França, e como os interesses envolvidos eram extensos e profundos. Burke, na impressão desfavorável que ele concebera da Revolução, estava de fora de ambos os grupos. Não podia encontrar plateia na Câmara dos Comuns, onde os líderes políticos há muito o olhavam de soslaio. Eles riram, não totalmente desprovidos de razão, quando Burke lhes disse que encarava a França como "politicamente inexistente". Desencorajado no ambiente do Parlamento, Burke resolveu apelar à nação inteira. Ele tinha em sua pasta o começo de uma carta a um jovem francês que lhe solicitara a sua opinião e decidiu ampliar essa carta e dá-la a conhecer ao mundo. Com isso apelava a partir do limitado tribunal da Câmara dos Comuns à nação em geral. Era a primeira instância importante do reconhecimento, por parte de um grande estadista, do poder da opinião pública na Inglaterra, em sua forma moderna. Burke aqui dirige seus argumentos a um público muito mais vasto do que anteriormente. Ele reconhece, o que é hoje bastante óbvio, que a política inglesa se baseia na opinião de uma democracia racional.

O leitor, se comparar os dois volumes, perceberá essa diferença no tribunal a que é feito o apelo. A opinião pública nos últimos vinte anos havia passado por rápidas transformações. A diferença entre a condição da opinião pública em 1770 e em 1790 era maior do que entre 1790 e 1874. Em 1770 era necessário despertá-la para a vida; em 1790 ela já estava atenta e falava por si mesma. A imoralidade dos políticos da época havia despertado a desconfiança do povo; e o povo e o rei estavam unidos no apoio a um ministro popular. Havia mais atividade, mais espírito público e mais organização. Na Inglaterra, como na França, a comunicação das partes mais afastadas e distantes do reino com a capital tornara-se frequente e regular. Londres tinha em 1790 nada menos que quatorze jornais diários, e muitos outros saíam uma ou duas vezes por semana. Ninguém pode examinar os arquivos desses jornais sem perceber a magnitude do espaço que a França nessa época ocupava aos olhos do mundo inglês. A rivalidade entre as duas nações já estava no auge. Os reinados dos Bourbons resumiam, para o inglês a ideia de potências estrangeiras; e perturbações na França repercutiam na Inglaterra [x] com muito maior efeito do que agora. Na Inglaterra prevalecia uma enganosa tranquilidade. Burke e muitos outros sabiam que a Inglaterra de 1790 não era a Inglaterra de 1770. Os resultados da guerra na América lentamente convenciam as pessoas de que era possível alguma coisa mais do que o até então praticado na política inglesa moderna. A democracia crescera de uma possibilidade para um poder. A política Whig, como um princípio, há muito fora posta sob suspeita e desacreditada. Com o seu declínio iniciara-se o descrédito de tudo que ela havia idolatrado. A Constituição inglesa, contra a qual, em 1770, mal se ouviu um suspiro, nos vinte anos que se sucederam foi exposta a ridículo geral. Sob um ministro que se proclamava reformador, o recém-despertado sentimento por mudança política estendeu-se em todas as direções. Assentos no Parlamento sempre foram comprados e vendidos; mas, devido à crescente riqueza da comunidade, os preços então sofreram um aumento absurdo. Cinco mil libras era o valor médio pelo qual um rico comerciante ou um advogado em ascensão conseguia comprar seu assento do patrono de um município. A vergonhosa história da Coalizão fez com que as pessoas exigissem reforma no Executivo, bem como no Legislativo. Montesquieu disse que a Inglaterra deveria perecer assim que o poder Legislativo se tornasse mais corrupto do que o Executivo; mas agora parecia que ambos os ramos do governo estivessem competindo em uma corrida pela degradação. Corrupto como o Legislativo era em sua formação, seu material, extraído do corpo da nação, e não de um corpo de conspiradores confessos, salvou-o do opróbrio moral que atingiu o Executivo. Muitos eram a favor de se restaurar a integridade do Executivo como uma reforma preliminar; e muitos foram os planos propostos para isso. Um pensador muito sagaz e malicioso, que tinha assento na Câmara, propôs um Ministério anual, escolhido por sorteio. Outros propuseram um Ministério a ser eleito; outros queriam transformar a Câmara dos Lords em algo semelhante ao Grande Conselho de Veneza. Nenhum plano político era absurdo demais para faltar quem o defendesse. Sufrágio universal, parlamentos anuais e distritos eleitorais eram eloquentemente exigidos, e duques contavam-se entre seus defensores mais calorosos. O povo, como no tempo de Carlos I, pedia a "antiga constituição saxônica". O que isso era, e que direito tinham a isso, ou como ela deveria ser adaptada às exigências modernas, não sabiam muito bem, mas os advogados eram capazes de lhes dizer. Os [xi] advogados demonstraram em que grande medida as liberdades da nação se haviam reduzido, e como sua natureza era gritantemente mal compreendida. Eles provaram que era dever do povo recuperá-las e que não havia nenhum obstáculo no caminho. Nesse clamor muitos Whigs e Tories, membros de ambas as Câmaras do Parlamento, acharam-se unidos.

O movimento liberal não se confinava à Inglaterra. Ele se espalhou, em maior ou menor grau, por toda a Europa, chegando até mesmo a São Petersburgo e a Constantinopla. Na Inglaterra, Reforma era mais um clamor do que um movimento político; mas na França e na Áustria era um movimento, além de um clamor. Nesse último país, de fato, a Reforma foi ofertada antes da demanda, e o imperador José foi forçado por um povo ignorante a revogar projetos com os quais tentara, em vão, adiantar-se à sua época. Mas as demandas no exterior eram por reformas orgânicas, como haviam há muito sido efetuadas na Inglaterra. Esta, após o reinado de Carlos II, é uma nação completamente moderna; a sociedade é reorganizada na base que ainda subsiste. Mas a França e a Alemanha em 1789 ainda eram o que foram na Idade Média. Os grilhões gelados que a Inglaterra tinha quebrado há muito tempo no continente se haviam endurecido tanto que somente uma convulsão poderia rompê-los. Na França, isso foi demonstrado pelos fracassos de Turgot. O corpo de interesses opressivos que o tempo e o costume haviam legalizado era forte demais para ceder a uma pressão moderada. Era necessário uma convulsão, um choque muito forte, um abalo das forças normais: e o povo francês há muito se vinha preparando para a tarefa. Por quarenta anos uma Revolução foi prevista, e há dez anos pelo menos se haviam perdido as esperanças nela. Mas ela finalmente chegou, e chegou inesperadamente; a Revolução sacudiu fora o feudalismo da França, e o grande general da Revolução pisoteou até reduzir a pó os seus vestígios cambaleantes no resto da Europa Ocidental. Proeminente entre os agentes dessa mudança estava o novo poder da opinião pública, que exerceu um efeito óbvio, por meio das *Gazettes* de Paris, em todo o mundo ocidental. Burke viu isso, apelou à opinião pública contra o movimento e, no que diz respeito a este país, teve sucesso. Foi dele o "trompete estridente" que tocou o primeiro alarme dos vinte anos de guerra europeia contra a Revolução na França.

Era difícil, em semelhante crise, separar as ideias gerais da [xii] situação imediata. Burke nos revela menos sobre a Revolução na França do que sobre as ideias e os sentimentos ingleses com relação ao tema das revoluções em geral. Sobre a aplicabilidade desses pontos de vista gerais à causa de sua enunciação, não é necessário ao leitor formar nenhum julgamento exato. Propriamente falando, de fato, a questão depende apenas em pequeno grau de motivos que exijam ou justifiquem esse modo de tratamento. Condenar todas as revoluções é monstruoso. Dizer categoricamente que a Revolução na França foi uma coisa absolutamente boa ou absolutamente ruim não fornece nenhuma ideia útil. Qualquer das duas coisas pode ser dita com algum grau de verdade, mas nenhuma delas pode ser dita sem restrições que quase neutralizam a tese primária. Nenhum estudante de história, a essa altura, precisa que lhe digam que a Revolução na França foi, em um sentido mais ou menos ampliado, uma coisa muito boa. Consequentemente, não é de bom alvitre que o aluno concorde, além do necessário para adquirir uma ideia do ponto de vista de Burke, com a sumária e ignominiosa condenação com que a Revolução é tratada por Burke. Mas é preciso lembrar que, qualquer que possa ter sido o seu lado bom, não era função de Burke exibi-lo. Ninguém estava mais bem qualificado que Burke para compor uma justificativa para o apelo final de um povo contra a tirania: mas *nunc non erat his locus*. Não cabia a Burke deitar água na fervura, e sim avivar ainda mais o fogo: suscitar um forte contraprotesto e tirar o máximo proveito do lado mau da Revolução. Burke aparece aqui no papel de advogado: como todos os advogados, ele diz menos do que sabe. Sua deixa era representar a Revolução como uma loucura voluntária e maliciosa; ele não podia reconhecê-la como o resultado de causas arraigadas e irresistíveis. Não que a Revolução não pudesse ter sido evitada – todo mundo sabia que isso era possível; mas só poderia ter sido evitada por uma Revolução igualmente impetuosa vinda de cima. Na falta disso, aconteceu uma Revolução vinda de baixo. Embora a Revolução tenha trazido consigo erros políticos, crimes e infâmias, ela não envolveu mais de cada uma dessas coisas do que a média razoável a que as questões humanas dão margem, se considerarmos seu caráter e magnitude; e devemos dar a Burke atenção menor do que a de costume quando ele insiste que isso se deveu totalmente à ignorância e à perversidade dos líderes revolucionários. Os sofredores em ampla medida acarretaram esse sofrimento sobre si mesmos, por conta de uma resistência intempestiva e deliberações vacilantes.

[xiii] Na presente obra, o estudante pouco aprenderá da história da Revolução. Ela mal havia começado: somente dois incidentes de importância, a tomada da Bastilha e a transferência de Versalhes para Paris, haviam ocorrido; daquela coalizão de elementos hostis que inicialmente deu à Revolução ímpeto e acanhamento ainda não houvera um traço. Ela não só estava em seu início como esse início era entendido imperfeitamente. Escolares hoje sabem mais sobre a verdade dos fatos do que Burke sabia, e, graças à pena de Tocqueville, a maioria das pessoas de moderadas pretensões literárias pode reivindicar uma familiaridade maior com sua natureza fundamental. Em que, então, consiste o valor do livro? Quais são os méritos que lhe conquistaram a enfática recomendação de Dumont, o discípulo e popularizador de Bentham – de que ele era provavelmente a "salvação da Europa"? Como foi que esse ataque virulento e destemperado teve o efeito amplo e benéfico que o coadjuvou? Qual era a natureza de sua possante magia, capaz de desarmar os revolucionários da Inglaterra e exorcizar das classes pensantes da Europa o desejo nocivo de mudanças políticas?

Era óbvio que o movimento ocorrido na França foi acompanhado por uma desconfiança geral na estrutura vigente da sociedade. Algo do mesmo tipo prevalecia na Inglaterra; mas pertencia a uma classe mais limitada, com motivos mais limitados e fins mais medíocres. Desde seus primeiros anos Burke estava familiarizado com a ideia de uma nação de humanos selvagens erguendo-se em revolta contra a lei, a religião e a ordem social, e ele acreditava que o impulso para essa revolta existisse na natureza humana como uma doença moral específica. A coisa que ele fortemente temia parecia agora lhe haver de súbito caído em cima. Burke errou manifestamente ao representar esse elemento como o único alimento e força motriz da Revolução na França. Desconfiança da sociedade era algo amplamente disseminado na Inglaterra, embora menos amplamente do que Burke acreditava, e muito menos amplamente do que na França; mas Burke não tinha meios de verificar seus augúrios. O jacobinismo prevalecera na França, e seguira-se uma Revolução – ele estava a ponto de prevalecer na Inglaterra, e uma Revolução poderia ser esperada. A Inglaterra tinha na França a mais elevada reputação de progresso, liberdade e bom governo. A liberdade da Inglaterra estava amarrada ao fato de ter ela passado por uma Revolução que, após o transcurso de um século, era considerada [xiv] uma coisa digna de comemoração. Dizia-se na França que a Revolução na França procedia conforme princípios ingleses. Entendia-se, ainda mais, que a Inglaterra simpatizasse com e pretendesse se beneficiar da mais ampla e mais esclarecida Revolução que vinha se realizando na França. Burke faz todos os esforços para refutar isso. Ele demonstra que a famosa Revolução Inglesa fora, na verdade, uma revolução não feita, mas evitada. Ele visa provar, por indícios conclusivos, que a política inglesa, embora não avessa a reformas, opunha-se obstinadamente a revoluções. Ele demonstra que o corpo principal da nação britânica, por suas tradições, pelas opiniões e doutrinas que lhe foram transmitidas desde os primeiríssimos tempos, por sua constituição e essência, era inteiramente hostil a essas novidades perigosas e fadada a rejeitá-las e reprová-las. Embora sólido e homogêneo no principal, o organismo político tinha os membros frágeis, e são as manifestações destes, pelas quais o francês inteligente poderia ser compreensivelmente iludido, que Burke em primeira instância aplica-se a refutar.

O título anterior da obra (ver Notas, p. 480) indica que ela foi motivada provavelmente não pelos acontecimentos na França, mas por eventos de muito menor importância na Inglaterra. Conhecendo pouco da Europa em geral, em comparação com seu conhecimento íntimo da Inglaterra, Burke deve ter-se sentido muito pouco disposto ou desejoso de apressar-se a publicar, em meio a absorventes negócios de Estado na pátria, um debate geral sobre as mudanças ocorridas em uma nação estrangeira. Esse não era o hábito da época. Em nossos dias, um homem deve ser capaz de sustentar uma discussão sobre a política interna de todas as nações da terra: naqueles dias, os ingleses consideravam antes de tudo seus próprios assuntos. Se a Revolução tivesse sido completamente isolada, jamais teria ocupado a pena de Burke. Mas a Revolução teve auxiliares e instigadores deste lado do Canal, e eles admitiram abertamente sua intenção de promover uma catástrofe semelhante àquela ocorrida na França. Finalmente, alguns desses "simpatizantes" ingleses eram pessoas há muito politicamente detestáveis para Burke e seu partido. Daí os fortes traços de virulência partidária perceptíveis ao longo de toda a obra. Burke escreve não como um Hallam – não como um crítico filosófico ou um juiz moderado, mas conforme seu caráter habitual de advogado apaixonado e debatedor raivoso. De fato, qualquer coisa semelhante a uma atitude reservada e observadora [xv] por parte de seus conterrâneos o irrita até a fúria. Ele ataca ferozmente todos os que, com a disposição firme e segura do Portius de Addison,

> Conseguem encarar culpa, rebelião, fraude e César,
> Sob as luzes suaves de uma branda filosofia.

Seu alvo real não é tanto atacar os revolucionários franceses quanto os ingleses; é difamar menos Sieyès e Mirabeau do que o dr. Price e lord Stanhope.

A obra, então, professa ser uma exposição geral, confessadamente precipitada e fragmentária, das doutrinas e sentimentos políticos do povo inglês. Ela foi, no todo, reconhecida como veraz. O corpo da nação entrou em acordo quanto a essa denúncia impetuosa e eloquente. Os jacobinos decididamente decaíram na estima do público a partir do dia de sua publicação. A violenta filípica de Burke pareceu lhes secar a força, assim como o sol seca o orvalho. Segundo a opinião pública, nada se podia opor aos dilemas imperiosos de Burke. Mas é a força moral da argumentação e o brilho com que ela se impõe que dão à obra o seu valor. Os tópicos em si são de menor importância. Assombrados, metade pelas inflexões do pregador, metade por sua evidente sinceridade e autoconvicção, ficamos predispostos a nos submeter a suas doutrinas gerais, embora não consigamos nos sentir seguros de sua aplicabilidade à situação. Injusta como essa denúncia era para com a França, simpatizamos com seus efeitos sobre os descontentes na Inglaterra. O tom do livro é bem adequado à ocasião. Um clamor alto e cortante precisava ser erguido – a propaganda revolucionária precisava ser contida – e para esse fim tudo que pudesse ser dito contra ela deveria ser clara, penetrante e enfaticamente expressado, e sem concessões. Com Aníbal às portas, não era hora para meias-opiniões, para moderação e contemporização. Nenhuma pessoa sensata hesitaria em dar o melhor de si para desacreditar os jacobinos, sem nenhuma consideração escrupulosa demais por justiça absoluta. Eles eram injustos e inescrupulosos, e talvez fosse perdoável atacá-los com suas próprias armas. De tudo isso inferimos a regra decisiva de que, para entender Burke corretamente, devemos encará-lo não como crítico, mas como advogado. O livro não é história nem Filosofia, mas uma polêmica. Trata-se de uma polêmica contra o jacobinismo, particularmente o jacobinismo britânico.

O que é ou, mais exatamente, foi o jacobinismo? No costume da época, [xvi] era um termo pejorativo aplicado sumariamente a qualquer oposição ao partido dominante. Quem duvidasse do Sr. Pitt era qualificado como jacobino, assim como quem duvidasse dos bispos era considerado infiel. Mas o jacobino propriamente dito é o revoltoso contra a ordem estabelecida da sociedade. O que aqueles que se achavam sob essa ordem estabelecida entendiam pelo termo é expresso *grosso modo* na frase de Burke em *Treason against property* [Traição contra a propriedade]: "Você tem demais, eu tenho de menos – você tem privilégios, eu não tenho nenhum – suas regalias são uma usurpação das minhas, ou daquelas que deveriam ser minhas". Essas fórmulas constituem o credo do jacobinismo em sua forma mais simples e mais rude, o antagonismo sentimental da pobreza contra a riqueza.

> Bem, enquanto eu for mendigo, hei de reclamar,
> E dizer que não há outro pecado senão o de enricar;
> E, ficando rico, minha virtude então será
> A de dizer que o pior dos vícios é mendigar.[1]

A esse credo nunca faltarão expoentes. Ele se funda em uma história antiga e, em certo sentido, uma história de injustiça; mas, enquanto a espécie humana mantiver sua vantagem sobre os animais inferiores, é uma injustiça que nunca será completamente corrigida. Na visão de Burke, é da natureza e da essência da propriedade ser desigual. Os graus de prosperidade social devem sempre exibir muitas nuanças de disparidade: "Tire apenas um grau, desafine aquela corda", e você destrói a maioria das coisas que estabelecem o homem acima dos irracionais. Grau é inseparável da manutenção da estrutura artificial da civilização. A última frase nos leva a notar a falácia fundamental da doutrina em seu estágio seguinte de jacobinismo filosófico ou *especulativo*. Civilização, felicidade social, as confortáveis artes da vida não são dádivas da natureza ao homem. São, no sentido mais rigoroso, artificiais. Os filósofos franceses, por uma gritante suposição, tomaram-nas por naturais e, portanto, uma questão de direito comum a todos.

Notamos aqui um antagonismo fundamental que Burke alegou existir entre os Revolucionários e a escola inglesa de políticos. Os primeiros baseiam suas pretensões no Direito; Burke, seguindo as

---

[1] Shakespeare, *King John*, Ato II.

tradições da estadística inglesa, alega basear as suas na Lei. Não é que a Lei não tenha base no Direito natural: é, antes, que a Lei, tendo ocupado como base uma porção do [xvii] espaço naturalmente coberto pelo Direito, tudo fora dela deixa de ser Direito no mesmo sentido em que o era antes. Em outras palavras, o Direito realizado, na forma de Lei tangível e vigente, é entendido como um avanço tão material em relação ao Direito abstrato, que a aceitação do primeiro equivale a uma renúncia ao último. Não se pode ter ambos ao mesmo tempo. Agora o jacobinismo pode ser encarado como o sentimento que leva o homem a repudiar a Lei e a firmar-se no Direito natural. A dificuldade é que, ao fazê-lo, ele se limita, e busca reduzir seus semelhantes ao direito do selvagem nu, pois o direito natural não pode estender-se além do estado de natureza. Como o jacobinismo é o repúdio da Lei, Burke firma-se sobre a Lei; e um dos defeitos deste ensaio é levar isso longe demais. Já se disse sobre sua atitude nesta obra que ele começa como rábula e termina como estadista. A discussão das primeiras trinta e oito páginas deste volume, pela qual Burke pretende provar que os ingleses venderam mal e perderam irremediavelmente seus privilégios para sempre, é, fora de qualquer questão, uma das passagens mais fracas de toda a obra do autor. Hallam provou que ela era indefensável em muitos pontos: e a refutação pode, acredita-se, ser completamente deduzida por referência às notas ao final deste volume. Um estadista britânico pode, no entanto, pleitear uma relação mais estreita entre lei e liberdade do que é habitual na maioria dos países, e pretender ser brandamente criticado por se defender do ponto de vista do advogado.

Homens da lei eram os estadistas sob os quais a Constituição britânica tomou forma. Homens da lei defenderam-na de agressão papal, uma circunstância a que Burke alude (p. 261) complacentemente: e uma de suas principais ideias é a totalmente advocatícia de que liberdade só pode progredir "de precedente em precedente". Esse avanço ele admitiu até a época da Revolução, mas aí, de um modo que lhe é característico, decidiu firmar sua posição. Magna Carta, a Petição de Direitos, a Carta de Direitos e a Lei de Colonização eram sua indubitável corrente de valores constitucionais ingleses, e se negou a aceitar qualquer modificação deles. Até então, ele estava em harmonia com as ideias populares. Quando superou isso, e declarou que a Lei de Colonização acorrentava a nação inglesa para sempre, seu raciocínio era obviamente falso. Todo o procedimento de Burke ao longo deste livro é, como já foi observado [xviii] confessadamente o de um advogado. Em sua apologia intitulada *Appeal from the New to the Old Whigs*, aponta como justificativa o fato de que, quando algum dos membros de um grupo vasto e equilibrado é ameaçado, é um amigo leal de todos eles quem defende a parte atacada, "com o maior poder de afirmação, de argumentação e de dissimulação que possua e que o caso exija. Ele não deve confundir a mente de seus ouvintes, nem carregar ou asfixiar seu discurso, evocando de uma só vez (como se fizesse uma palestra acadêmica) tudo que possa e deva – quando uma ocasião justa se apresente – ser dito em favor dos outros membros. Nessa hora eles não devem ser levados em conta; está fora de questão preocupar-se com eles. Enquanto opõe sua defesa contra a parte de onde vem o ataque, ele presume que, por sua consideração pelos justos direitos de todo o resto, encontra crédito em cada mente aberta e imparcial". A reverência excessiva e forçada de Burke pela Lei de Colonização talvez se deva parcialmente ao sentimento geral de incerteza que, durante seu próprio século, prevaleceu como princípio do partido. Já na época de Swift, partidos e seus credos se haviam confundido e se tornado por completo indistinguíveis. Mas Burke exigia algo positivo – algo a que os homens se unissem por acordo ou aliança. Lançando um olhar sobre a história dos partidos desde a época de Burke, a Revolução é o primeiro marco confiável que encontramos. Na apologia que acabamos de citar, ele proclama que os discursos dos que levaram a cabo o *impeachment* de Sacheverel, representando aqueles que fizeram acontecer a Revolução Inglesa, são as fontes da autêntica doutrina constitucional. Depois disso, ele parece ter perdido a confiança em todos os credos políticos. Mal se pode dizer que exista uma obra política notável da época que imediatamente o antecedeu à qual ele faça alusão, e ainda assim só em termos de censura.

Como ilustração, ao mesmo tempo, do recuo instintivo de Burke para o abrigo da ortodoxia legal e do encanto que sua pena lograva emprestar à mais seca declaração de princípios básicos, observemos como ele elaborou uma famosa passagem de um conhecido clássico legal.

> "Sendo o propósito de se ingressar em sociedade a proteção de nossas pessoas e a segurança de nossa propriedade, os homens na sociedade civil têm um direito, e de fato são [xix] obrigados a requerer do público reparação quando forem prejudicados; pois se lhes fosse permitido reparar os danos por si próprios, ou fazer represálias, o que poderiam praticar em um estado de natureza, essa permissão introduziria toda aquela inconveniência que o estado de natureza permitia, e que o governo foi inicialmente inventado para impedir; donde eles

> são, portanto, obrigados a submeter ao público a medida de seus prejuízos, e a recorrer à lei e aos tribunais de justiça, que são instituídos para lhes dar reparação e alívio em suas questões". (Condensação de Bacon, art. Actions in General.)

> "Um dos primeiros motivos da sociedade civil, e que se torna uma de suas regras fundamentais, é *que homem nenhum deveria ser juiz em causa própria*. Com isso cada pessoa renunciou, de imediato, ao primeiro direito fundamental do homem não pactuado, isto é, o de julgar para si mesmo, e propugnar sua própria causa. Ele abdica de todo direito a ser seu próprio governante. Ele, inclusive, em grande medida, abandona o direito de legítima defesa, a primeira lei da natureza. O homem não pode desfrutar os direitos de um Estado civil e os de um Estado incivil ao mesmo tempo. Para que possa obter justiça, ele abre mão de seu direito de determinar o que lhe é mais essencial. Para que possa assegurar alguma liberdade, ele entrega em confiança sua liberdade toda". (Páginas 221-222)

A jurisprudência prática da Inglaterra no tempo de Burke estava em lamentável necessidade de reforma. A da França era um caso ainda pior. Burke reconhecia plenamente que era preciso retirar os "defeitos, redundâncias e erros" da lei (p. 270), embora ainda afirmasse ser ela a "razão reunida das épocas" e o "orgulho do intelecto humano". Se na França "a antiga magistratura independente dos Parlamentos" merecia ser preservada, em uma condição reformada, como Burke insiste com tanta veemência, é algo que admite dúvida. Por escandalosos que fossem os atrasos, os processos inúteis e volumosos e as exigências que acompanhavam a administração do Direito inglês, os que o administravam eram pelo menos homens competentes, e homens que haviam ascendido honestamente a seus postos, em virtude de suas qualificações naturais e adquiridas. Na França não era assim. Na França juízes compravam suas posições e litigantes compravam a justiça. Nos casos em que isso possa não ser absolutamente verdade, justiça nas mãos de "declarados guardiães da propriedade" era uma mercadoria duvidosa, e poucos agora negarão que a Assembleia promoveu justificadamente uma varredura completa desse entulho (ver p. 307). Quanto ao direito consuetudinário que administravam, sua condição será mais bem inferida dos artigos sobre o tema contidos na *Encyclopédie*. Basta dizer a respeito que ele exibia as piores características do Direito inglês antes da época de [xx] Ricardo II. Burke achava que o sistema geral do Direito inglês merecia uma aprovação qualificada. Seus pontos de vista sobre a matéria, no entanto, eram muito diferentes dos de seu contemporâneo, lord Eldon. Ele não desaprovava sistematicamente qualquer exame ou investigação, nem desprezava nenhuma reforma proposta. Em 1780, ele tomou a iniciativa de advogar reformas tratando das propriedades do trono, que foram, a partir de então, efetuadas com aprovação geral. Ele havia começado, no início de sua carreira, um tratado em defesa daquela reforma do Direito Penal irlandês que, quando efetuada por seus amigos Savile e Dunning, produziu a horrível rebelião de 1780. Seu julgamento da questão de até que ponto era admissível uma reforma, e de em que medida ela degenerava em inovação, coincide com o de Bacon e Hale, mais do que com o de Coke e Eldon.

Concebendo a nação inglesa como uma estrutura inabalável apoiada sobre as quatro bases – Igreja, Coroa, Nobreza e Povo – é natural encontrar o autor insistindo principalmente nas excelências desses elementos então sob ataque na França. O Povo, é claro, não precisava de defesa, nem a Coroa havia sido derrubada, ainda. O sonho do momento era uma monarquia constitucional, baseada em elementos semelhantes aos da Constituição inglesa.[1] Somente a Igreja e a Aristocracia até então haviam sido ameaçadas; e, em seguida à defesa da Igreja, a seção mais famosa do presente tratado é a relacionada à Nobreza. Sobre essa matéria, independentemente de direito constitucional e de teoria, Burke acalentava preceitos cedo formados e nunca abandonados. Ele vivera em termos de intimidade com laços de obrigações mútuas e estava preso a eles, com alguns dos mais ilustres membros da aristocracia britânica. É a eles pessoalmente que esse panegírico sobretudo se aplica. A nobreza, no entanto, possuía prerrogativas que ele estava igualmente ansioso por reconhecer, como uma importante instituição do direito consuetudinário do país, conforme justificado por analogia universal e apoiado pelas melhores teorias gerais da sociedade. "Ser respeitado e até privilegiado pelas leis, opiniões e costumes inveterados de nosso país" era para ele não apenas um nobre prêmio para a pessoa que o alcançava, mas uma instituição política para a comunidade que o conferia. Por quê? Porque isso operava como um instinto para garantir a propriedade, [xxi] e preservar comunidades em um estado estabelecido (p. 329). Mas o raciocínio de Burke era prejudicado por um erro cardeal. Ele é impregnado por sua própria concepção de uma aristocracia derivada de seus próprios amigos pessoais e companheiros de trabalho. A aristocracia francesa diferia da inglesa como a substância difere da sombra. Na Inglaterra, nobreza por muito tempo implicou privilégios que eram meramente honorários; na França, implicava privilégios subs-

[1] Ver vol. i. Introdução, p. 21.

tanciais em si mesmos e cruéis para os que eram deles excluídos. De uma maneira prática, embora Burke, em seu trabalho de advocacia, negue o fato, a nobreza era livre de impostos. Para usar uma expressão suficientemente exata, o *sistema feudal* ainda se encontrava em operação na França. Se não agravado pelo aumento natural durante séculos sucessivos, ele exibia uma incompatibilidade crescente com o que o cercava. Na Inglaterra, fora praticamente extinto fazia dois séculos e estava agora absolutamente fora das ideias das pessoas; as antigas famílias estavam na maior parte extintas; e os Pares existentes eram principalmente plebeus com pequenas coroas em seus escudos de armas.* No presente momento, nem um único assento na Câmara dos Lords é ocupado por força de estabilidade conferida por título de posse,[I] e a Nobreza, salvo vaidades heráldicas e algumas cortesias legais e sociais, praticamente nada confere, exceto uma magistratura pessoal herdável (ou patrimonial), exercida mediante considerável despesa e inconveniência. O *status* de um Par do Reino geralmente envolve, em acréscimo, a manutenção do grosso de uma fortuna nem sempre grande no menos compensador dos investimentos. A habilitação para a Nobreza fora durante muito tempo limitada a um longo e contínuo curso de serviço ao Estado. Cada uma dessas condições foi invertida na França. O nobre era um membro de uma classe privilegiada em decadência, classe que se agarrava a seus privilégios injustos e opressivos com a

* Querendo dizer com isso que seriam no máximo viscondes ou baronetes adventícios (N.T.).

[I] Em uma ou duas recentes instâncias, uma pretensão a assento por título de posse foi apresentada e rejeitada.

mais obstinada tenacidade. Era o nobre ocioso que gastava os penosos ganhos do camponês. A taxação na Inglaterra incidia levemente, no extremo, sobre as classes mais pobres; na França, estas suportavam quase toda a carga das despesas nacionais. A sociedade na França, portanto, apoiava-se em um arcabouço vacilante e artificial, enquanto na Inglaterra o arcabouço se havia gradual e seguramente acomodado à mudança de força social.

Mas no método de Burke todo argumento em favor de um [xxii] elemento particular do Estado, baseado na excelência especial desse elemento, está subordinado à sua doutrina geral da natureza do Estado como uma grande máquina em funcionamento. Uma máquina, ele achava, destinada a alcançar o fim para o qual fora projetada, deve poder funcionar livre e continuamente. Estar perpetuamente parando seu sistema, com o propósito de tentar experiências, era pecado venial apenas em uma criança. Destruí-la, a fim de usar suas peças na construção de alguma outra máquina ideal, que poderia nunca vir a funcionar, era loucura criminosa. As restrições de Burke com referência a esse ponto eminente e capital em sua filosofia política são só parcialmente aplicáveis aos reformistas franceses de sua época; nem elas são irrepreensivelmente adequadas a toda e qualquer ocasião. E, no entanto, constituem uma base profunda e necessária a toda concepção inteligente de questões civis, e como tal nunca deixarão de ser dignas de lembrança por parte dos estadistas mais experientes, bem como uma parte indispensável da educação do principiante em política. Todo estudante deve começar, se não concluir, com o conservadorismo; e todo reformador deve ter em mente que, sem uma certa base estabelecida, garantida por um amplo grau desse princípio tantas vezes esquecido, seu projeto mais bem idealizado não pode deixar de fracassar. A presente obra é o melhor manual de conservadorismo que já houve.

Burke pede para seus pontos de vista o apoio da nação inglesa. Os eventos políticos e a popularidade de seu livro igualmente provaram que isso não era bazófia inútil, mas necessariamente indicava nada além de que o partido do progresso estava em minoria na Inglaterra, enquanto na França estava em ascensão. A reivindicação de Burke, no entanto, envolve muito mais. Ela estabelece que as doutrinas da revolução há muito eram bem conhecidas na Inglaterra; que a crença nos "direitos do homem" há muito eclodira, e suas consequências descartadas como falácias perniciosas, e que, nessa condenação, haviam concordado as melhores cabeças da Inglaterra. Examinar a justiça dessa reivindicação envolveria toda a história política e religiosa do século agitado entre a Invencível Armada [da Espanha] e a Revolução de 1688 [da Inglaterra]. Isso ultrapassa em muito nosso atual propósito, que pode ser igualmente bem servido com fundamento meramente literário. Tomando a literatura inglesa como nosso guia, descobriremos que, duzentos anos antes, conclusões muito semelhantes às de Burke formaram-se nas mentes de observadores [xxiii] filosóficos. A relevância dessas conclusões não é prejudicada pelos resultados históricos do debate. Eles não lançam sombra sobre as gloriosas vitórias do espírito inglês de liberdade. Eles mais exatamente as ilustram e complementam. Eles mais exatamente tendem a justificar a adoção parcial, por homens sóbrios e racionais, quando a substância da liberdade inglesa começou a ser atacada, sob os reis escoceses, de ideias que eram previamente limitadas a mentes imoderadas e apenas meio educadas. Mas essas ideias nunca penetraram a massa dos pensadores ingleses contemporâneos. Milton, em sua proposta de organização da República, seguiu ideias italianas, não inglesas; e o mérito devido a Milton não nos impedirá de reconhecer a beleza e a adequação de doutrinas das quais, sob outras circunstâncias, até ele poderia ter tirado suas deduções práticas.

Que o conservadorismo é compatível com uma estadística filosófica pode ser ilustrado em um grau notável pela grande obra de Hooker. Hooker e Grotius concedem uma visão dos direitos e obrigações gerais da sociedade civil que vai muito além do que Burke, na presente obra, vai admitir.[1] Mas o grande autor inglês, embora discernindo a necessidade de abandonar as tacanhas teorias políticas medievais, fortaleceu-se, em sua posição ampliada, por uma clara definição aos limites da mudança política. No Estado, Hooker via distintamente refletidas a ordem e a disciplina que ele acreditava terem sido marcadas na face natural do universo por um Criador onisciente e beneficente. O império da lei na terra refletia o império da lei nos céus. Hooker ridiculariza os turbulentos espíritos atilados de antigamente, para os quais, nas palavras do historiador romano, *quieta movere magna merces videbatur*. "Eles achavam a própria perturbação das coisas estabelecidas recompensa suficiente para fazê-los trabalhar". O leitor de Hooker não pode deixar de se impressionar pela sua coincidência com o modo de pensamento e de argumento de Burke. Ambos destacam o valor do que a nação inglesa encara como uma possessão perene; ambos põem a nu os fundamentos profundos da lei, da ordem e da organização política temporal; e buscam, pelas forças unidas

---

[1] Hooker, Livro i. cap. 10; Grotius, Livro i. c. 3 § 8. par. 2, etc.

da verdade e da razão, expor e justificar, aos olhos do mundo, as gradações, as dignidades e a majestade de um estado bem-equilibrado. Os limites da aplicação de princípios gerais em política são [xxiv] admiravelmente esboçados por Hooker. Seguindo Aristóteles, ele observa as falácias decorrentes do fato de desconsiderar a natureza do material sobre o qual o político tem de trabalhar.

> Essas variedades [as fases da vontade e sentimento humanos] não são conhecidas senão por muita experiência, da qual tirar os verdadeiros limites de todos os princípios, discernir até onde eles surtem efeito, ver onde e por que falham, apreender por quais graus e meios levam à prática de coisas à mostra, embora não de fato incompatíveis e contrárias uma à outra, requer mais agudeza de espírito, mais intricados rodeios de discurso, mais industriosidade e profundidade de juízo que a opinião comum proporciona. De forma que regras gerais, até que seus limites sejam plenamente conhecidos (especialmente na questão dos assuntos públicos e eclesiásticos), por motivo das múltiplas exceções secretas que nelas se ocultam, não são outra coisa, na visão do entendimento humano, senão névoas espessas passando diante dos olhos do bom-senso. Os que caminham nas trevas não sabem para onde vão. – Livro v. cap. 9.

Essas concepções geram-se de forma natural em uma mente perspicaz, assim que o mundo é despertado pelo impulso de livrar-se de antigos males. A sabedoria consiste, diz Burke, em grau considerável, em saber quanto mal deve ser tolerado. "Il ne faut pas tout corriger", diz Montesquieu. "Tanto na ordem política civil quanto na eclesiástica", diz Hooker, "há, e sempre haverá, males que nenhuma arte humana pode curar, mais rachaduras e vazamentos do que o engenho tem mãos para tapar". Pode ser;

mas é certo que rachaduras e vazamentos que uma época encarou como incuráveis foram tapados em outra. A ciência da política, ao contrário da maior parte das outras ciências, muitas vezes é encarada como tendo atingido seu estágio final; muita conclusão sedutora é estragada por essa suposição. O defeito de aforismos como esse de Montesquieu reside obviamente em seu extremo risco de abuso; e Burke não pode ser absolvido da acusação de abusar do princípio que o aforismo incorpora. Mas não se pode negar que Hooker e muitos outros ingleses cuja autoridade o povo inglês tinha em alto respeito fizeram a mesma coisa antes dele. A seguinte passagem de Hooker lembra ao leitor, de forma notável, um modo de argumento frequentemente empregado por Burke:

> Em primeiro lugar, a base sobre a qual eles constroem certamente não lhes pertence, a não ser com limitações especiais. Poucas coisas são tão restritas a alguma finalidade ou propósito único que, ficando o mesmo extinto [xxv], fiquem elas imediatamente anuladas por completo. A sabedoria pode ter preparado uma única e mesma coisa para servir folgadamente a diversos fins, e desses fins qualquer um pode ser motivo suficiente para continuação, embora o resto tenha cessado, assim como a língua, que a natureza nos deu como instrumento da fala, não fica ociosa em pessoas mudas, porque ela também serve para o paladar. E mais uma vez, se o tempo se esgotou, ou algum outro meio foi totalmente retirado, o que primeiro foi pretendido, usos ainda não cogitados podem surgir mais tarde, e ser motivos razoáveis para se manter aquilo que outras considerações outrora conseguiram que fosse instituído. E, às vezes, sucede que uma coisa desnecessária em si mesma, como dizendo respeito a todo o propósito direto para o qual era destinada ou pode ser aplicada, não obstante parece conveniente ser ainda mantida, mesmo sem uso, para que, por motivo daquela coerência que ela tem com

> algo mais necessário, a remoção de uma não venha a prejudicar a outra; e, portanto, homens que perderam inteiramente a possibilidade da visão não obstante conservam ainda seus olhos no lugar onde a natureza os colocou. – Livro v. cap. 42.

A base desse conservadorismo filosófico ou racional consiste em buscar contemplar as coisas com referência à sua dependência de um sistema inteiro, e ter consideração para com a coerência e importância do sistema. Isso está sujeito a abuso; e muitos podem achar que a concepção toda pertence mais ao domínio da poesia do que ao da filosofia. A poesia da época, de fato, reflete isso em mais de um lugar. A ideia pode ser claramente rastreada até os *Cantos da Mutabilidade*, de Spenser, o "vigoroso Titã" que, seduzido por "algum erro fútil", ousou

> Ver o que olhos mortais nunca viram.

O poeta antevê um rompimento calamitoso da ordem estabelecida das coisas, uma turbulenta contorção da "bela estrutura do mundo, que até agora nenhum dos deuses ou dos homens ousou alterar ou desviar", e uma reversão das leis da natureza, da justiça e da política. Isso nos lembra algo dos augúrios do coro grego, quando ele canta que as nascentes dos rios sagrados começaram a correr para trás e que a justiça e o universo estão sofrendo uma revolução. Essas noções são inquestionavelmente mais do que os sonhos floreados de poetas. Elas têm sua chave no tom moral deficiente de sua época; mas de modo nenhum segue-se que a deficiência moral aí implícita cobre todo o terreno até onde elas se estendem. A sonolência parece natural a certos estágios da história humana; e uma nação letárgica sempre se irrita aos primeiros sinais de [xxvi] seu despertar. Podemos rastrear uma veia semelhante de sentimento, estimulada pelas mesmas agências revolucionárias, embora em um estágio posterior, nos poemas do filosófico e "bem-articulado" Daniel*. A faculdade de considerar uma instituição por muitos lados permitiu a Daniel salientar

> Como se acha que são injustos os poderes, que impedem injustiças.

Daniel treinou-se em uma escola instrutiva, na preparação e composição de sua *História das Guerras Civis*. Como Burke, ele era de opinião de que a sabedoria política não se obtinha *a priori*. O estadista deve estudar

> Os registros fiéis dos livros, nos quais encontramos
> A obtenção de nosso estado, como ele foi possuído
> Por todos os nossos ancestrais e de que modo
> Nós o possuímos, e igualmente como, no final,
> A frágil posse da felicidade
> Passará para a nossa posteridade
> Pelo mesmo direito de destino igual.
> Neles descobrimos que nada de novo pode advir
> Ao homem e sua condição.[1]

Essa é uma ilustração adequada da alegação veemente de Burke de que os ingleses jamais consentirão em abandonar o senso de

* Samuel Daniel, poeta e historiador inglês, contemporâneo de Shakespeare, autor de sonetos, de pastorais, de uma lírica variada e até de tragédias, além de uma completa história da Inglaterra. (N. T.)

[1] *Dedication of Philotas.*

continuidade nacional. A nação inglesa é enfaticamente uma nação *velha*: ela segue em frente na suposição de que nada há de novo sob o sol. E está sempre disposta a criticar severamente qualquer um que labora, como diz Warburton, sob aquela inquietação epidêmica de homens ociosos, a ideia de instruir e informar o mundo. O coração dos homens, e o coração maior de corpos associados de homens, foi radicalmente o mesmo em todas as eras. Nas leis da vida, não podemos ter esperança de muita iluminação adicional: novas luzes em geral acabam sendo velhas ilusões. Não há uma *terra australis* inexplorada, seja de moralidade ou de ciência política. Os grandes princípios de governo e as ideias de liberdade "foram entendidos muito antes de termos nascido, e completamente, bem como serão depois que a sepultura tiver empilhado sua terra sobre nossa presunção e a tumba silenciosa houver imposto sua lei à nossa petulante loquacidade".[1] Em uma era literária e científica, é impossível que [xxvii] esse dogmatismo possa passar incontestado: mas Burke tem razão em identificar um antagonismo entre as convicções das melhores mentes da Inglaterra, conforme representadas em um grande passado histórico literário, e as da geração literária existente na França. Os ingleses em todas as épocas tiveram predileção por questões públicas e por erudição acadêmica; e essa predileção não está mal representada por alguém que era um homem de letras com as qualidades adicionais do filósofo e do político. Ilustrações curiosas de um antagonismo normal entre esses elementos podem ser derivadas de um *Diálogo* de Daniel intitulado "Musophilus". Musophilus é o homem de letras, Philocosmus o

[1] P. 257-58.

homem do mundo. Philocosmus injuria Musophilus por seus interesses e ocupações vazios e despropositados, ao que Musophilus replica com uma vigorosa defesa da cultura. Philocosmus muda de posição e passa a atacar os professores de cultura, que abundam no mundo inglês, e o infestam com um espírito geral de insatisfação equivalente a sedição.

> Então não veem que esses panfletos, libelos, versos,
> Esses estranhos tumultos compactos da mente,
> Tornaram-se o mal da época,
> A grande doença que aflige a humanidade?
> Suas virtudes, que seus desatinos transformaram em seus crimes,
> Entraram em combate com sua falta de juízo.

Burke insiste em identificar a "cabala literária" como o principal elemento no fermento da Revolução: "Homens de letras, chegados a se destacar, raramente são avessos à inovação" (p. 291). Vejam como um observador afastado, no tempo dos primeiros Stuarts, antecipa os efeitos da mesma atividade desencaminhada.

> Pois quando as maiores inteligências não alcançam
> O bem esperado que consideram seu direito
> E percebem outros de virtudes bem inferiores
> Desses bens tirar proveito;
> Exibem, com o aguilhão da inveja, esforço
> Para atingi-los com censuras e despeito.
> . . . .
> Donde surgem cismas e seitas insatisfeitos;
> Donde controvérsias enroladas brotam aos lábios,
> Alimentando os simples e ofendendo os sábios.

Ação, Philocosmus segue dizendo, difere materialmente do que se lê em livros:

> Os negócios do mundo exigem, para sua condução,
> Mais artes do que aquelas em que vocês, escribas, sabem se haver.

Homens de letras, na indulgência dos gostos que seus interesses estimularam, perderam aquelas faculdades que são necessárias para a condução de negócios.

> A arte em que se tornaram tão hábeis
> Desfibra-os de todas as suas forças, acovarda-os inteiramente.
> A sociedade pública e as relações dos homens
> Exigem outros dons, outra disposição.

Cuidado com o filósofo que pretende dirigir o Estado. O Erudito replica que o Estadista, com toda sua gabada e propalada habilidade, não pode prever os perigos dos tempos, ou ver

> como logo este mundo que gira tira
> Vantagem para sua dissolução,
> Louco para livrar-se dessa cerceante condição
> De ciência civil e opinião;
> Com que alegria desembestaria, para que pudesse fazer
> Uma forma amorfa de uma só confusão.

Os mistérios do Estado, as "sutilezas normandas", diz o Erudito, são agora comuns e vulgarizados. Inovações levianas derrubariam a estrutura toda da sociedade. Mas qual é o remédio? Fazer "retroceder o presente estado de coisas"? Isso podia acabar deixando os homens mais perdidos, destruindo a fé na unidade e continuidade da vida civil, que é

> aquele paládio tão bem conservado
> Que, uma vez retirado, traz ruína eterna.

Uma investigação descobriria mais ou menos a mesma veia de pensamento em muitos dos contemporâneos de Daniel. Compara-se, por exemplo, o retrato de Dichostasis, ou Sedição, feito por Fletcher,

> Que fora habituado a viver somente na corte facciosa,
> Mas agora a pastores apaixonados intimamente ligado está.
> . . . .
> Um artífice sutil deu-lhe braços formosos,
> Forjados na oficina da sofista sabedoria;
> Elaborados com artes curiosas, e feitiços poderosos,
> Temperados com mentiras e falsa filosofia.
>
> *The Purple Island,* Canto vii.

[xxix] Entre as características mais óbvias de Shakespeare está aquela que costuma ser chamada de sua objetividade. Ele não encarrega seus personagens de expressar seus sentimentos e convicções pessoais. Seus personagens são realidades e não máscaras. Mas ninguém que tenha tentado penetrar a mente de Shakespeare conforme refletida em suas obras todas negará a ele uma plena participação na doutrina de Burke de fé na ordem da Sociedade. Para usar as palavras de Hartley Coleridge,[1] Shakespeare, conforme se manifesta em seus textos, é um dos que "constroem a comunidade nacional, não sobre os bancos de areia cambiantes das conveniências, ou as marés incalculáveis da vontade popular, mas sobre as fundações seguras do propósito divino, demonstrado pelos grandiosos e gloriosos fins do ser racional, que deduzem os direitos e deveres dos homens, não da natureza animal, à qual nem direito

[1] *Essays,* vol. i. p. 134.

nem dever podem ser inerentes, não de um estado de natureza que nunca existiu, nem de algum contrato arbitrário que jamais ocorreu na memória dos homens, nem dos anjos, mas das exigências da complexa vida da alma e do corpo, definidas por razão e consciência, expostas e ratificadas pela revelação". Isso se aplica tão exatamente que se poderia achar que ele falava de Burke. Seria possível fazer um livro ilustrando as concepções políticas de Shakespeare a partir de suas peças: mas bastará, para nossos fins, considerar um ou dois exemplos. O seguinte extrato da fala em que Ulisses manifesta sua denúncia dos males que se originam das rixas dos paladinos gregos é notável tanto pela abrangência de seu pensamento quanto pela precisão com que reflete um sentimento que foi sempre comum entre os ingleses. Uma concepção mais limitada do mesmo raciocínio é resumida em um famoso epigrama de Pope que começa assim: "A ordem é a primeira lei dos céus".

> Os próprios céus, os planetas e este centro
> Observam níveis, prioridade e posição,
> Persistência, rumo, proporção, ocasião, forma,
> Posto e costume, em toda sequência de ordem:
> E portanto está o glorioso planeta, Sol,
> Em nobre eminência entronizado e posicionado
> Em meio aos outros: cujo olho medicinal
> Corrige os maus aspectos de planetas maléficos,
> E determina posição, como o comando de um rei,
> Sem coerção, a bons e maus. Mas quando os planetas
> [xxx] Em funesta mistura descambam para a desordem,
> Que tormentos e que portentos! que rebelião!
> Que fúria do mar! que abalo da terra!
> Comoção dos ventos! temores, mutações, horrores,
> Desviam e arrebentam, dilaceram e arrancam

A unidade e a calma união de estados
Totalmente de sua firmeza!
Oh, quando é abalado o nível
Que é a escada de todo desígnio elevado,
A iniciativa se abate! Como poderiam comunidades,
Etapas nas escolas e irmandades nas cidades,
O comércio pacífico com litorais variados,
A primogenitura e o direito de nascença,
Prerrogativa de idade, coroas, cetros, louros,
Senão por nível permanecer em seu legítimo lugar?
Basta retirar o nível, desafinar essa corda,
E, ouçam! que discórdia se segue! Cada coisa se relaciona
Em mera opugnação com as outras: as águas contidas
Subiriam das margens, passariam das praias
E deixariam todo este globo sólido empapado:
A força seria o amo da imbecilidade,
E o filho rude mataria o pai:
A força seria o certo: ou, então, certo e errado
(Em meio a cujo incessante composto reside a justiça)
Perderiam seus nomes e assim também a justiça.
E então tudo se resume no poder,
O poder na vontade, a vontade no apetite:
E o apetite, um lobo universal,
Assim duplamente secundado por vontade e poder,
Deve por força fazer uma presa universal,
E, finalmente, devorar a si mesmo. Grande Agamênon.
Quando o nível é sufocado, esse caos
Segue-se à asfixia.

Tróilo e Créssida, Ato I, Cena 3.

Nenhuma passagem na literatura reflete mais fielmente o espírito geral da presente obra. O tom grave que mescla doutrina e augúrio e os dois efeitos morais contrastados são, ali como aqui, fortemente semelhantes.

Jack Cade e sua debandada, e a ralé em *Coriolano*, ocorrerão sem dúvida ao estudante como instâncias nítidas de sátira contra a

Democracia. Shakespeare sempre concebe a ação política, especialmente na Inglaterra, como procedendo de um monarca legítimo, que exerce [xxxi] real poder sob a orientação de conselheiros sábios; e isso não diverge em grande medida da teoria Whig da qual Burke foi sempre um adepto.

Deixando o período elisabetano, seria fácil continuar a justificativa histórica da alegação de Burke. O partido popular da Commonwealth e o da Revolução eram os verdadeiros conservadores de sua época. Eles lutaram, como Burke já salientara em obra anterior, por uma liberdade consagrada por longo hábito e tradição; e, do lado de fora dessa luta memorável, as maiores mentes inglesas, com poucas exceções, renderam-se à maré geral de opinião antirrevolucionária. Dryden, sempre uma autoridade preferida junto com Burke, é uma instância óbvia. Uma passagem de suas obras em prosa pode ser citada para mostrar que aos piores argumentos empregados por Burke neste tratado não falta a autoridade de grandes e populares nomes ingleses:

> Nem se segue que uma sucessão inalterável pressupõe que a Inglaterra seja a propriedade do rei, e o povo, seus bens móveis e imóveis também dele. Pois a preservação de seu direito não destrói nossa propriedade, mas nos mantém nela. Ele se obrigou por lei a não invadir nossas posses, e nós nos obrigamos como súditos dele e de todos os seus sucessores legítimos, e por esse nosso ato irrevogável, tanto por nós próprios quanto por nossa posteridade, não podemos excluir o sucessor, tal como não podemos depor o presente rei. A Inglaterra é, de fato, propriedade do rei, e posso seguramente concordar com a pressuposição deles quanto ao *governo* da Inglaterra, mas não se segue que o povo seja seus bens móveis e imóveis dentro dela, pois então ele poderia vendê-los,

alienálos ou destruí-los, como quisesse, e a não fazer tudo isso ele se obrigou pelas liberdades e privilégios que nos concedeu por leis. – Justificação do duque de Guise, p. 53.

Pode-se objetar, com verdade, que o curso dos eventos políticos ingleses destrói a autoridade dessas fórmulas Tory. Mas é bem sabido que a política Whig da Inglaterra desde a Revolução não era apoiada por uma maioria do povo inglês. Caso se contasse por cabeça, a maioria do povo inglês até o início do reinado de George III, como se descobriria, era Tory; e Burke estava em uma posição de força quando assegurou que essa era a disposição da nação inglesa como um todo. Entre os poemas de Dryden, o famoso "Absalom and Achitophel" ilustrará o sentimento Tory que o povo inglês [xxxii] nutria; mas este será encontrado em sua forma mais concisa no *pendant* de "Absalom", a incomparável sátira chamada "The Medal". Os versos subsequentes ao retrato de Shaftesbury, que ridicularizam virulentamente o recurso ao povo como um teste da verdade, resumem de forma magistral os tópicos históricos e filosóficos comumente alegados nesse ponto de vista:

Ele prega à multidão que o poder é dado de forma *parcial*,
Mas não é *outorgado* ao governo real;
Que prerrogativas sucessivas não criam obrigação,
E que são coisas muito naturais os votos da coroação,
Afirma que a multidão nunca pode escolher mal,
E senta o povo no trono papal.
O motivo é óbvio: o interesse não ilude, nem despista,
A maioria tem sempre seu interesse em vista,
O poder é sempre deles, e o poder é sempre sábio.
Onipotente multidão! encurtas todas as disputas,
O poder é tua essência; a esperteza, teu atributo;

Nem a fé nem a razão te fazem ficar calada:
Pulas sobre toda verdade eterna com tua fala empolada!

Fócion e Sócrates são satiricamente apresentados como exemplos da justiça popular. Segue-se então uma extraordinária previsão de uma opinião elaborada e dada ao mundo pelos filósofos franceses do século seguinte:

A moda geral é a conformidade com a religião,
A dos turcos é melhor em Constantinopla,
Os ídolos na Índia, o Papado em Roma,
E nosso próprio culto único verdadeiro em nosso país.
....
Uma doutrina tentadora, plausível e nova:
Que tolos foram nossos pais se isso for verdade!
Que, para destruir as sementes da guerra civil,
Declararam o direito inerente aos monarcas:
E que um poder legal possa nunca terminar
A sucessão garantida para garantir nossa paz.
Assim a propriedade e o soberano dominam finalmente
com pesos iguais que foram justamente dispostos:
Mas esse novo Jehu[1] espora o cavalo de boca ardente,
Instrui o animal para que fique ciente de sua força natural,
Para que tome o freio entre seus dentes, e voe
Para a escarpa íngreme da anarquia.

[xxxiii] Na conclusão de "The Medal", o poeta prediz o que se chama de o "rompimento das comportas"; o inevitável confronto da "espada assassina e a toga clamorosa", a abolição de "Nobreza e Propriedade", e a supremacia de um comandante militar popular. Esses vaticínios na época de Burke eram familiares ao mundo

[1] Jehu – Um rei de Israel que dirigia seu carro de guerra com fúria. (N. T.)

há um século; e ele agora imaginava vê-los a ponto de se cumprirem na França.[1]

Seria fácil seguir a mesma trajetória em Butler e Swift, no vasto campo dos Ensaístas e nos autores teológicos e históricos ingleses, entre os quais a maioria dos nomes populares será encontrada no mesmo lado. Os Whigs e Tories seculares, se excetuarmos uns poucos políticos clericais, evitam igualmente professar extremos. Os poetas populares da geração do próprio Burke alimentaram a ideia de um passado histórico grandioso intimamente ligado ao sistema político existente. A poesia inglesa, de Spenser e Drayton a Scott e Tennyson, na verdade sempre foi amplamente impregnada por essa ideia, e uma tendência retrospectiva, com um quê de orgulho e admiração, geralmente acompanhava o gosto literário nos ingleses. Milton e Spenser fizeram a festa com as fábulas antigas que formavam o grosso do que se chamava de História da Inglaterra. Shakespeare dramatizou a história das épocas que antecederam a sua própria, com ainda mais felicidade do que as lendas longínquas de Lear e Cimbeline. Pouco disso se pode observar no gosto de qualquer nação estrangeira, e a literatura da França sempre foi eminentemente a linhagem do momento. As mentes francesas nunca se prenderam no interesse derivado de um senso de identidade com os eventos ou produtos do passado. Os críticos continentais, como era de esperar, fizeram remontar o amor dos ingleses pelo passado inglês a uma acanhada insularidade. Eles também deveriam salientar como era intenso o contraste, até o tempo da Revolução na França, entre as instituições insulares e continentais. Na época

[1] O próprio Burke cita "nosso poeta político" Denham (p. 299).

de Burke, liberdade religiosa e política eram, para os franceses, ideias inteiramente estrangeiras. Grandeza nacional era uma concepção comum tanto aos ingleses quanto aos franceses: mas a Inglaterra, ultimamente, havia repetidas vezes apoucado a da França, e os franceses começavam justamente a pesquisar os motivos que deram ao país menor sua superioridade. Havia um contraste e uma [xxxiv] disposição para pesquisá-los: o povo inglês e o francês, durante o século XVIII, observavam as tentativas sociais e políticas de seus vizinhos com vigilância curiosa. O antagonismo foi ampliado pelo começo de relações sociais entre eles nos intervalos de guerra. Podemos aprender alguma coisa do contraste que se acreditava subsistir entre as tendências normais da mente inglesa e da mente francesa a partir da crítica de um homem de letras totalmente inglês contra De Vertot, cujas obras durante o último século foram tão avidamente lidas pelo povo francês.[1] Warburton,[2] ele próprio um dos primeiros amigos de Burke, destaca, dentre as trapaças adotadas para conquistar a atenção popular, aquela "espécie inteiramente nova de texto histórico" que trata das revoluções de um país. De Vertot havia reunido em um estilo popular a história daquelas transformações violentas que haviam ocorrido na Roma antiga e na Suécia e Portugal modernos. Seu sensacionalismo lhe havia garantido um sucesso extraordinário. Warburton, indignado com "o atual gosto pela trapaça e sua importância ainda insuspeitada", prova que o sistema é falso em si mesmo, "prejudicial ao país que desagrega" e destrutivo de qualquer história legítima.

---

[1] Ver nota, p. 477.

[2] Panfletos de Warburton e de um warburtoniano, p. 99.

> Que essa forma engabele como maravilha o leitor comum não é de modo algum estranho. A turbulenta catástrofe ativa das revoluções dá um tipo de prazer agitado àquelas mentes vulgares que ficam impávidas diante das cenas tranquilas que os avanços calmos e constantes de um estado bem-equilibrado para garantir sua paz, força e durabilidade lhes apresenta. Acrescente-se a isso que a parte da revolução é o grande repositório de todas as provisões para admiração, cujo poder e fascínio sobre a imaginação examinamos atentamente; enquanto a parte constante proporciona diversão apenas para o entendimento, com suas sóbrias lições sobre utilidade pública.

Essa trapaça não é só passivamente inútil; ela tende a nos indispor contra o sistema social inteiro; "a pensar nele irreverentemente e, com o tempo, abandonar qualquer preocupação com seus interesses". Mas, pode-se objetar, esse tipo de história é o que melhor descobre a natureza e o gênio de um povo. "Ridículo!", diz o crítico, "como se devêssemos medir os benefícios do Trent, do Severn ou do Tâmisa pela casual inundação de uma enchente estival". Ele segue queixando-se da injustiça infligida aos ingleses por esse "método histórico". Nós, "o povo mais bem formado sobre a terra," somos taxados por esses charlatães, por conta de nossa luta para preservar as liberdades que formam nosso patrimônio, de "revolucionários agitados, ferozes e turbulentos". É fácil rastrear aqui o argumento de Burke. Durante mais de cinquenta anos, quando Burke escrevia, o povo francês veio a acreditar em revoluções, e a contar com seus vizinhos do outro lado do mar para conhecer métodos revolucionários autênticos. Os fatos sobre os quais essa convicção se baseava eram mal discriminados e mal compreendidos. Mas a ânsia por mudança evoluíra para uma necessidade social. O francês, em seu desespero, ainda se voltava para a Inglaterra, e o inglês ao mesmo tempo o repelia como a um inimigo e o desprezava como a um escravo. Na época de Warburton, tal "anglomania", da qual essa era apenas uma forma, constituía novidade. A inovação sempre se ressente da rivalidade; e essa circunstância sem dúvida ajudou a atrair a ira de Warburton. Mas o que fora uma novidade em 1727 tornara-se habitual em 1789. O senso de verdade histórica e política ficou cada vez mais obscurecido, e a exigência mórbida de mudança se foi transformando pouco a pouco em uma loucura. A vida política prática, alma e escola da doutrina política autêntica, estava extinta. A velha estrutura do Estado se tinha estragado, e ninguém sabia como consertá-la. Mas isso, embora fosse fato concreto, dificilmente estava dentro da compreensão dos ingleses.

Até hoje, pode-se dizer que as críticas mútuas trocadas por ingleses e franceses são geralmente baseadas em alguma forma de mal-entendido. Era pior ainda um século atrás. Em mais de um tópico desta obra, Burke transfere para questões francesas ideias que, na realidade, só eram adequadas à Inglaterra. Na famosa descrição de Burke da sociedade europeia, no melhor dos casos, segundo ele estava convencido, pouco ou nada havia neste nosso país que pudesse ser interessante ou instrutivo para os franceses. As partes dessa obra mais bem calculadas para seu fim são os argumentos que podem ser encontrados pelo livro de alto a baixo e que deduzem da sociedade inglesa as leis mais nobres que deveriam reger a vida civil em geral. Nesse terreno é que Burke se mostra mais forte.

À acalentada tradição da filosofia inglesa do Estado, os incidentes da Revolução na França administraram um impulso possante e inesperado. Burke concebia o credo político [xxxvi] inglês como sendo ameaçado e incompreendido: seu rápido intelecto prontamente rastreou esse credo até suas deduções mais impositivas, e sua fantasia inflamada e poética moldou-se em formas novas e mais impressionantes. Temos nesta obra, pela primeira vez, um retrospecto deliberado do que a sociedade europeia em sua forma normal e antiquada fez pela raça humana, realçado por tudo que a paixão e a retórica podem fazer para enaltecê-lo. Burke tirou inspiração de seus oponentes. Tal como o revolucionário em seu dogmatismo exibe toda a acrimônia e a intratabilidade de um eclesiástico, Burke comunica à sua filosofia da sociedade um pouco da profundidade e do fervor da religião. O Estado, de acordo com sua figura solene, que reflete igualmente o modo de pensamento do grande estadista e filósofo de Roma e de nossos clérigos filosóficos ingleses, é uma emanação da Vontade Divina.[1]

A filosofia política de Burke, embora em si mesma sistemática e bem rematada, não tem nenhuma pretensão ao caráter que se entende por *teoria científica*. Ela se apoia em ignorância e, em linguagem técnica, pode ser descrita como cética. A melhor fórmula fornecida por esta obra para expressá-la é a que descreve a raça humana como uma "incorporação grande e misteriosa".[2] A sociedade, embora um sistema cambiável e destrutível, não é como uma máquina que permite, quando se quiser, ser desmontada em peças, para regulá-la e então reconstruí-la. Sua força motivadora é tão incompreensível quanto a do homem individual. Toda e qualquer análise é evadida por aqueles laços que unem as obrigações e devo-

[1] P. 274.
[2] P. 187.

ções do indivíduo em um todo inteligível e operativo, exatamente como se passa com os que mantêm unido o sistema do Estado. A sociedade, para repetir uma fórmula batida, é um organismo, não um mecanismo. Assim como a própria vida é um mistério insolúvel, assim também é a vida daquela entidade invisível que se entende pelo termo "sociedade". A tentativa de desafiar esse mistério é tão tola e presunçosa quanto seria, no mundo mecânico, a tentativa de animar uma massa de peças defeituosas. A sociedade não é feita; ela cresce, e por meios tão obscuros e misteriosos quanto aqueles que desde o seu primeiro germe conduzem e limitam o destino da vida no indivíduo. Φύσει πολιτικὸν ζῷον ἄνθρωπος. A natureza elementar exprimida em cada palavra dessa expressão profunda de Aristóteles está envolvida em semelhante grau [xxxvii] de obscuridade. Nem o *Homem* nem o *Estado* podem escapar do caráter de mistério original impingido a eles pela *vida* e pela *natureza,* na qual e pela qual ambos são gerados. Admitindo isso francamente, e tirando nossas conclusões somente do caráter positivo que o homem moral e político em seus diversos aspectos efetivamente revela, estaremos seguros; mas no infrutífero esforço para erguer o véu só podemos cair em erro. O método autêntico da política, como de todos os ramos do conhecimento prático, é o da experimentação. Examinaremos o rosto da sociedade. Observaremos, como Newton fez no sistema planetário, as enormes forças gravitacionais que atraem suas partículas, levando-as a assumir formas vivas e congruentes; mas, com a sabedoria de Newton, saibamos jogar fora todas as hipóteses tentadoras e não penetremos mais fundo. Confiemos em qualquer coisa que acharmos ser uma força motivadora, ou um princípio aglutinador, e a acalentemos sabendo que, como o vento que sopra onde quer, é uma força sobre a qual não se tem controle, a não ser o de regular e o de corrigir. Tratemos reverentemente, como alguém que aprendeu a temer a si mesmo,[I] e a amar e respeitar sua espécie, mesmo com os erros, os preconceitos, os hábitos irrefletidos, que se encontram misturados nessas forças e princípios. Não se pode entendê-los, não se pode desconsiderá-los ou desafiá-los; não podemos livrar-nos deles. Devemos entender a estrutura do homem e da sociedade tal como um Poder acima de nós os fez. Para orientar-nos no modo de lidar com eles, temos a experiência dos muitos que nos precederam, possivelmente não nossos inferiores em qualificações para a tarefa, e que podem ter estado livres das dificuldades especiais que se atravessam em nosso próprio caminho.

A doutrina de Burke da origem da sociedade corresponde a essa visão de sua natureza e fundamento. Mais de um dos hábitos que ajudam a manter unida a sociedade foram adotados em teoria como sua origem possível, mas todos esses hábitos germinam a partir do instinto de congregação. Aristóteles e Cícero, cada qual em sua época, sustentaram, contra os teóricos contemporâneos, que é nesse instinto que se deve rastrear o verdadeiro germe da organização social; e a visão deles reviveu, na retomada das letras, no extraordinário panfleto de Buchanan, *De Jure Regni*. De acordo com esse ponto de vista, os hábitos e vantagens da vida social são inteiramente uma renovação brotada dos resultados da tendência irrefletida, operando através dos rudes canais dos sentimentos, dos animais humanos individuais a [xxxviii] gravitar juntos. "Ea

[I] P. 369.

est quaedam naturae vis, non hominibus modo, sed mansuetioribus etiam aliorum animantium indita... congregandorum hominum caussa longe antiquior, et communitatis eorum inter ipsos multo prius et sanctius vinculum". É essa lei da natureza (p. 186) que a autêntica filosofia política sempre segue: as variadas utilidades da vida brotam da natureza, como de uma cepa viva. O Estado então, diz Buchanan, não é invenção do orador ou do advogado, mas uma emanação imediata do Poder e da Bondade Divinos: e prossegue mencionando o belo sentimento de Cícero citado nestas páginas de Burke, "nihil eorum quae quidem fiant in terris acceptius quam concilia et coetus hominum jure sociati quae civitates appellantur". A mesma convicção de que a sociedade repousa sobre o desenvolvimento de um instinto misterioso, sob a orientação da lei divina, dá colorido à visão de Burke dos deveres do estadista. Em sua opinião, esses deveres investiam-no com algo do caráter de um professor religioso e era natural que essa concepção fosse ampliada por sua convicção de que os teóricos a que ele se opunha eram ateus convictos. Na imaginação de Burke, os elevados princípios de fé e dever estavam igualmente ameaçados e ele ousadamente assume sua posição quanto a ambos, para a defesa de ambos. Basta-nos observar que essa teoria do Estado, embora refletindo em alto grau doutrinas que parecem pertencer principalmente à teologia, não é nem inconsistente, nem improvável. Enquanto despreza, com Buchanan, a teoria indigente que faria a sociedade exclusivamente dependente dos benefícios e vantagens que a acompanham, Burke a faz repousar sobre a base mais simples e elevada da natureza, não ultrapassa os limites da evidência e da pressuposição legítima e transforma o domínio da filosofia política em um campo mais amplo e mais interessante.

Na filosofia de Burke, Deus, Natureza e Sociedade são concebidos como três entidades inseparáveis. Burke assim seguia o filósofo pagão Cícero, fortificando seu credo político por referência àquele sentimento religioso que lhe é tão aparentado. A religião, de acordo com Burke, é um necessário contraforte do edifício social. Ela é mais do que isso: ela impregna e aglutina o todo. É a base da educação: acompanha o cidadão em todos os atos da vida; do berço à sepultura. A religião é parte dos direitos do homem. Burke acreditava que a forma exata de religião que o Estado deveria autorizar era uma questão inteiramente secundária. [xxxix] É provável que ele teria estabelecido a Igreja Católica Romana na Irlanda, como a Igreja Anglicana foi estabelecida na Inglaterra. Em comum com muitos eclesiásticos ingleses de sua época, ele havia então abandonado inteiramente a posição de um século antes. Por religião em alguma forma positiva, Burke sempre altercou veementemente, em oposição à opinião contrária que então se difundia rapidamente, tanto na França quanto na Inglaterra. Embora ele fosse filósofo, os argumentos dos Livres-pensadores eram para ele inteiramente inconclusivos. No método de Burke, não constitui sólida objeção a nenhum elemento de doutrina que ele repouse mais ou menos sobre o que é artificial ou sobre o que não pode ser totalmente sustentado por referência a leis científicas. Quando encontramos alguma doutrina mais ou menos dúbia alimentada por homens racionais e civilizados, ficaremos caracterizados como autênticos políticos, e talvez como autênticos filósofos, não inutilmente ao denunciá-la como uma fantasia ridícula, mas ao tratar o erro aparente, para usar uma bela expressão de Coleridge, como reflexo incerto de alguma verdade que ainda não se ergueu no horizonte. Deveria bastar, para garantir nosso respeito, se não nossa total aprovação e nosso sincero entusiasmo, que algum elemento se tenha entremeado e domesticado tanto na mente humana que se tornou uma parte inseparável do legado de sucessivas gerações. Algo desse tipo, unindo nossos instintos civis e sociais com uma fé em alguma ordem Divina das coisas, pode certamente ser reconhecido na ordem de mentes mais elevada, bem como na mais baixa. De qualquer modo, a explicação dos "questionamentos obstinados" da natureza obtida por esse modo de encará-los foi boa o suficiente para Aristóteles e para Bacon, para Milton e para Newton, para Cícero e para Burke, e é boa o suficiente para as pessoas comuns. Como ela entra no presente argumento pode ser sumariamente expressado nas palavras de Hooker conforme anotadas por um anedotista da boca do próprio Burke.[1] "O motivo pelo qual admiramos primeiro aquelas coisas que são maiores, e em segundo as que são mais antigas, é porque umas estão menos distantes da substância infinita; as outras, da continuidade infinita de Deus." Esse é o germe da teoria política contida no presente volume. Um homem perguntou a Grotius qual era o melhor livro sobre política. O melhor [xl], disse Grotius, é um livro em branco. Olhe em volta, e escreva o que vê. A primeira coisa que um homem vê é que os homens geralmente não raciocinam sobre Política. A razão deles parece esgotar-se com outros temas. Suas conclusões mais bem raciocinadas são com frequência forçadas a dar caminho a instintos e sentimentos para os quais eles não

[1] Em uma interessante conversa com Burke, ao desjejum, um ano ou dois antes da Revolução, detalhado em um anônimo *Beauties of Burke*, 2 vols. 1798. A citação é do livro v. cap. 69.

têm explicação racional a dar. É assim também com razão e instinto em questões de religião. É um paradoxo, mas, quando falamos de coisas acima de nós próprios, o que não é paradoxo?

Reduzida a seus elementos, a mola mestra tanto da religião racional quanto da política racional parece ser o sentimento de *dependência.* O efeito que se pode fazer remontar a isso nenhuma outra teoria da vida ou da sociedade irá explicar. Considerava-se que a soma total da metafísica racional consistia em apenas duas proposições. A primeira, inclusa no *Cogito, ergo sum,* de Descartes, pode ser expressada como "Estou aqui". A segunda, como "Eu não me pus aqui". Cortar-nos, mesmo em pensamento, de nossa dependência do que nos cerca é cometer suicídio moral. Mas nossa dependência do que está fora de nós não se limita a nossos contemporâneos. Passa de geração a geração: ata-nos ao passado e ao futuro. A sociedade, diz Burke, em seu magnífico desmascaramento socrático da lógica imbecil que confundia dois sentidos de uma palavra,[1] é uma parceria em toda ciência, em toda arte, em toda virtude e em toda perfeição: uma parceria não só entre os que estão vivos, mas entre os que estão vivos, os que morreram e os que estão por nascer. Existe, diz um poeta que se nutriu com esse sublime pensamento,

> Uma grande sociedade somente na terra,
> Os nobres vivos e os nobres mortos.

A bela mansão de civilização de que desfrutamos não foi construída com nossas mãos, e nossas mãos devem refrear-se de poluí-la. Sendo meros inquilinos da vida, não nos cabe cortar o

---

[1] "Societé", significando tanto *sociedade* quanto *associação, parceria* (p. 271-72).

veículo de sucessão, ou desperdiçar a herança.[1] De ambos os lados de nós estende-se uma vasta sucessão de obrigações. Por milhões que possamos ser, representamos uma faixa pequena e insignificante entre a massa incalculável dos que nos precederam e as hostes infinitas dos que se seguem a nós; e estão agora mesmo pisando em nossos calcanhares. Nossa relação com a grande estrutura na qual temos o privilégio [xli] de ocupar um nicho por algum tempo é como a da minhoca e do molusco com a misteriosa e infinita totalidade da vida universal. Estamos aí como os encarregados de um imenso fundo de bens. Como os portadores da tocha no estádio, cabe-nos transmitir o fogo precioso que transportamos, sem deixar que se apague ou se reduza, aos que nos sucedem. Isso é o que Burke explica como "um dos primeiros e maiores princípios sobre os quais a nação e as leis são consagradas". Negá-lo é reduzir os homens à condição de "moscas de um verão" (p. 270).

Hume observa que uma geração não deixa o palco de uma só vez, e outra a sucede, como é o caso com os bichos-da-seda e as borboletas. Há uma margem perpetuamente variável na qual os homens de uma época e os da que a sucede se misturam. Nessa perpétua continuidade, que assegura que a raça humana nunca será totalmente velha ou totalmente nova, reside a garantia da existência da civilização. Não é possível uma ruptura nessa continuidade sem que a humanidade recaia em sua primitiva torpeza. Imagine-se por um momento um intervalo desses. O menor hiato seria suficiente para provocar o desaparecimento de cada pilastra, cada contraforte e cada abóbada que ajudam a sustentar a elevada e intricada estrutura da sociedade civili-

---

[1] P. 270.

zada. Mal podemos fazer ideia do drama terrível de uma nova geração de absolutos selvagens assumindo as ruínas de tudo de que desfrutamos. E, no entanto, assim que o trabalho de educação moral e política esmorece, arrisca-se imediatamente esse resultado. Na imaginação de Burke, a França estava bem a caminho dessa possível situação: a caminho de uma solução de continuidade moral tão desastrosa em seus efeitos quanto uma catástrofe geológica. Todos os fatos da história provam que a civilização é destrutível. É uma essência que sempre tende a se evaporar; e, embora o apreço por tudo que é precioso no mundo dependa do sentimento de sua perecibilidade, só raramente esse fato é percebido. Passamos a encarar nossa vida social como uma possessão perpétua e indestrutível, destinada, como a terra sobre a qual nos mexemos, a passar, sem nenhum incômodo ou preocupação da nossa parte, para a nossa posteridade. Mas o conteúdo inteiro da história é contra nós. Os gregos mal sonhavam com o dia em que suas relíquias e vestígios despedaçados, novamente compreendidos, restaurariam um mundo esboroado, e, para os que vierem depois de nós, coisas que para nós são quase tão preciosas e tão pouco valorizadas quanto o ar que respiramos podem vir a ser [xlii] objetos de curiosa conjectura ou de desdenhoso abandono. Encaremos nossa herança sob sua luz legítima, como uma coisa preciosa que temeríamos perder, e começaremos a calcular seu verdadeiro valor. Encaremos nosso próprio direito a ela como um bem sob nossa guarda para o benefício de nossos descendentes e entenderemos como agimos insensata e imoralmente ao adulterá-la. O modo com que previsões como a de Burke funcionaram em mentes afins pode ser adequadamente ilustrado com o famoso Sonho do

Árabe,[1] de Wordsworth, que, prevenido por uma profecia, apressa-se em enterrar, para preservá-lo do dilúvio que se aproxima, o precioso talismã que

> Tinha mais vozes que todos os ventos, com poder
> De empolgar o espírito, e de confortar,
> Em qualquer plaga, o coração da raça humana.

Essa concepção de grandes deveres interseculares transmitindo-se para a humanidade, geração após geração, reflete em grande escala um instinto que sem dúvida foi forte no povo inglês. A disposição a recorrer em pensamento ao valor da vida e do caráter sociais que herdamos, em vez de se esforçar com descontentamento por algum ideal imaginário, entrou duplamente no temperamento daquelas raças que foram principalmente úteis para colocar a sociedade civilizada sobre a face da terra. "Moribus antiquis res stat Romana, virisque", diz Ênio. O mesmo diz Burke, com efeito, da vida civilizada que a raça inglesa agora espalhou por todos os quadrantes do globo. Com a raça inglesa seguiram universalmente as velhas ideias inglesas sobre religião, sobre política e sobre educação; os Estados Unidos e o resto do novo mundo pegaram-nas de nós e lhes estão dando um desenvolvimento novo e frutífero. Após a passagem de quase um século, América e Inglaterra ainda exibem em sua totalidade os mais elevados ideais políticos e sociais. O tipo inglês, durante o século atual, foi mais amplamente imitado do que o grego ou o romano no auge de sua fama. Nossas ideias sociais, pobres que possam ser em comparação com as criações da especulação engenhosa, claramente têm algum

---

[1] Prelúdio, Livro v.

valor muito especial só delas. Um elemento desse valor é aquele efeito sobre o indivíduo que lhes é atribuído por Burke. Elas tendem, ou de algum modo favorecem, ao desenvolvimento de uma certa "simplicidade na vida e retidão de caráter". Elas mantêm um homem cara a cara com a vida [xliii] e a realidade. Elas incluem um código moral que se ajusta a todas as épocas, todas as classes e condições de vida; que robustecem um homem quando é bom que ele seja enrijecido, e o amaciam quando é bom que ele seja suavizado. O mesmo talvez possa ser dito, em menor grau, de alguns códigos morais do mundo antigo; mas certamente não se pode dizê-lo dos códigos morais do paganismo moderno. As vidas de alguns dos melhores e mais diligentes dos ingleses modernos não se podem comparar com justiça à de Sócrates; mas podemos justificadamente gabar-nos de um padrão que transcende em muito o de Rousseau e Goethe. Um elevado padrão de caráter não pode ser independente de algum padrão político correspondente; e vai-se descobrir que todo nome que mantém o nome da Inglaterra respeitado por todo mundo, em maior ou menor grau, confirma esse aspecto do caráter inglês, privado e público, que Burke apresenta.

Burke está em sua melhor forma quando discorre assim sobre a filosofia geral da sociedade: ele desmorona quando passa à sua aplicação. Há poucos tópicos no presente volume a respeito dos quais isso não seja verdade; e, como já foi observado, isso é conspicuamente verdade quanto ao argumento de abertura da Constituição britânica. Por lamentável que seja ver a mente requintada de Burke dedicada ao trabalho enfadonho da casuística Tory, pior ainda é descobrir suas simpatias habitualmente prontas e generosas, à medida que o trabalho avança, impenitentemente negadas à causa do povo francês. Não era para qualquer inglês de mente liberal, rico na herança e na sabedoria e liberdade constitucional, receber a aurora de instituições representativas na França com nada além de um rompante de desprezo e sarcasmo. Pelo menos caía bem para Burke essa atitude para com a Assembleia Nacional. Seu discurso de abertura aos políticos franceses[1] é mais do que pouco generoso: é injusto. Parece inacreditável que se tenha ouvido alguém declarar que o caminho da reforma na França era "uma carreira fácil e tranquila de felicidade e glória", que havia sido temerariamente abandonada.[2]

---

[1] P. 188-89.

[2] Na opinião de que a França possuía todos os elementos de uma boa constituição, que só precisavam ser limpados da ferrugem e das obstruções e ser postos em condições de funcionamento, Burke errou com muitos franceses patrióticos e inteligentes. Hoje podemos ver que não era esse o caso, e mais ainda que a França não estava na época em condições de adotar algum sistema político do tipo que então se denotava com o termo "constitucional". A gabada constituição inglesa da época de Burke era uma notória impostura. Agora, havia sido liquidada; a Inglaterra, como todo mundo sabe, é uma democracia governada pelos delegados dos Comuns. Mas era exatamente esse espetáculo barato de poderes independentes, que estava perdendo depressa seu crédito na Inglaterra, que Burke queria ver imitado na França. Montesquieu teve visão mais clara. Por mais intensamente que ele fingisse admirar o sistema político da Inglaterra, sua doutrina era de que a França devia ser deixada em paz. "Deixem-nos onde estamos", é o tema constante daquele orador hipotético por meio do qual Montesquieu (*De l'Esprit des Lois*, Liv. xix. cap. 5-8) expressa suas próprias opiniões. "A natureza compensa tudo". Muitos sorriam com desprezo quando ouviam as pessoas falar de liberdade e de uma constituição. Montesquieu dissera que uma nação livre só podia ter um libertador, uma nação escravizada só poderia ter um novo opressor. Pouco sabia ele do terrível despertar que estava reservado para a nação francesa, mas provavelmente tinha razão ao aconselhar que esse despertar não deveria ser antecipado por uma falsa reforma política. A reforma que a França queria era uma reforma social: essa necessidade penetrava até as raízes mesmas da vida nacional. O egoísmo e a crueldade de classes inteiras precisavam ser exorcizados; uma nação que dormita, letárgica, tinha de ser despertada para um senso de dever político. É difícil, nos

Para fazer [xliv] justiça a Burke, ele bem depressa viu como havia julgado falsamente ao não discernir outro efeito da Revolução sobre a França, a não ser mutilação e desastre. Mais dois anos e não ouvimos uma palavra sobre as "ruínas recentes da França" e sobre a nação francesa "politicamente inexistente". Sob essa orientação, que a princípio parecia tão desprezível, a França adquiriu rapidinho um poder muito mais formidável do que houve no período mais vitorioso da monarquia. Burke então parou de chamar os líderes da Revolução de tolos, e declarou que eram uns demônios.

O desdenhoso paralelo de Burke dos representantes do [xlv] *Tiers État* com a Câmara dos Comuns inglesa[1] é típico do argumento inteiro. Esse rebanho de rábulas e patetas caipiras, como ele declara que eram, certamente faz um forte contraste ao lado do Parlamento britânico do tempo de Pitt e Fox. Rastreamos aqui o

---

dias atuais, imaginar como o espírito público havia desaparecido completamente da massa da nação francesa, e como os franceses naquela época eram totalmente vazios de experiência ou conhecimento político. Turgot era um ser tão solitário na França como se tivesse sido largado nas ilhas Sandwich. Exceto por uns poucos homens do tipo de Sieyès, provavelmente poucos políticos franceses ligavam para a política como algo além de um divertimento, ou um caminho para a distinção. Os franceses sentiam-se repelidos pelo que Burke chama de o "cenho severo da liberdade moral". Voltaire em Ferney encarava as questões políticas de Genebra meramente como um tema para sátira e ridículo. "É impossível", disse um francês a Groenfelt, em 1789, "para um francês ser sério: precisamos divertir-nos, e na busca de novas diversões mudamos continuamente de objeto, mas essas mudanças mesmas mostram que somos sempre os mesmos... Nossa nação é naturalmente alegre. Liberdade política exige um grau de sinceridade que não se encontra em nosso caráter: logo vamos enjoar de política". (*Letters on the Revolution*, p. 4). Essa indiferença alegre ainda é característica da vasta maioria; e daí a França ter sido sempre, desde então, embora em grau decrescente, presa de facções fúteis e comprometidas.

[1] P. 201.

princípio de uma linha secundária de sentimento que percorre o livro inteiro. Um senso de hostilidade triunfante aos franceses como nação foi o produto de um século de relações internacionais; e Burke não tinha como evitar exibi-lo na presente ocasião. Seu propósito não era meramente instruir a nação francesa, mas humilhá-la, se não insultá-la. Os ingleses durante muito tempo consideraram os franceses como uma nação de escravos; ele agora se esforçava por mostrar que uma nação de escravos nada poderia produzir digno da simpatia e atenção sérias de uma nação de cidadãos. Burke poderia ter aproveitado a oportunidade para exibir aquela intensa simpatia pela liberdade, e pela qual, conforme ele mesmo declara em um momento de contrição,[1] a maior parte de sua carreira política foi orientada. Ele sabia que a França era povoada por uma raça tão oprimida e tiranizada quanto a Irlanda ou a Índia. A liberdade deveria ser monopólio da Inglaterra? Burke não sentia solidariedade por sofrimento algum, senão o da realeza? Tocamos aqui em mais um ponto de algum interesse. O instinto popular imediatamente apossou-se da famosa descrição de Burke do transporte da família real para Paris no dia 6 de outubro[2] como a chave para a obra toda. O pitoresco incidente inspirou o júbilo do dr. Price;[3] e Burke, como é natural, investiu-o de imediato do caráter exatamente oposto. Mas sua descrição foi emprestada de testemunhas tendenciosas. O povo ainda se apegava ao rei, por mais que possa ter rejeitado a rainha, e não havia nada de extraordinário em sua insistência no abandono de Versalhes. Burke admite francamente

[1] P. 475.
[2] P. 237-38.
[3] P. 230.

que esse sinistro aperitivo da mudança nas venturas da família real influenciou sua concepção inteira. Dotado da imaginação e da sensibilidade do poeta, esse espetáculo melodramático cravou-lhe raízes profundas na mente; e a consciência de que isso continuava sem ser denunciado era demais para alguém que sempre foi dominado, como Burke, pela

> ... piedade turbulenta e a acalentada sedução
> Da pompa, e da altiva irreflexão da alma.[1]

[xlvi] Philip Francis imediatamente declarou que essa exibição de solidariedade pela rainha era mero fingimento ou, para usar seu próprio termo, "afetação". Ele conhecia bem Burke, melhor, talvez, do que qualquer contemporâneo; mas Burke declarou que essa acusação particular era falsa. Ele asseverou que, ao escrever essa famosa passagem, lágrimas caíram-lhe de fato dos olhos e molharam o papel. É bastante provável. Burke infundia os fortes sentimentos que lhe eram naturais na maior parte das coisas que fazia; e suas lágrimas por Maria Antonieta eram tão parte da inspiração do momento quanto sua declaração triunfante, quando seu próprio soberano legítimo foi atingido pela mais triste das enfermidades, de que "o Todo-poderoso arrancou-o de seu trono". A persistência de Burke o expôs a uma réplica mordaz de Francis. "Não se derramam", escreveu este último, "lágrimas por nações." Isso era totalmente injusto, e Francis sabia, pois estava há muito associado a Burke no gigantesco esforço que se fazia para aliviar, na Índia, a condição dos milhões de oprimidos pela perseguição

---

[1] Coleridge.

de Warren Hastings. Mas seria em vão que se buscaria desviar Burke da posição que escolhera. Havia a tirania do déspota e a tirania da turba, e ele declarou que lhe competia denunciar tanto uma quanto a outra. Se o paladino da Irlanda e da Índia tivesse de escolher entre o povo e a rainha da França, ele ficaria com a última; e afirmou que a história confirmaria sua decisão.[1] Não foi isso que aconteceu: a história havia transferido a solidariedade do mundo, momentaneamente comprometida com o lado oposto pela eloquência de Burke, para o povo sofredor. Nem se pode dizer que a história confirmou o julgamento de Burke sobre uma questão política que ele trata com algum vagar e que dizia bem menos respeito à Inglaterra do que à França. A questão da Igreja que, em diferentes formas, desde a Revolução na França aborrecia todo o mundo cristão, fora subitamente elevada do nível da especulação para o de um programa político pelas tentativas de reforma do imperador José na Áustria. Não era preciso grande sagacidade para prever a tempestade iminente, quando o antigo princípio de estabelecimentos eclesiásticos foi repudiado em seu próprio baluarte. Burke aqui leva ao extremo seu princípio de dizer tudo que puder ser dito em favor de seja qual for o lado de uma questão duvidosa que esteja mais necessitado de apoio. A justificativa de Burke dos estabelecimentos eclesiásticos, [xlvii] ecoada, como foi, por duas gerações de obscurantistas, baseia-se em meia dúzia de maus argumentos astutamente trabalhados para parecerem um bom argumento. Mas nenhuma mistificação lógica podia evitar a iminente ruína; e Burke cometeu um erro ao fazer desfilarem diante de um público inglês argumentos que tinham tão

[1] P. 237.

pouca possibilidade de ser impostos a esse público. Uma manufatura de algodão, aos olhos de um teórico econômico francês, pode ser uma instituição tão improdutiva para o Estado quanto um mosteiro;[1] mas inglês nenhum conseguiria tratar um argumento desses com respeito. Alunos dedicados da escola de Bossuet poderiam rejubilar-se ao ouvir a fervorosa analogia de Burke de um Estado consagrado, em todos os seus membros e funções, por uma Igreja nacional; mas nenhum inglês honesto poderia asseverar que Igreja e Estado eram ideias inseparáveis para a mente inglesa. O eclesiástico francês poderia reivindicar com justiça como propriedade privada aquelas em que sua ordem prosperou incontestada desde que a França se tornou uma nação; nenhum leitor de Selden poderia achar o argumento aplicável à Igreja da Inglaterra. "Uma vez que a Commonwealth", diz Burke, "estabeleceu as terras da Igreja como propriedade, ela não pode, consistentemente, ouvir algo de mais ou de menos". Essa foi a alegação do partido eclesiástico em todo país do mundo ocidental; e não há nenhum em que tenha sido aceita. Não há nenhum onde a legalidade da secularização das propriedades da Igreja não tenha sido, a essa altura, praticamente admitida. O argumento de Burke é refutado por cada passo sucessivo daquela longa série de reformas involuntárias impostas que permitiram à Igreja da Inglaterra manter-se firme. Ao ler a explicação de Burke para a Igreja da Inglaterra, devemos ter em mente as circunstâncias peculiares de sua educação. Burke era filho de uma católica irlandesa com um protestante irlandês. Ele foi educado por um quacre, e, segundo

[1] P. 359.

um testemunho[1] fidedigno, não valorizava nenhuma seita cristã acima de outra e acreditava no fundo do coração que nenhuma das então existentes representava a cristandade em sua forma normal ou final. Assim como se opusera vigorosamente, alguns anos antes, à famosa petição Latitudinária, Burke era, em todas as questões religiosas, liberal em um grau que violava o que hoje se chamaria de racionalismo. Seu retrato da Igreja, na realidade, foi pintado de fora; e, embora fidalgo rural com um quarto de século de posição, é de fora que ele conduz sua defesa do Sistema.

[xlviii] Seria impossível acompanhar o caminho impaciente e turbulento de Burke ao longo de todo o vasto campo de suas *Reflexões*. Uma crítica minuciosa desses livros derrota seu próprio objetivo. Burke aqui é advogado e retórico. Embora uma atitude de informalidade e discursividade, passível de mudança rápida e surpreendente, seja da essência de seu método, há muitas passagens isoladas em que isso é menos evidente do que de costume, e essas passagens têm valor histórico. Armado com o duplo conhecimento, da história e da natureza humana, era impossível para Burke não acertar o alvo em muitas de suas observações secundárias sobre o rumo dos acontecimentos na França. Sua descrição do crescimento do interesse pecuniário, da hostilidade da cabala literária parisiense à Igreja e da coalizão desses dois elementos para a sua destruição[2] destaca-se como um esboço direto e preciso de um processo real. Seu retrospecto das glórias da França[3] não é um mero exercício de declamação; e suas observações sobre o governo

[1] O de seu colega de escola, Shackleton.
[2] P. 289.
[3] P. 318.

de Luís XVI[1] provam que ele estudara os antecedentes tão exatamente quanto era possível a um inglês. Essas observações são ilustradas pelas circunstâncias que acompanharam as Revoluções de 1830 e 1848. Um regime brando e constitucional, como Burke concluiu, predispõe a revoluções: se esse regime for rudemente interrompido, ou sua sinceridade posta em dúvida, uma revolução é certa. Nenhum monarca tem papel mais difícil a desempenhar do que um rei da França. Sob Luís XVI, Carlos X, Luís Filipe e Luís Napoleão, o povo francês mostrou fartamente ser o mesmo. Mas poucos hoje tirariam do fato a conclusão que foi deduzida por Burke. Uma exibição incomum de "patriotismo", tal como Burke louvou no governo de Luís, proporciona motivo incomum de suspeita; e as causas de um zelo inquieto pela liberdade, que Burke expusera de modo tão admirável em seu discurso sobre a Conciliação americana, operaram certamente tanto na nascente liberdade da França quanto na liberdade madura dos Estados Unidos da América. Burke estava igualmente correto em augurar uma alteração no equilíbrio do poder na França, a partir das mudanças introduzidas no exército. A substituição de uma força meramente mercenária por uma força popular sempre foi uma medida necessária para garantir grandes reformas políticas; e leva, como Burke assinalou, à ascendência de generais populares. Nada há de surpreendente nisso. Quando os antigos laços de lealdade ficam [xlix] tão inteiramente gastos quanto mostraram estar na França, o gênio militar, aliado à prudência civil, torna-se a fonte de toda autoridade: e a ascensão de Bonaparte demonstrou a verdade da conjectura

[1] Pp. 254, 319.

de Burke.[1] Burke aplicou seu conhecimento da França e da política francesa com bom efeito ao voltar-se da política doméstica para a política colonial.[2] A história do Haiti corroborou amplamente tudo que ele previu que se seguiria à declaração dos direitos humanos nas colônias francesas. O Haiti reivindicou seu direito a uma constituição e ao livre comércio; e quando os colonizadores se ergueram contra o governo, os nativos se ergueram contra os colonizadores. Dez anos mais tarde e Burke poderia ter escrito uma expressiva conclusão para a história que ele esboçou: pois, quando a França republicana havia derrotado a Europa inteira, ela própria foi derrotada pelos desprezados nativos das fazendas coloniais. Essas foram as consequências do que Burke chamou de "tentar limitar a lógica por meio do despotismo". Entre as previsões históricas de Burke, nenhuma é mais notável do que aquela que se refere às organizações, por toda a Europa, de sociedades políticas secretas.[3] Críticos contemporâneos fizeram pouco do argumento; mas sua exatidão é ratificada pela história dos movimentos liberais por toda a Europa e América católicas. Mais trinta anos e o mundo estremeceu com o alarme. Foi com a ajuda dessas organizações secretas que o México e a América do Sul livraram-se do jugo do sacerdócio. Conhecemos a história de clubes semelhantes na Espanha, Itália e Suíça entre 1815 e 1848; e o grande poder de ataque proporcionado por esse meio justifica a hostilidade com que a Igreja Católica ainda encara todas as organizações secretas.

---

[1] P. 437.
[2] P. 441.
[3] P. 352.

Talvez o grande mérito do ponto de vista de Burke sobre as mudanças na França tenha consistido em sua percepção da efetiva magnitude dessas mudanças e do caráter que elas provavelmente imprimiriam à política francesa. Ele estava com a razão ao supor que uma França revolucionada se tornaria um centro de propaganda revolucionária e que o sucesso transformaria os representantes da liberdade francesa nos tiranos da Europa. Burke sabia muito bem com que frequência vaidade e ambição tornam-se os motivos principais de ação nacional. Ele calculou corretamente que o apetite deles não seria saciado por meros sucessos internos e que a conquista da França por seus próprios cidadãos ambiciosos seria apenas o primeiro [1] de uma série de triunfos revolucionários. Burke julgou corretamente que os espíritos do velho despotismo e da nova liberdade eram perfeitamente capazes de se unir. Sob a Revolução e o Império, a França era uma presa da ambição imperial tanto quanto no tempo de Luís XIV. As ilusões da época do Grande Monarca haviam de fato subsistido até a nossa própria época, não só sem se reduzir como vastamente ampliadas pelos eventos do período que justamente começava. A França não cresceu em recursos físicos tão depressa quanto seus vizinhos; e seu peso comparativo na Europa, portanto, foi diminuído. À proporção que esse fato foi-se tornando claro, o povo francês ficou ressentido com esse enfraquecimento: até muito recentemente, a massa do povo provavelmente acreditava ser uma nação tão poderosa no mundo, para o bem ou para o mal, como nos tempos do Primeiro Império. Na Inglaterra, o país de todo o mundo – não importa o que mais possa ser alegado contra isso – e onde as ilusões são mais raras, essa atitude por parte de sua vizinha próxima sempre foi visível.

Sobre a questão geral do grande princípio político envolvido no presente volume, o leitor pode com segurança dar como certo que ele não era nem verdade em si mesmo, nem natural em Burke, que o empregava meramente para fins do que acreditava ser advocacia legítima. A real convicção de Burke está contida na seguinte passagem de sua *Comunicação ao Rei* (1776): "A revolução é um afastamento do antigo rumo de declínio da monarquia. *O povo, naquela época, entrou em posse de seus direitos originais*; e isso não porque uma lei positiva tenha autorizado o que então foi feito, mas porque a liberdade e a segurança do súdito, origem e causa de todas as leis, exigiam uma ação que lhes fosse soberana e superior. Naquele período sempre notável e instrutivo, a letra da lei foi suspensa em favor da substância da liberdade... *Esses estatutos não nos deram nossos direitos; nossos direitos os produziram.*" Coleridge diz que, em uma comparação dos textos de Burke sobre a Guerra Americana com os textos sobre a Revolução na França, descobrir-se-á que os princípios e deduções são os mesmos, embora as referências práticas sejam opostas; e, no entanto, em ambos os casos igualmente legítimos e igualmente confirmados por resultados.[1] Essa avaliação é colorida pela natural solidariedade do partidarismo político. Burke sempre foi conservador em seus instintos; [li] mas é inegável que ele achou que o presente era uma ocasião legítima para mudar de posição. O valor histórico das *Reflexões* é então desigual nas diferentes partes. Ao caracterizar o instinto e a doutrina políticos ingleses, recorre a um passado evanescente e repudia aquilo que possuía vida e crescimento. Representa o lado sentimental, em vez do lado intelectual do

---

[1] *Biog. Lit.* cap. x: Friend, Seção i. Ens. 4.

caráter de seu autor: e daí seu livro será usado pela posteridade menos como um documento histórico do que como um grande modelo literário. Burke, em um grau mais elevado do que qualquer outro inglês, transferiu para seus textos a força e o vigor que pertencem mais propriamente aos discursos, e mal há um único recurso retórico que não se possa aprender em suas páginas. A arte da linguagem foi cinzelada por trinta anos de prática incessante na alma mesma de Burke; e o mero esforço voluntário de expressão agiu sobre seus poderes como quando se toca na mola propulsora de uma máquina. Burke escrevia como falava, e como falava no Senado: temos aqui o homem em pessoa, refletido com exatidão em todas as suas excelências e todas as suas imperfeições. A mente de Burke era não só ampla e espaçosa, mas dotada com um extraordinário grau de sensibilidade, e essas qualidades eram bem dispostas a produzir uma vasta convulsão de sentimento à contemplação de incidentes e perspectivas tão estranhos e portentosos quanto os que agora se apresentavam à vista. A de Burke era uma mente na qual esses objetos mergulhavam mais profundamente, encontravam a mais pronta recepção e eram percebidos em sua mais ampla extensão. Não nos podemos surpreender com a agudeza e a profusão dos sentimentos que eles primeiro geraram e então forçaram a sair, trombeteando-os para o mundo.

Do que se disse, há de se concluir que o livro de Burke não é de modo algum o que se chama de um livro científico. Suas raízes chegam às fontes da teologia, da jurisprudência, da moral, da história e da poesia de sua época; e à sua maneira adquire um valor histórico assemelhado, em certa medida, ao da famosa *República* de Platão. Poucos livros refletem mais completamente a imagem do

pensamento europeu tal como ele se processava um século atrás. Nem há algum no qual a expressão literária da época seja mais bem exemplificada. Burke tem o cuidado de manter um modo de expressão não técnico. E até mesmo, ocasionalmente, indefinido. A antítese essencial de pensamento entre ciência e poesia é curiosamente refletida em sua linguagem habitual. Ao empregar palavras, ele, diferentemente do homem de ciência, não mantém em
[lii] mente, em relação a elas, nenhuma conotação certa e invariável. Como o poeta, ele tem mais prazer em colocar velhas palavras em novas combinações e em aplicá-las com um sentido mudado ou reforçado.

> Dixeris egregie, notum si callida verbum
> Reddiderit junctura novum.

Pensar com os sábios e falar com o vulgo, dar em fraseado comum e popular os resultados de pensamento incomum e consciencioso sempre se contaram entre as mais raras das realizações. Um crítico observou que a principal diferença entre nossa literatura mais antiga e a mais moderna é que na primeira temos ideias incomuns vulgarmente expressadas e na última, pensamentos óbvios e banais ataviados com falsos ornamentos e inspirados com falso refinamento. Agora, como Burke com frequência transmite suas lições mais admiráveis sob o disfarce dos tópicos mais batidos e vulgares, assim também ele envolve seus argumentos mais insinuantes com a linguagem mais simples e os apoia com as ilustrações mais familiares. Mas ele nos surpreende continuamente com rompantes de recursos retóricos, com súbitas alusões a algum incidente histórico, sarcasmo penetrante ou uma citação que evoca uma sequência de associações. Macaulay caracterizou o conteúdo da mente de Burke como um tesouro ao mesmo tempo rico, volumoso e variado. O estilo maduro de Burke reflete o preciso conteúdo de sua mente madura, conforme se expunha na conversação diária. Burke, que foi, pelo testemunho de Johnson, o maior mestre da conversação em sua época, escrevia conforme falava, porque falava como o maior mestre da escrita não se envergonharia de escrever. Ele é um exemplo duradouro daquele axioma fundamental do estilo, com frequência esquecido pelos escritores, de que sua excelência depende principalmente da exatidão com que reflete as excelências da *vox viva*. Uma "boa passagem" é simplesmente uma passagem que, se dita pelo orador a um ouvinte atento, transmitiria fácil, segura e duradouramente para este último o que o primeiro queria dizer. Os homens em geral não são nem científicos nem políticos: eles são simplesmente suscetíveis de se impressionar por uma afirmação clara, por um argumento justo e pelo bom senso. Na prática dos melhores mestres, o que parece ser ornamento do estilo é, na realidade, sua necessidade. Figuras e imagens não pertencem à poesia, mas à linguagem – especialmente à economia da linguagem. É possível ser excessivo e [liii] fértil no desenvolvimento e na ilustração de um argumento, com grande pobreza de recursos; mas quem quiser ser breve precisa ser rico em palavras. Os que experimentaram o prazer da boa conversação sabem como Burke reflete de perto seu modo essencial. O que se quer dizer pode ser ilustrado lembrando que o grande mestre da conversação evita, *tanquam scopulum,* o vício odioso que é comumente descrito como "falar igual a um livro"; enquanto o grande mestre da pena por sua vez emprega de fato todos os métodos e recursos que uma mente versátil e uma língua experiente empregam na conversação.

As literaturas da Inglaterra e da França geralmente almejavam esse caráter. Quando passamos pelas sentenças compridíssimas, as noções emaranhadas e a expressão enfadonha de um livro alemão comum, reconhecemos o oposto normal. E como é isso? Nesse último caso, o livro provavelmente foi escrito por um homem de hábitos silenciosos no recolhimento de seu gabinete; e não há consequentemente subordinação habitual, na prática do escritor, às condições de recepção conveniente e inteligente por parte do leitor. Por que capítulos, parágrafos, sentenças e frases são medidos por uma certa média de comprimento? Simplesmente pelo princípio que regula o quanto um homem deve comer e beber em uma determinada ocasião. Os hábitos de Recepção (ou, como os filósofos escoceses chamam, Atenção) e Assimilação se processam por *morceaux* ou porções. Não faz diferença se o material é transmitido através da voz de outro, ou de um modo a um só tempo mais complexo e mais sucinto, através do olho do receptor. A época de Burke, como a de Cícero, foi eminentemente uma era de Conversação. Uma olhada em Boswell é suficiente para provar sua elevada categoria como uma das belas-artes, e para mostrar o quanto ela havia assumido um caráter de palestra. A fama literária era distribuída por uns poucos homens, que habitualmente pesavam o mérito na balança do bom senso: e a atmosfera do estúdio veio então a ser preterida pela do clube. A influência de modelos acadêmicos há muito havia começado a ceder à da crítica sagaz e atuante; e na era de Johnson a transformação estava quase concluída. As condições da melhor era literária da Grécia, inclusive uma audiência atenta e cultivada comandando a opinião pública geral, foram assim quase reproduzidas.

Escrever torna-se falso e pobre na proporção em que essas condições são [liv] esquecidas. Além do mais, como a composição se constrói sobre linguagem falada, assim o declínio da arte da conversação foi acompanhado pelo declínio do estilo. Um século produziu vastas mudanças em ambos. Qualquer um que sabe como é perfeita a harmonia que subsiste entre, ou em meio, a duas ou mais pessoas que se envolvem em autêntica conversa intelectual – de que forma inconsciente e delicada um responde aos toques do outro – sabe como é extraordinariamente raro o hábito que a produz. O dilúvio vulgar com que o pretensioso sofista, o qual, na pessoa de Trasímaco, Sócrates compara a um *banhista*, ainda subjuga seus ouvintes – o vozerio e a altercação típicos do Fórum e a tagarelice dos tolos conspiram para arrancá-lo da sociedade. O mesmo se dá com a harmonia que deveria subsistir entre escritores e seus prováveis leitores: e o defeito social se reflete no literário. A literatura divorciou-se da vida, e o próprio termo "literário" passa a conotar algo aborrecido, seco e indesejável. Se quisermos ver como a vida e as letras, não obstante, podem andar juntas, basta fazer referência a *De Oratore*, de Cícero, a *Table Talk*, de Selden, e a *Life of Johnson*, de Boswell.

O modelo de carta, a forma em que a presente obra, como as melhores composições de Burke, é vazada, dá ao escritor algumas vantagens valiosas. Ele funciona como intermediário entre a frouxidão de uma conversa e a disposição de frases numa composição refletida. E permite preservar um tom constante ao longo de suas observações, ao mesmo tempo em que pode, com adequação, descer a uma fraseologia familiar e invasiva ou subir à região da retórica. Essa variedade a um só tempo preserva aquela impressão de estreita relação entre leitor e escritor necessária para prender a atenção e permite ao escritor aproveitar ao máximo suas oportunidades. Onde ele imagina o leitor capitulando diante de uma simples e enérgica demonstração de bom senso, pode prosseguir com mais vigor. Pode repetir a tese demonstrada em alguma frase mais calculada, aproximando-se do estilo filosófico, e finalmente impô-la por meio do recurso direto aos sentimentos. Ele pode gradualmente temperar e misturar sua retórica com o fel da ironia, ou pode cair abruptamente, de uma hora para outra, em uma veia estimulante. Provavelmente a maior impressão de poder na mente do leitor é produzida pela capacidade de preservar um equilíbrio estável de discurso moderado, variado de quando em quando por essas diversões [lv] ocasionais. Familiaridade, didatismo ou declamação perpétuas desagradariam e cansariam igualmente. O grande artista os mistura de tal modo que cada qual realçará e aumentará mutuamente o efeito do outro.

No estudo de passagens particulares, deve-se observar que não existe domínio dos segredos do estilo pelo olho apenas. O estudante precisa ler em voz alta, repetir consigo mesmo e transcrever. Isso comprova claramente nosso critério de que o padrão de escrever é a *vox viva*. É necessário fazer um grande esforço de imaginação, colocar-se no lugar do próprio autor e reconstruir suas frases e períodos se se quiser enxergar a obra em sua total beleza e propriedade.

Vamos examinar, como um exemplo do método de Burke, suas observações sobre a Saudação do Ano Novo feita a Luís XVI. Elas terminam com o seguinte parágrafo:

> Um homem cai, de fato, quando é assim adulado. A poção anódina do esquecimento, assim preparada, é bem calculada para preservar uma vigília exasperante, e para alimentar a úlcera ardida de uma lembrança corrosiva. Administrar-lhe assim a poção narcótica da anistia, polvilhada com todos os ingredientes de escárnio e desprezo, é levar-lhe aos lábios, em vez do "bálsamo das mentes magoadas", a taça da infelicidade humana, cheia até a borda, e forçá-lo a bebê-la até a borra (p. 237.)

A extraordinária força e a abundância dessas linhas dependem do fato de que cada palavra, salvo as meras auxiliares, representa uma imagem distinta. Quando aplicamos a elas o famoso cânone de Burke de que a sentença principal de cada parágrafo deve envolver, primeiro, um pensamento, em segundo lugar uma imagem, e em terceiro um sentimento, vemos como esses cânones todos falham. O pensamento e o sentimento são bastante claros, mas estão completamente envolvidos por esse monte de imagens. Voltando atrás, no entanto, veremos como tudo foi preparado para isso nas páginas anteriores. A Saudação é introduzida no final de um parágrafo prévio (p. 236), como o clímax de uma prolongada *arsis* retórica. Fazendo uma pausa para esse traço surpreendente causar o devido efeito, o autor então, em um novo parágrafo, cai subitamente em uma veia de ironia, amarga e elaborada, mas sem carregar muito nas cores. Na verdade, tanto o começo quanto o fim desse parágrafo são realçados por algo que se aproxima muito de um equívoco exótico. É levemente prosaico, difuso e familiar. Temos mais uma pausa, e mais uma mudança. O autor prepara-se [lvi] para um grande esforço e despeja, nessa meia dúzia de linhas, uma série de imagens coloridas com toda a profundidade que as palavras podem dar, destinadas a unir-se com os períodos precedentes e aprofundar seus efeitos. Os três parágrafos são, de certo modo, em três tonalidades de cor, uma sobre a outra, a mais escura, a mais vigorosa e, ao mesmo tempo, a mais parcimoniosamente aplicada vindo por último. Burke em geral não onera severamente a memória. Ele pode esperar que o leitor sustente sua visão por uma dúzia de páginas, mas lhe presta toda a assistência que a arte pode proporcionar. Ele deixa por último suas imagens mais impressionantes, para que o leitor possa parar um pouco nelas e ver como resumem e ilustram seu argumento. Se este volume for aberto nas páginas 269, 270 e 271, as três terminações dos parágrafos, embora em cada caso ele termine com uma imagem, ilustrarão curiosamente a variedade de seus recursos.

Vamos ver novamente como uma imagem é variada, uma outra é enxertada sobre ela, e ela desaparece na veia de pura ironia a que pretende conduzir:

> Os ouvidos do povo da Inglaterra são criteriosos. Eles escutam esses homens falando abertamente. A língua deles os trai.[1] Sua linguagem é o patoá da trapaça, no jargão e no palavrório da hipocrisia. O povo da Inglaterra deve pensar assim, quando esses tagarelas dão-se ares de querer restituir o clero à sua primitiva pobreza evangélica, etc. (p. 282.)

Burke é insuperável nessa preparação de transições: e ela sempre distingue um mestre. A passagem sobre a rainha (p. 243), que talvez seja a mais famosa do livro, foi concebida desse modo. Ela conclui muito adequadamente as reflexões sobre os sofrimentos da família real e prepara o caminho para o animado contraste que

---

[1] Vol. i. p. 248, l. 33.

se segue de modos antigos e modernos de sentimento social e político. Nessas páginas (244-46) observamos o estilo mais feliz de Burke, aquele método progressivo e autoevolutivo que o distingue entre os autores em prosa, assim como distingue Dryden entre os poetas. "Sua tese cresce no ato mesmo de desdobrá-la".[1] Cada sentença parece, por uma espécie de cintilação, sugerir a imagem contida na próxima; e esta, repetindo o processo, instantaneamente se inflama e germina em um monte de outras. Não se perde, no entanto, o objetivo, e a rica fantasia nunca, por assim dizer, foge ao controle [lvii] ou parece prorromper em meros lampejos arbitrários. As pinceladas mais ousadas acontecem exatamente nos lugares certos, e aquiescemos no julgamento com o qual a tensão sobre nossa imaginação é devidamente relaxada, e nos é permitido recair na maneira da declaração simples e do argumento direto. "Burke", diz Hazlitt, "é realmente um dos mais severos dos escritores". Mesmo em sua veia meio profética nunca faltam uma certa calma compreendida e um fundo de autocontenção e tranquilidade: há sempre um princípio de restauração na direção oposta. "No próprio redemoinho de sua paixão, ele cria uma temperança". Seu hábito de repetição muito contribui nesse sentido. Ele apresenta o mesmo pensamento, primeiro ampliado e ilustrado com toda a sua imagística, e então abreviado e ponderado com toda a sua sentenciosidade. Abundância e brevidade, ardor e calma filosófica, luz e sombra se alternam sempre.

No estilo, como em todo o resto, a natureza das coisas é mais bem vista em suas menores proporções. Os melhores escritores são

---

[1] De Quincey.

imediatamente discerníveis por suas meras frases, pela habilidade e felicidade com que combinam os simples elementos de substantivo e verbo, adjetivo ou particípio. Não é que as palavras sejam forçadas a uma colocação estranha, ou que o autor, "em nome de uma frase esperta, frustre o assunto"; mas são construídas expressões que parecem naturais, sem serem comuns ou óbvias. Não obstante a profundidade e a rapidez da corrente das ideias de Burke, ela flui em geral tão límpida como se fosse o mais raso regato. Ainda assim, a liberdade com que ele emprega sua extraordinária *copia verborum** ocasionalmente leva-o à obscuridade. Uma determinada passagem muitas vezes foi assinalada como uma instância. Ela ocorre perto do final do livro (p. 472), onde se observa que os pequenos artifícios e recursos da popularidade não devem ser condenados:

> Eles facilitam a transmissão de muitos pontos importantes; mantêm o todo unido; restauram a mente em seus esforços; e difundem ocasional alegria sobre a fronte severa da liberdade moral.

A última sentença foi confiantemente pronunciada para ser um disparate na rigorosa aceitação da palavra – isto é, não ter significado, e não ser nem verdadeira e nem falsa. A obscuridade reside na involução, em forma abreviada, de uma afirmação que ocorre à p. 192, de que todas as nações, exceto a França, começaram [lviii] sua reforma política com uma disposição séria e até severa. "Todos os outros povos lançaram as fundações da liberdade civil de maneiras mais severas, e um sistema de moralidade mais austero e

* "Abundância de palavras"; em latim, no original (N. T.).

masculino". A França, por outro lado, dobrou a indisciplina da selvagem licenciosidade de suas maneiras. O contraste, na passagem criticada, é entre a desordem política dos demagogos da França e a ocasional condescendência do patriota inglês mais austero com o humor de seus constituintes.[1] Não se nega que Burke escreveu, em primeira instância, apressadamente, e que há defeitos neste livro; mas a maioria deles desapareceu antes que ele saísse do prelo. As páginas 219-20, por exemplo, foram emendadas após a primeira edição, e poderiam ter sido emendadas um pouco mais. Burke era, no entanto, avesso a fazer quaisquer alterações importantes, e recusou-se a corrigir alguns erros palpáveis, por sua irrelevância. Ele próprio considerava haver elaborado a obra com ainda mais do que o seu habitual cuidado de composição; e sabe-se que grandes trechos foram recompostos e o todo submetido a uma revisão nunca satisfeita, o que provocou os protestos de seu tipógrafo. "Os fragmentos que restam de seus manuscritos", diz o dr. Croly,[2] "mostram que os objetos de sua revisão eram coisas e não palavras. A cada novo retorno, alguma ideia requintada se ampliava; algum forte sentimento era revigorado; alguma moral masculina era engrandecida para aplicação universal, e colorida para beleza poética". Os defeitos que ainda restam encontram-se parcialmente

[1] Bristle, em seu diálogo com sir Edward Courtly, descreve a antiga prática em termos menos plausíveis: "Acho, sir, que é muito civilizado de sua parte vir e gastar mil e quinhentas ou duas mil libras, além de ser obrigado a estar na companhia de um monte de sujeitos sujos, bêbados e mal-educados durante dois ou três meses seguidos, sem nenhum outro propósito senão *servir a seu país*". The Craftsman, nº 58. "Embriaguez, rebelião e insolência por um lado, lisonja abjeta, adulação servil e grotesca por outro", eram o verdadeiro sentido dos "pequenos artifícios e recursos de popularidade".

[2] *Memoir of Burke*, vol. i, p. 292.

escudados pelo extraordinário *âmbito* do texto de Burke. Sua grande arte e a originalidade em reunir frases e sentenças fazem com que até sua negligência pareça menor do que realmente é. Ficamos frequentemente tentados a achar que suas combinações mais desatentas são mais estudadas do que espontâneas. Não se pode, no entanto, deixar de notar que a execução do tratado é [lix] muito desigual. Burke sempre confiou muito na correção, tendo podado e alterado extremamente seus primeiros esboços. Quanto à força das muitas marcas de descuido que tal processo deixou na superfície da obra, isso foi, do ponto de vista meramente literário, subestimado. Francis (Junius) escreveu a Burke:[1] "Será que você não vai aprender que o polimento é essencial à preservação? ... Quem dera você me deixasse ensiná-lo a escrever inglês". Essas expressões de Francis foram mera insolência. Observou-se que, em comparação com a marcha atlética dos textos de Burke, as melhores cartas de Junius lembram-nos irresistivelmente os pavoneios de um *petit-maître*. É a postura de ataque do leão junto ao rosnado mordaz do vira-lata. De literatura, no sentido mais elevado, Francis sabia quase nada. No entanto, ele representava, em certa medida, aquelas regras vigentes de gosto literário que Burke inconsequentemente saiu quebrando. Mas lembremos que Burke não escrevia como um aspirante à fama, literária ou de algum outro tipo. Não foi para isso que um dia após o outro ele esteve rabiscando essas páginas em seu quarto lúgubre na lúgubre Gerard Street. Os objetivos dos primeiros anos haviam desaparecido do horizonte, e a fama de seu livro veio como um mero corolário. O

[1] Correspondência de Burke, vol. iii, p. 164.

que ele escreveu foi o resultado de uma convulsão mental, vasta, embora espontânea. Burke alude a isso em sua correspondência como "ocupando-o e agitando-o profundamente". Seus nervos estavam retesados ao grau da mais alta compaixão humana. Lágrimas, ele asseverou, rolavam de seus olhos e molhavam o papel quando escreveu a passagem sobre a rainha, que Mackintosh chamou de "troço" e Francis de "afetação". Burke era um homem de fortes paixões, e essas paixões misturavam-se impetuosamente em todos os seus interesses.

Dizem que a raiva "torna sagazes homens chatos".[1] Em excesso, ela muito mais frequentemente paralisa o intelecto, ou leva um homem a meros excessos verbais.

> Some fierce thing, replete with too much rage,
> Whose strenght's abundance weakens his own heart.[2]

Se a ira de Burke às vezes o fez perder respeito pessoal, e ocasionalmente o precipitou na vulgaridade da metáfora, deu à sua expressão fogo tão [lx] terrível que o lucro foi maior do que a perda. Fulminou como um relâmpago os homens, os sistemas ou os sentimentos que eram objeto de sua indignação moral e marcou indelevelmente os que haviam incorrido em seu ressentimento pessoal. A tensão e a força obtidas com a raiva muitas vezes parecem ter sustentado seu estilo muito tempo depois de sua invectiva direta ter cessado. Embora muito esquentado, ele parece não ter

---

1 Bacon registra isso como uma réplica da rainha Elizabeth a um cortesão insolente. Ela acrescentou sarcasticamente: "mas os mantém pobres".

2 "Algo feroz, cheio de raiva demais, / Cuja abundância de força enfraquece seu próprio coração". Shakespeare, soneto XXIII.

sofrido daquela espécie de rabugice que de fato pertence a temperamentos mais frios, notadamente em Swift e Junius. Mesmo no caso de oponentes políticos, ele foi quase universalmente um juiz tolerante e generoso. Sua raiva contra os que a haviam provocado, se não absolutamente justa, era sentida como o resultado de sua plena convicção, e então carreava para ele a simpatia de seus ouvintes e leitores, em vez de estimulá-los, como costuma ser o caso, a buscar desculpas para suas vítimas. É raro que tanta força provoque tão pouca reação. Burke comanda a massa de leitores inteligentes e cultivados com quase tão pouca resistência quanto a que o demagogo recebe de uma multidão.[1]

Burke não tolera que nenhum senso de formalidade literária cubra com um véu e rompa a força de seus pensamentos. Ele se esforça para ficar cara a cara com o leitor, conforme ficaria diante de um círculo de amigos atentos, ou no plenário da Câmara dos Comuns. Para repetir uma observação: Burke escrevia conforme falava. "A conversa de Burke", Johnson costumava dizer, "é a ebulição de sua mente; ele não fala por um desejo de distinção, mas porque sua mente está cheia". Como uma marca de seu estilo, isso natural-

[1] Para este parágrafo, bem como para o que começa na décima segunda linha da p. 133, e para muitas das notas deste volume, o organizador tem uma dívida com a pena talentosa de John Frederick Boyes. Pode-se acrescentar que Burke ficava profundamente ofendido com a desconsideração por seus pontos de vista, desde a primeira vez que se defrontou no mundo político inglês. "Ressentimento", diz sir G. Savile em carta ao marquês de Rockingham, "é um dos motivos mais fortes da mente humana. O medo é forte, mas transitório. O interesse é talvez mais duradouro, e firme, mas infinitamente mais fraco; sempre contraporei a ambos o ressentimento. Ele é a espora com que o Diabo cavalga os temperamentos mais nobres, e operará mais neles em uma semana do que com outros pobres pangarés em um ano".

mente tem o efeito de investir seus principais textos com alguma coisa de caráter *dramático*. Eles possuem algo do que queremos dizer quando atribuímos à obra de arte uma unidade dramática geral. O estadista e o homem encontram-se tão finamente misturados na textura de seu pensamento que é difícil [lxi] distinguir entre tecido e tessitura. Esse caráter se reflete não obscuramente em sua dicção. Em discussões de assuntos literários, ele gostava de destacar o autor dramático como o verdadeiro modelo, dando como melhores exemplos Plauto, Terêncio e os fragmentos de Públio Siro. A sugestão se tornava ainda mais aplicável em uma época na qual o teatro era uma grande escola de estilo e de maneiras. Junius, como é bem sabido, modelou suas cartas no diálogo mordaz de Congreve. Burke era familiarizado com as lições de uma escola superior a essa. Humilde, do ponto de vista estético, como é a obra de um escritor político, há com frequência um frescor e originalidade quase shakespearianos na cunhagem de expressões de Burke e no formato de seus parágrafos. Lendo-o, estamos menos conscientes que de hábito do elemento meramente literário. Burke, de fato, embora comumente tido como um dos maiores mestres da prosa inglesa, não se encaixa naturalmente em nenhuma série histórica dos mestres da arte. *The Spectator* parece ter sido seu primeiro modelo, o *Treatise on the Sublime and Beautiful* sendo evidentemente sugerido pelos belos e originais ensaios de Addison sobre os *Pleasures of the Imagination*. Mas ele logo abandonou a escola da prosa elegante. Hume, por outro lado, é exemplo de um escritor consumado que, ao longo de seus alentados trabalhos, nunca abandonou a marca de seu primeiro estilo. Desconsiderando inteiramente os modelos dos escritores rigorosos, elegantes e acadêmicos de sua época, Burke recorreu a um método livre e expansivo, que nos lembra o grande poeta e dramaturgo Dryden. O fato de que nenhum estudante de literatura hoje pense em consultar Temple ou Sprat, enquanto trabalhos em prosa como os de Dryden e Cowley ainda conservam uma ampla medida de popularidade, é testemunho da correção de seu gosto. O pai da crítica moderna não foi desprezado por Burke, e a liberdade e copiosidade da pena de Dryden não podem ter-lhe escapado à atenção. Ele continua como o grande mestre da boa prosa coloquial; e para as melhores amostras do tom um tanto mais elevado do raciocínio político, ainda somos obrigados a recorrer a Bolingbroke, mais um dos modelos de Burke. Tanto em Bolingbroke quanto em Burke, o hábito de falar em público modelou e transformou o estilo literário; e mal podemos indicar algum outro escritor que, embora a um só tempo preciso, polido e impressionante, reflita a desconsideração de Burke pelo modo literário estabelecido. Addison deve ter passado a [lxii] compor um *Spectator* mais ou menos como estava acostumado a fazer, preparando um exemplar de seus inimitáveis versos latinos; e algo do mesmo tipo nunca abandonou Johnson e outros grandes ensaístas. Burke nada tem disso. Ele recorre, embora não conscientemente, às cabeças de seus contemporâneos. Escreve com o tom do discurso abalizado. Emprega alternadamente a maneira profunda, solene e filosófica de Hooker,[1] a declamação imaginosa de Taylor, o ajuizado sarcasmo de South e a

[1] Em um debate após os levantes de 1780, Burke reportou-se ao início de sua educação, na escola de Mr. Shackleton. "Sob o seu olhar eu li a Bíblia, manhã, tarde e noite, e desde então fui um homem melhor e mais feliz, por conta dessa leitura. Em seguida voltei minha atenção para a leitura de todas as publicações teológicas de todos os lados, que foram escritas com tão maravilhosa habilidade nos séculos passado e atual. Mas descobrindo aos poucos que esses estudos

facilidade copiosa e pitoresca de Dryden. Não precisamos afirmar que elementos tão multifários nunca sofrem em suas mãos. Burke vivia uma época em que os ideais literários haviam degenerado. Tanto Hooker quanto Bacon – o primeiro com seu vasto ciclo de raciocínio e sua inacessível extensão de linguagem, o último com seu corpo denso e compacto de pensamento escolhido e seu possante estilo invertido e assimilativo – representam uma atitude literária que nem Burke nem nenhum de seus contemporâneos algum dia sonharam assumir. Burke, ainda por cima, em sua maturidade, não estava nem ligando para literatura, exceto na medida em que ela fosse útil em seu efeito sobre a vida; nem ele nutria a ideia de passar a vida ocupado em suas obras.

Estas páginas são destinadas mais a botar muitas linhas de estudo independente nas mãos do estudante, e a fornecer sugestões para examinar o assunto por muitos lados, do que a esgotar algum de seus departamentos. As obras de Burke, como se descobrirá, são a um só tempo um cânone ou medida para orientar os que se dedicarem ao agradável esforço de explorar o campo inesgotável da prosa inglesa e são em si mesmas uma rica mina dos mais úteis exemplos práticos. Elas ilustram impressionantemente, entre outras coisas, o fato de que as obras de um grande escritor de prosa, como as de grandes poetas, devem, por assim dizer, drenar uma vasta área. Ele deve possuir algo da *infinidade de mentalidade* que foi atribuída, como a substância total de suas qualidades [lxiii] intelectuais, a Shakespeare. "O entendimento", diz Shelley, "se ilumi-

tendiam a confundir e a desconcertar, em vez de esclarecer, deixei-os de lado, abraçando e segurando-me a uma firme fé na Igreja da Inglaterra."

na lançando-se o olhar sobre muitas verdades". De igual maneira, o gosto só será corretamente regulado se for aplicado a muitas e variadas belezas, e o julgamento só amadurecerá se for dirigido em sucessão sobre muitos objetos, e em vários aspectos.

Com uma observação adicional sobre um ponto de alguma importância, essas sugestões sobre a intenção e o estilo gerais do livro de Burke estão concluídas. Já se disse que os melhores estilos são os mais livres de latinismos, e estabeleceu-se que um bom escritor nunca recorrerá a latinismos quando uma palavra "saxônica" puder servir a seu propósito. Essa noção foi descuidadamente introduzida por Sydney Smith. Se for verdade, Burke frequentemente estaria sujeito a severa censura. Entretanto, o fato é que a prática de quase todo grande mestre da língua inglesa, de Chaucer em diante, leva muito pouco em conta essa consideração. Swift e Defoe, que costumam ser citados como ilustração disso, pouco contam, e a autoridade deles quanto a essa questão não pode ser considerada exatamente proporcional ao lugar na literatura que seus méritos lhes conseguiram. O molde vernacular de ambos muito se deve ao fato de que estavam entre os primeiros escritores políticos que aspiraram a ser amplamente lidos entre a gente comum. A mesma circunstância favoreceu o raçudo estilo inglês nativo de Cobbett e teve seus efeitos sobre jornalistas como o sr. Fonblanque e oradores como o sr. Bright. Mas a maioria de nossos grandes escritores, por franca e livremente que usem o elemento latino na linguagem, também estão inteiramente à vontade no uso exclusivo da linguagem vernacular. Brougham estava errado em dizer que Burke era sem igual em todas as variedades de estilos, exceto o simples e sem adornos. Não é uma questão de princípio, mas de arte e de adequação. Talvez valha a pena estudar ocasionalmente a arte de escrever em "puro saxônico", mas nos limitarmos na prática a esse feito interessante seria tão absurdo quanto para um músico empregar, habitualmente e por princípio, o *tour de force* de tocar o piano com apenas uma das mãos. Perderíamos amplitude, força e riqueza de combinação. A harmonia de nossa língua, conforme se encontra em Hooker, Shakespeare e Milton, está plenamente estabelecida. Devemos usá-la como a encontramos. De qualquer modo, é só depois que o estudante domina consideravelmente a plena extensão de nossa língua notável que ele pode aventurar-se com segurança na experiência de [lxiv] restringir-se no uso de seu elemento mais copioso e eficaz. A passagem inimitável de Shakespeare já citada[1] é suficiente para provar o quanto os maiores escritores da língua inglesa valeram-se de latinismos; e, no entanto, Shakespeare nunca ficou em falta de puras expressões idiomáticas saxônicas. Burke geralmente põe a força de seu elemento saxônico em sentenças certeiras, enérgicas e sugestivas, no corpo de um parágrafo, concluído com alguns latinismos sonoros. Ele muitas vezes prorrompeu, na Câmara dos Comuns, em rasgos de brusquidão, ao estilo de um campônio. Em uma de suas grandes *Cartas sobre a Paz*, em meio a queixas de pobreza e insuficiência das noções políticas dos franceses, que compara à magra dieta deles, exclama subitamente que o povo inglês prefere a "carne grudada no osso", ou que sirva para "forrar-lhes as costelas". Assim, neste volume (p. 416), ele declara que uma máquina como a monarquia francesa reformada "não vale a graxa de suas

[1] P. 78.

engrenagens". Não precisamos multiplicar os exemplos. O chamado elemento saxônico é de imensa utilidade como fonte geral de energia; e um grande mestre é capaz de empregá-lo com forte efeito na frase patética. De sua bem-sucedida manipulação depende grande parte do efeito de tudo que se escreve em nossa língua; mas agimos insensatamente quando desprezamos tirar grande, se não o máximo, proveito de nosso chamado latinismo. A medida de seu uso vai depender principalmente do ouvido.

O *Panfleto* de Burke, tal como se apresenta, ultrapassa a medida do que ele pretendia quando o começou, e não chega à altura da ideia grandiosa que o acometeu enquanto o levava adiante – a de exibir plena e razoavelmente aos olhos do mundo a ilustre e estável majestade do sistema civil e social da Inglaterra, em contraste com o edifício precipitado e incongruente levantado pelos Reformistas franceses. A análise que precede o texto desta edição o distingue em duas partes, a primeira incluindo dois terços, e a segunda, um terço do livro. A Primeira Parte se ocupa da Inglaterra. É a essa Primeira Parte que principalmente se aplicam as observações anteriores. Ela difere em tantos pontos da Segunda Parte, que se ocupa do novo sistema político da França, que um crítico da escola onisciente poderia bem ser desculpado se a atribuísse a outro autor. Metade da Primeira Parte, ou um terço da obra toda, forma o que se pode chamar de Introdução. Ela atende estritamente ao título [lxv] original "Reflexões sobre Certas Ações da Revolution Society".[1] É suficientemente completa e coerente e pode ser lida com proveito apenas por si própria. O

---

[1] Ver nota, p. 480.

restante da Primeira Parte consiste em diversas dissertações desiguais em tamanho e completude. A mais importante é aquela que foi chamada de Seção I (o Sistema Eclesiástico). Ela parece ser interrompida à p. 308 e retomada à p. 330, sendo o espaço intermediário ocupado por uma justificativa fragmentária da monarquia e nobreza francesas. Temos aqui os componentes semi-acabados de uma obra maior, cuja conclusão foi impedida pela urgência da ocasião. A justificativa da democracia inglesa, para o propósito imediato de Burke a parte menos importante, mas que talvez tivesse o mais alto interesse para a posteridade, foi totalmente omitida. O *Appeal from the New to the Old Whigs* em certa medida preenche-lhe o lugar. Mas todo o terço mediano da obra é incompleto, e precisa ser lido com cautela. Burke provavelmente escreveu as partes que o compõem em épocas diferentes durante a primavera, e pôs a obra completamente de lado durante o verão de 1790.

A Segunda Parte, ou Crítica da Nova Constituição Francesa, foi composta, segundo as aparências, conforme o outono se aproximava, e evidenciou-se a necessidade de produzir a obra para a temporada de inverno, então a principal do ano, fosse por negócios ou por qualquer outro propósito. Essa parte é mais um testemunho ou *pièce justificative* do que uma parte necessária do livro. É uma peça de crítica vigorosa e exaustiva, embora rápida e unilateral. É uma diatribe direta e implacável contra a nova estadística francesa, encarando o sistema que ela produziu à luz da razão e do bom-senso, e não levando em conta todos os argumentos mencionados na Primeira Parte da obra. Não é, como se poderia prever, inteiramente justa. Podemos razoavelmente discordar, no começo, do espírito geral da crítica de Burke.

> Dispara tua destreza contra mim;
> Machuca-me com desprezo; confunde-me com uma afronta;
> Trespassa com teu espírito aguçado minha ignorância;
> Corta-me em pedaços com tua imaginação afiada.

A posteridade, entretanto, nas palavras do próprio Burke, escritas trinta [lxvi] anos antes, não aceitará sátira no lugar de história. Essas páginas contêm mais da maneira pessoal de Burke, e têm um caráter menos declamatório, mais minucioso e mais imediatamente a propósito, do que as precedentes. Elas evidentemente representam um grande esforço intelectual e fazem um forte contraste com a prévia e quase espontânea ebulição de sentimento e doutrina. E, no entanto, são marcadas, e de modo nenhum limitadamente, com belezas literárias impressionantes, que o estudante fará bem em procurar por si próprio. O valor histórico dessa parte da obra ainda é considerável, embora seu interesse seja reduzido pelo fato de que boa parte da constituição que ele ataca desapareceu rapidamente, e de que o conhecimento que Burke tinha dela não era absolutamente correto ou completo. Como exemplo, podemos pegar o erro risível à p. 375, onde se pretende que os Departamentos e Comunas deveriam ser demarcados com linhas traçadas com a ajuda do teodolito. Burke gostava de um certo estilo grave e pesadão de réplica, e alguma coisa disso é rastreável em seus esforços para demonstrar que a Liberdade alardeada pela Assembleia era mera aparência, e que eles trataram a França "exatamente como um país conquistado". Nada é mais admirável do que Burke aplicar aos membros da Assembleia um dito atribuído a Luís XIV: "C'est mon plaisir – c'est pour ma gloire" (p. 298). Burke sempre teve duas imagens preferidas, derivadas da arte do construtor de casas, por meio das quais ilustrava as labutas do político. Uma delas é *buttress**, a outra o cimento,[1] ou princípio aglutinador. Ele utiliza ambos prodigamente em sua vigorosa condenação aos detalhes de novidades da organização política francesa. Os contrafortes eram falsificações, e o cimento não tinha aglutinante. A crítica ao reformado Gabinete do Rei, e à nova Magistratura, é breve, conquanto oportuna, porém a mais notável é a que se refere ao exército, contendo, como faz, uma previsão da condição de uma democracia militar e uma predição do futuro despotismo de Napoleão (p. 437). Somente um francês, Rivarol, parece ter expressado prognóstico semelhante. O valor das observações sobre o sistema financeiro, com que se conclui a obra, é obscurecido pela perturbação da questão, que veio com as guerras [lxvii] prolongadas, e a República cedo cuidou de evitar a falência por meio de enormes contribuições tiradas dos juízes que caíram sob seu jugo. As previsões principais de Burke, no entanto, cumpriram-se literalmente. "Os Assignats, depois de haverem despejado milhões nos cofres da rebelião governante, de repente caíram para o valor do papel de que eram feitos. Dezenas de milhares ficaram arruinados. A nação estava falida, mas o governo jacobino era rico; e a operação teve assim todos os resultados para os quais ela algum dia foi

* Botaréu, arcobotante, contraforte, suporte, apoio (N. T.).

[1] O substantivo "cement", aliás, diferentemente do verbo "to cement", deve ser acentuado na primeira sílaba. Essa minúcia é uma essencial à harmonia de mais de uma das sentenças de Burke. Ver vol. i. p. 287.

feita".[1] Quando do aparecimento da obra de M. Calonne, *De l'État de France*, Burke alterou consideravelmente essa Segunda Parte da obra, e o texto da primeira edição difere, portanto, em muitos pontos, das subsequentes.

O *Panfleto* de Burke provocou em resposta, como é bastante sabido, toda uma literatura própria, da qual nenhum representante isolado é hoje tido em alguma conta, se excetuarmos a *Vindiciae Gallicae*, a obra de primeira hora de sir James Mackintosh. Ela teve, é claro, suas réplicas na literatura francesa; mas sua influência geral na França é mais bem rastreada em De Bonald,[2] De Maistre, Chateaubriand e outros *littérateurs* da reação. O mesmo tipo de influência pode ser rastreado até o pensamento alemão nas obras de Goerres, Stolberg, Frederick Schlegel e outros. O verdadeiro valor de Burke foi apreciado cedo na Alemanha, e A. M. von Müller, em palestra proferida em Dresden em 1806, até observou, na circunstância, que Burke só recebia as devidas honras de estrangeiros. "Seu país o entende apenas pela metade, e sente apenas metade de sua glória, considerando-o principalmente um orador brilhante, um partidário e um patriota. Ele é reconhecido na Alemanha como o real e bem-sucedido mediador entre a liberdade e a lei, entre união e divisão de poder; e entre os princípios republicano e aristocrático". Burke certamente teve seu efeito sobre as noções políticas dos filósofos não teológicos, como Schelling, Steffens, Reinhold etc.; e, se o estudante quiser ficar do lado de Burke, a fim de contrastar os

[1] Croly, *Memoir of Burke*, vol. ii, p. 134.

[2] A ligação, no entanto, é perfeitamente convencional. Havia pouco em comum entre Burke e De Bonald, que recomendava o despotismo como a forma primitiva e normal de legislação e se opunha à tolerância.

pontos de vista de um competente professor de teoria científica, deveria buscar as páginas de Ancillon.[1] Ele [lxviii] deve, no entanto, estar preparado para enfrentar um vasto exército de chavões irremediáveis. Gentz, o tradutor de Burke, ele próprio um político considerável, é bem imbuído de seu modelo; e, na pátria, a escola de Burke é representada pelos nomes de Coleridge, Wordsworth, Southey, Macaulay, Arnold e Whately.[2] Esses poucos nomes bastarão para indicar aproximadamente o lugar peculiar de Burke na literatura em geral; mas sua influência em todos os sentidos estende-se muito mais amplamente do que qualquer linha útil que pudesse ser traçada.

Considerando que Burke ocupa inabordavelmente o primeiro lugar entre nossos oradores políticos, e encontra-se de fato na primeiríssima fileira como escritor e pensador, parece estranho que

---

[1] *Ueber die Staats-Wissenschaft*, de Friedrich Ancillon. Berlim, 1820. A teoria política, como tudo mais, tem seus usos, bem como seus abusos. "O sucesso do progresso de reformas depende, em grande medida, das máximas políticas que prevalecem entre governantes e governados e dos avanços da ciência política. Falsas doutrinas levam a desejos desordenados, equívocos destrutivos e erros de interpretação perigosos. A teoria deve combater e eliminar os erros de teorias, indicar a direção geral do caminho certo e determinar a verdadeira meta; assim, será mais fácil para a política prática, conduzida pela experiência, estruturar cada parte da estrada com mão segura e passos firmes". Ancillon, Prefácio, p. xxxi.

[2] Seria injusto passar por cima do nome de Mathias, o autor de *Pursuits of Literature*, uma sátira inteligente, ilustrada com notas originais instrutivas e divertidas. Não deveria deixar de ser lido por quem quiser compreender o efeito de Burke sobre sua própria geração. A essa distância do tempo, no entanto, não toleramos panegíricos ociosos. Johnson uma vez disse, um tanto rabugentamente: "Onde está toda essa maravilha? Burke é, evidentemente, um homem de capacidades incomuns; com uma grande quantidade de coisas na mente e uma grande fluência de linguagem na boca; mas não nos devemos deixar ficar assombrados e admirados com ele!" Boswell, ed. Croker, p. 681.

tão poucos tributos expressos e formais tenham sido prestados à sua memória. Tivesse Burke sido francês, praticamente todo crítico francês, grande ou pequeno, se teria aventurado nesse tema, não em alusões entre parênteses ou em poucas palavras de ardente louvor, mas em inúmeros ensaios e artigos regulares. Onde pusemos uma pedra, eles teriam empilhado várias em um monumento. Assim os Cousins, Sainte-Beuves, Guizots e Pontmartins aproveitaram cada oportunidade para discorrer sobre seus Montaignes, Pascals, Bossuets, Molières, La Fontaines e outros grandes autores da França. Entre nós, ainda por cima, as edições de Burke foram poucas, considerando-se sua fama; e os elogios diretos a ele limitaram-se, na maior parte, aqui a uma página, ali a um parágrafo. É necessário a um inglês conhecer bem os textos de Burke, para que possa julgar a extensão de sua influência sobre as mentes principais deste país. É só conhecer [lxix] Burke para encontrar seus pensamentos e expressões reluzindo como fios de ouro nas páginas de homens de destaque das gerações que sucederam a dele. Essa é a forma em que Burke recebeu principalmente suas honras, e exerceu sua autoridade.[1]

A arte de falar e de escrever no grande estilo antigo, de que Burke foi mestre tão notável, é hoje quase desconhecida. Como no caso dos dramaturgos ingleses e dos pintores italianos, isso é culpa de uma tradição interrompida, de um ensino esquecido e de hábitos de vida transformados. Aquilo que foi um dia o tesouro de alguns sofreu um pouco com a difusão geral. As artes parecem definhar em uma atmosfera de mediocridade contagiosa. Não há

[1] Ver nota de rodapé, p. 122, antes.

alguém para ensinar, ou pela palavra, ou pelo exemplo, o desenho perfeito de Correggio, ou a possante pincelada de Tintoretto. Quando lançamos um olhar sobre os tesouros daqueles grandes mestres ingleses da prosa, entre os quais Burke se coloca quase por último, nossos corações nos dariam bem a impressão de estar afundando dentro de nosso peito. Temos de estudar tão bem quanto pudermos e nos esforçar por recolher peça por peça os fragmentos de um mistério perdido. Pode-se dizer que desenvolvemos qualidades que são mais reais, mais duradouras e mais valiosas. Cuyp e Hals foram, sem dúvida, mestres maiores, em certos departamentos de sua arte, do que Rubens; e Hallam nos apresenta uma variedade de método político que em muitos respeitos contrasta com vantagem com a de Burke. É uma tarefa interessante representar fiel e minuciosamente os aspectos de uma cena distante, ampliá-la artificialmente para aproximá-la do olho do observador, misturar fácil e cuidadosamente suas sombras com uma luz suave e uniforme; equilibrar a composição sem a aparência de artifício e tão parcimoniosamente perder e descartar os efeitos de perspectiva, que o quadro quase assumirá as proporções de uma elevação geométrica. Um senso de repouso e de completude mescla-se perceptivelmente à nossa satisfação ante essas obras, metade de arte da pintura, metade de arte do antiquário. Burke é um Rubens, mais do que um Cuyp. Os objetos são nítidos e estão quase à mão: a tela é grande, a composição quase rude em sua força e franqueza, e as cores são audaciosamente contrastadas e lançadas com uma espécie de descuido galante. O rosto humano é exagerado em suas proporções, e atribuímos mais à [lxx] rápida imaginação do artista do que à mera influência dos objetos que ele se propõe a delinear.

Mais do que tudo, no entanto, no texto de Burke, o efeito é devido a um certo método de manipulação firme e uniformemente amplo. Seus pensamentos fluem naturalmente, por assim dizer, em tipologia grande, saídos da "rápida forja e oficina" de seu pensamento. Por profundos que sejam, nunca parecem o fruto forçado e não amadurecido de estudo. Por objetivos que sejam, aproximam-se mais da vívida impressão do homem que pensa do que de mero retrato da coisa que ele está contemplando. Sentimos que estamos na presença de *une âme à double et triple étage.* Essa é, em grande medida, a característica geral do que De Quincey denominou a Literatura de *Poder,* a literatura estimulante, frutificante e, se suas sementes caírem em solo fértil, autorreprodutora. Olhando para um quadro de Velásquez, disse Northcote, quase se perde a impotência da mão indisciplinada e desassistida. "Tem-se a sensação de que se poderia pegar o pincel e fazer qualquer coisa." Acontece o mesmo com as requintadas *performances* de vida e linguagem de Cícero e Burke, de Virgílio e Dryden. É em escritores como esses que encontramos o impulso autocontinuador, a força perdida de escola e tradição, a comunicação de um segredo precioso, o toque da brasa de carvão saída do altar. Mas, como no caso da obra em rápidas pinceladas de um grande pintor, vemos o gênio, embora pouco ou nada rastreemos da faina intelectual e manual que a desenvolveu. Não se deve esquecer que os maiores mestres foram os alunos mais pacientes, ansiosos e assíduos, e quem aspira a contar entre o seu número deve estar preparado para aceitar as condições. A natureza e a extensão dos estudos de Cícero e Burke só podem ser adequadamente avaliadas a partir de seus textos. Eles visavam a um contato íntimo com realidades, a unir em si mesmos literatura, filosofia e um elevado padrão de vida prática, a fomentar essa feliz combinação nos outros, e a justificar sua posição como estadistas sendo os homens mais sábios, bem como os mais inteligentes de seu tempo. A concepção desses objetivos, não obstante, raramente se encontra com o poder de mente e corpo necessário para realizá-los. "Assim labutam os trabalhadores que consertam um mundo".

Londres,
11 de março de 1875.

Na Introdução ao primeiro volume foi inserida uma inscrição, dirigida pelo dr. Parr, destinada a um monumento nacional a Burke. Pode ser interessante acrescentar aqui a inscrição feita por Parr e inserida na Dedicatória à sua edição de Bellendenus.

EDMUNDO. BURKE

VIRO. TUM. OB. DOCTRINAM. MULTIPLICEM. ET. EXQUISITAM

TUM. OB. CELERES. ILLOS. INGENII. MOTUS

QUI. ET. AD. EXCOGITANDUM. ACUTI. ET. AD. EXPLICANDUM

ORNANDUMQUE. UBERES. SUNT

EXIMIO. AC. PRAECLARO

OPTIME. DE. LITTERIS. QUAS. SOLAS. ESSE. OMNIUM. TEMPORUM

OMNIUMQUE. LOCORUM. EXPERTUS. VIDIT

OPTIME. DE. SENATU. CUJUS. PERICLITANTIS

IPSE. DECUS. ET. COLUMEN. FUIT

OPTIME. DE. PATRIA. IN. CIVES

SUI. AMANTISSIMOS. EHEU. INGRATA

NUNQUAM. NON. PROMERITO

LIBRUM. HUNCCE. EA. QUA. PAR. EST. OBSERVANTIA

D.D.D.

A.E.A.O.

REFLEXÕES SOBRE A REVOLUÇÃO NA FRANÇA, E SOBRE OS TRABALHOS EM CERTAS SOCIEDADES DE LONDRES RELATIVOS A ESSE EVENTO EM UMA CARTA DESTINADA A UM CAVALHEIRO EM PARIS PELO ILUSTRÍSSIMO EDMUND BURKE

(Publicado em outubro de 1790; 11ª edição, Dodsley, 1791)

Argumento

PARTE I, pp. 146-362.

Os Sentimentos e Doutrinas Políticas dos Ingleses comparados com os dos Revolucionários Franceses rejeitado e refutado como doutrina prática, p. 162. O Direito "de demiti-los por prevaricação" rejeitado etc., p. 177. O Direito "a formar um governo para nós próprios" rejeitado etc., e as regalias inglesas mostradas como sendo essencialmente uma herança, p. 183. Comparação das ações dos revolucionários ingleses de 1688 com as dos revolucionários franceses de 1789, p. 188. Esses últimos explicados pela composição da Assembleia, p. 195. Caráter dos representantes do *Tiers État*, p. 196; do Clero, p. 203. Influência de nobres turbulentos, p. 204. Falácias jacobinas sobre as qualificações para o poder político e a natureza da propriedade etc., p. 204, não podem resultar na verdadeira liberdade, p. 208, nem na verdadeira representação de um povo, p. 217. Os verdadeiros Direitos do Homem, p. 219, e sua [2] ligação com o princípio de governo, p. 222. A perturbação do tratamento, p. 226. Iliberalidade e desumanidade do Sermão do Dr. Price, p. 228. Price comparado a Peters, p. 230. O tratamento dado ao Rei e à Família Real da França, p. 232, contrastado com o espírito das velhas maneiras e opiniões europeias, o qual, sendo natural e político, ainda influenciava os ingleses, p. 244. Luís XVI, tirano nenhum, p. 252. O autor acha a honra da Inglaterra envolvida no repúdio às doutrinas e sentimentos do Dr. Price, p. 256, e passa a exibir o quadro verdadeiro do sistema político inglês, p. 261, que se baseia em 1. a Igreja, 2. a Coroa, 3. a Nobreza, 4. o Povo, p. 262.

SEÇÃO I. *O Sistema Eclesiástico da Inglaterra*. Religião fundamentada na natureza, e mais necessária onde há liberdade, p. 265, ajudando a fazer valer a obrigação que deveria subsistir entre uma geração e outra, p. 270, que é o verdadeiro Contrato Social, p. 272. Uso da

PARTE II, pp. 362-476.

A Política da Assembleia Nacional Criticada

Reflexões sobre a Revolução na França

Talvez não seja desnecessário informar ao Leitor que as Reflexões que se seguem tiveram sua origem em uma correspondência entre o Autor e um cavalheiro muito jovem em Paris, que lhe deu a honra de solicitar sua opinião sobre as importantes transações que, desde então, tanto têm ocupado a atenção de todos os homens. Uma resposta foi escrita em algum momento no mês de outubro de 1789; mas foi retida por consideração de prudência. Alude-se a essa carta no início das folhas seguintes. Ela foi, desde aquela época, enviada à pessoa a quem se endereçava. Os motivos para o atraso em enviá-la foram assinalados em uma carta breve ao mesmo cavalheiro. Isso provocou da parte dele uma nova e premente solicitação dos sentimentos do Autor.

O Autor começou uma segunda e mais plena discussão sobre o tema. Ele tinha a ideia de publicá-la no início da última primavera; mas, dominado pelo assunto, achou que o que se havia proposto a fazer não só excedia em muito as proporções de uma carta como também que sua importância exigia de preferência uma consideração mais detalhada do que aquela a que naquele momento ele tinha tempo livre para se dedicar. Entretanto, tendo lançado suas primeiras ponderações em uma carta, achou difícil mudar essa forma de comunicação, uma vez que seus sentimentos tinham ganhado maior amplitude e recebido uma outra direção. Um plano diferente, ele tem consciência, poderia ser mais favorável a uma mais espaçosa divisão e distribuição de seu tema.

[4] Caro Senhor,

Houve-lhe por bem voltar a pedir, e com alguma urgência, minhas ideias sobre os recentes acontecimentos na França. Não lhe darei motivo para imaginar que acho terem meus sentimentos tanto valor a ponto de desejar que me supliquem por eles. São de muito pouca consequência para serem muito ciosamente comunicados ou guardados. Foi por atenção ao senhor, e ao senhor apenas, que hesitei naquela vez, quando primeiro desejou conhecê-los. Na primeira carta que tive a honra de escrever-lhe, e que finalmente lhe mandei, não escrevi a partir de nenhuma descrição dos homens; nem o farei nesta. Meus erros, se houver, são meus próprios. Somente minha reputação há de responder por eles.

Pode ver, senhor, pela longa carta que lhe transmiti, que, embora eu de todo coração deseje que a França seja animada por um espírito de liberdade racional, e que eu os ache obrigados, em qualquer política honesta, a prover um corpo permanente, no qual esse espírito possa residir, e um órgão eficiente, por meio do qual ele possa agir, é meu infortúnio nutrir grandes dúvidas com respeito a diversos pontos importantes em suas recentes transações.

O senhor imaginava, da última vez que me escreveu, que eu possivelmente me inscrevia entre os que aprovavam certas ações na França devido à solene chancela pública de sanção que essas ações receberam de dois clubes de cavalheiros londrinos, a Constitutional Society e a Revolution Society.

Eu certamente tenho a honra de fazer parte de mais de um clube, nos quais a constituição deste reino e os princípios da gloriosa Revolução são tidos em alta reverência: e considero-me entre os mais ardorosos em meu zelo por manter essa constituição e esses princípios em sua extrema pureza e vigor. E é porque sou assim que acho necessário para mim que não haja engano. Os que cultivam a memória da nossa Revolução, e os que são afeiçoados à constituição deste reino, devem tomar [5] bastante cuidado para não se envolver com pessoas que, sob o pretexto de zelo pela Revolução e a Constituição, frequentemente se desviam de seus verdadeiros princípios; e estão prontas em toda ocasião a se afastar do espírito firme, porém cauteloso e deliberado, que produziu uma e preside a outra. Antes de passar a responder aos particulares mais substanciais de sua carta, devo pedir-lhe que me deixe dar a informação que consegui obter dos dois clubes que acharam apropriado, como organismos, interferir nos assuntos da França; primeiro garantindo-lhe que não sou, e nunca fui, membro de nenhuma dessas duas sociedades. A primeira, chamando-se Constitutional Society, ou Society for Constitutional Information, ou algum título assim, tem, acredite, sete ou oito anos de existência. A instituição dessa sociedade parece ser de natureza beneficente e até agora louvável: ela pretendia promover a circulação, à custa dos membros, de muitos livros que algumas outras pessoas incorreriam na despesa de comprar; e que poderiam ficar nas mãos dos livreiros, para grande perda de uma massa útil de homens. Se os livros que assim caridosamente circulam algum dia foram tão caridosamente lidos é mais do que posso saber. Possivelmente diversos deles foram exportados para a França; e, como bens não demandados por aqui, podem ter encontrado em vocês um mercado. Ouvi falar muito das luzes que podem ser conseguidas a partir de livros mandados daqui. Que melhoras eles tiveram em sua passagem (como se diz de algumas bebidas, que melhoram quando atravessam o oceano) não sei dizer. Mas nunca ouvi um homem com discernimento, ou com o mínimo grau de informação, dizer uma palavra em louvor da maioria das publicações que circulam por essa sociedade; nem seus trabalhos foram considerados, exceto entre eles mesmos, de alguma séria consequência.

Sua Assembleia Nacional parece nutrir mais ou menos a [6] mesma opinião que eu sobre esse pobre clube beneficente. Como nação, vocês reservaram todo o estoque de seus reconhecimentos eloquentes para a Revolution Society; enquanto seus colegas da Constitutional tinham, em equidade, direito a alguma parte. Uma vez que vocês escolheram a Revolution Society como o grande objeto de seus agradecimentos e louvores nacionais, queira desculpar-me por fazer de sua recente conduta o tema de minhas observações. A Assembleia Nacional da França deu importância a esses senhores, adotando-os; e eles retribuem o favor funcionando como um comitê na Inglaterra para propagar os princípios da Assembleia Nacional. A partir do que devemos considerá-los uma espécie de pessoas privilegiadas; e membros consideráveis do corpo diplomático. Essa é uma dentre as revoluções que deram esplendor à obscuridade e distinção ao mérito despercebido. Até muito recentemente, não me lembro de ter ouvido falar desse clube. Tenho absoluta certeza de que ele nunca ocupou um momento de meus pensamentos; nem, acredito, dos de alguma pessoa fora de seu próprio grupo. Descobri, após pesquisar um pouco, que no aniversário da Revolução de 1688 um clube de dissidentes, cuja denominação ignoro, teve por muito tempo o costume de ouvir um sermão em uma de suas igrejas; e que depois disso, como outros clubes fazem, passavam o dia alegremente na taverna. Mas nunca ouvi dizer que alguma medida pública, ou sistema político, muito menos os méritos da constituição de alguma nação estrangeira, tivessem sido objeto de trabalhos formais em seus festivais; até que, para minha inexprimível surpresa, eu os descobri em uma espécie de função pública, por uma fala de congratulações, dando uma sanção de abalizamento aos trabalhos da Assembleia Nacional da França.

Nos princípios e conduta antigos do clube, pelo menos na medida em que foram declarados, nada vejo a que eu me pudesse opor. Acho muito provável que, para algum propósito, novos membros possam ter [7] entrado em meio a eles; e que alguns políticos autenticamente cristãos, que adoram distribuir benefícios, mas têm o cuidado de esconder a mão que dispensa o donativo, possam tê-los feito instrumentos de seus pios desígnios. Seja qual for o motivo que eu possa ter de suspeita com respeito à condução de negócios privados, sobre nada falarei como de uma certeza, senão o que é público.

Quanto a mim, eu lamentaria que me achassem, direta ou indiretamente, envolvido em seus trabalhos. Eu por certo cumpro toda a minha parte, bem como o resto do mundo, em minha condição individual e privada, em especular sobre o que foi ou está sendo feito no cenário público; em qualquer lugar, antigo ou moderno; na república de Roma, ou na república de Paris: mas, não tendo nenhuma missão apostólica geral, sendo um cidadão de um estado particular e estando atado, em um grau considerável, à sua vontade pública, eu acharia no mínimo impróprio e irregular abrir uma correspondência pública formal com o governo vigente de uma nação estrangeira sem a expressa autorização do governo sob o qual eu vivo.

Eu estaria ainda mais indisposto a entrar nessa correspondência sob algo parecido com uma descrição equívoca, que para muitos, não familiarizados com nossos costumes, pudesse fazer a comunicação, na qual tomei parte, parecer constituir-se um ato de pessoas no mesmo tipo de condição corporativa, reconhecida pelas leis deste reino e autorizada a expressar a vontade de alguma parte dele. Por conta da ambiguidade e incerteza de descrições gerais desautorizadas e da trapaça que pode ser praticada sob elas, e não por mera formalidade, a Câmara dos Comuns rejeitaria a mais dissimulada petição pelo mais insignificante objeto, sob esse modo de assinatura, para o qual vocês escancararam as portas duplas de seu salão de audiências e fizeram entrar em sua Assembleia Nacional, com tanta cerimônia e [8] ostentação e com uma salva tão grande de aplausos, como se estivessem sendo visitados pela completa majestade representativa de toda a nação inglesa. Se o que essa sociedade houvesse achado adequado mandar tivesse sido um argumento, teria significado muito pouco de quem era a autoria do argumento. Ele não seria nem mais nem menos convincente por conta de onde viera. Mas isso é somente um voto e resolução.

Baseia-se somente em autoridade; e nesse caso é a mera autoridade de indivíduos, poucos dos quais aparecem. Em minha opinião, suas assinaturas deveriam ter sido anexadas a seu instrumento. O mundo então teria os meios de saber quantos eles são; quem são; e que valor suas opiniões podem ter, por sua capacidade pessoal, por seu conhecimento, sua experiência ou sua liderança e autoridade neste tema. Para mim, que sou apenas um homem simples, os trabalhos parecem um pouco refinados demais e engenhosos demais; têm um excessivo o ar de estratagema político, adotado com o fim de dar, sob um nome de alta sonoridade, importância às declarações públicas desse clube, a qual, se o assunto for atentamente examinado, se verá que elas não mereciam. É uma política que tem por demais o aspecto de uma fraude.

Gabo-me de amar uma liberdade resoluta, moral e regulada, tão bem quanto qualquer cavalheiro dessa sociedade, seja ele quem for; e talvez eu tenha dado boas provas de minha afeição por essa causa no decorrer de minha carreira pública. Acho que invejo tão pouco quanto eles a liberdade em qualquer outra nação. Mas não me posso apresentar e oferecer louvor ou censura a alguma coisa relacionada a ações humanas, e interesses humanos, pela simples visão do objeto uma vez que se apresenta despido de qualquer relação, em toda a nudez e solidão da abstração metafísica. As circunstâncias (que junto a alguns senhores passam por nada) dão na realidade a todo princípio político seu colorido distintivo e seu efeito característico. São as [9] circunstâncias que tornam todo plano civil e político benéfico ou nocivo à humanidade. Abstratamente falando, governo, bem como liberdade, é bom; e, no entanto, poderia eu, dez anos atrás, em pleno bom senso, ter felicitado a

França por ela desfrutar de um governo (pois ela então tinha um governo) sem querer saber qual era a natureza desse governo, ou como ele era administrado? Posso, então, agora congratular a mesma nação por conta de sua liberdade? É porque liberdade em abstrato pode classificar-se entre as dádivas da humanidade que vou seriamente felicitar um louco, que escapou da restrição protetora e da saudável escuridão de sua cela, por sua volta ao gozo da luz e da liberdade? Devo congratular um assassino e assaltante de estrada, que fugiu da cadeia, pela recuperação de seus direitos naturais? Isso significaria reencenar os crimes dos condenados às galés, com seu heroico libertador, o metafísico Cavaleiro da Triste Figura.

Quando vejo o espírito de liberdade em ação, vejo um forte princípio em funcionamento; e isso, por algum tempo, é tudo que posso saber a respeito. O *gás* violento, o ar firme e estável, simplesmente rompeu as amarras: mas deveríamos suspender nosso julgamento até que a primeira efervescência tenha diminuído um pouco, até que o líquido tenha clareado e nos permita ver alguma coisa mais fundo do que a agitação de uma superfície revolta e espumante. Preciso estar razoavelmente seguro, antes de me arriscar a cumprimentar homens publicamente pelo recebimento de uma dádiva, de que eles realmente a receberam. A lisonja corrompe tanto quem a faz quanto quem a recebe, e a adulação não é mais útil ao povo do que aos reis. Devo, portanto, suspender minhas congratulações pela nova liberdade da França, até ser informado sobre como ela foi combinada com governo; com força pública; com a disciplina e obediência dos exércitos; com o auferimento de uma renda efetiva e bem-distribuída; com moralidade e religião; com a solidez da [10] propriedade; com paz e ordem; com maneiras civis e sociais. Todas essas (a seu modo) são coisas boas também; sem elas a liberdade, enquanto durar, não é um benefício, e não é provável que dure muito. O efeito da liberdade para os indivíduos é que eles podem fazer o que quiserem: deveríamos ver o que eles vão querer fazer antes de arriscarmos congratulações, que logo se podem transformar em lamentos. A prudência ditaria isso, no caso de homens isolados e separados; mas liberdade, quando homens agem em organismos, é *poder*. Pessoas ponderadas, antes de se declarar, observarão o uso que é feito do *poder*; e particularmente antes de tentar uma coisa tal como *novo* poder em *novas* pessoas, de cujos princípios, temperamentos e disposições elas têm pouca ou nenhuma experiência, e em situações nas quais aqueles que parecem na cena real os mais ativos talvez não sejam os verdadeiros agentes motores.

Todas essas considerações, no entanto, estavam abaixo da dignidade transcendental da Revolution Society. Enquanto eu continuava no campo, de onde tive a honra de lhe escrever, formava apenas uma ideia imperfeita de suas transações. Ao vir para a cidade, pedi que me fizessem uma exposição desses trabalhos, os que haviam sido publicados por autoridade deles, contendo um sermão do Dr. Price, com a carta do Duque de Rochefoucauld e a do Arcebispo de Aix, e diversos outros documentos anexados. O total dessa publicação, com o manifesto intuito de ligar os negócios da França aos da Inglaterra, puxando-nos para uma imitação da conduta da Assembleia Nacional, deixou-me em considerável grau de constrangimento. O efeito dessa conduta sobre o poder, o crédito, a prosperidade e a tranquilidade da França fica a cada dia mais evidente. A forma de constituição a ser decidida, para sua futura organização política, ficava mais clara. Estamos agora em condição de discernir, com tolerável exatidão, a verdadeira natureza do objeto proposto para nossa imitação. Se a prudência da reserva e do decoro dita silêncio em algumas [11] circunstâncias, em outras a prudência de uma ordem mais elevada nos pode justificar por exprimirmos nossos pensamentos. Os princípios de desordem entre nós, na Inglaterra, são no momento bastante tênues; mas entre vocês vimos uma infância ainda mais frágil crescer em poucos momentos até atingir a força de empilhar montanhas sobre montanhas, e de travar guerra contra o próprio Céu. Sempre que a casa de nosso vizinho estiver pegando fogo, é conveniente acionar um pouco as bombas d'água na nossa própria casa. Melhor ser desprezado por apreensões excessivas do que arruinado por uma segurança confiante demais.

Diligente sobretudo pela paz de meu próprio país, mas de modo nenhum despreocupado com a do seu, gostaria de comunicar mais amplamente o que a princípio era destinado apenas à sua satisfação particular. Manterei a ter em vista os seus assuntos e continuarei a me dirigir ao senhor. Concedendo-me a liberdade da relação epistolar, peço licença de expressar meus pensamentos, e também meus sentimentos, tal como eles me vêm à mente, com muito pouca atenção a método formal. Vou começar com os trabalhos da Revolution Society; mas não me limitarei a eles. Será possível que eu devesse? Parece-me como se eu estivesse em meio a uma grande crise, não dos assuntos da França somente, mas de toda a Europa, talvez de mais do que a Europa. Consideradas todas as circunstâncias, a revolução francesa é a coisa mais espantosa que já aconteceu no mundo. As coisas mais maravilhosas são provocadas, em muitas instâncias, pelos meios mais absurdos e ridículos; e dos modos mais ridículos; e aparentemente pelos instrumentos mais desprezíveis. Tudo parece fora da natureza nesse estranho caos de leviandade e ferocidade, e de todos os tipos de crimes misturados com todas as espécies de loucuras. Ao ver essa monstruosa cena tragicômica, seguem-se necessariamente as paixões mais opostas, e às vezes misturadas umas às outras na mente: alternadamente riso e lágrimas; escárnio e horror.

[12] Não se pode negar, no entanto, que a alguns essa cena estranha aparecia sob ponto de vista totalmente diverso. Neles ela não inspirava outros sentimentos senão os de exaltação e arrebatamento. Eles nada viam no que tinha sido feito na França senão um firme e comedido exercício de liberdade; tão condizente, no todo, com a moral e com a piedade, que o faria merecedor não só do aplauso secular de arrojados políticos maquiavélicos, mas de torná-lo um tema adequado a todas as devotas efusões de eloquência sacra.

Na manhã de 4 de novembro último, o Dr. Richard Price, um eminente ministro não conformista, pregou no templo dissidente do velho Bairro Judeu, a seu clube ou sociedade, um extraordinário sermão variado, no qual alguns bons sentimentos morais e religiosos, e não mal expressados, se misturam em uma espécie de mingau de diferentes opiniões e reflexões políticas: mas a revolução Francesa é o grande ingrediente do caldeirão. Considero a mensagem transmitida pela Revolution Society à Assembleia Nacional, por meio do Conde Stanhope, como tendo-se originado nos princípios do sermão, e como um corolário deles. Foi motivada pelo pregador daquele discurso. Foi passada pelos que vieram trescalando por efeito do sermão, sem nenhuma censura ou qualificação limitante, expressa ou implícita. Se, no entanto, algum dos cavalheiros envolvidos quiser separar o sermão da resolução, eles sabem como reconhecer um e desautorizar a outra. Eles podem fazê-lo: eu não posso.

Eu, por minha parte, encarei aquele sermão como a declaração pública de um homem muito ligado à cabala literária e às intrigas dos filósofos; a teólogos políticos e políticos teológicos, tanto na pátria quanto no exterior. Sei que o estabeleceram como uma espécie de oráculo; porque, com as melhores intenções do mundo, ele naturalmente *filipiza*, e entoa seu canto profético em uníssono exato com os propósitos deles.

[13] Esse sermão é em tom que acredito não ser ouvido neste reino em nenhum dos púlpitos nele tolerados ou estimulados, desde o ano de 1648, quando um predecessor do Dr. Price, o Reverendo Hugh Peters, fez a abóbada da capela do próprio rei em St. James vibrar com a honra e o privilégio dos Santos, que, com os "altos louvores de Deus em sua boca, e uma espada de *dois* fios em suas mãos, deveriam executar julgamento dos ateus, e impor castigos ao *povo*; prender seus *reis* com cadeias, e seus *nobres* com grilhões de ferro".* Poucas arengas oriundas do púlpito, exceto no tempo de sua liga na França, ou no tempo de nossa solene liga e aliança na Inglaterra, alguma vez respiraram menos o espírito de moderação do que essa preleção feita no velho bairro judeu. Suponhamos, entretanto, que algo semelhante a moderação fosse visível nesse sermão político: ainda assim, a política e o púlpito são termos que têm pouca concordância entre si. Som nenhum deveria ser ouvido na igreja,

* Salmo cxlix.

senão a voz aliviadora da caridade cristã. A causa da liberdade civil e do governo civil ganha tão pouco quanto a da religião com essa confusão de deveres. Os que abandonam o caráter que lhes é próprio, para assumir o que não lhes pertence, ficam, na maior parte, ignorantes tanto do caráter que deixam quanto do que assumem. Totalmente desfamiliarizados com o mundo em que gostam tanto de se misturar, e inexperientes em todos os seus negócios e assuntos, sobre os quais se pronunciam com tanta confiança, eles não têm nada de política senão as paixões que despertam. Com certeza a igreja é um lugar onde deveria ser concedido um dia de trégua às dissensões e animosidades da humanidade.

Esse estilo do púlpito, revivido após interrupção tão grande, teve para mim o ar de novidade, e de uma novidade não totalmente sem perigo. Não atribuo esse perigo igualmente a cada parte do discurso. A sugestão dada a um nobre e [14] reverendo teólogo leigo, que dizem investido de cargo elevado em uma de nossas universidades,* e a outros teólogos leigos "de *categoria* e literatura", pode ser apropriada e oportuna, embora um tanto nova. Se os da nobre seita dos *Seekers* nada encontrarem para satisfazer suas pias fantasias no velho repertório da igreja nacional, ou em toda a rica variedade a ser buscada nos bem-sortidos armazéns das congregações dissidentes, o Dr. Price os aconselha a aperfeiçoar o não conformismo; e a montar, cada um deles, uma casa de oração separada sobre seus próprios princípios particulares.† É um tanto notável

* Discurso sobre o Amor por nosso País, 4/11/1789, pelo dr. Richard Price, 3ª edição, pp. 17 e 18.

† "Os que não gostam do modo de culto que é prescrito pela autoridade pública deveriam, se não conseguem encontrar um culto *fora* da Igreja que aprovam,

que esse reverendo ministro se mostre tão ávido pela criação de novas igrejas e tão perfeitamente indiferente quanto à doutrina que pode ser ensinada nelas. Seu zelo é de um caráter curioso. Ele não é pela propagação de suas próprias opiniões, mas de quaisquer opiniões. Não é pela difusão da verdade, mas da contradição. Que os pobres professores apenas discordem, não importa de quem ou de quê. Esse ponto capital uma vez estabelecido, é dado como certo que sua religião será racional e viril. Duvido que a religião colha todos os benefícios que o ministro calculista computa serem obtidos dessa "grande companhia de grandes pregadores". Seria certamente um valioso acréscimo de indefinidos à ampla coleção de classes, gêneros e espécies conhecidos, que no momento embelezam o *hortus siccus* da dissidência. Um sermão de um nobre duque, ou nobre marquês, ou nobre conde, ou barão corajoso, certamente aumentaria e diversificaria os divertimentos desta cidade, que começa a ficar saciada da ronda uniforme de suas insípidas dissipações. Eu deveria apenas estipular que [15] esses novos *Mess-Johns* usando as insígnias da pequena nobreza deveriam manter algum tipo de limites nos princípios democráticos e niveladores que são esperados de seus enobrecidos púlpitos. Os novos evangelistas vão desapontar, ouso dizer, as esperanças que se concebem deles. Eles não hão de se tornar, literalmente, bem como figurativamente, ministros polêmicos, nem estarão dispostos a treinar suas congregações para que elas possam, como no abençoado tempo antigo, pregar suas doutrinas a regimentos de dragões e unidades de

---

montar um culto separado para si mesmos; e fazendo isso, e dando um exemplo de culto racional e viril, homens de *peso* por sua *categoria* e literatura podem prestar o maior serviço à sociedade e ao mundo". Sermão do dr. Price, p. 18.

infantaria e artilharia. Esses arranjos, por mais favoráveis à causa da liberdade compulsória, civil e religiosa, podem não ser igualmente favoráveis para a tranquilidade nacional. Espero que essas poucas restrições não sejam grandes expansões de intolerância, nem muito violentos exercícios de despotismo.

Mas posso dizer de nosso pregador, "*utinam nugis tota illa dedisset tempora saevitiae*". Todas as coisas nessa sua bula fulminante não são de tendência tão inócua. Suas doutrinas afetam nossa constituição, em suas partes vitais. Ele diz à Revolution Society, nesse sermão político, que sua majestade "é quase o *único* rei legítimo no mundo, por ser o *único* que deve sua coroa à *escolha de seu povo*". Quanto aos reis *do mundo*, todos os quais (exceto um) esse sumo pontífice dos *direitos dos homens*, com toda a plenitude, e com mais do que a ousadia do poder papal de deposição no auge de seu fervor do século XII, enquadra em um artigo abrangente de excomunhão e anátema, e proclama usurpadores por círculos de longitude e latitude, sobre o globo inteiro, cabe a eles considerar como admitem em seus territórios esses missionários apostólicos, que vêm dizer a seus súditos que eles não são reis legítimos. Isso é problema deles. O nosso, como interesse doméstico de alguma importância, é considerar a solidez do *único* princípio sobre o qual esses cavalheiros reconhecem que um rei da Grã-Bretanha tem direito à vassalagem deles.

[16] Essa doutrina, conforme aplicada ao príncipe ora no trono britânico, ou é um disparate, e portanto nem verdadeira nem falsa, ou afirma uma posição profundamente infundada, perigosa, ilegal e inconstitucional. De acordo com esse médico espiritual da polí-

tica, se sua majestade não deve sua coroa à escolha de seu povo, não é um rei legítimo. Ora, não pode haver maior inverdade do que a de que a coroa deste reino é assim possuída por sua majestade. Portanto, se seguir sua regra, o rei da Grã-Bretanha, que com toda certeza não deve seu elevado cargo a alguma forma de eleição popular, não é em qualquer respeito melhor do que o resto do bando de usurpadores, que reinam, ou antes, roubam, por toda a superfície deste nosso desgraçado mundo, sem nenhum tipo de direito ou merecimento à vassalagem de seu povo. A política dessa doutrina geral, assim qualificada, é bastante evidente. Os propagadores desse evangelho político têm a esperança de que seu princípio abstrato (seu princípio de que uma escolha popular é necessária para a existência legal da magistratura soberana) seria desconsiderado enquanto o rei da Grã-Bretanha não fosse afetado por ele. Nesse meio-tempo, os ouvidos de sua congregação se habituariam gradualmente a ele, como se fosse um princípio básico admitido sem discussão. Por enquanto, ele só funcionaria como uma teoria, preservada nos caldos conservantes da eloquência do púlpito e deixada para uso futuro. *Condo et compono quae mox depromere possim.* Por essa política, enquanto nosso governo é apaziguado com uma ressalva em seu favor, à qual ele não tem nenhum direito, a segurança, que ele tem em comum com todos os governos, na medida em que opinião é segurança, é retirada.

Assim esses políticos seguem em frente, enquanto pouca atenção se dá a suas doutrinas: mas quando eles são examinados quanto ao simples significado de suas palavras e à tendência direta de suas doutrinas, então entram em jogo equívocos e elaborações escorregadias. Quando eles dizem que o rei [17] deve sua coroa à escolha de seu povo, e é portanto o único soberano legítimo em todo o mundo, então eles talvez nos digam que não pretendem com isso lembrar mais do que o fato de que alguns predecessores do rei foram chamados ao trono pelo mesmo tipo de escolha; e, portanto, ele deve sua coroa à escolha de seu povo. Assim, por um infeliz subterfúgio, eles esperam tornar segura sua posição, fazendo-a sem valor. Eles são bem-vindos ao refúgio que buscam por sua transgressão, uma vez que tentam asilar-se em seu desatino. Pois, caso se admita essa interpretação, como a ideia deles de eleição difere da nossa ideia de herança? E como o estabelecimento da coroa na linhagem de Brunswick, derivada de James I, vem a legalizar nossa monarquia, em vez da de algum dos países vizinhos? Em um momento ou outro, é claro, todos os iniciadores de dinastias foram escolhidos por aqueles que os convocaram a governar. Há base suficiente para a opinião de que todos os reinos da Europa foram, em um período remoto, eletivos, com maiores ou menores limitações nos objetos de escolha; mas, sejam quais forem os reis que possa ter havido, aqui ou em outra parte, mil anos atrás, ou seja de que maneira as dinastias governantes da Inglaterra e da França possam ter começado, o rei da Grã-Bretanha é hoje rei por uma regra determinada de sucessão, de acordo com as leis de seu país; e, enquanto as condições legais do pacto de soberania forem executadas por ele (como são executadas), ele possui sua coroa apesar da escolha da Revolution Society, que não tem um único voto para rei entre eles, seja individual ou coletivamente; embora eu não tenha dúvida de que logo eles se erigirão em um colégio eleitoral, se as coisas estiverem no ponto de efetivar a sua pretensão. Os herdeiros e sucessores de sua majestade, cada qual a seu tempo e ordem, acederá à coroa com a mesma indiferença pela escolha deles com que sua majestade acedeu à coroa que usa.

Qualquer que possa ser o sucesso da evasão a explicar [18] o clamoroso erro de *fato*, o qual supõe que sua majestade (embora ele a possua em concorrência com as vontades) deve sua coroa à escolha de seu povo, nada, no entanto, pode evadir sua completa declaração explícita, respeitante ao princípio de um direito do povo de escolher, direito que é diretamente mantido e firmemente apoiado. Todas as insinuações oblíquas concernentes a eleições baseiam-se nessa proposição e são atribuíveis a ela. Para que o fundamento do direito legal exclusivo do rei não se torne mera conversa fiada de liberdade bajuladora, o teólogo político passa dogmaticamente a afirmar* que, pelos princípios da Revolução, o povo da Inglaterra adquiriu três direitos fundamentais, todos os quais, com ele, compõem um sistema e reúnem-se em uma curta sentença; a saber, que adquirimos o direito de:

1. "Escolher nossos próprios governantes".
2. "Demiti-los por prevaricação".
3. "Formar um governo para nós mesmos".

Essa nova, e até agora inédita, declaração de direitos, embora feita em nome de todo o povo, pertence àqueles cavalheiros e à facção deles apenas. A massa do povo da Inglaterra não tem participação nela. Eles a rejeitam inteiramente. Eles resistirão à sua imposição prática com suas vidas e suas fortunas. São obrigados a fazê-lo

* P. 34, Discurso sobre o Amor pelo nosso País, do dr. Price.

pelas leis de seu país, elaboradas na época dessa Revolução mesma, a que agora recorrem em favor dos direitos fictícios reivindicados pela sociedade que insulta seu nome.

Esses senhores do antigo Bairro Judeu, em todos os seus raciocínios sobre a Revolução de 1688, têm uma revolução que aconteceu na Inglaterra, cerca de quarenta anos antes, e a recente revolução francesa tão diante de seus olhos, e em seus corações, que constantemente confundem todas as três. É necessário separar o que eles [19] confundem. Devemos reportar suas fantasias equivocadas aos *atos* da Revolução que reverenciamos, para a descoberta de seus verdadeiros *princípios*. Se os *princípios* da Revolução de 1688 tiverem de ser encontrados em algum lugar, será no estatuto chamado *Declaração de Direitos*. Nessa declaração supremamente sensata, sóbria e ponderada, traçada por grandes juristas e estadistas, e não por entusiastas calorosos e inexperientes, não é dita uma palavra nem é feita qualquer sugestão sobre um direito geral "de escolher nossos próprios governantes; de demiti-los por prevaricação e de formar um governo para nós próprios".

Essa Declaração de Direitos (lei do 1º de Guilherme e Mary, s. 2, cap. 2) é a pedra angular de nossa constituição, conforme consolidada, explicada, melhorada, e em seus princípios fundamentais para sempre estabelecida. Chama-se "Uma lei para declarar os direitos e liberdades do súdito, e para *estabelecer* a *sucessão* da coroa". Como se observará, esses direitos e essa sucessão são declarados em um corpo, e unidos indissoluvelmente.

Alguns anos após esse período, apresentou-se uma segunda oportunidade para assegurar um direito de eleição para a coroa. Na perspectiva de total falta de descendência do Rei Guilherme e da Princesa, mais tarde Rainha Ana, a consideração sobre o estabelecimento da coroa, e de uma segurança adicional para as liberdades do povo, voltou a colocar-se para a legislatura. Dessa segunda vez fizeram alguma provisão para legalizar a coroa sobre os espúrios princípios de Revolução do antigo Bairro Judeu? Não. Eles seguiram os princípios que prevaleciam na Declaração de Direitos, indicando com mais precisão as pessoas que deveriam herdar na linhagem protestante. Essa lei também incorporava, pela mesma política, nossas liberdades e uma sucessão hereditária no mesmo decreto. Em vez do direito de escolher nossos próprios governantes, eles declararam que a *sucessão* nessa linhagem (a linhagem protestante, traçada a partir de James I) era absolutamente necessária "para [20] a paz, segurança e tranquilidade do reino", e que era igualmente urgente para eles "manter uma *certeza na* sua *sucessão*, para que os súditos possam recorrer com segurança à sua proteção". Essas duas leis, nas quais se ouvem os nunca equivocados e nunca ambíguos oráculos da política de Revolução, em vez de apoiar as previsões delirantes, em estilo cigano, de um "direito de escolher nossos governantes", são como uma demonstração de como a sabedoria da nação era totalmente avessa a transformar um caso de necessidade em norma legal.

Inquestionavelmente, houve na Revolução, na pessoa do Rei Guilherme, um pequeno e temporário desvio da ordem rigorosa de sucessão hereditária regular; mas é contra todos os princípios genuínos de jurisprudência extrair um princípio de uma lei feita em um caso especial, e em consideração a um único indivíduo. *Privilegium non transit in exemplum*. Se algum dia houve um momento favorável para estabelecer o princípio de que um rei de escolha popular era o único rei legal, sem nenhuma dúvida foi na Revolução. O fato de não ter sido feito nessa ocasião é uma prova de que a nação era de opinião de que não deveria ser feito em momento algum. Não há pessoa tão completamente ignorante de nossa história a ponto de não saber que a maioria de ambos os partidos no parlamento estava tão pouco disposta a alguma coisa parecida com esse princípio que, de início, estavam determinados a colocar a coroa vacante não na cabeça do Príncipe de Orange, mas na de sua esposa, Mary, filha do Rei James, a primogênita da prole desse rei, que reconheciam como indubitavelmente dele. Seria repetir uma história muito batida reevocar a suas memórias todas as circunstâncias comprobatórias de que a aceitação deles do Rei Guilherme não foi propriamente uma *escolha*; mas, para todos aqueles que não queriam efetivamente reconvocar o Rei James, ou inundar o país de sangue e voltar a expor sua religião, leis e regalias da liberdade ao perigo de que haviam acabado [21] de escapar, foi um ato de *necessidade*, no mais rigoroso sentido moral em que se pode entender esta palavra.

No próprio ato em que, por algum tempo, e em um único caso, o Parlamento afastou-se da ordem rigorosa de herança em favor de um príncipe que, embora não o próximo, estava, no entanto, muito perto na linha de sucessão, é curioso observar como Lord Somers, que redigiu o projeto de lei chamado de Declaração de Direitos, comportou-se nessa ocasião delicada. É curioso observar com que destreza e habilidade ele age para que essa temporária solução de continuidade não dê na vista, enquanto tudo que se pudesse encontrar nesse ato de necessidade para dar apoio à ideia de uma sucessão hereditária é apresentado, promovido e realçado, e aproveitado ao máximo por esse grande homem e pela legislatura que o seguiu. Abandonando o estilo seco e imperativo de um decreto do parlamento, ele leva os lords e os comuns a descambar para uma piedora jaculatória legislativa, e a declarar que consideram "uma maravilhosa providência e misericordiosa bondade de Deus para com esta nação preservar as pessoas régias das referidas majestades para muito ditosamente reinar sobre nós *no trono de seus ancestrais*, pelo que eles retribuem, do fundo do coração, com seus mais humildes louvores e agradecimentos". A legislatura claramente tinha em vista a Lei de Reconhecimento do primeiro da Rainha Elizabeth, capítulo terceiro, e do de James I, capítulo primeiro, ambas as leis fortemente declaratórias da natureza hereditária da coroa; e em muitas partes seguem, com uma precisão quase literal, as palavras e até a forma de ação de graças que se encontram nesses antigos estatutos declaratórios.

As duas câmaras, na lei do Rei Guilherme, não agradeceram a Deus por terem encontrado uma boa oportunidade de afirmar o direito de escolher seus próprios governantes, muito menos de fazer de uma eleição o *único direito legal* à coroa. O fato de terem estado em condição de evitar a mera aparência disso, tanto quanto possível, foi então considerado uma saída [22] providencial. Eles lançaram um bem tecido véu político sobre qualquer circunstância tendente a enfraquecer os direitos que, na aperfeiçoada ordem de sucessão, pretendiam perpetuar; ou que pudesse abrir um precedente para algum futuro afastamento do que eles haviam então resolvido para sempre. Coerentemente, para que não pudessem relaxar a força de resolução de sua monarquia, e para que pudessem preservar uma estreita conformidade com a prática de seus ancestrais, tal como se mostrava nos estatutos declaratórios da Rainha Mary* e da Rainha Elizabeth, no artigo seguinte, eles, por reconhecimento, investiram suas majestades de todas as prerrogativas da coroa, declarando "que, nelas, essas prerrogativas são mais plena, legítima e inteiramente investidas, incorporadas, unidas e anexadas". No artigo que se segue, para impedir questionamentos, por motivo de algum direito pretendido à coroa, eles declaram (observando também nisso a linguagem tradicionalista, bem como a política tradicionalista da nação, e repetindo, como de uma rubrica, a linguagem das leis precedentes de Elizabeth e James) que da preservação de "uma *certeza* na SUCESSÃO deles dependem inteiramente, sob as mãos de Deus, a unidade, paz e tranquilidade desta nação".

Eles sabiam que um direito de sucessão duvidoso se pareceria demais com uma eleição; e que uma eleição seria totalmente destrutiva da "unidade, paz e tranquilidade desta nação", o que eles achavam ser considerações de alguma importância. A fim de promover esses objetivos e, portanto, excluir para sempre a doutrina do antigo Bairro Judeu de "um direito de escolher nossos próprios governantes", eles seguem com um artigo, contendo um soleníssimo compromisso, tirado da precedente lei da Rainha Elizabeth, o compromisso e voto mais solene que já foi ou pode ser feito em favor de uma sucessão hereditária, e a mais solene renúncia que se poderia fazer dos princípios a eles imputados por essa sociedade. "Os lords, espirituais e temporais, e os comuns, em nome [23] de todas as pessoas acima mencionadas, muito humilde e sinceramente

* 1º de Mary, s. 3, cap. 1.

submetem *a si mesmos, seus herdeiros e posteridade para sempre*; e sinceramente prometem que protegerão, manterão e defenderão as mencionadas majestades, e também a *limitação da coroa*, neste instrumento especificada e contida, ao máximo de suas forças", etc., etc.

Tão longe está de ser verdade que, pela Revolução, tenhamos adquirido o direito de eleger nossos reis que, se o houvéssemos possuído antes, a nação inglesa naquele momento muito solenemente renunciou e abdicou a ele, por si própria e por toda a sua posteridade, para sempre. Esses senhores podem dar-se quanto valor quiserem por seus princípios Whigs; mas não desejo em absoluto que me achem ser um Whig melhor do que Lord Somers; ou entender os princípios da Revolução melhor do que aqueles pelos quais ela foi realizada; ou ler na Declaração de Direitos qualquer mistério desconhecido para aqueles cujo estilo penetrante gravou em nossas práticas, e em nossos corações, as palavras e o espírito daquela lei imortal.

É verdade que, ajudada pelos poderes derivados de força e oportunidade, a nação naquela época estava, em certo sentido, livre para tomar o rumo que bem quisesse para preencher o trono; mas livre somente para fazê-lo sob os mesmos pretextos pelos quais poderiam ter abolido totalmente sua monarquia, e qualquer outra parte de sua constituição. No entanto, eles não achavam que transformações tão ousadas fizessem parte de sua incumbência. É de fato difícil, talvez impossível, impor limites à mera competência *abstrata* do poder supremo, tal como era exercido pelo parlamento naquela época; mas os limites de uma competência *moral*, sujeitando, mesmo em poderes mais indiscutivelmente soberanos, a vontade ocasional à razão permanente, e às máximas constantes de fé, justiça, e política fundamental estabelecido, são perfeitamente inteligíveis e perfeitamente obrigatórios para aqueles que exercem alguma autoridade, sob qualquer nome, ou a qualquer título, no estado. A Câmara dos Lords, por exemplo, não é [24] moralmente competente para dissolver a Câmara dos Comuns; não, nem mesmo para dissolver a si mesma, nem para abdicar, se quisesse, da sua parte na legislatura do reino. Embora um rei possa abdicar por sua própria pessoa, não pode abdicar pela monarquia. Por uma razão tão ou mais forte, a Câmara dos Comuns não pode renunciar à sua parcela de autoridade. O compromisso e pacto da sociedade, que geralmente recebe o nome de constituição, proíbe essa invasão e essa rendição. As partes constituintes de um Estado são obrigadas a manter seu compromisso público uma com a outra e com todos os que dependem de seus compromissos para interesses sérios, tanto quanto o Estado todo é obrigado a manter sua palavra com comunidades isoladas. Senão, competência e poder logo se confundiriam e nenhuma lei restaria, senão a vontade de uma força predominante. Por esse princípio, a sucessão da coroa sempre foi o que é agora, uma sucessão hereditária por lei: na linha antiga, era uma sucessão pelo direito consuetudinário; na nova, pelo direito estatutário, operando nos princípios do direito consuetudinário, não mudando a substância, mas regulando o modo e descrevendo as pessoas. Essas duas descrições do direito têm a mesma força e derivam de uma autoridade igual, emanando do acordo comum e do pacto original do Estado, *communi sponsione reipublicae*, e como tal são igualmente obrigatórias, para o rei e para o povo também, na medida em que seus termos forem observados, e eles continuem o mesmo organismo político.

Está longe de ser impossível reconciliar – se nós próprios não suportarmos ficar presos nos labirintos da sofística metafísica – o uso tanto de uma regra fixa quanto de um desvio ocasional; o caráter sagrado de um princípio de sucessão hereditária em nosso governo, com um poder de mudança em sua aplicação em casos de extrema emergência. Mesmo nessa situação extrema (se tomarmos a medida de nossos direitos pelo nosso exercício deles na Revolução), a mudança deve ser limitada [25] à parte culpada apenas: à parte que propiciou o necessário desvio; e mesmo então deve ser efetuada sem uma decomposição de toda a massa civil e política, com o propósito de originar uma nova ordem civil a partir dos primeiros elementos da sociedade.

Um Estado sem os meios de alguma mudança é um Estado sem os meios de sua conservação. Sem esses meios, ele pode até arriscar a perda daquela parte da constituição que mais devotamente gostaria de preservar. Os dois princípios de conservação e correção funcionaram com força nos dois períodos da Restauração e da Revolução, quando a Inglaterra achou-se sem um rei. Nestes dois períodos, a nação perdera o elo de união em seu antigo edifício; eles, no entanto, não derrubaram toda a estrutura. Ao contrário, em ambos os casos regeneraram a parte deficiente da velha constituição por meio das partes que não estavam prejudicadas. Eles mantiveram essas velhas partes exatamente como eram, para que a parte recuperada lhes pudesse ser adequada. Eles agiram pelos antigos estados constituídos na forma de sua velha organização, e não pelas *moleculae* orgânicas de um povo dispersado. Em momento nenhum talvez a legislatura soberana tenha manifestado mais terna consideração por seu princípio fundamental de política constitucional britânica do que na época da Revolução, quando se desviou da linha direta de sucessão hereditária. A coroa foi um tanto afastada da linha que até então vinha seguindo; mas a nova linha era derivada da mesma cepa. Ainda era uma linhagem de descendência hereditária; ainda uma descendência hereditária pelo mesmo sangue, embora uma descendência hereditária condicionada por protestantismo. Quando a legislatura alterou a direção mas manteve o princípio, os legisladores mostraram que o julgavam inviolável.

Por esse princípio, a lei de herança havia acolhido algumas retificações nos velhos tempos, e muito antes da era da Revolução. Algum tempo após a conquista, surgiram [26] grandes questões sobre os princípios legais de descendência hereditária. Tornou-se uma questão duvidosa se o herdeiro *per capita* ou o herdeiro *per stirpes* deveria ter a sucessão; mas se o herdeiro *per capita* abria caminho quando a sucessão *per stirpes* acontecia, ou o herdeiro católico, quando o protestante era preferido, o princípio patrimonial sobrevivia com uma espécie de imortalidade através de todas as transmigrações – *multosque per annos stat fortuna domus et avi numerantur avorum*. Esse é o espírito de nossa constituição, não só em seu curso estabelecido, mas em todas as suas revoluções. Quem quer tenha acedido, ou como tenha acedido, se obteve a coroa pela lei, ou pela força, a sucessão hereditária foi continuada ou adotada.

Os senhores da Society for Revolutions nada veem na de 1688 senão desvio da constituição; e eles tomam o desvio do princípio pelo princípio. Estão pouco ligando para as consequências óbvias de sua doutrina, embora devam ver que ela deixa autoridade positiva em muito poucas das instituições positivas deste país. Uma vez estabelecida máxima injustificável como essa, de que só o trono eletivo é legítimo, então nenhum decreto dos príncipes que precederam a era da eleição fictícia pode ser válido. Esses teóricos pretendem imitar alguns de seus predecessores, que arrastam os corpos de nossos antigos soberanos para fora do sossego de seus túmulos? Será que pretendem desonrar e desqualificar retroativamente todos os reis que governaram antes da Revolução, e consequentemente macular o trono da Inglaterra com a mancha de uma usurpação contínua? Pretendem invalidar, anular ou colocar em questão, com os títulos e direitos de toda a linhagem de nossos reis, aquele grande corpo de nosso direito estatutário, instituído sob aqueles mesmos que eles agora tratam como usurpadores? Anular leis de valor inestimável para nossas liberdades e regalias – de pelo menos tão grande valor quanto qualquer uma que tenha sido aprovada no ou desde o período da Revolução? Se reis, que não deviam a coroa [27] à escolha de seu povo, não tinham direito a fazer leis, o que será do estatuto *de tallagio non concedendo?* – da *petição de direito?* – da lei do *habeas corpus?* Esses novos doutores dos direitos do homem pretendem afirmar que o Rei James II, que ascendeu à coroa como o seguinte na linhagem sanguínea, de acordo com as regras de uma sucessão na época sem condições, não foi para todos os fins um legítimo rei da Inglaterra, antes de ter feito alguma daquelas leis que foram justificadamente transformadas em uma abdicação de sua coroa? Se ele não foi, muitas dificuldades no parlamento poderiam ter sido evitadas no período que esses senhores comemoram. Mas o Rei James foi um mau rei com um bom título, e não um usurpador. Os príncipes que sucederam de acordo com o decreto do parlamento que legou a coroa à Eleitora Sofia e a seus descendentes, sendo protestantes, acederam por um direito de herança, tanto quanto o Rei James. Este acedeu de acordo com a lei, conforme era vigente à época de sua acessão à coroa; e os príncipes da Casa de Brunswick acederam à herança da coroa não por eleição, mas pela lei, conforme vigia em suas diversas acessões de descendência e herança protestante, como espero ter demonstrando suficientemente.

A lei pela qual essa família real é especificamente destinada à sucessão é o decreto do 12º e do 13º do Rei Guilherme. Os termos desse decreto obrigam "a nós e nossos *herdeiros*, e nossa *posteridade*, a eles, seus *herdeiros*, e sua *posteridade*", sendo protestantes, até o final dos tempos, nas mesmas palavras com que a declaração de direitos nos obrigara aos herdeiros do Rei Guilherme e da Rainha Mary. Ele, portanto, garante tanto uma coroa hereditária quanto uma lealdade hereditária. Sobre que base ou motivo, exceto o da política constitucional, de formar um sistema para garantir esse tipo de sucessão, que excluirá para sempre uma escolha do povo, a legislatura teria meticulosamente rejeitado a escolha justa e abundante [28] que nosso próprio país lhes apresentava, para buscar uma princesa estrangeira em terras estranhas, de cujas entranhas a linhagem de nossos futuros governantes viria a derivar seu direito a governar milhões de homens ao longo de uma série de épocas?

A Princesa Sofia foi indicada, na Lei de Decisão do 12º e 13º do Rei Guilherme, para ser uma *cepa* e raiz de *herança* para nossos reis, e não por seus méritos como uma administradora temporária de um poder, que ela própria poderia nunca exercer, como de fato nunca exerceu. Ela foi adotada por um motivo, e por esse motivo apenas, porque, diz a lei, "a excelentíssima Princesa Sofia, Eleitora e Duquesa usufrutuária de Hanover, é *filha* da excelentíssima Princesa Elizabeth, falecida Rainha da Boêmia, filha de nosso falecido *senhor* e *soberano* Rei James I, de feliz memória, e é por meio deste declarada como sendo a seguinte em *sucessão* na linhagem protestante", etc., etc.; "e a coroa continuará para os *herdeiros* de seu corpo, sendo protestantes". Foi feita pelo parlamento essa qualificação de que por meio da Princesa Sofia uma linha patrimonial não só deveria continuar para o futuro mas (o que eles acharam muito substancial) que por meio dela essa linhagem viria a ser ligada à velha cepa de herança do Rei James I; a fim de que a monarquia pudesse preservar uma unidade ininterrupta ao longo de todas as épocas e pudesse ser preservada, com segurança para nossa religião, no velho e aprovado modo por descendência, no qual, se nossas regalias foram uma vez ameaçadas, elas com frequência, em meio a todas as tormentas e lutas de prerrogativa e privilégio, foram preservadas. Eles fizeram bem. Nenhuma experiência nos ensinou que, por algum outro caminho ou método que não o de uma *coroa hereditária*, nossas liberdades podem ser regularmente perpetuadas e mantidas sagradas como nosso *direito hereditário*. Um movimento irregular, convulsivo, pode ser necessário para nos livrar de uma doença irregular, convulsiva. Mas o curso da sucessão é o [29] hábito saudável da constituição britânica. Será que faltou à legislatura, no decreto para a limitação da coroa à linhagem hanoveriana, tirada por meio das descendentes femininas de James I, um devido senso das inconveniências de ter dois ou três, ou possivelmente mais, estrangeiros em sucessão no trono britânico? Não! Eles tinham um devido senso dos males que poderiam advir desse governo estrangeiro, e mais do que um devido senso deles. Mas não se pode dar prova mais decisiva da plena convicção da nação britânica de que os princípios da Revolução não os autorizavam a eleger reis conforme a sua vontade, e sem nenhuma atenção aos antigos princípios fundamentais de nosso governo, do que eles continuarem a adotar um plano de sucessão hereditária protestante na velha linhagem, com todos os perigos e inconveniências de ser ela uma linhagem estrangeira bem diante de seus olhos, e operando com a mais extrema força sobre suas mentes.

Alguns anos atrás eu me envergonharia de sobrecarregar um assunto tão capaz de sustentar a si mesmo com o então desnecessário apoio de algum argumento; mas essa doutrina sediciosa, inconstitucional, é agora ensinada publicamente, declarada e publicada. A antipatia que sinto por revoluções, cujos sinais muitas vezes nos chegam a partir dos púlpitos; o espírito de mudança que se expandiu para o estrangeiro; o total desprezo que prevalece entre os senhores, e que pode vir a prevalecer entre nós, por todas as instituições antigas, quando postos em oposição a um atual senso de conveniência, ou à tendência, de uma inclinação atual: todas essas considerações tornam aconselhável, em minha opinião, tornar a chamar nossa atenção para os verdadeiros princípios de nossas próprias leis internas; para que o senhor, meu amigo francês, comece a conhecê-las, e nós continuemos a cultivá-las. Não deveríamos, de qualquer dos dois lados do Canal, tolerar sermos enganados pelas mercadorias falsificadas que algumas pessoas, por dupla [30] trapaça, exportam para os senhores em porões ilícitos como mercadorias naturais de cultivo inglês, embora totalmente alheias ao nosso solo, a fim de mais tarde contrabandeá-las de volta para este país, manufaturadas segundo a mais recente moda parisiense de liberdade melhorada.

O povo da Inglaterra não vai macaquear as modas que nunca experimentou; nem voltar àquelas que, por experiência, achou daninhas. As pessoas aqui encaram a sucessão hereditária legal de sua coroa como entre seus direitos, não entre seus erros; como um benefício, não como um agravo; como uma segurança para sua liberdade, não como um emblema de servidão. Elas encaram a estrutura de sua comunidade nacional, *tal como ela é agora*, como sendo de inestimável valor; e elas concebem a imperturbada sucessão da coroa como uma garantia da estabilidade e perpetuidade de todos os outros membros de nossa constituição.

Pedirei permissão, antes de avançar ainda mais, para registrar alguns reles artifícios que os defensores da eleição como o único direito legítimo à coroa estão sempre prontos a empregar, a fim de tornar a defesa dos princípios justos de nossa constituição uma tarefa um tanto desagradável. Esses sofistas recorrem a uma causa fictícia e a personagens inventados, em cujo favor eles lhe dão como comprometido, sempre que o senhor defende a natureza patrimonial da coroa. É comum entre eles discutir como se estivessem em conflito com alguns daqueles desacreditados fanáticos da escravidão, que antigamente afirmavam, o que, acredito, criatura nenhuma hoje afirma, "que a coroa é possuída por direito divino, hereditário e irrevogável". Esses velhos fanáticos do poder arbitrário único dogmatizavam como se a realeza hereditária fosse o único governo legítimo do mundo, exatamente como nossos novos fanáticos do poder arbitrário popular sustentam que uma eleição popular é a única fonte legal de autoridade. É verdade que os velhos entusiastas das prerrogativas especulavam insensatamente, e talvez impiamente também, como se a monarquia [31] tivesse mais sanção divina do que qualquer outro modo de governo; e como se um direito a governar por herança fosse, a rigor, *indiscutível* em toda pessoa que se devesse encontrar na sucessão a um trono, e sob qualquer circunstância, o que nenhum direito civil ou político pode ser. Mas uma opinião absurda respeitante ao direito hereditário do rei à coroa não prejudica outra que seja racional e fundada sobre sólidos princípios da política e do direito legal. Se todas as teorias absurdas de advogados e clérigos fossem poluir os assuntos em que eles são versados, não nos restaria nenhuma lei, ou religião, no mundo. Mas uma teoria absurda sobre um lado de uma questão não é justificativa para alegar um fato falso, ou promulgar máximas maldosas sobre o outro.

A segunda alegação da Revolution Society é "um direito de demitir seus governantes por *prevaricação*". Talvez as apreensões que nossos ancestrais nutriam quanto a criar um precedente como esse "de demitir por má condução do governo" tenham sido a causa de que a declaração da lei que implicara a abdicação do Rei James fosse, se tinha algum defeito, um tanto comedida demais e circunstancial demais.* Mas todo esse comedimento e todo esse acúmulo de circunstâncias servem para mostrar o espírito de cautela que predominava nos concílios nacionais, em uma situação na

* "Que o Rei James II, tendo procurado *submeter a constituição* do reino, rompendo o *contrato original* entre o rei e o povo, e, por conselho dos jesuítas, e outras pessoas perversas, tendo violado as leis *fundamentais*, e *tendo-se retirado do reino*, abdicou do governo, e o trono está, por isso, *vacante*".

qual homens irritados pela opressão, e elevados por um triunfo acima dela, tendem a abandonar-se a rumos violentos e extremos: isso demonstra a ansiedade dos grandes homens que influenciaram a condução dos assuntos naquele grande evento, por fazer da Revolução uma genitora de acordos e estabilização, e não uma sementeira de futuras revoluções.

[32] Governo nenhum que pudesse ser derrubado por algo tão frouxo e indefinido quanto uma opinião de "prevaricação ou *má conduta*" se sustentaria por um só momento. Aqueles que lideraram a Revolução não assentaram a virtual abdicação do Rei James sobre tal luz e princípio incerto. Eles o acusaram de nada menos do que o propósito, confirmado por grande quantidade de atos ilegais declarados, de *subverter a Igreja e o Estado protestantes*, e suas leis, regalias e liberdades fundamentais e inquestionáveis: acusaram-no de ter rompido o *contrato original* entre o rei e o povo. Isso era mais do que *prevaricação*. Uma necessidade grave e dominadora os obrigou a tomar a medida que tomaram, e assim o fizeram com infinita relutância, como sob a mais rigorosa de todas as leis. Sua confiança na futura preservação da constituição não estava em futuras revoluções. A grande política de todas as suas regulamentações era tornar quase impraticável, para qualquer futuro soberano, forçar os estados do reino a voltar a recorrer a esses remédios violentos. Eles deixaram a coroa como, na avaliação e no juízo da lei, ela sempre foi, perfeitamente isenta de responsabilidade. A fim de aliviar a coroa ainda mais, eles agravaram as responsabilidades sobre os ministros de estado. Pelo estatuto do 2º do Rei Guilherme, s. 2ª, chamada "*a lei para declarar os direitos e regalias do súdito, e para estabelecer a sucessão da coroa*", que eles decretaram, os ministros deveriam servir à

coroa nos termos dessa declaração. Logo em seguida eles garantiam as *frequentes reuniões do parlamento*, pelas quais o governo inteiro estaria sob a constante inspeção e o controle ativo da representação popular e dos grandes do reino. No grande decreto constitucional seguinte, o do 12º e 13º do Rei Guilherme, para ainda maior limitação da coroa, e *melhor* garantia dos direitos e regalias do súdito, eles proviam "que nenhuma concessão sob a grande chancela da Inglaterra poderia estar sujeita a [33] *impeachment* pelos comuns em parlamento". A regra decretada para o governo na Declaração de Direitos, a constante inspeção do parlamento, o pedido prático de *impeachment*, foi algo que consideraram uma segurança infinitamente melhor, não só para sua liberdade constitucional mas contra os vícios de administração, do que a reserva de um direito tão difícil na prática, tão incerto no resultado, e frequentemente tão daninho nas consequências, quanto aquele de "demitir seus governantes".

O Dr. Price, nesse sermão*, condena muito corretamente a prática de dirigir aos reis palavras grosseiras e de adulação. Em vez desse estilo de mau gosto, ele propõe que se diga a sua majestade, em ocasião de congratulações, que "ele deve considerar-se mais exatamente como servidor do que como soberano de seu povo". Como cumprimento, essa nova forma de saudação não parece ser muito lisonjeira. Os que são servidores nominalmente, bem como de fato, não gostam de ser lembrados de sua situação, seu dever e suas obrigações. O escravo, na velha peça, diz a seu senhor: "*Haec commemoratio est quasi exprobatio*". Não é agradável como cumprimento; não é benévolo como instrução. Afinal, se o rei se forçasse a

* Pp. 22, 23, 24.

fazer eco a esse novo tipo de saudação, a admiti-lo em termos, ou mesmo a adotar o nome de Servidor do Povo como seu estilo real, como ele ou nós poderíamos melhorar com isso não consigo imaginar. Já vi cartas muito presunçosas, assinadas: "Seu mui obediente e humilde servidor". A dominação mais arrogante jamais sofrida sobre a terra assumiu um título de ainda maior humildade do que esse agora proposto para os soberanos pelo Apóstolo da Liberdade. Reis e nações foram pisoteados por alguém que se intitulava "o Servidor dos Servidores"; e mandatos para a deposição de soberanos foram chancelados com o sinete do "Pescador".

[34] Eu teria considerado tudo isso não mais do que uma espécie de discurso inútil e insolente, no qual, como em uma exalação repulsiva, diversas pessoas permitem que o espírito da liberdade se evapore, se não fosse claramente em apoio à ideia, e uma parte do plano, de "demitir reis por má conduta". A essa luz, a coisa merece alguma observação.

Reis, em um determinado sentido, são indubitavelmente os servidores do povo, porque seu poder não tem outra finalidade racional senão a do benefício geral; mas não é verdade que eles sejam, no sentido comum (ao menos por nossa constituição), algo semelhante a servidores; situação cuja essência é obedecer às ordens de alguém mais, e de ser facilmente destituído. Mas o rei da Grã-Bretanha não obedece a nenhuma outra pessoa; todas as demais pessoas encontram-se individualmente, e coletivamente também, sob ele, e devem-lhe obediência legal. A lei, que não sabe nem lisonjear nem insultar, chama ao alto magistrado não de nosso servidor, como esse humilde prelado o chama, mas de "nosso soberano Rei e Senhor"; e nós, por nossa parte, aprendemos a falar apenas a linguagem primitiva da lei, e não o jargão confuso de seus púlpitos babilônicos.

Como não cabe a ele nos obedecer, mas cabe a nós obedecer à lei nele, nossa constituição não fez nenhum tipo de provisão no sentido de torná-lo, como servidor, responsável em algum grau. Nossa constituição nada sabe sobre um magistrado como o *Justicia* de Aragón nem sobre qualquer tribunal legalmente nomeado, nem sobre nenhum processo legalmente estabelecido para submeter o rei à responsabilidade que cabe a todos os servidores. Nisso ele não se distingue dos lords e dos comuns, que, em suas diversas funções públicas, não podem ser chamados a prestar contas de sua conduta; embora a Revolution Society prefira afirmar, em direta oposição a uma das passagens mais sábias e mais belas de nossa constituição, que "um rei não é mais do que o primeiro servidor do público, criado por ele, *e responsável perante ele*".

[35] Nossos ancestrais da Revolução não teriam merecido fama como sábios caso não houvessem encontrado segurança para sua liberdade senão tornando seu governo ineficaz em suas operações e precário em sua estabilidade: se não tivessem conseguido inventar melhor remédio contra o poder arbitrário senão a confusão civil. Que esses senhores declarem quem é esse público *representativo* diante do qual querem afirmar que o rei, como servidor, é responsável. Será então momento mais que apropriado para que eu lhes apresente a lei estatutária positiva afirmando que ele não é.

A cerimônia de demitir reis, de que esses senhores falam com tanta facilidade, raramente pode, se é que pode, ser executada sem o uso da força. Torna-se então um caso de guerra, e não de cons-

tituição. As leis são obrigadas a conter a língua diante das armas; e tribunais desabam com a paz que eles não conseguem mais manter. A Revolução de 1688 foi conseguida por meio de uma guerra justa, no único caso em que alguma guerra, e muito mais uma guerra civil, pode ser justa. "Justa bella quibus *necessaria*". A questão de destronar ou, se esses senhores preferem, "demitir" reis sempre será, como sempre foi, uma questão de Estado extraordinária, e totalmente fora da lei; uma questão (como qualquer outra questão de Estado) de disposições, e de meios, e de prováveis consequências, mais do que de direitos positivos. Como não foi feita para abusos comuns, então não deve ser agitada por mentes comuns. A linha especulativa de demarcação, onde a obediência deve terminar e a resistência deve começar, é tênue, obscura, e não facilmente definível. Não é um ato isolado ou um evento isolado que a determinam. Governos devem ser abusivos e transtornados de verdade antes que isso possa ser aventado; e a perspectiva do futuro deve ser tão ruim quanto a experiência do passado. Quando as coisas estão nessa condição lamentável, a natureza da enfermidade deve indicar o remédio àqueles que a natureza habilitou a
[36] ministrar, em casos extremos, essa poção ambígua, crítica e amarga a um estado tumultuado. A época, as conjunturas e as provocações ensinarão suas próprias lições. Os sensatos determinarão pela gravidade do caso; os irritáveis, por sensibilidade à opressão; os de princípios elevados, por desprezo e indignação diante de poder abusivo em mãos indignas; os ousados e corajosos, por amor ao perigo ilustre em uma causa generosa: mas, com ou sem direito, uma revolução será o ultimíssimo recurso dos bons e dos bem-pensantes.

A terceira categoria de direito, afirmada pelo púlpito do antigo Bairro Judeu, ou seja, o "direito de formar um governo para nós próprios", tem, pelo menos, tão pouca aprovação por parte de qualquer coisa feita na Revolução, seja como precedente ou em princípio, quanto as duas primeiras alegações. A Revolução foi feita para preservar nossas *antigas* leis e liberdades indiscutíveis, e aquela *antiga* constituição de governo que é nossa única garantia para termos lei e liberdade. Se desejar conhecer o espírito de nossa constituição e a política predominante no grande período que nos garantiu isso até agora, peço-lhe que procure ambos em nossas histórias, em nossos registros, em nossas leis do parlamento e diários do parlamento, e não nos sermões do antigo Bairro Judeu, ou nos brindes de depois do jantar da Revolution Society. No primeiro, encontrarão outras ideias e outra linguagem. Tal pretensão é tão inadequada a nosso temperamento e nossos desejos que não é corroborada por nenhuma aparência de autoridade. A ideia mesma da fabricação de um novo governo é suficiente para encher-nos de repulsa e horror. Desejávamos no período da Revolução, como desejamos agora, derivar tudo que temos como *uma herança de nossos antepassados.* Tivemos o cuidado de não inocular nesse corpo e nessa cepa de herança algum enxerto alheio à natureza da planta original. Todas as reformas que até agora fizemos procederam do princípio de referência a antiguidade; e espero, ou melhor, [37] estou convencido de que todas aquelas que possam ser feitas daqui por diante sejam cuidadosamente formadas sobre precedente, autoridade e exemplo análogos.

Nossa reforma mais antiga é a da Magna Carta. O senhor verá que Sir Edward Coke, aquele grande oráculo de nossa legislação, e

de fato todos os grandes homens que o seguiram, até Blackstone,*
são diligentes em provar a linhagem e o *pedigree* de nossas liberdades. Eles tentam demonstrar que aquele antigo diploma, a Magna Carta do Rei João [sem terra], estava ligado a um outro diploma positivo, de Henrique I, e que tanto um quanto o outro eram nada mais que uma reafirmação da ainda mais antiga lei do reino. Para dizer a verdade, em sua maior parte esses autores parecem estar com a razão; talvez nem sempre: mas, se os advogados se enganam em alguns particulares, isso prova ainda mais fortemente a minha posição; porque revela a forte simpatia pela antiguidade, que sempre encheu as mentes de todos os nossos juristas e legisladores e de todas as pessoas que eles gostariam de influenciar; e a política estável deste reino de considerar suas franquias e direitos mais sagrados como uma *herança*.

Na famosa lei do 3º de Carlos I, chamada de *Petição de Direito*, o parlamento diz ao rei: "Vossos súditos *herdaram* esta liberdade", reivindicando suas franquias com base não em princípios abstratos como os "direitos do homem", mas como os direitos dos homens da Inglaterra, e como um patrimônio derivado de seus antepassados. Selden, e outros homens profundamente cultos, que minutaram essa petição de direito, estavam pelo menos tão bem informados sobre todas as teorias gerais a respeito dos "direitos do homem" quanto qualquer dos oradores em nossos púlpitos, ou na tribuna dos senhores; inteiramente, tal como Dr. Price ou o Abade Sieyès. Mas, por motivos dignos daquela sabedoria prática que suplantava sua ciência teórica, eles preferiram esse direito *he-*

* Ver a Magna Carta de Sir William Blackstone, impressa em Oxford, 1759.

reditário positivo e [38] registrado a tudo que possa ser caro ao homem e ao cidadão, àquele vago direito especulativo que expunha sua herança garantida a ser objeto de disputa e despedaçada por qualquer desregrado espírito litigioso.

A mesma política permeia todas as leis que desde então foram feitas para a preservação de nossas liberdades. No 1º de Guilherme e Mary, no famoso estatuto, chamado de Declaração de Direitos, as duas câmaras não dizem uma sílaba sobre "o direito de formar um governo para si mesmos". O senhor verá que todo o cuidado deles foi garantir a religião, as leis e liberdades, possuídas há tanto tempo, e que haviam sido recentemente ameaçadas. "Levando* na mais séria consideração os *melhores* meios para formar um sistema tal que sua religião, leis e liberdades pudessem não correr o perigo de voltar a ser subvertidas", eles auspiciam todos os seus trabalhos apontando como alguns desses *melhores* meios, "em *primeiro lugar,*" fazer "*como seus ancestrais em casos semelhantes costumavam* fazer para justificar seus *antigos* direitos e liberdades: *proclamá-los*"; e então rogam ao rei e à rainha "que possa ser *proclamado* e decretado que, *todos e isolados*, os direitos e liberdades *afirmados e proclamados* são os verdadeiros *antigos* e indubitáveis direitos e liberdades do povo deste reino".

O senhor observará, da Magna Carta à Declaração de Direitos, que foi política uniforme de nossa constituição reivindicar e afirmar nossas liberdades como um *legado inalienável*, deixado para nós por nossos antepassados e a ser transmitido à nossa posteridade; como um patrimônio que pertence especialmente ao povo deste reino, sem nenhuma referência que seja a algum outro direito mais geral

---

* 1º G. e M.

ou anterior. Por esse meio nossa constituição preserva uma unidade em tão grande diversidade de suas partes. Temos uma coroa patrimonial; uma nobreza patrimonial; e uma Câmara dos Comuns e um povo herdeiros de privilégios, franquias e liberdades de uma longa linhagem de ancestrais.

[39] Essa política parece-me ser o resultado de profunda reflexão; ou então o efeito feliz de seguir a natureza, o que é sabedoria sem reflexão, e acima dela. Um espírito de inovação é geralmente o resultado de uma disposição egoísta e de pontos de vista limitados. Jamais terá expectativa de posteridade gente que nunca relembra o exemplo de seus ancestrais. Além disso, o povo da Inglaterra sabe bem que a ideia de herança fornece um princípio seguro de conservação, e um princípio seguro de transmissão, sem de todo excluir um princípio de melhoramento. Deixa livre a aquisição; mas garante o que adquire. Quaisquer vantagens que sejam obtidas por um estudo avançado sobre essas máximas são firmemente trancadas como em uma espécie de arranjo de família; seguradas como em um tipo de inalienabilidade eterna. Por uma política constitucional, funcionando segundo o padrão da natureza, recebemos, retemos e transmitimos nosso governo e nossos privilégios da mesma maneira como aproveitamos e transmitimos nossas propriedades e nossas vidas. As instituições da política, os bens da fortuna, as dádivas da providência são passados, para nós e por nós, no mesmo rumo e ordem. Nosso sistema político encontra-se em justa correspondência e simetria com a ordem do mundo, e com o modo de existência determinado para um corpo permanente composto de partes transitórias; pelo que, por meio da disposição de uma sabedoria extraordinária, unindo em um só molde a

grande e misteriosa incorporação da raça humana, o todo, em um determinado momento, nunca é velho, ou de meia-idade, ou jovem, mas, em uma condição de constância imutável, segue em frente ao longo do variado sistema de decadência, queda, renovação e progressão perpétuas. Assim, preservando o método da natureza na condução do Estado, naquilo que melhoramos nunca somos totalmente novos, no que conservamos nunca ficamos totalmente obsoletos. Aderindo dessa maneira e nesses princípios a nossos ancestrais, somos guiados não pela superstição de antiquários, mas pelo espírito de analogia filosófica. Nessa [40] escolha de herança, demos à nossa estrutura de organização política a imagem de uma relação de sangue; amarrando a constituição de nosso país com nossos mais caros laços domésticos; adotando nossas leis fundamentais no âmbito de nossas aflições familiares; mantendo inseparáveis e cultivando com o calor de todas as suas beneficências, mutuamente refletidas juntas, nosso Estado, nossos lares, nossos sepulcros e nossos altares.

Através do mesmo plano de conformidade à natureza em nossas instituições artificiais, e recorrendo à ajuda de seus infalíveis e poderosos instintos, para fortificar as frágeis e falíveis invenções de nossa razão, derivamos diversos outros benefícios, e estes nada pequenos, do fato de considerarmos nossas regalias e liberdades sob a luz de uma herança. Sempre agindo como se na presença de ancestrais canonizados, o espírito da liberdade, que por si só leva à anarquia e ao excesso, é temperado com uma formidável gravidade. Essa ideia de uma descendência liberal inspira-nos com um senso de dignidade nativa habitual, o qual impede aquela insolência presunçosa que inevitavelmente se apodera dos que são os primeiros a adquirir qualquer distinção, e os arrasta na ignomínia. Por esse meio, nossa independência torna-se uma nobre liberdade. Ela ostenta um aspecto imponente e majestoso. Ela tem uma nobre linhagem e ancestrais ilustres. Ela possui suas lágrimas e seu brasão de armas. Ela tem sua galeria de retratos; suas inscrições em monumentos; seus registros, provas e títulos. Conseguimos reverência para nossas instituições civis segundo princípio pelo qual a natureza nos ensina a reverenciar os homens isolados; por conta de sua idade; e por conta daqueles de quem eles descendem. Nenhum de vossos sofistas pode conseguir algo mais bem adaptado a preservar uma liberdade racional resoluta do que o rumo que seguimos, e que foi escolhido por nossa natureza e não por nossas especulações, por nossos corações mais do que por nossas invenções, para serem as grandes estufas e depósitos de nossos direitos e privilégios.

[41] Os senhores poderiam, se tivessem desejado, ter aproveitado nosso exemplo e ter dado à sua recuperada liberdade uma correspondente dignidade. Seus privilégios, embora interrompidos, não se perderam para a memória. Sua constituição, é verdade, enquanto esteve fora de sua posse, sofreu perda e dilapidação; mas os senhores possuíam em algumas partes as muralhas, e em todas as fundações, de um castelo nobre e venerável. Poderiam ter restaurado essas muralhas; poderiam ter edificado sobre essas antigas fundações. Sua constituição foi suspensa antes de ter sido aperfeiçoada; mas os senhores tinham os elementos de uma constituição praticamente tão boa quanto se poderia desejar. Em seus antigos Estados possuíam aquela variedade de partes correspondente às variadas categorias de que sua comunidade era afortunadamente

composta; tinham toda aquela combinação, e toda aquela oposição de interesses, tinham aquela ação e contraposição que, nos mundos natural e político, do confronto recíproco de forças discordantes, obtêm a harmonia do universo. Esses interesses opostos e conflitantes, que os senhores consideravam como mácula tão grande em sua antiga e em nossa atual constituição, interpõem um controle salutar a todas as resoluções precipitadas; eles tornam a deliberação uma questão não de escolha, mas de necessidade; eles tornam toda mudança objeto de *conciliação*, o que gera naturalmente a moderação; eles produzem *composições*, evitando o doloroso mal de reformas precipitadas, rudimentares, incondicionais; e tornam para sempre impraticável todo e qualquer uso impensado de poder arbitrário. Por meio dessa diversidade de membros e interesses, a liberdade geral teve tantas seguranças e garantias quantas eram as visões diferentes nas diversas ordens; enquanto, pressionando o todo sob o peso de uma real monarquia, as partes isoladas teriam sido impedidas de se deformar e recuar de seus lugares designados.

Os senhores tinham todas essas vantagens em seus antigos Estados; mas resolveram agir como se nunca tivessem sido moldados na forma de uma sociedade civil [42] e fizeram tudo começar de novo. Começaram mal, porque começaram desprezando tudo que lhes pertencia. Formaram seu comércio sem um capital. Se as últimas gerações de seu país pareciam sem muito brilho a seus olhos, poderiam tê-las deixado passar e derivado suas reivindicações de uma raça de ancestrais mais antiga. Sob uma piedosa predileção por esses ancestrais, suas imaginações teriam materializado neles um padrão de virtude e sabedoria, acima da prática vulgar do momento; e os senhores se teriam elevado com o exemplo a cuja imitação aspiravam. Respeitando seus ancestrais, teriam aprendido a respeitar a si mesmos. Não teriam decidido considerar os franceses como um povo de ontem, como uma nação de desgraçados servis e malnascidos até o ano emancipador de 1789. A fim de, à custa de sua honra, fornecer a seus apologistas aqui uma desculpa para diversas atrocidades suas, não teriam ficado contentes em ser representados como um bando de escravos fugidos, subitamente libertados da casa de servidão, e que, portanto, deviam ser perdoados pelo abuso da liberdade a que não estavam acostumados, e para a qual eram mal preparados. Não teria, meu digno amigo, sido mais prudente que tivessem considerado o que eu, por minha parte, sempre considerei sobre vocês, uma nação generosa e galante, há muito desviada, para sua desvantagem, por seus sentimentos elevados e românticos de fidelidade, honra e lealdade; que os eventos lhes foram desfavoráveis, mas que os senhores não foram escravizados por meio de alguma disposição liberal ou servil; que em sua mais dedicada submissão foram movidos por um princípio de espírito público, e que era o seu país que os senhores idolatravam, na pessoa de seu rei? Houvessem dado a entender que, na ilusão desse erro amável, os senhores tinham ido mais longe do que seus sábios ancestrais; que estavam decididos a retomar seus antigos privilégios, enquanto preservavam o espírito de suas antigas e recentes lealdade e honra; ou se, desconfiados de si próprios, e [43] não discernindo claramente a quase obliterada constituição de seus ancestrais, os senhores voltassem os olhos para seus vizinhos desta terra, que mantiveram vivos os antigos princípios e modelos da velha lei comum da Europa melhorados e adaptados a seu atual Estado – seguindo sábios exemplos, os senhores teriam dado ao mundo novos exemplos de sabedoria. Teriam tornado a causa da liberdade venerável aos olhos de todas as mentes dignas em todas as nações. Teriam feito a terra envergonhar-se de seu despotismo, demonstrando que a liberdade é não só reconciliável, mas que, quando bem disciplinada, torna-se acessória à lei. Teriam tido um rendimento não opressivo, mas produtivo. Teriam tido um comércio próspero para alimentá-lo. Teriam tido uma constituição livre; uma monarquia potente; um exército disciplinado; um clero reformado e venerado; uma nobreza mitigada, mas animada, para orientar sua virtude, não para asfixiá-la; teriam tido uma ordem liberal de comuns, para emular e arregimentar essa nobreza; teriam tido um povo protegido, satisfeito, laborioso e obediente, que aprendeu a buscar e a reconhecer a felicidade que pode ser encontrada pela virtude em todas as condições; nisso consiste a verdadeira igualdade moral da humanidade, e não naquela monstruosa ficção que, inspirando falsas ideias e vãs expectativas nos homens destinados a trilhar o caminho obscuro da vida laboriosa, serve apenas para agravar e encarniçar aquela desigualdade real que ela nunca pode eliminar, e que a ordem da vida civil estabelece, tanto para o benefício daqueles a quem ela deve deixar em uma condição humilde quanto daqueles a quem ela é capaz de exaltar a uma condição mais esplêndida, mas não mais feliz. Foi aberta diante dos senhores uma carreira fácil e tranquila da felicidade e glória, acima de qualquer coisa que tenha registro na história do mundo; mas os senhores mostraram que dificuldade faz bem para o homem.

Calculem seus ganhos: vejam o que se consegue com essas especulações extravagantes e presunçosas que ensinaram seus [44] líderes a desprezar todos os seus predecessores e todos os seus contemporâneos, e mesmo a desprezar a si próprios, até o momento em que se tornaram realmente desprezíveis. Seguindo essas falsas luzes, a França comprou indisfarçadas calamidades a um preço mais elevado do que o que qualquer nação pagou pelos mais inequívocos benefícios. A França comprou pobreza com crime! A França não sacrificou sua virtude ao seu interesse; mas abandonou seu interesse para que pudesse prostituir sua virtude. Todas as outras nações começaram a fabricar um novo governo, ou a reformar um antigo, estabelecendo originalmente, ou impondo com maior exatidão, uns ou outros ritos de religião. Todos os outros povos lançaram as fundações da liberdade civil de maneiras mais severas e um sistema de moralidade mais austero e masculino. A França, quando soltou as rédeas da autoridade régia, duplicou a indisciplina de uma feroz dissolução nas maneiras e de uma insolente irreligião em opiniões e práticas, e estendeu por todas as posições da vida, como se transmitisse algum privilégio, ou revelasse algum benefício oculto, todas as infortunadas corrupções que habitualmente eram a doença da riqueza e do poder. Esse é um dos novos princípios de igualdade na França.

A França, pela perfídia de seus líderes, desmoralizou completamente o tom de concílio indulgente nos gabinetes dos príncipes, e desarmou-o de seus tópicos mais fortes. Ela santificou as sombrias máximas suspeitosas da desconfiança tirânica; e ensinou reis a tremer diante das (como doravante será chamado) ilusórias plausibilidades de políticos morais. Soberanos considerarão aqueles que os aconselham a ter ilimitada confiança em seu povo como inimigos dos seus tronos; como traidores que visam à sua destruição, levando sua maleável boa índole, sob falsos pretextos, a admitir que associações de homens imprudentes e desleais tenham participação no poder. Isso somente, se nada mais houvesse, é uma calamidade irreparável, para os senhores e para a humanidade. Lembrem-se de que [45] seu parlamento de Paris disse a seu rei que, convocando os estados a se reunir, ele nada tinha a temer senão o pródigo excesso de seu zelo em prover o sustento do trono. É certo que esses homens deviam cobrir suas cabeças. É certo que deviam assumir seu papel na ruína que seu conselho trouxe a seu soberano e a seu país. Essas declarações confiantes tendem a embalar a autoridade adormecido; a estimulá-la a envolver-se temerariamente em aventuras perigosas de políticas nunca experimentadas; a negligenciar aquelas provisões, precauções e preparativos que distinguem a benevolência da imbecilidade; e sem o que ninguém pode responder pelo efeito salutar de algum plano abstrato de governo ou de liberdade. Pela falta dessas coisas, eles viram o remédio do estado corromper-se em seu veneno. Eles viram os franceses rebelarem-se contra um monarca brando e legítimo, com mais fúria, afronta e insulto do que algum dia se soube que um povo tenha erguido contra o usurpador mais ilegal, ou o tirano mais sanguinário. Sua resistência foi à concessão; sua revolta, contra a proteção; seu golpe foi desferido contra uma mão que estendia graças, favores e imunidades.

Isso não foi natural. O resto está em perfeita ordem. Eles encontraram seu castigo em seu sucesso. Leis viradas de cabeça para baixo; tribunais subvertidos; indústria sem vigor; comércio agonizante; os impostos não pagos, e, ainda assim, o povo empobrecido; uma Igreja saqueada, e um Estado não socorrido; anarquia civil e militar faziam a constituição do reino; tudo que era humano e divino sacrificado ao ídolo do crédito público, e falência nacional foi a consequência; e, para cúmulo de tudo, os títulos ao portador do poder novo, precário e engatinhante, os desacreditados títulos ao portador de uma trapaça empobrecida e de uma rapina reduzida à indigência, oferecidos como moeda corrente para o sustento de um império, em lugar dos dois grandes valores reconhecidos que representam o crédito convencional e duradouro da humanidade, que desapareceram e foram escondidos na terra de onde [46] vieram, quando o princípio de propriedade, do qual eles são criaturas e representantes, foi sistematicamente subvertido.

Todas essas coisas horríveis eram necessárias? Eram elas os resultados inevitáveis da luta desesperada de patriotas determinados, forçados a passar a vau entre sangue e tumulto até a margem de uma liberdade tranquila e próspera? Não! Nada disso. As ruínas recentes da França, que chocam nossos sentimentos sempre que voltamos nossos olhos, não são a devastação da guerra civil; são os monumentos tristes, mas instrutivos, do conselho temerário e ignorante em tempos de profunda paz. São a exibição de uma autoridade desconhecida e presunçosa, porque irresistente e irresistível. As pessoas que assim desfrutaram o precioso tesouro de seus crimes, as pessoas que fizeram esse pródigo e desregrado esbanjamento de males públicos (o último recurso, reservado para o resgate extremo do estado), se depararam em seu avanço com pouca ou nenhuma oposição. Sua marcha toda foi mais como uma procissão triunfal do que a progressão de uma guerra. Seus pioneiros saíram à frente deles e deixaram tudo arrasado a seus pés. Nem uma única gota do sangue *deles* foi derramada pela causa do país que arruinaram. Eles não fizeram outros sacrifícios a seus projetos de maior consequência do que as fivelas de seus sapatos, enquanto aprisionavam seu rei, matavam seus concidadãos e faziam banhar-se em lágrimas, mergulhando-os na pobreza e na aflição, milhares de famílias e homens dignos. Sua crueldade não foi nem mesmo o reles resultado do medo. Foi o efeito de seu senso de perfeita segurança em autorizar traições, roubos, violações, assassinatos, massacres e incêndios ao longo de sua terra assediada e atormentada. Mas a causa de tudo estava clara desde o começo.

Essa livre escolha, essa apaixonada eleição do mal pareceriam [47] perfeitamente inexplicáveis se não considerássemos a composição da Assembleia Nacional; não me refiro à sua constituição formal, a qual, como hoje se encontra, é bastante repreensível, mas aos elementos de que ela em grande medida se compõe, o que é de dez mil vezes maior consequência do que todas as formalidades do mundo. Se nada mais soubéssemos dessa Assembleia, senão seu título e função, não haveria cores que pudessem pintar para a imaginação algo mais venerável. A essa luz, a mente de um pesquisador, subjugada por uma imagem tão horrível quanto a da virtude e sabedoria de todo um povo reunidas em um único centro de convergência, pararia e hesitaria em condenar coisas mesmo do pior aspecto possível. Em vez de culpáveis, elas pareceriam apenas misteriosas. Mas nenhum nome, nem poder, nem função, nem instituição artificial que seja, é capaz de fazer os homens que compõem algum sistema de autoridade serem algo diferente daquilo que Deus, a natureza, a educação e seus hábitos de vida os fizeram. Capacidades acima destas o povo não tem para dar. Virtude e sabedoria podem ser os objetivos de sua escolha; mas sua escolha não confere nem uma coisa nem outra àqueles sobre os quais elas estendem suas mãos sacramentais. Elas não têm o compromisso da natureza, nem a promessa de revelação para qualquer desses poderes.

Depois que passei os olhos pela lista dos membros e categorias eleitos para o *Tiers État,* nada do que eles viessem a fazer poderia parecer surpreendente. Entre eles, de fato, vi alguns de posição conhecida; alguns de talento brilhante; mas com alguma experiência prática dos negócios de estado, ninguém se podia encontrar. Os melhores eram apenas homens de teoria. Mas não importa o que os poucos de algum destaque possam ter sido, é a substância e a massa do corpo que constituem seu caráter, e devem finalmente determinar sua orientação. Em todos os corpos, os que querem conduzir devem também, em um grau considerável, seguir. [48] Eles devem conformar suas posições ao gosto, talento e disposição daqueles a quem querem conduzir: portanto, se uma assembleia é ineficaz ou mediocremente composta em muito grande parte, nada a não ser um supremo grau de virtude, tal como raramente aparece no mundo, e por esse motivo não pode entrar em cálculo, impedirá os homens de talento disseminados por ela de se tornar apenas os instrumentos especializados de projetos absurdos. Se, o que é muito mais provável, em vez desse incomum grau de virtude, eles forem movidos por ambição sinistra e pela ânsia de glória meretrícia, então a parte medíocre da Assembleia, à qual a princípio eles se conformam, torna-se por sua vez o crédulo instrumento de seus desígnios. Nesse tráfico político, os líderes serão obrigados a curvar-se à ignorância de seus seguidores; e os servidores, a tornar-se subservientes aos piores desígnios de seus líderes.

Para garantir algum grau de sobriedade nas proposições feitas pelos líderes em alguma assembleia pública, eles deveriam respeitar, e em algum grau talvez temer, aqueles a quem conduzem. Para serem orientados de algum outro modo que não cegamente, os seguidores devem qualificar-se, se não para atores, pelo menos para juízes; devem também ser juízes de importância e autoridade naturais. Nada pode assegurar uma conduta firme e moderada nessas assembleias, senão que o corpo delas seja respeitavelmente composto, em questão de condição na vida, de correção permanente, de educação e de hábitos tais que ampliem e liberalizem o entendimento.

Na convocação dos Estados Gerais da França, a primeira coisa que me causou impressão foi um grande afastamento do antigo rumo. Encontrei a representação para o Terceiro Estado composta de seiscentas pessoas. Eram iguais em número aos representantes das duas outras ordens. Se as ordens deviam agir separadamente, o número não deveria, além da consideração das despesas, ser de muita [49] importância. Mas, quando ficou evidente que as três ordens se deveriam fundir em uma, a política e os efeitos necessários dessa numerosa representação tornaram-se óbvios. Uma deserção muito pequena por parte de qualquer das duas outras ordens jogaria o poder de ambas nas mãos da terceira. De fato, todo o poder do Estado logo se resumia a esse corpo. Sua devida composição tornou-se, portanto, de importância infinitamente maior.

Avalie, senhor, a minha surpresa quando descobri que uma proporção muito grande da Assembleia (a maioria, acredito, dos membros que compareciam) compunha-se de advogados profissionais. Não se compunha de magistrados de distinção, que tivessem dado a seu país penhores de sua ciência, prudência e integridade; não dos principais advogados, a glória do foro; não de renomados professores de universidades – mas em sua bem maior parte, como deve ser em tamanho número, dos membros inferiores, incultos, mecânicos, meramente práticos da profissão. Havia destacadas exceções, mas a composição geral era de obscuros advogados provincianos, de intendentes de minúsculas jurisdições locais, rábulas da toga, notários e todo o séquito de executores de litígios municipais, os fomentadores e condutores da mesquinha guerra de afronta entre aldeias. A partir do momento em que li a lista, vi distintamente, e bastante conforme foi acontecendo, tudo que viria a seguir.

O grau de estima em que alguma profissão é tida torna-se o padrão da estima que os profissionais têm por si mesmos. Quaisquer que possam ter sido os méritos pessoais de muitos advogados isoladamente, e em muitos eram sem dúvida bastante consideráveis, nesse reino militar nenhum profissional era muito considerado, exceto os mais importantes dentre todos, que frequentemente uniam a suas funções um alto prestígio de família, e eram investidos de grande poder e autoridade. Esses eram com certeza fortemente respeitados, e com não pequeno grau de reverência. A classe a seguir não era [50] muito estimada; o ofício mecânico era tido em muito baixa conta.

Sempre que a autoridade suprema é investida em um corpo assim composto, deve evidentemente produzir as consequências de uma suprema autoridade posta nas mãos de homens não ensinados habitualmente a se respeitar; que não tinham em jogo nenhuma fortuna prévia em caráter; de quem não se podia esperar que levassem com moderação, ou que conduzissem com discrição, um poder que eles próprios, mais do que quaisquer outros, deviam ficar surpresos de ver em suas mãos. Quem poderia iludir-se de que tais homens subitamente e, de certo modo, por encantamento, arrancados da mais humilde posição de subordinação, não ficariam embriagados por essa grandeza para a qual não estavam preparados? Quem poderia conceber que homens já habitualmente intrometidos, arrojados, sutis, ativos, de disposição litigiosa e mentes inquietas, recairiam facilmente em sua antiga condição de obscuras contendas, e laboriosa, reles e improfícua chicana? Quem poderia duvidar que, a qualquer custo para o estado, de que nada entendiam, eles buscariam seu interesse privado, o qual entendiam bem demais? Não era um evento que dependesse de acaso ou contingência. Era inevitável; era necessário; estava plantado na natureza das coisas. Eles devem *participar* (se sua capacidade não lhes permitir *conduzir*) de qualquer projeto em que possam obter uma *constituição litigiosa*; que possa abrir para eles aqueles inúmeros empregos lucrativos que se seguem na esteira de todas as grandes convulsões e revoluções no estado, e particularmente em todas as grandes e violentas permutações de propriedade. Era de esperar que eles se encarregassem da estabilidade da propriedade, cuja existência sempre dependeu do que tornasse a propriedade questionável, ambígua e insegura? Seus objetivos seriam engrandecidos com sua elevação, mas sua disposição e hábitos, e o modo de realizar seus desígnios, devem continuar os mesmos.

[51] Bem! Mas esses homens deveriam ser temperados e contidos por outras categorias, de mentes mais sóbrias e entendimentos mais ampliados. Deveriam então ser amedrontados pela supereminente autoridade e a espantosa dignidade de um punhado de rústicos

roceiros que têm assento naquela Assembleia, de alguns dos quais se diz que não sabem ler e escrever? E por um número não maior de comerciantes que, embora um pouco mais instruídos e mais proeminentes na ordem da sociedade, nunca conheceram coisa alguma além do seu escritório de contabilidade? Não! Essas duas categorias foram formadas mais para serem dominadas e governadas pelas intrigas e artifícios de advogados do que para se tornarem seu contraponto. Com desproporção tão perigosa, o todo deve necessariamente ser governado por eles. À faculdade de direito juntou-se uma bem razoável parcela da faculdade de medicina. Essa faculdade não tinha, não mais do que a de direito, conquistado na França sua justa valorização. Seus professores, portanto, devem ter as qualidades de homens não habituados a sentimentos de dignidade. Mas supondo que eles houvessem ocupado a posição que deveriam, e tal como entre nós ocupam na realidade, as cabeceiras dos leitos de doentes não são as academias para formar estadistas e legisladores. A seguir, vinham os corretores de fundos e ações, que devem ser ávidos, a qualquer custo, por trocar sua riqueza ideal de papel pela mais sólida substância que é a terra. A esses juntaram-se homens de outras categorias, dos quais era de esperar tão pouco conhecimento ou atenção aos interesses de um grande Estado, e tão pouca consideração pela estabilidade de qualquer instituição; homens formados para ser instrumento, não controle. Essa era em geral a composição do *Tiers État* na Assembleia Nacional; na qual mal se podiam perceber os mais leves traços do que chamamos de o natural interesse fundiário do país.

Sabemos que a Câmara dos Comuns britânica, sem fechar suas portas a qualquer mérito em nenhuma classe, está, pela operação segura de causas adequadas, cheia com tudo que de ilustre [52] em posição, em descendência, em hereditariedade e em opulência adquirida, em talentos cultivados, em distinção militar, civil, naval e política, o país pode possuir. Mas suponham, o que dificilmente se poderia supor ser o caso, que a Câmara dos Comuns fosse composta da mesma maneira que o *Tiers État* na França; esse domínio da chicana seria aturado com paciência, ou sequer concebido sem horror? Deus não permita que eu esteja insinuando alguma coisa desairosa àquela profissão, que é um outro sacerdócio, administrando os ritos da justiça sagrada. Mas, enquanto reverencio homens nas funções que lhes cabem, e o faria tanto quanto é possível a um homem fazer para impedir sua exclusão de alguma dessas funções, não posso, só para lisonjeá-los, desmentir a natureza. Eles são bons e úteis na composição; devem ser maliciosos, se quiserem preponderar de forma a virtualmente se tornarem o todo. Sua alta excelência em suas funções peculiares pode estar longe de ser uma qualificação para outras. Não pode escapar à observação que, quando homens ficam restringidos demais a hábitos profissionais e oriundos de uma faculdade, e, de certo modo, tornam-se inveterados no emprego recorrente desse círculo estreito, encontram-se mais incapacitados do que habilitados para qualquer coisa que dependa do conhecimento da humanidade, da experiência em assuntos variados, de uma visão abrangente e conectada dos vários e complicados interesses externos e internos que entram na formação dessa coisa multifária que se chama de Estado.

Afinal, se a Câmara dos Comuns fosse ter uma composição totalmente profissional e oriunda de uma faculdade, qual é o poder da Câmara dos Comuns, circunscrita e trancada pelas irremovíveis barreiras de leis, usos, regras positivas de doutrina e prática, contrabalançada pela Câmara dos Lords e a cada momento de sua existência à mercê do critério da coroa para que continue, seja prorrogada ou dissolvida? O poder da Câmara dos Comuns, direto ou indireto, é de fato grande; e que consiga por muito tempo preservar sua grandeza, e o espírito que pertence [53] à verdadeira grandeza em sua plena força; e o fará na medida em que lograr impedir os violadores da lei na Índia de se tornarem os legisladores na Inglaterra. O poder da Câmara dos Comuns, entretanto, quando menos reduzido, é como uma gota d'água no oceano, comparado com aquele que reside em uma maioria consolidada da Assembleia Nacional dos senhores. Essa Assembleia, desde a destruição das ordens, não tem lei fundamental, nem convenção rigorosa, nem uso respeitado para refreá-la. Em vez de se acharem obrigados a estar conforme uma constituição estabelecida, eles têm o poder de fazer uma constituição que será conforme os seus desígnios. Nada nos céus ou sobre a terra pode servir como um controle sobre eles. Quais deveriam ser as cabeças, os corações, as disposições, que são qualificados ou que ousem não só fazer leis sob uma constituição estabelecida, mas de um só fôlego forjar uma constituição totalmente nova para um grande reino, e em toda parte dele, desde o monarca no trono à sacristia de uma paróquia? Mas – "*Os tolos entram correndo onde os anjos temem pisar*". Em semelhante estado de poder incontrolado, para propósitos indefinidos e indefiníveis, o mal de uma inaptidão moral e quase física do homem à função deve ser o maior que se possa imaginar acontecer na condução dos assuntos humanos.

Tendo considerado a composição do Terceiro Estado como ele era em sua estrutura original, examinei os representantes do clero. Aí também parecia que bem pouca consideração se teve pela segurança geral da propriedade, ou pela aptidão dos deputados para seus fins públicos, nos princípios de sua eleição. Essa eleição foi arquitetada de forma a mandar uma enorme proporção de simples curas da roça para a grande e árdua tarefa de remodelar um Estado; homens que nunca viram o Estado sequer em ilustração; homens que nada sabiam do mundo além dos limites de uma aldeia obscura; que, mergulhados em irremediável pobreza [54], não podiam encarar nenhuma propriedade, fosse secular ou eclesiástica, com outros olhos que não os da inveja; entre os quais deve haver muitos que, pela menor esperança do mínimo dividendo em pilhagem, participariam prontamente de qualquer ataque a um conjunto de riqueza, no qual dificilmente poderiam esperar ter qualquer participação, exceto em um engalfinhamento generalizado. Em vez de contrabalançar o poder dos chicaneiros ativos da outra assembleia, esses curas devem necessariamente tornar-se os coadjuvantes ativos, ou, no melhor dos casos, os instrumentos passivos daqueles por quem eles eram habitualmente guiados em suas mesquinhas preocupações de aldeia. Eles tampouco podiam ser os mais conscienciosos de sua espécie, os quais, conjecturando a partir de seu entendimento incompetente, conseguiam obter por intriga um encargo de confiança que os levava, de sua relação natural com seus rebanhos e de suas esferas naturais de ação, a tentar empreender a regeneração de reinos. Esse peso preponderante, tendo sido acrescentado ao corpo da chicana no

Tiers État, completou aquele ímpeto de ignorância, precipitação, presunção e ânsia de pilhagem a que nada foi capaz de resistir.

A homens observadores deve ter parecido desde o começo que a maioria do Terceiro Estado, em conjunção com uma delegação do clero como a que descrevi, enquanto buscava a destruição da nobreza, inevitavelmente acabaria por se tornar subserviente aos piores desígnios de indivíduos dessa classe. Na pilhagem e humilhação de sua própria ordem, esses indivíduos obteriam um fundo seguro para o pagamento de seus novos seguidores. Desbaratar os bens que fizeram a felicidade de seus companheiros seria para eles sacrifício nenhum. Homens de qualidade, turbulentos e descontentes, na proporção em que ficam inflados de orgulho e arrogância pessoal, geralmente desprezam sua própria ordem. Um dos primeiros sintomas que descobrem de uma ambição egoísta e daninha é o descaso excessivo pelo nicho social que [55] partilham com outros. Ser afeiçoado à subdivisão, amar o pequeno pelotão a que pertencemos na sociedade é o primeiro princípio (o germe, por assim dizer) dos sentimentos de afeição pública. É o primeiro elo de uma série pela qual prosseguimos em direção ao amor por nosso país e pela humanidade. Os interesses dessa porção do conjunto social são um encargo entregue em confiança nas mãos de todos que a compõem; e como somente homens maus a defenderiam com abusos, somente traidores a negociariam em troca de alguma vantagem pessoal.

Houve, na época de nossos distúrbios civis na Inglaterra (não sei se os senhores têm algo assim em sua Assembleia na França), diversas pessoas, como o então Conde de Holland, que por si próprias ou por suas famílias atraíram um ódio feroz ao trono pela pródiga distribuição de seus favores a eles, que mais tarde se uniriam às rebeliões originárias dos descontentamentos de que eles próprios eram a causa; homens que ajudaram a subverter aquele trono ao qual deviam, alguns deles, sua existência, e outros, todo aquele poder que empregaram para arruinar seu benfeitor. Se alguns limites são traçados para as exigências vorazes desse tipo de gente, ou se outros têm permissão de participar da divisão dos bens que querem açambarcar, vingança e cobiça logo o vácuo insaciável criado pela avareza. Confundida pela complicação de paixões desmedidas, sua razão fica perturbada; seus pontos de vista tornam-se amplos e perplexos; para outros, inexplicáveis; para si mesmos, incertos. Encontram, em todos os lados, limites à sua ambição inescrupulosa em qualquer ordem de coisas estabelecida. Mas, na névoa da confusão, tudo é ampliado, e parece sem qualquer limite.

Quando homens de posição sacrificam todas as ideias de dignidade a uma ambição sem um objetivo nítido e trabalham com instrumentos inferiores para fins baixos, toda a composição torna-se baixa e vil. Não parece ocorrer algo assim agora, na França? Isso não produz algo ignóbil e [56] inglório? Uma espécie de mediocridade em toda a política predominante? Uma tendência em tudo que se faz a rebaixar, junto com os indivíduos, toda a dignidade e importância do Estado? Outras revoluções foram conduzidas por pessoas que, embora tenham tentado ou de fato realizado mudanças na nação, santificaram sua ambição ao fazer aumentar a dignidade do povo cuja paz perturbaram. Eles eram gente de visão. Almejavam o comando, não a destruição de seu país. Eram homens de grandes talentos civis e militares, e o terror, o ornamento de sua era. Não eram como corretores judeus disputando uns com os outros quem poderia melhor remediar, com circulação fraudulenta e papéis depreciados, a desgraça e a ruína causadas a seu país por seus conselhos degenerados. O cumprimento feito a um dos grandes homens maus da velha estampa (Cromwell) por seu parente, um poeta favorito daquela época, mostra o que ele propunha e o que de fato, em grande medida, ele realizou no triunfo de sua ambição;

> Still as *you* rise, the *state*, exalted too,
> Finds no distemper whilst 'tis changed by *you*;
> Chang'd like the world's great scene, when without noise
> The rising sun night's *vulgar* lights destroys.

> [Ainda quando *te elevas, o estado*, também exaltado,
> Não sente indisposição enquanto *é por ti* transformado;
> Transformado como o grande cenário do mundo quando sem ruídos
> Os luzeiros *vulgares* da noite pelo sol nascente são destruídos.]

Esses agitadores não eram tanto homens usurpando o poder quanto afirmando seu lugar natural na sociedade. Sua elevação era para iluminar e embelezar o mundo. Sua conquista sobre seus competidores dava-se eclipsando-os. A mão que, como um anjo destruidor, se abateu sobre o país comunicou-lhe a força e energia sob a qual sofreu. Não digo (Deus me livre) que as virtudes desses homens deviam ser tomadas como compensação para seus crimes; mas eram um tanto corretivas em seus efeitos. Assim foi, como eu disse, o nosso Cromwell. Assim foi toda a vossa raça dos Guises, Condés e Colignis. Assim os Richelieus que, em tempos mais tranquilos, agiram no espírito de uma guerra civil. Assim, como homens melhores, e em uma causa menos dúbia [57], foram o seu Henrique IV e o seu Sully, embora criados em confusões civis, e não totalmente desprovidos de suas marcas. É uma coisa de admirar, ver como a França depressa, assim que teve um momento para respirar, recuperou-se e emergiu da mais longa e mais terrível guerra civil que qualquer nação já sofreu. Por quê? Porque, entre todos os seus massacres, eles não destruíram a *mentalidade* de seu país. Uma cônscia dignidade, um nobre orgulho, um generoso senso de glória e emulação não se extinguiram. Ao contrário, foram inspirados e inflamados. Também os órgãos do Estado, por mais estilhaçados que estivessem, existiam. Todos os prêmios de honra e virtude, todas as recompensas, todas as distinções, permaneceram. Mas sua atual confusão, como uma paralisia, atacou a própria fonte da vida. Cada pessoa de seu país, em situação de ser movida por um princípio de honra, foi desmoralizada e degradada, e não consegue nutrir nenhuma sensação de vida, exceto em uma indignação mortificada e humilhada. Mas essa geração passará bem depressa. A próxima geração da nobreza se parecerá com os artífices e os rústicos, os especuladores financeiros, usurários e judeus, que serão sempre seus colegas, às vezes seus senhores. Acredite em mim, senhor, os que tentam nivelar nunca igualizam. Em todas as sociedades, consistindo em várias categorias de cidadãos, alguma categoria deve ser predominante. Os niveladores, portanto, somente alteram e pervertem a ordem natural das coisas; eles sobrecarregam o edifício sociedade, ao erguer no ar o que a solidez da estrutura requer que fique no chão. As associações de alfaiates e carpinteiros, das quais se compõe a república (de Paris, por exemplo), não podem estar à altura da situação à qual, pela pior das usurpações, a usurpação das prerrogativas da natureza, os senhores tentam forçá-las.

O Chanceler da França, na abertura aos Estados [58], disse, em um tom de floreio oratório, que todas as ocupações eram ilustres. Se ele queria dizer apenas que nenhum emprego honesto era vergonhoso, não teria extrapolado a verdade. Mas, ao afirmar que certa coisa é honrosa, implicamos alguma distinção em seu favor. A ocupação de um cabeleireiro, ou de um fabricante de velas de sebo, não pode ser motivo de honra para qualquer pessoa – para não falar de inúmeros outros empregos mais servis. Essas categorias de homens não deveriam sofrer opressão do Estado; mas o Estado sofre opressão se cidadãos como eles, individual ou coletivamente, têm a permissão de comandar. Nisso o senhor acha estar combatendo um preconceito, mas está em guerra com a natureza.

Não concebo, meu caro, que o senhor seja daquele espírito sofístico capcioso, ou daquela obtusidade maliciosa a ponto de exigir, para cada observação ou sentimento geral, um detalhamento explícito dos corretivos e exceções que a razão presumirá estarem incluídos em todas as proposições gerais oriundas de homens racionais. Não imagina que eu queira restringir poder, autoridade e distinção a sangue, nomes e títulos. Não, senhor. Não há qualificação para governar, senão virtude e sabedoria, efetivas ou presumíveis. Onde quer que elas realmente se encontrem [59], elas têm, não importa em qual estado, condição, profissão ou negócio, o passaporte dos Céus para ofício e honra humanos.

Coitado do país que rejeita, louca e impiamente, o serviço dos talentos e virtudes, civis, militares ou religiosos, que são dados para servi-lo e agraciá-lo; e que condena à obscuridade tudo que é formado para difundir brilho e glória por todo o estado. Coitado também do país que, passando para o extremo oposto, considera uma educação deficiente, uma visão medíocre e limitada das coisas, uma sórdida ocupação mercenária como um direito superior para comandar. Tudo deveria ser aberto; mas não indiferentemente a todo mundo. Nenhuma rotatividade; nenhuma nomeação por herança; nenhum modo de eleição operando no espírito de sorteio ou rodízio podem ser geralmente bons em um governo que trata de temas amplos. Porque essas coisas não têm a tendência, direta ou indireta, de escolher o homem que visa o dever, ou a acomodação de uns e outros. Não hesito em dizer que o caminho para a eminência e o poder, a partir de uma condição obscura, não deveria se tornar fácil demais, nem coisa óbvia demais. Se um mérito raro é a mais rara de todas as coisas raras, deveria passar por algum tipo de prova ou período de experiência. O templo da honra deveria assentar-se sobre uma eminência. Se ele for aberto através da virtude, que se lembre também que a virtude nunca é posta à prova senão por alguma dificuldade, e alguma luta.

Nada é uma representação devida e adequada de um Estado se não representa sua capacidade, bem como sua propriedade. Mas como a capacidade é um princípio vigoroso e ativo, e como a propriedade é apática, inerte e tímida, nunca pode estar livre das invasões da capacidade, a não ser que seja, fora de qualquer proporção, predominante na representação. Deve ser representada também em grande volume de reservas, ou não está corretamente protegida. A essência característica da propriedade, formada a partir dos princípios combinados de sua aquisição [60] e conservação, deve ser *desigual*. As grandes massas, portanto, que excitam a cobiça, e estimulam a rapacidade, devem ser postas fora da possibilidade de perigo. Elas então formam um baluarte natural em torno das propriedades inferiores em todas as suas gradações. A mesma quantidade de propriedade que seja, pelo rumo natural das coisas, dividida entre muitos, não tem a mesma operação. Seu poder defensivo é enfraquecido e fica difuso. Nessa difusão, a porção destinada a cada homem é menos do que aquilo que, na avidez de seus desejos, ele pode iludir-se quanto a obter dissipando o que outros acumularam. A pilhagem desses poucos de fato daria apenas uma parcela inconcebivelmente pequena quando distribuída entre muitos. Mas os muitos não são capazes de fazer esse cálculo; e os que levaram a multidão à rapina jamais pretendem que de fato se faça essa distribuição.

O poder de perpetuar nossa propriedade no seio de nossas famílias é uma de suas circunstâncias mais valiosas e interessantes, e a que mais tende à perpetuação da própria sociedade. Torna nossa fraqueza subserviente à nossa virtude; enxerta benevolência na avareza. Os que possuem riqueza de família, e a distinção que acompanha o patrimônio hereditário (como a maioria dos envolvidos), são as garantias naturais para essa transmissão. Entre nós, a câmara dos pares do reino [os lords] é formada sobre esse princípio. Ela é totalmente composta de propriedade e distinção hereditárias; e tornou-se, portanto, a terceira da legislatura; e, em última instância, o único juiz de toda propriedade em todas as suas subdivisões.

A Câmara dos Comuns também, embora não necessariamente, mas de fato, é sempre assim composta, em sua maior parte. Deixemos que esses grandes proprietários sejam o que eles quiserem, e eles têm a sua chance de estar entre os melhores, porquanto eles são, no realmente pior dos casos, o lastro na nave da nação. Pois embora a riqueza hereditária, e a posição social que a acompanha, sejam excessivamente idolatradas por bajuladores insidiosos, e pelos cegos e abjetos admiradores do poder [61], elas são desprezadas precipitadamente nas frívolas especulações dos petulantes, arrogantes e míopes dândis da filosofia. Alguma proeminência decente e regulada, alguma preferência (não apropriação exclusiva) dada ao nascimento, não é nem anormal, nem injusta, nem impolítica.

Já se disse que vinte e quatro milhões deveriam prevalecer sobre duzentos mil. É verdade; se a constituição de um reino for um problema de aritmética. Essa espécie de discurso funciona muito bem com o poste de luz* a secundá-lo: para homens que *conseguem* raciocinar calmamente, é ridículo. A vontade da multidão e seu interesse muitas vezes devem divergir; e grande será a diferença quando fizerem uma má escolha. Um governo de quinhentos advogados da roça e curas desconhecidos não é bom para vinte e quatro milhões de homens, ainda que tivessem sido escolhidos por quarenta e oito milhões; nem fica melhor se conduzido por uma dúzia de pessoas de qualidade que traíram seu encargo em confiança a fim de obter esse poder. No momento, em tudo os senhores parecem ter-se transviado da estrada principal da natureza.

* Usado pelas turbas para o linchamento de pessoas (N. T.).

A propriedade da França não a governa. Propriedade, evidentemente, é destruída, e liberdade racional não existe. Só o que os senhores têm agora é uma tiragem de papel e uma constituição de especulação de ações: e, quanto ao futuro, os senhores acham seriamente que o território da França, sob o sistema republicano de oitenta e três municipalidades independentes (para não falar das partes que as compõem), poderá algum dia ser governado como um corpo, ou talvez ser posto em movimento pelo impulso de uma mente? Quando a Assembleia Nacional houver concluído o seu trabalho, terá alcançado sua ruína. Essa comunidade de nações não permanecerá por muito tempo em um estado de sujeição à república de Paris. Ela não aceitará que esse corpo único monopolize o cativeiro do rei, e o domínio sobre a assembleia que se chama de Nacional. Cada uma delas guardará para si mesma sua própria porção do espólio da Igreja; e elas não tolerarão nem [62] que esse espólio, ou os frutos mais justos de sua operosidade, ou o produto natural de seu solo sejam mandados para cevar a insolência ou mimar os luxos dos mecânicos de Paris. Nisso elas não verão coisa alguma da igualdade, sob cujo protesto foram tentadas a jogar fora sua lealdade a seu soberano, bem como a antiga constituição de seu país. Não pode haver uma cidade capital em uma constituição como a que eles recentemente fizeram. Eles se esqueceram de que quando montaram governos democráticos haviam virtualmente desmembrado seu país. À pessoa que eles perseveraram em chamar de rei não restou uma centésima parte do poder suficiente para manter unida essa coletânea de repúblicas. A república de Paris se esforçará, de fato, para consumar a libertinagem do exército e perpetuar ilegalmente a assembleia, sem recurso a seus constituintes, como o meio de continuar seu despotismo. Ela fará esforços tornando-se o cerne de uma ilimitada tiragem de papel, no sentido de atrair tudo para si, mas em vão. Toda essa política, no final, parecerá tão fraca quanto hoje é violenta.

Se essa for a sua real situação, comparada com a situação para a qual vocês foram convocados, por assim dizer, pela voz de Deus e do homem; não está em meu coração congratulá-los pela escolha que fizeram, ou pelo sucesso que tiveram os seus esforços. Tampouco posso recomendar a alguma outra nação uma conduta baseada nesses princípios, e que produza esses efeitos. Isso devo deixar para aqueles que podem compreender melhor os seus negócios do que sou capaz de fazer, e sabem melhor até que ponto suas ações são favoráveis a seus desígnios. Os senhores da Revolution Society, que se adiantaram tanto em seus cumprimentos, parecem ser fortemente da opinião de que existe algum plano político relativo a este país, nos quais as suas ações podem, de algum modo, ser úteis. Pois o seu Dr. Price, que parece [63] ter-se metido em uma especulação de alto grau de fervor sobre esse assunto, dirige-se a seu auditório nas seguintes e muito notáveis palavras: "Não posso concluir sem chamar *particularmente* à sua lembrança uma consideração *a que aludi mais de uma vez*, e que provavelmente seus pensamentos *previram o tempo todo*; uma consideração que *está mais gravada em minha mente do que posso expressar*. Refiro-me à consideração de *como é favorável o momento presente a todos os esforços pela causa da liberdade.*"

Está claro que nessa hora a mente desse Pregador político estava prenhe de algum propósito extraordinário; e é muito provável que os pensamentos de sua audiência, que o entendia melhor do que eu, anteciparam-se a ele o tempo todo em sua reflexão e em todo o séquito de consequências a que ela levava.

Antes de ter lido esse sermão, eu realmente achava que vivia em um país livre; e foi um erro que cultivei, porque me fazia gostar mais do país em que eu vivia. Eu estava de fato cônscio de que uma vigilância zelosa e sempre atenta, para proteger o tesouro de nossa liberdade não só de invasão, mas também de declínio e corrupção, era nossa melhor sabedoria e nosso primeiro dever. No entanto, eu considerava esse tesouro mais como uma possessão a ser garantida do que como um prêmio pelo qual contender. Eu não discernia como o momento presente vinha a ser tão favorável a todos os *esforços* pela causa da liberdade. O presente momento só difere de qualquer outro pela circunstância do que se está fazendo na França. Se o exemplo dessa nação deve ter alguma influência sobre ela, posso facilmente conceber por que algumas de suas ações que têm um aspecto desagradável e que não são exatamente reconciliáveis com humanidade, generosidade, boa-fé e justiça são mitigadas com tanta bondade meiga para com os agentes e suportadas com tão heroica fortaleza por parte dos pacientes. Por certo não é prudente desacreditar a autoridade de um exemplo que temos a intenção [64] de seguir. Mas, isso admitido, somos levados a uma pergunta muito natural: o que é essa causa da liberdade, e quais são esses esforços em seu favor aos quais o exemplo da França é tão singularmente auspicioso? Nossa monarquia deverá ser aniquilada, com todas as leis, todos os tribunais e todas as antigas corporações do reino? Será que todos os pontos de referência desta terra deverão ser eliminados, em favor de uma constituição geométrica e aritmética? A Câmara dos Lords será considerada, por votação, inútil? O episcopado deverá ser abolido? As terras da Igreja serão vendidas a judeus e especuladores? Ou dadas, para subornar repúblicas municipais recém-inventadas a terem participação em sacrilégio? Serão todos os impostos considerados por votação como gravames, e a arrecadação reduzida a contribuição patriótica ou presentes patrióticos? As fivelas de prata dos sapatos tomarão o lugar do imposto territorial rural e do imposto do malte para manter o poderio naval deste reino? Terão todas as ordens, posições e distinções de ser confundidas, para que da anarquia universal, unida à falência nacional, três ou quatro mil democracias se constituam em oitenta e três e para que possam todas, por algum tipo desconhecido de força de atração, organizar-se em uma? Para essa grandiosa finalidade, deverá o exército ser reduzido a abandonar sua disciplina e sua fidelidade, primeiro por todo tipo de libertinagem e depois pelo terrível precedente de um donativo, no aumento do soldo? Deverão os curas ser reduzidos a abandonar seus bispos, estendendo-se para eles a esperança ilusória de uma esmola tirada dos despojos de sua própria ordem? Deverão os cidadãos de Londres ser arrancados de sua vassalagem e fidelidade, alimentando-os à custa de seus concidadãos? Deverá um meio circulante compulsório, de papel, tomar o lugar da moeda legal deste reino? Deverá o que resta dos recursos saqueados da renda pública ser empregado no projeto desvairado de manter dois exércitos para vigiar e combater um ao outro? Se esses são os fins e os meios da Revolution Society, admito que são [65] bem sortidos; e a França pode proporcionar para ambos precedentes a propósito.

Entendo que o exemplo de vocês é proposto para nos envergonhar. Sei que nos tomam por uma raça chata e indolente, que se tornou passiva por achar nossa situação tolerável; e impedida, por uma mediocridade de liberdade, de algum dia atingir sua plena perfeição. Seus líderes na França começaram fingindo admirar, e quase adorar, a constituição britânica; mas, conforme progrediam, passaram a encará-la com soberano desprezo. Os amigos de sua Assembleia Nacional entre nós têm uma não menos baixa opinião do que antigamente se considerava ser a glória de seu país. A Revolution Society descobriu que a nação inglesa não é livre. Estão convencidos de que a desigualdade em nossa representação é um "defeito em nossa constituição, tão *berrante* e *palpável* a ponto de torná-la excelente principalmente na *forma* e na *teoria*".* Que uma representação na legislatura de um reino é a base não apenas de toda liberdade constitucional que há nele, mas também de "*todo governo legítimo*; que sem ela um *governo* não passa de apenas uma *usurpação*"; que, quando a representação é *parcial*, o reino possui liberdade apenas *parcialmente*; e se extremamente parcial ofereça apenas uma simulação; e se for não só extremamente parcial, mas corruptamente escolhida, torna-se uma *amolação*". O Dr. Price considera essa inadequação da representação nossa *desgraça fundamental*; e, entretanto, quanto à corrupção dessa simulação de representação, ele espera que ainda não tenha chegado a sua plena perfeição de depravação; ele teme que "nada se fará no sentido de obter para nós essa *dádiva essencial*, até que algum *grande abuso do poder* volte a provocar nossa indignação, ou alguma *grande calamidade* torne a alarmar nossos temores, ou talvez até que a aquisição de uma *representação pura e equitativa por outros países*, enquanto somos *ironizados* com a

* Discurso sobre o Amor pelo nosso País, 3ª ed. p. 39.

sombra, desperte a nossa vergonha". A isso ele acrescenta uma nota nestas palavras: "Uma representação, escolhida [66] principalmente pelo Tesouro, e uns *poucos* milhares da *escória* do povo, que geralmente são pagos por seus votos."

O senhor há de sorrir aqui, diante da consistência desses democrateiros, que, quando não estão em guarda, tratam a parte mais humilde da comunidade com o maior desprezo, enquanto, ao mesmo tempo, fingem fazer deles os depositários de todo o poder. Seria preciso um longo discurso para indicar-lhe as muitas falácias que se escondem na generalidade e na natureza equívoca dos termos "representação inadequada". Direi aqui apenas, em justiça àquela constituição antiquada, sob a qual durante muito tempo prosperamos, que se achou nossa representação perfeitamente adequada a todos os propósitos para os quais se pode desejar que uma representação do povo sirva ou seja destinada. Desafio os inimigos de nossa constituição a demonstrar o contrário. Detalhar os particulares nos quais se acha tão apropriado promover seus fins exigiria um tratado sobre nossa constituição prática. Exponho aqui a doutrina dos revolucionários, só para que o senhor e outros possam ver a opinião que esses senhores nutrem da constituição de seu país, e por que eles parecem achar que algum grande abuso de poder, ou alguma grande calamidade, dando uma chance da dádiva de uma constituição de acordo com as ideias deles, pareceriam muito mitigados a seus sentimentos; para que o senhor veja por que eles estão tão apaixonados por sua representação justa e equitativa que, uma vez obtida, devam seguir-se os mesmos efeitos. O senhor vê que eles consideram nossa Câmara dos Comuns apenas "uma simulação", "uma forma", "uma teoria", "uma sombra", "uma ironia", talvez "uma amolação".

Esses cavalheiros valorizam-se por serem sistemáticos; e não sem razão. Eles devem, portanto, encarar esse berrante e palpável defeito de representação, essa desgraça fundamental (como a chamam), como uma coisa não só nociva em si mesma, mas como tornando nosso governo absolutamente *ilegítimo*, [67] e em nada melhor do que uma rematada *usurpação*. Uma outra revolução, para se livrar desse governo ilegítimo e usurpado, seria, é claro, perfeitamente justificável, se não absolutamente necessária. De fato, o princípio deles, se o senhor observar com alguma atenção, vai muito além de uma alteração na eleição da Câmara dos Comuns; pois, se representação, ou escolha popular, é algo necessário para a *legitimidade* de qualquer governo, a Câmara dos Lords fica, de um só golpe, abastardada e corrompida no sangue. Essa câmara não é de todo representativa do povo, nem mesmo como "simulação" ou na "forma". O caso da coroa é tão ruim quanto. Em vão a coroa pode tentar proteger-se contra esses senhores pela autoridade do sistema estabelecido na Revolução. A Revolução a que se recorre para um direito, no sistema deles, carece, ela própria, de um direito. A Revolução se edifica, de acordo com a teoria deles, sobre uma base não mais sólida do que nossas atuais formalidades, como foi feito por uma Câmara dos Lords que não representa alguém além deles próprios; e por uma Câmara dos Comuns exatamente como a atual, isto é, como eles a denominam, por uma mera "sombra e ironia" de representação.

Alguma coisa eles precisam destruir, ou eles parecem, a si mesmos não existir para propósito algum. Um grupo é pela destruição do poder civil por meio do eclesiástico; outro, pela destruição do eclesiástico através do civil. Eles estão conscientes de que as piores consequências podem advir para o público com a consecução dessa dupla ruína de Igreja e Estado; mas estão tão exaltados com suas teorias, que oferecem mais do que insinuações de que essa ruína, com todos os males a que deve levar e a acompanham, e que para eles próprios parece totalmente certa, não lhes seria inaceitável, ou muito distante de seus desejos. Um homem entre eles, de grande autoridade, e com certeza de grandes talentos, falando de uma suposta aliança entre Igreja e Estado, diz: "Talvez *devamos esperar pela queda dos poderes civis*, antes de essa anormalíssima aliança [68]ser rompida. Calamitosa, sem dúvida, será essa ocasião. Mas que convulsão do mundo político deveria ser objeto de lamentação, se for acompanhada de um efeito tão desejável?" Veja o senhor com que olhar firme esses senhores estão preparados para encarar as maiores calamidades que possam acontecer ao país deles!

É muito natural, portanto, que, com essas ideias de que tudo em sua constituição e governo na pátria, quer na Igreja ou no Estado, é ilegítimo e usurpado ou, na melhor hipótese, uma vã ironia, eles olhem para o exterior com um entusiasmo ávido e apaixonado. Enquanto estiverem possuídos por essas noções, é inútil falar-lhes da prática de seus ancestrais, das leis fundamentais de seu país, da forma estabelecida de uma constituição, cujos méritos são confirmados pelo sólido teste da longa experiência, e uma crescente força pública e prosperidade nacional. Eles desprezam a experiência como sendo a sabedoria de homens iletrados; e, quanto ao resto, armaram secretamente uma mina que mandará pelos ares, em uma grande explosão, todos os exemplos de antiguidade, todos os precedentes, cartas constitucionais e decretos do Parlamento. Eles têm "os direitos do homem". Contra estes não pode haver prescrição; contra estes, nenhum acordo é forçoso: eles não admitem nem temperamento, nem conciliação: qualquer coisa que não atenda a suas plenas exigências é pura trapaça e injustiça. Contra esses seus direitos do homem governo nenhum busque segurança na duração de sua continuidade, ou na justiça e clemência de sua administração. As objeções desses especuladores, se suas formas não se enquadram com suas teorias, são tão válidas contra um governo tão antigo e beneficente quanto contra a mais violenta tirania, ou a mais recente usurpação. Eles estão sempre em controvérsia com governos, não quanto a uma questão de abuso, mas a uma questão de competência e uma questão de direito. Nada tenho a dizer à canhestra sutileza de sua metafísica política. Que sejam sua diversão nas escolas [69]. "*Illa se jactet in aula – Aeolus, et clauso ventorum carcere regnet.*" Mas que não se voltem para soprar como um vento do Levante, para varrer a terra com seu furacão e fazer irromperem as fontes do fundo do oceano para nos submergir.

Longe estou de negar na teoria; igualmente longe está o meu coração de impedir na prática (tivesse eu o poder de distribuir ou de impedir) os *verdadeiros* direitos do homem. Ao negar suas falsas reivindicações de direito, não tenho a intenção de prejudicar as que são reais, e que são tais que seus pretensos direitos destruiriam totalmente. Se a sociedade civil é feita para proveito do homem, todas as vantagens para as quais ela é feita tornam-se seu direito. Ela é uma instituição de beneficência; e a própria lei só é beneficência quando age segundo uma regra. Os homens têm o direito de viver por essa regra; eles têm o direito à justiça; como entre seus companheiros, quer seus companheiros estejam em função política ou em ocupação banal. Eles têm direito aos frutos de sua operosidade; e aos meios de tornar frutífera essa operosidade. Eles têm direito às aquisições de seus pais; à nutrição e ao progresso de sua prole; à instrução na vida e à consolação na morte. Seja o que for que cada homem possa fazer separadamente, sem invadir os demais, ele tem o direito de fazê-lo para si mesmo; e tem o direito a uma justa parcela de tudo que a sociedade, com todas as suas combinações de habilidade e força, possa fazer em seu favor. Nessa parceria, todos os homens têm direitos iguais; mas não a coisas iguais. Aquele que tem apenas cinco xelins na parceria tem um direito tão bom quanto aquele que tem quinhentas libras tem à sua proporção maior. Mas ele não tem direito a um dividendo igual no produto do capital conjunto; e quanto à parcela de poder, autoridade e comando que cada indivíduo deveria ter na administração do Estado, isso devo negar que esteja entre os direitos originais diretos do homem na sociedade civil; pois tenho em consideração aqui o homem social civil, e nenhum outro. É uma coisa a ser estabelecida por convenção.

[70] Se a sociedade civil é fruto de convenção, essa convenção deve ser sua lei. Essa convenção deve limitar e modificar todas as categorias de constituição que se formam sob ela. Todo tipo de poder legislativo, judicial ou executivo, são suas criaturas. Elas não podem ter existência em nenhum outro estado de coisas: e como pode algum homem reivindicar, sob as convenções da sociedade civil, direitos que nem sequer supõem a existência dessa sociedade?

Direitos que são absolutamente incompatíveis com ela? Um dos primeiros motivos da sociedade civil, e que se torna uma de suas regras fundamentais, é *que homem nenhum deveria ser juiz em causa própria.* Com isso cada pessoa renunciou, de imediato, ao primeiro direito fundamental do homem não pactuado, isto é, o de julgar para si mesmo, e propugnar sua própria causa. Ele abdica de todo direito a ser seu próprio governante. Ele, inclusive, em grande medida, abandona o direito de legítima defesa, a primeira lei da natureza. O homem não pode desfrutar os direitos de um Estado civil e os de um Estado incivil ao mesmo tempo. Para que possa obter justiça, ele abre mão de seu direito de determinar o que lhe é mais essencial. Para que possa garantir alguma liberdade, ele entrega em confiança sua liberdade toda.

Governo não se faz em virtude de direitos naturais, que podem existir, e de fato existem, em total independência dele; e existem em muito maior clareza, e em muito maior grau de perfeição abstrata: mas sua perfeição abstrata é o seu defeito prático. Tendo direito a tudo, eles querem tudo. O governo é uma invenção da sabedoria humana para prover as *necessidades* humanas. Os homens têm direito a que essas necessidades sejam providas por essa sabedoria. Entre essas necessidades, deve ser contada a falta, fora da sociedade civil, de uma contenção suficiente para suas paixões. A sociedade requer não apenas que as paixões dos indivíduos sejam sujeitadas, mas também que na sua massa e corpo, bem como nos [71] indivíduos, as inclinações do homem sejam obstadas frequentemente, sua vontade controlada e suas paixões postas sob sujeição. Isso só pode ser feito *por uma força fora deles próprios*; e não, no exercício de sua função, sujeita àquela vontade e àquelas paixões que é sua função refrear e dominar. Nesse sentido, as restrições aos homens, bem como a suas liberdades, devem figurar entre seus direitos. Mas, como as liberdades e as restrições variam com a época e as circunstâncias, e admitem infinitas modificações, elas não podem ser estabelecidas sobre nenhuma regra abstrata; e nada é tão insensato quanto discuti-las com base nesse princípio.

No momento em que se reduz alguma coisa dos plenos direitos do homem, devendo cada qual governar a si mesmo e sofrer qualquer limitação positiva artificial desses direitos, a partir desse momento, toda a organização do governo torna-se uma ponderação de conveniência. É isso que torna a constituição de um Estado, e a devida distribuição de seus poderes, uma questão da mais delicada e complicada habilidade. Isso exige um conhecimento profundo da natureza e necessidades humanas e das coisas que facilitam ou dificultam os variados fins que devem ser buscados pelo mecanismo das instituições civis. O Estado precisa ter recrutas para sua força e remédios para os seus desarranjos. De que adianta discutir o direito abstrato de um homem a remédios e alimento? A questão é sobre o método de consegui-los e administrá-los. Nessa deliberação, sempre aconselharei que se convoque a ajuda do produtor agrícola e do médico, em vez da ajuda do professor de metafísica.

A ciência de construir uma nação, ou renová-la, ou reformá-la, não pode, como qualquer outra ciência experimental, ser ensinada *a priori*. Nem há de ser uma breve experiência que nos poderá instruir nessa ciência prática; porque os reais efeitos de causas morais não são sempre imediatos; mas aquilo que na primeira instância é prejudicial [72] pode ser excelente em sua operação mais posterior; e sua excelência pode originar-se até mesmo dos maus efeitos produzidos no princípio. O oposto também acontece; e planos e projetos muito plausíveis, com começos muito agradáveis, muitas vezes têm conclusões vergonhosas e lamentáveis. Em Estados costuma haver algumas causas obscuras e quase latentes, coisas que parecem à primeira vista de pouca importância, das quais uma grande parte de sua prosperidade ou adversidade depende muito essencialmente. A ciência do governo, sendo, portanto, tão prática em si mesma, e destinada a esses propósitos práticos; sendo um assunto que requer experiência, e mesmo mais experiência do que alguma pessoa consegue ganhar em sua vida inteira, por mais sagaz e observadora que possa ser, é, portanto, com infinita cautela que alguém deveria aventurar-se a pôr abaixo um edifício que durante séculos atendeu em algum grau tolerável aos propósitos comuns da sociedade, ou a edificá-lo de novo, sem ter diante dos olhos modelos e plantas de utilidade comprovada.

Esses direitos metafísicos penetrando na vida comum, como raios de luz penetram por um meio denso, sofrem, pelas leis da natureza, uma refração de sua linha reta. De fato, na rudimentar e complicada massa de paixões e preocupações humanas, os direitos primitivos do homem sofrem uma tal variedade de refrações e reflexos, que se torna absurdo falar deles como se continuassem na simplicidade de sua direção original. A natureza do homem é intricada; os objetivos da sociedade são da maior complexidade possível; e, portanto, nenhuma simples disposição ou direção de poder será adequada ou à natureza do homem, ou à qualidade de seus negócios. Quando ouço falar na simplicidade de invenção buscada e alardeada em quaisquer novas constituições políticas, não fico em dificuldade para concluir que os artífices são ignorantes crassos de seu ofício, ou totalmente negligentes de seu dever. Os governos simples são fundamentalmente defeituosos, para não dizer coisa pior. Se o senhor contemplar a sociedade por apenas um ponto de vista, todos [73] esses modos simples de organização política são infinitamente cativantes. De fato, cada um deles atenderia a seu fim isolado muito mais perfeitamente do que os mais complexos são capazes de alcançar todos os seus complexos objetivos. Mas é melhor que o todo seja imperfeita e anomalamente atendido do que, enquanto algumas partes são providas com grande exatidão, outras sejam totalmente negligenciadas, ou talvez materialmente prejudicadas, pelo excesso de cuidado de um membro favorito.

Os pretensos direitos desses teóricos são todos extremos; e, na proporção em que são metafisicamente verdadeiros, são moral e politicamente falsos. Os direitos dos homens estão em uma espécie de posição *mediana*, incapazes de serem definidos, mas não impossíveis de serem discernidos. Os direitos dos homens nos governos são suas vantagens; e esses costumam estar em equilíbrio entre diferenças de bem; em meio-termo às vezes entre bem e mal e, às vezes, entre mal e mal. A razão política é um princípio de cálculo; somando, subtraindo, multiplicando e dividindo, moralmente, e não metafísica ou matematicamente, denominações morais verdadeiras.

Por esses teóricos, o direito do povo é quase sempre sofisticamente confundido com seu poder. O corpo da comunidade, sempre que consegue passar a agir, não pode sofrer nenhuma resistência efetiva; mas, até que poder e direito sejam a mesma coisa, o corpo todo deles não tem nenhum direito incompatível com a virtude, e com a primeira de todas as virtudes, a prudência. Os homens não têm nenhum direito ao que não é razoável e ao que não é para seu benefício; pois, embora um escritor agradável tenha dito: *Liceat perire poetis*, quando um deles, diz-se, teria pulado, a sangue-frio, nas chamas de uma revolução vulcânica, *Ardentem frigidus Aetnam insiluit*, considero essa galhofa muito mais uma injustificável licença poética do que uma das franquias do Parnaso, e fosse poeta, ou clérigo, ou político, aquele que escolheu exercer esse tipo de direito, acho que pensamentos mais sábios, porque mais caridosos, me instigariam antes a [74] salvar o homem do que a preservar suas brônzeas chinelas como monumentos de sua loucura.

O tipo de sermões de aniversário, a que se refere grande parte do que escrevo, se os homens não são levados pela vergonha a deixar seu rumo atual, ao comemorar o fato, fraudará os princípios e os privará dos benefícios da Revolução que comemoram. Confesso-lhe, senhor, que jamais gostei dessa conversa contínua de resistência e revolução, ou da prática de fazer do remédio extremo da constituição o seu pão cotidiano. Isso torna o hábito da sociedade perigosamente enfermiço: isso é tomar doses periódicas de cloreto de mercúrio e engolir doses repetidas de estimulante de cantárida para nosso amor pela liberdade.

O exagero do remédio, tornado habitual, relaxa e esgota, por um uso vulgar e prostituído, a fonte daquele espírito que deve ser exercido em grandes ocasiões. Foi no mais paciente período de servidão romana que temas de tiranicídio compunham o exercício comum dos garotos na escola – *cum perimit saevos classis numerosa tyrannos*. No estado comum das coisas, ele produz em um país como o nosso os piores efeitos, mesmo na causa daquela liberdade que ele viola com a dissipação de uma especulação extravagante. Quase todos os republicanos de boa criação da minha época tornaram-se, após um breve período, os cortesãos mais decididos e consumados; eles logo deixaram a função de uma resistência tediosa, moderada, porém prática, para aqueles de nós que, no orgulho e na embriaguez de suas teorias, eles desprezaram como não muito melhores do que *Tories*. A hipocrisia, é claro, delicia-se nas mais sublimes especulações; pois, nunca pretendendo ir além da especulação, não custa fazê-la magnífica. Mas, mesmo em casos nos quais se deveria suspeitar mais de leviandade do que de trapaça nessas grandiloquentes especulações, a questão era mais ou menos a mesma. Esses professores, achando seus princípios [75] extremos não-aplicáveis a casos que pedem somente uma resistência limitada, ou, como posso dizer, resistência civil e legal, em casos como esses não empregam resistência alguma. Com eles, é ou uma guerra ou uma revolução ou é nada. Achando seus esquemas políticos não adaptados à condição do mundo em que vivem, muitas vezes passam a não fazer caso de nenhum princípio público; e estão prontos, por sua parte, a abandonar por um interesse muito trivial o que acham de valor muito trivial. Alguns, de fato, são de natureza mais firme e perseverante; mas esses são políticos zelosos, saídos do parlamento, que têm pouco para tentá-los a abandonar seus projetos favoritos. Têm constantemente em vista alguma mudança na Igreja, ou no Estado, ou em ambos. Quando é esse o caso, eles são sempre maus cidadãos e relações perfeitamente inseguras. Pois, considerando seus propósitos especulativos como sendo de um valor infinito, sem qualquer estima e os arranjos reais do Estado, no mínimo tornam-se indiferentes, e a concreta organização do estado como de nenhum apreço, são no melhor dos casos indiferentes a esse respeito. Não veem mérito algum no bem, nem falha no gerenciamento corrupto dos negócios públicos; eles mais exatamente rejubilam-se com esse último, como mais propício a uma revolução. Não veem mérito ou demérito em homem algum, ou em alguma ação, ou algum princípio político, não mais do que conforme eles possam promover ou retardar seu propósito de mudança: portanto, assumem, um dia, a prerrogativa mais violenta e forçada, e, em outra hora, as mais extremadas ideias democráticas de liberdade, e passam de uma à outra sem nenhum tipo de consideração por causa, pessoa ou partido.

Na França, os senhores estão agora na crise de uma revolução, e no trânsito de uma forma de governo para outra – não podem ver o caráter dos homens exatamente na mesma situação em que o vemos neste país. Entre nós, ele é militante; entre os senhores, triunfante; e os senhores sabem como ele consegue agir quando seu poder é proporcional à sua vontade. Não se esperaria que eu limitasse essas observações a alguma categoria de homens, ou [76] abrangesse todos os homens de alguma categoria dentro delas – Não! longe disso. Sou tão incapaz dessa injustiça quanto de manter-me em termos com aqueles que professam princípios de extremos; e que sob o nome de religião ensinam pouco mais do que política desregrada e perigosa. O pior dessas políticas de revolução é isto: elas temperam e endurecem o coração, a fim de prepará-lo para os golpes desesperados que às vezes são usados em ocasiões extremas.

Mas, como essas ocasiões talvez nunca se apresentem, a mente recebe uma mancha gratuita; e os sentimentos morais sofrem bastante, quando nenhum propósito político é servido pela depravação. Esse tipo de gente é tão tomado por suas teorias sobre os direitos do homem, que esquece totalmente sua natureza. Sem abrir um novo caminho para o entendimento, conseguiram bloquear os que levam ao coração. Eles perverteram em si mesmos, e naqueles que os acompanham, todas as bem-colocadas afinidades do coração humano.

Esse famoso sermão do velho Bairro Judeu não transpira nada além desse espírito através de toda a parte política. Tramas, massacres, assassinatos parecem a algumas pessoas um preço trivial para obter uma revolução. Uma reforma barata e sem sangue, uma liberdade sem culpa, parecem coisa chocha e insípida ao seu paladar. Precisa haver uma grande mudança de cenário; precisa haver um magnífico efeito cênico; precisa haver um grandioso espetáculo para despertar a imaginação entorpecida pelo desfrute de longos sessenta anos de segurança e o ainda nada animador repouso da prosperidade pública. O Pregador encontrou-os, todos, na Revolução Francesa. Esta inspira um calor juvenil que lhe percorre o corpo todo. Seu entusiasmo se acende à medida que ele avança; e, quando ele chega à sua peroração, está totalmente em chamas. Vendo então, do monte Pisgá de seu púlpito, o livre, moral, feliz, florescente e glorioso estado francês, como em uma vista aérea panorâmica de uma terra prometida, ele prorrompe no seguinte arroubo:

[77] "Que período memorável é este! Sou *grato* por ter vivido para vê-lo; eu quase poderia dizer: *Senhor, deixa agora partir em paz o teu servo, pois meus olhos viram a tua salvação.* – Eu vivi para ver uma

difusão de conhecimento, que derrubou a superstição e o erro. – Eu vivi para ver *os direitos do homem* mais bem entendidos do que nunca; e, arfando por liberdade, nações que pareciam ter perdido a ideia dela. – Eu vivi para ver *Trinta Milhões de Pessoas,* indignadas e resolutas, dizendo não à escravidão, e exigindo liberdade com uma voz irresistível. *Seu Rei* conduzido em triunfo, e um monarca arbitrário rendendo-se a seus súditos."*

Antes que eu prossiga, devo observar que o Dr. Price parece sem dúvida supervalorizar as grandes aquisições de luzes que ele obteve e difundiu nessa época. O século passado parece-me ter sido exatamente tão iluminado quanto. Ele teve, embora em um lugar diferente, um triunfo tão memorável quanto esse do Dr. Price; e alguns dos grandes pregadores desse período participaram dele, tão animadamente quanto ele no triunfo da França. No julgamento do Reverendo Hugh Peters por alta traição, alguém depôs que, quando o Rei Carlos foi trazido a Londres para ser julgado, o Apóstolo da Liberdade naquele dia conduziu o *triunfo*. "Eu vi", diz a testemunha, "sua majestade no coche com seis cavalos, e Peters cavalgando à frente do rei, *triunfante*." O Dr. Price, quando fala como se tivesse feito uma descoberta, apenas segue um precedente; pois, após o começo do [78] julgamento do rei, esse precursor, o mesmo Dr. Peters, concluindo uma longa prece na capela real em

* Um outro desses veneráveis senhores, que testemunhou alguns dos espetáculos que Paris recentemente exibiu, expressa-se assim: "*Um rei arrastado em triunfo submisso por seus súditos conquistadores* é um daqueles espetáculos de imponência que raramente surgem na perspectiva dos negócios humanos e sobre o qual, durante o resto de minha vida, pensarei com pasmo e gratificação." Esses senhores concordam maravilhosamente em seus sentimentos.

Whitehall (ele havia muito triunfantemente escolhido seu lugar), disse: "Nestes vinte anos, orei e preguei; e agora posso dizer com o velho Simeão: *Senhor, deixa agora teu servo partir em paz, pois meus olhos viram a tua salvação*".* Peters não colheu os frutos de sua prece, pois nem partiu tão depressa quanto queria, nem em paz. Ele tornou-se (o que eu sinceramente espero que nenhum de seus seguidores possa ser neste país) um sacrifício ao triunfo que conduziu como Pontífice. Durante a Restauração, lidaram talvez duramente demais com o pobre bom homem. Mas devemos à sua memória e a seus sofrimentos, que ele tenha tido tanta iluminação e tanto zelo, e tenha tão efetivamente derrubado toda *a superstição* e todo *erro* que poderiam impedir o grande negócio em que ele estava envolvido, quanto qualquer um que o siga e repita, nesta época, e que assumisse para si próprio um direito exclusivo ao conhecimento dos direitos do homem, e todas as gloriosas consequências desse conhecimento.

Após essa investida do pregador do antigo Bairro Judeu, que difere apenas em tempo e lugar, mas concorda perfeitamente com o espírito e a letra do arroubo de 1648, a Revolution Society, os fabricantes de governos, o heroico bando de destituidores de monarcas, eleitores de soberanos e condutores de reis em triunfo, pavoneando-se com uma orgulhosa consciência da difusão de conhecimento, do qual cada membro obteve tão grande porção no donativo, apressaram-se em fazer uma generosa difusão do conhecimento que haviam assim gratuitamente recebido. Para realizar essa generosa comunicação, eles se transferiram da igreja do velho

* *State Trials*, vol.ii. p. 360, p. 363.

Bairro Judeu para a London Tavern; onde o famoso Dr. Price, em quem a fumaça de seu trípode oracular não se havia se evaporado, apresentou e teve aprovada a resolução ou fala de congratulação [79], transmitida por Lord Stanhope à Assembleia Nacional da França.

Encontro um pregador do Evangelho profanando a bela e profética jaculatória, comumente chamada "*nunc dimittis*", feita durante a apresentação de nosso Salvador no Templo, com um arroubo pouco humano e anormal, e aplicando-a ao mais horrível, atroz e aflitivo espetáculo que possivelmente já foi apresentado à piedade e indignação da humanidade. Essa "condução em triunfo", uma coisa, na melhor hipótese, indigna de um homem e irreligiosa, que enche nosso Pregador com tais ímpios transportes, deve chocar, creio, o gosto moral de qualquer pessoa bem-nascida. Diversos ingleses foram os estupefatos e indignados espectadores daquele triunfo. Foi, a não ser que nos tenham estranhamente enganado, um espetáculo mais parecido com uma procissão de selvagens americanos, entrando em Onondaga, após alguns de seus homicídios chamados de vitória, e levando para choças cheias de escalpos pendurados a toda a volta seus cativos, subjugados pelos escárnios e pauladas de mulheres tão ferozes quanto os próprios selvagens, muito mais do que parecendo a pompa triunfal de uma nação marcial civilizada – se uma nação civilizada, ou qualquer homem que tivesse um senso de generosidade, fosse capaz de um triunfo pessoal sobre os derrotados e os aflitos.

Esse, meu caro senhor, não foi o triunfo da França. Devo crer que, como nação, sentiram-se cobertos de vergonha e horror. Devo crer que a Assembleia Nacional acha-se em um estado da maior humilhação, por não ser capaz de castigar os autores desse triunfo, ou os que tomaram parte nele, e por estarem em uma situação na qual qualquer investigação que possam fazer sobre o assunto deve ser privada até da aparência de liberdade ou imparcialidade. A desculpa dessa Assembleia encontra-se nessa situação; mas, quando aprovamos o que eles *devem* tolerar, isso é em nós a escolha degenerada de uma mente viciada.

[80] Com uma forçada aparência de deliberação, eles votam sob o domínio de uma grave necessidade. Tomam assento no coração, por assim dizer, de uma república estrangeira: têm sua residência em uma cidade cuja constituição não emanou nem de uma carta de seu rei, nem de seu poder legislativo. Nela estão cercados por um exército recrutado nem pela autoridade da sua coroa, nem por ordem deles; e que, quisessem eles ordenar que se dissolvesse instantaneamente, dissolveria a eles. Nela fazem suas sessões, depois que uma quadrilha de assassinos afugentou algumas centenas de seus membros; enquanto os que defendiam os mesmos princípios moderados com mais paciência ou melhores esperanças continuavam todos os dias expostos a insultos aviltantes e ameaças assassinas. Nela uma maioria, às vezes real, às vezes pretensa, ela própria cativa, força um rei cativo a promulgar como éditos régios, de terceira mão, os absurdos corrompidos de seus cafés mais licenciosos e amalucados. É notório que todas as suas medidas são decididas antes de serem debatidas. É fora de dúvida que, sob o terror da baioneta, do poste de luz e da tocha lançada em suas casas, eles são obrigados a adotar todas as medidas cruentas e desesperadas sugeridas por clubes compostos de uma mistura

monstruosa de todas as condições sociais, línguas e nações. Entre estes são encontradas pessoas em comparação com as quais Catilina seria considerado escrupuloso e Cétego um homem sóbrio e moderado. Nem é nesses clubes somente que as medidas públicas são deformadas em monstros. Elas sofrem uma distorção prévia em academias, pretensos seminários para esses clubes, que são montadas em todos os lugares de afluência de público. Nessas reuniões de todos os tipos, cada conselho, em proporção a tudo quanto é ousado, violento e pérfido, é tido como a marca de um gênio superior. Humanidade e compaixão são ridicularizadas como frutos de superstição e ignorância. Brandura para com indivíduos é considerada traição ao público. A liberdade deve ser sempre estimada [81] como perfeita, conforme a propriedade é tornada insegura. Em meio a assassínio, massacre e confisco, perpetrados ou meditados, eles ficam formando planos para a boa ordem da futura sociedade. Envolvendo em seus braços as carcaças de criminosos vis, e promovendo suas relações pelo direito de suas transgressões, impelem centenas de pessoas virtuosas ao mesmo fim, forçando-as a subsistir pela mendicância ou pelo crime.

A Assembleia, órgão deles, representa para eles a farsa da deliberação, com tão pouca decência quanto liberdade. Representam como comediantes de feira diante de um público turbulento; representam em meio aos gritos turbulentos de uma multidão variada de homens ferozes e de mulheres caídas na vergonha que, de acordo com suas venetas insolentes, os dirigem, controlam, aplaudem e desmoralizam; e às vezes se misturam e tomam seus assentos entre, dominando sobre eles com uma estranha mistura de petulância servil e autoridade orgulhosa e presunçosa. Como inverteram a ordem em todas as coisas, a galeria toma o lugar do plenário. Essa Assembleia, que derruba reis e reinos, não tem sequer a fisionomia e o aspecto de um grave corpo legislativo – *nec color imperii, nec fons erat ulla senatus*. Eles têm um poder que lhes foi dado, como o do princípio do mal, de subverter e destruir; mas nenhum de construir, exceto mecanismos e máquinas que sirvam para mais subversão e mais destruição. Quem, admirando e sentindo-se de coração apegado a assembleias nacionais representativas, não voltaria as costas com horror e repulsa a essa caricatura profana e abominável perversão desse sagrado instituto? Amantes da monarquia, amantes de repúblicas devem igualmente abominá-la. Os próprios membros de sua Assembleia devem gemer sob a tirania da qual eles arcam com toda a parcela da vergonha, nenhuma da direção e pouca do lucro. Tenho certeza de que muitos dos membros que compõem até mesmo a maioria daquele organismo devem sentir-se como eu, não obstante os aplausos da Revolution Society. Rei infeliz! Infeliz Assembleia! Como deve essa assembleia [82] ter ficado silenciosamente escandalizada com aqueles seus membros que puderam chamar um dia que parecia apagar o sol de seu lugar no firmamento de "*Un beau jour!*"* Como devem ter ficado intimamente indignados ao ouvir outros, que achavam apropriado declarar-lhes "que a nave do Estado avançaria em seu curso rumo à regeneração com mais velocidade do que nunca", do meio do denso vendaval de traição e assassinato que precedeu o triunfo de nosso Pregador! O que devem ter sentido, enquanto com exterior paciência e indignação interior ouviram, a respeito do massacre de cavalheiros

* 6 de outubro de 1789.

inocentes em suas casas, que "o sangue derramado não era o mais puro"? O que devem ter sentido, quando foram acossados por queixas de desordens que abalaram o país até as suas fundações, sendo forçados a dizer friamente aos queixosos que eles estavam sob a proteção da lei, e que deveriam dirigir-se ao rei (o rei em cativeiro) para fazer vigorar as leis para sua proteção; quando os escravizados ministros desse rei cativo notificaram-lhes formalmente que não haviam restado nem lei, nem autoridade, nem poder de proteger? O que devem ter sentido ao serem obrigados, como uma felicitação pelo atual Ano Novo, a pedir a seu rei cativo que esquecesse o período tempestuoso do ano anterior, por conta do grande bem que *ele* iria obter para o seu povo; para a obtenção completa de cujo bem eles transferiam as demonstrações práticas de sua lealdade, assegurando-o de sua obediência, quando ele não possuía mais nenhuma autoridade com que mandar?

Essa saudação foi feita com muita bondade e afetação, é lógico. Mas, entre as revoluções da França, deve ser contada como uma considerável revolução em suas ideias de cortesia e polidez. Dizem que nós, na Inglaterra, aprendemos boas maneiras em segunda mão, do lado dos senhores do Canal, e que adornamos nosso comportamento com os atavios da França. Se assim é, ainda seguimos [83] a moda antiga; e até agora ainda não ficamos conformes à nova moda parisiense de boa criação, a ponto de achar ser realmente do mais refinado estilo de cumprimento delicado, seja em condolência, seja em congratulação, dizer à criatura mais humilhada que se arrasta sobre a terra que grandes benefícios públicos serão derivados do massacre de seus servos, da tentativa de assassinato dela própria e de sua esposa, e da mortificação, desonra e degradação que ele pessoalmente sofreu. É um tópico de consolação que nosso juiz comum de Newgate seria muito humanitário se o dispensasse a um criminoso aos pés do cadafalso. Eu deveria ter achado que o carrasco de Paris, agora que foi agraciado pelo voto da Assembleia Nacional e lhe foi permitido ter seu título e brasão no Instituto de Heráldica dos direitos do homem, seria um homem generoso demais, galante demais, por demais cheio do senso de sua nova dignidade, para empregar essa consolação cortante com qualquer das pessoas a quem o *leze nation* possa colocar sob a administração de seus *poderes executivos*.

Um homem cai, de fato, quando é assim adulado. A poção anódina do esquecimento, assim preparada, é bem calculada para preservar uma vigília exasperante, e para alimentar a úlcera ardida de uma lembrança corrosiva. Administrar-lhe assim a poção narcótica da anistia, polvilhada com todos os ingredientes de escárnio e desprezo, é levar-lhe aos lábios, em vez do "bálsamo das mentes magoadas", a taça da infelicidade humana, cheia até a borda, e forçá-lo a beber até a borra.

Cedendo a razões pelo menos tão forçosas quanto aquelas que foram tão delicadamente recomendadas no cumprimento de ano novo, o rei da França vai provavelmente tentar esquecer esses eventos e esse cumprimento. Mas a história, que mantém um registro duradouro de todos os nossos atos e exerce sua terrível censura sobre as ações de todos os tipos de soberanos, não esquecerá nem esses eventos, nem a era desse refinamento liberal nas relações da humanidade. A história registrará [84] que na manhã de 6 de outubro de 1789 o rei e a rainha da França, após um dia de confusão, alarme, aflição e massacre, deitaram-se sob segurança empenhada em fé pública, para satisfazer a natureza com umas poucas horas de trégua e de um repouso perturbado e melancólico. Desse sono, a rainha foi subitamente despertada pela voz da sentinela à sua porta, que lhe gritou para que se salvasse fugindo – que essa era a última prova de fidelidade que ele lhe podia dar – que já estavam em cima dele, e iam matá-lo. Ele foi instantaneamente abatido. Um bando de assassinos e rufiões cruéis, ainda carregando o cheiro forte de seu sangue, precipitou-se o quarto da rainha, e perfurou com uma centena de golpes de baionetas e punhais a cama, de onde essa mulher perseguida mal tivera tempo de fugir, quase nua, e, por caminhos desconhecidos dos assassinos, escapou para buscar refúgio aos pés de um rei e marido, nem por um momento seguro de sua própria vida.

Esse rei, para não falar mais nele, e essa rainha e seus filhos pequenos (que um dia foram o orgulho e a esperança de um povo grande e generoso) foram então forçados a abandonar o refúgio do mais esplêndido palácio do mundo, que deixaram nadando em sangue poluído por massacre e juncado de membros espalhados e carcaças mutiladas. Daí foram conduzidos para a capital de seu reino. Dois foram escolhidos em meio à matança promíscua, sem provocação e sem resistência que se fez dos cavalheiros de berço e família que compunham a guarda pessoal do rei. Esses dois cavalheiros, com toda a ostentação de uma execução de justiça, foram cruel e publicamente arrastados até o cepo e decapitados no grande pátio do palácio. Suas cabeças foram enfiadas em espetos e levadas à frente da procissão, enquanto os cativos reais, que seguiam em comitiva, eram lentamente conduzidos em meio aos brados horríveis, gritos agudos, danças frenéticas, insultos infames e todas as indizíveis abominações das fúrias [85] do inferno, na forma ultrajante das mais baixas das mulheres. Depois que os fizeram provar, gota a gota, mais do que a amargura da morte, na lenta tortura de uma viagem de quase vinte quilômetros, prolongada por seis horas, eles foram, sob uma guarda, composta dos mesmos soldados que os haviam conduzido ao longo desse famoso triunfo, alojados em um dos antigos palácios de Paris, agora transformado em uma Bastilha para reis.

Esse é um triunfo a ser consagrado em altares? A ser comemorado com sentida ação de graças? A ser oferecido à humanidade religiosa com prece fervorosa e entusiástica jaculatória? Essas Orgias tebanas e trácias, encenadas na França, e aplaudidas somente no velho Bairro Judeu, eu lhe garanto, despertam entusiasmo profético na mente de apenas muito poucas pessoas neste reino; muito embora um santo e apóstolo, que pode ter suas próprias revelações e que venceu tão completamente todas as baixas superstições do coração, possa inclinar-se a achar pio e decoroso comparar isso com a entrada no mundo do Príncipe da Paz, proclamada em um templo sagrado por um sábio venerável, e não muito antes, e não de forma pior, anunciada pela voz de anjos à tranquila inocência de pastores.

A princípio, fiquei sem saber como explicar esse acesso de incontrolado transporte. Eu sabia, de fato, que os sofrimentos de monarcas são um delicioso repasto para alguns tipos de paladar. Houve reflexões que poderiam servir para manter esse apetite dentro de alguns limites de temperança. Mas quando submeti uma circunstância a minha consideração, fui obrigado a confessar que muito desconto deveria ser dado à Society, e que a tentação era forte demais para o critério comum. Isto é, a circunstância do *Io*

Paean do triunfo, o grito de animação pedindo "que todos os BISPOS fossem enforcados nos postes de luz",* podiam muito bem ter provocado uma explosão de entusiasmo com as previstas [86] consequências desse dia feliz. Atribuo a tanto entusiasmo algum pequeno desvio da prudência. Admito que esse profeta prorrompa em hinos de alegria e ação de graças por um evento que parece o precursor do Milênio, e da projetada quinta monarquia, na destruição de todos os estabelecimentos da igreja. Houve, no entanto (como há em todos os negócios humanos), no meio desta alegria, algo para exercitar a paciência desses dignos senhores e para pôr à prova a longanimidade de sua fé. A efetiva morte do rei e da rainha, e de seu filho, faltava às outras auspiciosas circunstâncias desse "belo dia". O efetivo assassinato dos bispos, embora pedido por tantas sacras jaculatórias, também faltava. Um grupo de regicídio e matança sacrílega foi de fato imprudentemente esboçado, mas só esboçado. Infelizmente, foi deixado inacabado, nesse grande painel histórico do massacre dos inocentes. Que lápis firme de um grande mestre, da escola dos direitos do homem, irá concluí-lo, ainda resta ver. A época ainda não tem o completo benefício daquela difusão de conhecimento que derrubou a superstição e o erro; e o rei da França precisa de mais um objeto ou dois, para consignar ao esquecimento, em consideração de todo o bem que deve surgir de seus próprios sofrimentos e dos crimes patrióticos de uma época iluminada.†

---

* *Tous les Évêques à la lanterne.*

† É adequado aqui remeter o leitor a uma carta escrita sobre esse assunto por uma testemunha ocular. Essa testemunha ocular era um dos mais honestos, inteligentes e eloquentes membros da Assembleia Nacional, um dos mais ati-

[87] Embora essa obra de nossa nova luz e conhecimento não

vos e zelosos reformadores do Estado. Ele foi obrigado a afastar-se da assembleia; tornou-se então um exilado voluntário, por conta dos horrores desse pio triunfo; e das nomeações de homens que, beneficiando-se de crimes, quando não os causando, assumiram a liderança de negócios públicos.

Extrato da Segunda Carta de *Monsieur* de Lally-Tollendal a um Amigo:

"Parlons du parti que j'ai pris; il est bien justifié dans ma conscience. Ni cette ville coupable, ni cette assemblée plus coupable encore, ne méritoient que je me justifie; mais j'ai à coeur que vous, et les personnes qui pensent comme vous, ne me condamnent pas. Ma santé, je vous jure, me rendoit mes fonctions impossibles; mas même en les mettant de côté, il a été au-dessus de mes forces de supporter plus long-temps l'horreur que me causoit ce sang, – ces têtes, – cette reine *presque égorgée*, – ce roi, amené *esclave*, entrant à Paris, au milieu de ses assassins, et précédé des têtes de ses malheureux gardes, – ces perfides janissaires, – ces assassins, – ces femmes cannibales, ce cri de *tous les évêques à la lanterne*, dans le moment où le roi entre sa capitale avec deux évêques de son conseil dans sa voiture. Un *coup de fusil*, que j'ai vu tirer dans un des *carosses de la reine*. M. Bailly appellant cela *un beau jour*. L'assemblée ayant déclaré froidement le matin, qu'il n'étoit pas de sa dignité d'aller toute entière environner le roi. M. Mirabeau disant impunément dans cette assemblée que le vaisseau de l'état, loins d'être arrêté dans sa course, s'elanceroit avec plus de rapidité que jamais vers sa régénération. M. Barnave, riant avec lui, quand des flots de sang couloient autour de nous. Le vertueux Mounier* échappant par miracle à vingt assassins qui avoient voulu faire de sa tête un trophée de plus.

"Voilà ce que me fit jurer de ne plus mettre le pied *dans cette caverne d'Anthropophages* [a Assembleia Nacional] où je n'avois plus de force d'élever la voix, ou depuis six semaines je l'avois élevée en vain. Moi, Mounier, et tous les honnêtes gens, ont pensé que le dernier effort à faire pour le bien étoit d'en sortir. Aucune idée de crainte ne s'est approchée de moi. Je rougirois de m'en défendre. J'avois encore reçû sur la route de la part de ce peuple, moins coupable que ceux qui l'ont enivré de fureur, des acclamations, et des applaudissements, dont d'autres auroient été flattés, et qui m'ont fait frémir. C'est à l'indignation, c'est à l'horreur,

* N. B. O Sr. Mounier era à época o porta-voz da Assembleia Nacional. Desde então foi obrigado a viver exilado, embora tenha sido um dos mais firmes defensores da liberdade.

tenha chegado ao ponto a que com toda probabilidade se pretendia que ela fosse levada; no entanto, tenho de achar que esse tratamento dado a uma criatura humana deve ser chocante para qualquer um, exceto aqueles que nasceram para realizar Revoluções. Mas não posso parar aqui. Influenciado pelos sentimentos inatos de minha natureza [88], e não sendo iluminado por um único raio dessa luz moderna recém-brotada, confesso-lhe, senhor, que a posição elevada das pessoas sofrendo, e particularmente o sexo, a beleza e as qualidades amáveis dos descendentes de tantos reis e imperadores, com a tenra idade dos infantes reais, insensíveis apenas pela infância e inocência aos ultrajes cruéis a que seus pais eram em vez de serem motivo de exaltação, acrescentem não pouca coisa à minha sensibilidade quanto a essa ocasião extremamente melancólica.

Soube que a pessoa augusta, que era o principal objeto do triunfo de nosso pregador, embora se tenha segurado, sentiu muito nessa vergonhosa ocasião. Como homem, cabia-lhe sentir por sua esposa e seus filhos, e os fiéis guardas de sua pessoa, que foram mas-

---

c'est aux convulsions physiques, que le seul aspect du sang me fait éprouver que j'ai cédé. On brave une seule mort; on la brave plusieurs fois, quand elle peut être utile. Mais aucune puissance sous le ciel, mais aucune opinion publique ou privée n'ont le droit de me condamner à soufrir inutilement mille suplices par minute, et à périr de désespoir, de rage, au milieu des *triomphes*, du crime que je n'ai pu arrêter. Ils me proscriront, ils confisqueront mes biens. Je labourerai la terre, et je ne les verrai plus. – Voilà ma justification. Vous pourrez la lire, la montrer, la laisser copier; tant pis pour ceux qui ne la comprendront pas; ce ne sera alors moi qui auroit eu tort de la leur donner".
Esse militar não tinha nervos tão fortes quanto os pacíficos cavalheiros do velho Bairro Judeu. – Ver a narrativa de Mons. Mounier dessas transações; um homem também de honra, virtude e talento, e, portanto, um fugitivo.

sacrados a sangue-frio ao lado dele. Como príncipe, cabia-lhe sentir pela estranha e assustadora transformação de seus súditos civilizados, e estar mais contristado por eles do que solícito por si próprio. Isso pouco abate de sua fortidão, enquanto aumenta infinitamente a honra de sua humanidade. Lamento muito dizê-lo, muito mesmo, mas devo dizer que esses personagens encontram-se em uma situação em que não é inconveniente de nossa parte louvar as virtudes dos grandes.

Soube, e fico contente em saber, que a grande dama, o outro objeto do triunfo, suportou nesse dia (interessa às pessoas que os seres feitos para o sofrimento saibam sofrer bem), como em todos os dias subsequentes, e que suporta a prisão de seu marido e seu próprio cativeiro, bem como o exílio de seus amigos, e a ofensiva adulação de saudações, e todo o peso de seus males acumulados, com uma serena paciência, de uma maneira adequada à sua estirpe e posição, e digna da filha de uma soberana que se distinguia por sua coragem e piedade; e que, como a mãe, tem sentimentos elevados; que sente as coisas com a dignidade de uma matrona romana; que, em último extremo, ela se salvará da ignomínia final e que, se tiver de cair, não cairá sob mão ignóbil.

[89] Faz agora dezesseis ou dezessete anos que eu vi a rainha da França, então a delfina, em Versalhes; e certamente nunca pousou neste orbe, que ela mal parecia tocar, visão mais encantadora. Eu a vi logo acima do horizonte, decorando e alegrando a elevada esfera em que ela mal começara a se movimentar; reluzente como a estrela da manhã, cheia de vida, esplendor e alegria. Oh! Que revolução! E que coração eu preciso ter, para contemplar sem emoção essa elevação e essa queda! Mal sonhava eu, enquanto ela acrescen-

tava títulos de veneração aos do amor entusiástico, distante e respeitoso, que algum dia ela seria obrigada a carregar o pungente antídoto contra a desonra e o infortúnio guardado no peito; mal sonhava eu que viveria para ver tamanhos desastres desabarem sobre ela em uma nação de homens galantes, em uma nação de homens honrados e cavaleiros. Eu achava que dez mil espadas deveriam saltar de suas bainhas para desagravo até de um olhar que a ameaçasse de insulto. Mas a era da cavalaria já passou. Foi sucedida pela dos sofistas, economistas e calculistas; e a glória da Europa extinguiu-se para sempre. Nunca, nunca mais veremos aquela generosa lealdade à posição e ao sexo, aquela orgulhosa submissão, aquela obediência cheia de dignidade, aquela subordinação do coração, que mantinham vivo, mesmo na própria servidão, o espírito de uma liberdade exaltada. A graça da vida, que não se comprava, a fácil defesa de nações, a matriz de sentimentos viris e empresas heroicas, acabaram-se! Acabou-se aquela sensibilidade de princípio, aquela castidade da honra, que sentia uma mácula como uma ferida, que inspirava coragem, enquanto mitigava a ferocidade, que envolvia qualquer coisa que tocasse, e sob a qual o próprio vício perdia metade do seu mal, por perder toda a sua torpeza.

Esse sistema misto de opinião e sentimento teve sua origem na antiga cavalaria; e o princípio, embora variado em sua aparência pelo variável estado dos negócios [90] humanos, subsistiu e exerceu influência ao longo de uma extensa sucessão de gerações até mesmo à época em que vivemos. Se algum dia ele se extinguir totalmente, a perda que eu temo será grande. Foi isso que deu seu caráter à Europa moderna. Foi isso que a distinguiu sob todas as suas formas de governo, e a distinguiu, com vantagem para ela, dos estados da Ásia e provavelmente daqueles estados que prosperaram nos períodos mais brilhantes do mundo antigo. Foi isso que, sem confundir classes e categorias, produziu uma nobre igualdade e a passou adiante por todas as gradações da vida social. Foi essa opinião que motivou reis a serem companheiros, e elevou homens isolados a serem companheiros de reis. Sem força, ou oposição, ela domou a ferocidade do orgulho e do poder; obrigou soberanos a se submeter ao jugo suave da estima social, forçou a autoridade severa a submeter-se à elegância e fez uma tirania dominadora de leis ser dominada pelos bons costumes.

Mas agora tudo isso vai mudar. Todas as agradáveis ilusões, que tornavam o poder gentil, e a obediência liberal, que harmonizavam diferentes matizes da vida e que, por uma branda assimilação, incorporavam à política os sentimentos que embelezam e suavizam a sociedade privada, serão dissolvidas por esse novo e conquistador império da luz e da razão. Toda a roupagem decente da vida será rudemente rasgada. Todas as ideias adicionadas, obtidas no guarda-roupa de uma imaginação moral, que o coração possui e o entendimento ratifica, como necessárias para cobrir os defeitos de nossa natureza nua e trêmula e para elevá-la à dignidade em nossa própria avaliação, serão desacreditadas como ridículas, absurdas e moda antiquada.

Nesse esquema de coisas, um rei é apenas um homem; uma rainha, apenas uma mulher; uma mulher, apenas um animal; e um animal não da mais elevada ordem. Toda homenagem prestada ao sexo em geral, como tal, e sem pontos de vista distintos, deve ser encarada [91] como romance e loucura. Regicídio, parricídio e sacrilégio são apenas ficções de superstição, corrompendo a jurisprudência ao destruir sua simplicidade. O assassinato de um rei, ou de uma rainha, ou de um bispo, ou de um pai, são apenas homicídio comum; e se o povo, por algum acaso, ou por algum meio, vier a lucrar com isso, um tipo de homicídio extremamente perdoável, e que não deveríamos submeter a inquisição muito severa.

No esquema dessa filosofia bárbara, que é fruto de corações frios e entendimentos turvos, e que é tão oca de sabedoria sólida quanto é desprovida de todo gosto e elegância, as leis devem ser mantidas apenas por seus próprios terrores, e pelo interesse que cada indivíduo pode encontrar nelas devido a suas próprias especulações privadas, ou lhes pode dedicar por causa de seus próprios interesses privados. Nos bosques da academia *deles*, no final de cada perspectiva ou panorama, só o que se vê é o cadafalso. Nada resta que atraia a afeição por parte da nação. Sobre os princípios dessa filosofia mecânica, nossas instituições nunca podem ser incorporadas, se me permito usar a expressão, em pessoas, de modo a criar em nós amor, veneração, admiração ou apego. Mas esse tipo de razão, que expulsa as afeições, é incapaz de preencher-lhes o lugar. Essas afeições públicas, combinadas com os costumes, são exigidas às vezes como suplementares, às vezes como corretivos, sempre como auxílios à lei. O preceito dado por um homem de sabedoria, bem como um grande crítico, para a construção de poemas, é igualmente válido para estados. *Non satis est pulchra esse poemata, dulcia sunto.* Deveria haver um sistema de modos e costumes com que uma mente bem-formada estivesse disposta a comprazer-se. Para se fazer amado por nós, nosso país deveria ser adorável.

Mas o poder, de um tipo ou de outro, sobreviverá ao choque em que perecem opiniões e modos e costumes; e descobrirá meios outros e piores para seu apoio. A usurpação que, a fim de submeter antigas instituições, destruiu antigos [92] princípios segurará o poder por artes semelhantes àquelas pelas quais o adquiriu. Quando o velho espírito feudal da cavalaria, de *Fidelidade*, o qual, libertando reis do medo, libertou tanto reis quanto súditos das precauções da tirania, estiver extinto na mente dos homens, tramas e assassinatos serão antecipados por assassínio e confisco preventivos, e por aquele longo rol de máximas severas e sangrentas que formam o código político de todo poder, não se erguendo sobre sua própria honra, e a honra aos que a ele devem obedecer. Reis serão tiranos por política, quando os súditos forem rebeldes por princípio.

Quando antigas opiniões e regras de vida são eliminadas, não há possibilidade de avaliar tamanha perda. A partir desse momento, não temos bússola para nos orientar; nem conseguimos saber distintamente para que porto rumar. A Europa indubitavelmente, tomada como uma massa, estava em uma condição florescente, no dia em que a Revolução dos senhores se completou. O quanto desse estado de prosperidade se devia ao espírito de nossos velhos costumes e opiniões não é fácil dizer; mas, como essas causas não podem ser indiferentes em sua operação, devemos presumir que, no todo, sua operação foi benéfica.

Somos propensos demais a considerar as coisas no estado em que as encontramos, sem nos dar conta suficientemente das causas pelas quais elas foram produzidas e talvez possam ser preservadas. Nada é mais certo do que nossos costumes, nossa civilização, e todas as coisas boas que são ligadas a modos e costumes, e a civilização, dependeram durante séculos, neste nosso mundo europeu, de dois princípios; refiro-me ao espírito de um cavalheiro e ao espírito de religião. A nobreza e o clero, uma por profissão, e a outra por patronato, mantiveram-se aprendendo na existência, mesmo em meio a armas e confusões, e isso enquanto governos ainda se achavam, em maior medida, mais em suas causas do que já formados. Aprender compensou para [93] a nobreza e para o clero, e o fez com juros, ampliando suas ideias e preenchendo-lhes as mentes. Afortunado seria se todos tivessem continuado a conhecer sua união indissolúvel, e seu lugar adequado! Afortunado seria se o aprendizado, não corrompido pela ambição, tivesse ficado satisfeito em continuar como o instrutor, e não aspirado a ser o mestre! Ao lado de seus naturais protetores e guardiães, o aprendizado será atirado na lama e pisoteado sob os cascos de uma multidão suína[a].

Se, como desconfio, as letras modernas devem mais do que estão sempre dispostas a admitir aos costumes antigos, assim também outros interesses aos quais não damos menos valor do que eles têm. Até o comércio, os ofícios e a manufatura, os deuses de nossos políticos econômicos e eles próprios talvez apenas criaturas; eles próprios não são senão efeitos que, como causas primeiras, decidimos idolatrar. Eles com certeza cresceram sob a mesma sombra na qual o ensino floresceu. Eles também podem decair com seus princípios protetores naturais. Aí com os senhores, pelo menos no momento, eles perigam desaparecer todos juntos. Onde o co-

[a. Ver o destino de Bailly e Condorcet aos quais se supõe que se esteja aludindo aqui. Comparar as circunstâncias do julgamento e execução do primeiro com essa previsão.]

mércio e a manufatura faltam a um povo, e o espírito de nobreza e de religião permanece, o sentimento preenche, e nem sempre preenche mal, o lugar deles; mas, se o comércio e as artes viessem a se perder em uma experiência para pôr à prova o quanto um Estado pode manter-se bem sem esses velhos princípios fundamentais, que tipo de coisa deve ser uma nação de bárbaros grosseiros, estúpidos, ferozes e, ao mesmo tempo, pobres e sórdidos, privados de religião, honra ou hombridade, nada possuindo no presente, e de nada tendo esperança no outro mundo?

Espero que os senhores não estejam indo depressa, e pelo atalho mais curto, para essa situação horrível e repelente. Já parece haver uma pobreza de concepção, uma grosseria e vulgaridade em todos os trabalhos da assembleia e de todos os seus [94] instrutores. A liberdade deles não é liberal. Sua ciência é presunçosa ignorância. Sua humanidade é selvagem e brutal.

Não está claro se na Inglaterra aprendemos esses princípios grandiosos e decorosos, e modos, dos quais ainda restam vestígios consideráveis, com os senhores, ou se os senhores os conseguiram conosco. Mas acho que nos senhores os rastreamos melhor. Os senhores me parecem ser "*gentis incunabula nostrae*". A França sempre mais ou menos influenciou os modos na Inglaterra, e, quando sua fonte é obstruída e poluída, o córrego não correrá por muito tempo, nem correrá livre e desimpedido conosco, nem talvez com nenhuma nação. Isso dá a toda a Europa, em minha opinião, um interesse muito intenso e ligado por tudo que se faz na França. Perdoe-me, portanto, se me alonguei demais no espetáculo atroz do 6 de outubro de 1789, ou dei muita liberdade às reflexões que me vieram à mente por ocasião da mais importante de todas as revoluções, que se pode datar daquele dia, isto é, uma revolução em sentimentos, modos e costumes e opiniões morais. Do modo como as coisas estão agora, com tudo de respeitável destruído fora de nós, e uma tentativa de destruir dentro de nós todo princípio de respeito, fica-se quase forçado a pedir desculpas por abrigar os sentimentos comuns dos homens.

Por que sinto de forma tão diferente do Reverendo Dr. Price, e daqueles de seu rebanho leigo, que decidirão adotar os sentimentos de seu discurso? Por este simples motivo – porque *é natural* que eu sinta assim; porque somos feitos de forma a sermos afetados por esses espetáculos com sentimentos melancólicos quanto à condição instável da prosperidade mortal, e quanto à tremenda incerteza da grandeza humana; porque nesses sentimentos naturais aprendemos grandes lições; porque em eventos como esses nossas paixões instruem nossa razão; porque, quando reis são arrancados de seus tronos pelo Supremo Diretor desse grande drama, e se tornam objetos de [95] insulto para os vis, e de piedade para os bons, contemplamos esses desastres na ordem moral das coisas como contemplaríamos um milagre na ordem física. O alarme nos leva à reflexão; nossas mentes (como há muito já foi observado) são purificadas por terror e piedade; nosso orgulho frágil e irrefletido torna-se mais humilde, sob as graças da revelação de uma sabedoria misteriosa. Algumas lágrimas poderiam ser extraídas de mim, se tal espetáculo fosse exibido no palco. Eu ficaria realmente envergonhado de descobrir em mim mesmo esse senso superficial de aflição pintada, ao passo que poderia exultar com ela na vida real. Com mente tão pervertida, nunca me poderia aventurar a mostrar a cara em uma tragédia. As pessoas achariam que as lágrimas que Garrick, anteriormente, ou que Siddons, não faz muito tempo, extraíram de mim eram lágrimas de hipocrisia; eu saberia serem lágrimas de estultícia.

O teatro é mesmo uma melhor escola de sentimentos morais do que as igrejas, onde os sentimentos de humanidade são assim ultrajados. Os poetas, que têm de lidar com um público ainda não diplomado na escola dos direitos do homem, e que se devem aplicar à constituição moral do coração, não ousariam produzir semelhante triunfo como motivo de exultação. Lá, onde os homens seguem seus impulsos naturais, eles não tolerariam as máximas de uma política maquiavélica ainda que aplicada à obtenção de uma tirania monárquica ou democrática. Eles a rejeitariam no palco moderno, como um dia o fizeram no da antiguidade, onde não conseguiram suportar nem mesmo a proposição hipotética de tal perversidade na boca de um tirano representado no palco, embora adequada ao personagem por ele defendido. Nenhuma plateia teatral de Atenas suportaria o que foi suportado, em meio à tragédia real daquele dia de triunfo; um ator principal pesando, por assim dizer, em balanças pendentes em uma loja de horrores, tanto crime efetivo contra tanta vantagem contingente e, depois de botar e tirar os pesos, declarando que a balança pendera [96] para o lado das vantagens. Eles não suportariam ver os crimes da nova democracia listados, como em um livro razão, contra os crimes do velho despotismo, e os contabilistas da política considerando a democracia ainda em débito, mas de modo algum incapaz ou sem disposição de pagar o saldo. No teatro, o primeiro olhar intuitivo, sem nenhum processo elaborado de raciocínio, mostraria que esse método de cálculo político justificaria qualquer grau ou volume de crime.

Veriam que, com esses princípios, mesmo quando as piores ações não eram perpetradas, isso se devia mais à fortuna dos conspiradores do que à sua parcimônia no dispêndio de sangue e traição. Eles logo veriam que meios criminosos, uma vez tolerados, logo são preferidos. Representam um atalho mais curto para o objetivo do que através da estrada das virtudes morais. Justificando-se a perfídia e o homicídio com o benefício, o benefício público logo se torna o pretexto, e a perfídia e o homicídio, o fim; até que a voracidade, a malícia, a vingança, e o medo, mais terríveis do que a vingança, consigam saciar seus apetites insaciáveis. Essas devem ser as consequências de perder, no esplendor desses triunfos dos direitos do homem, todo senso natural de certo e errado.

Mas o Reverendo Pastor exulta com essa "condução em triunfo", porque Luís XVI foi verdadeiramente "um monarca arbitrário"; isto é, em outras palavras, nem mais nem menos do que porque ele era Luís XVI, e porque teve o infortúnio de nascer rei da França, na posse de cujas prerrogativas foi posto por uma longa linhagem de ancestrais e uma longa aquiescência do povo, sem necessidade de qualquer ação sua. Um infortúnio acabou sendo de fato, para ele, ter nascido rei de França. Mas infortúnio não é crime, nem a imprudência é sempre a pior culpa. Eu nunca acharia que um príncipe, cujas ações de um reinado inteiro foram uma série de concessões a seus súditos, que estava disposto [97] a afrouxar sua autoridade, a cancelar suas prerrogativas, e a convocar seu povo a partilhar de uma liberdade não conhecida, talvez não desejada, por seus ancestrais; tal príncipe, embora sujeito às fraquezas comuns que acompanham os homens e os príncipes, embora uma vez tenha achado necessário fazer uso da força contra os intentos desesperados manifestamente dirigidos contra a sua pessoa e os remanescentes de sua autoridade; ainda que tudo isso fosse levado em consideração, só com grande dificuldade eu seria levado a achar que ele merece o triunfo cruel e ofensivo de Paris, e do Dr. Price. Tremo pela causa da liberdade, por semelhante exemplo dado a reis. Tremo pela causa da humanidade, nas atrocidades impunes dos mais cruéis da espécie humana. Mas há algumas pessoas, daquele tipo de mente baixa e degenerada, que erguem os olhos com uma espécie de temor e admiração complacente para reis que sabem manter-se firmes em seus tronos, estender uma mão rigorosa sobre seus súditos e afirmar sua prerrogativa, e, pela despertada vigilância de um despotismo severo, pôr-se em guarda contra os primeiríssimos vislumbres de liberdade. Contra estes eles nunca elevam a voz. Desertores por princípio, alistados com a fortuna, eles nunca veem algum bem na virtude sofredora, nem crime algum na próspera usurpação.

Se pudesse ter ficado claro para mim que o rei e a rainha da França (isto é, aqueles que eram isso, antes do tal triunfo) eram tiranos cruéis e inexoráveis, que tinham formado um plano deliberado para massacrar a Assembleia Nacional (creio ter visto algo como essa última acusação insinuado em certas publicações), eu acharia justo seu cativeiro. Se isso fosse verdade, muito mais deveria ter sido feito, mas feito, em minha opinião, de uma outra maneira. O castigo de tiranos reais é um nobre e terrível ato de justiça; e já se disse com verdade ser ele consolador para a mente humana. Mas, se tivesse de punir um rei mau, eu levaria em consideração a dignidade ao desagravar o crime. A justiça [98] é grave e decorosa, e em seus castigos mais parece submeter-se a uma necessidade do que fazer uma escolha. Tivessem sido Nero, ou Agripina, ou Luís XI, ou Carlos IX o objeto do julgamento; se Carlos XII da Suécia, após o assassinato de Patkul, ou sua antecessora, a Rainha Cristina, após o assassinato de Monaldeschi, tivessem caído em suas mãos, senhor, ou nas minhas, tenho certeza de que nossa conduta teria sido diferente.

Se o rei francês, ou rei dos franceses (ou seja lá qual for o nome pelo qual ele é conhecido no novo vocabulário de sua constituição), realmente mereceu, em sua própria pessoa, e na de sua rainha, esses inconfessos e não vingados atentados homicidas, e aquelas subsequentes indignidades, mais cruéis que o assassínio, essa pessoa não mereceria nem mesmo aquela custódia executiva subordinada em que creio que ele será colocado; nem é adequado que ele seja chamado chefe de uma nação que aviltou e oprimiu. Em uma nova nação, não seria possível fazer-se pior escolha para esse cargo do que a de um tirano deposto. Mas degradar e insultar um homem como o pior dos criminosos, e depois encarregá-lo de seus negócios mais elevados como um servidor fiel, honesto e zeloso, não é consistente como raciocínio, nem prudente como política, nem seguro na prática. Os que foram capazes de fazer essa indicação devem ser culpados de um abuso de confiança mais flagrante do que qualquer outro que já tenham cometido contra o povo. Como esse é o único crime em que seus políticos principais poderiam ter agido inconsistentemente, concluo que não há nenhuma espécie de base para essas horrendas insinuações. Nada penso de melhor de todas as outras calúnias.

Na Inglaterra, não lhes damos nenhum crédito. Somos inimigos generosos: e aliados fiéis. Afastamos de nós, com repulsa e indignação, as calúnias dos que nos trazem suas anedotas com o atestado da flor de lis no ombro. Temos Lord George Gordon preso em Newgate; e nem ele fazer proselitismo público do judaísmo [99], nem ele ter, em seu zelo contra padres católicos e todo tipo de clérigos, sublevado uma malta (desculpe o termo, ainda é usado aqui) que pôs abaixo nossas prisões, nada disso preservou-lhe uma liberdade de que ele não se tivesse feito digno pelo uso virtuoso dela. Reconstruímos Newgate e pusemos "inquilinos" na mansão. Temos prisões quase tão fortes quanto a Bastilha para os que ousam difamar rainhas da França. Que o nobre difamador permaneça nesse retiro espiritual. Deixem-no lá meditando o seu Talmude, até aprender uma conduta mais condizente com seu nascimento e dotes, e não tão desmoralizante para a antiga religião da qual ele se tornou um prosélito; ou até que algumas pessoas do lado dos senhores do Canal, para agradar a seus novos irmãos hebreus, venham resgatá-lo. Talvez ele então possa adquirir, com as antigas reservas da sinagoga, e uma muito pequena comissão sobre os longos juros acumulados das trinta moedas de prata (o Dr. Price nos mostrou que milagres juros acumulados podem realizar em 1.790 anos), as terras que recentemente se descobriu terem sido usurpadas pela igreja galicana. Mandem-nos seu Arcebispo papista de Paris, e nós lhes mandaremos nosso Rabino protestante. Trataremos a pessoa que os senhores nos mandarem em troca como um cavalheiro e um homem honesto, tal como ele é; mas, por favor, deixem-no trazer consigo o fundo de sua hospitalidade, liberalidade e caridade; e, dependendo disso, não confiscaremos um xelim desse fundo pio e ilustre, nem pensaremos em enriquecer o tesouro com os despojos da caixa de esmolas.

Para dizer-lhe a verdade, meu caro senhor, acho que a honra de nossa nação está um tanto envolvida no repúdio aos trabalhos dessa sociedade do velho Bairro Judeu e da London Tavern. Não tenho procuração de ninguém. Falo só por mim mesmo; quando repudio, como faço com toda a sinceridade possível, toda e qualquer comunhão com os atores daquele triunfo, ou com seus admiradores. Quando afirmo qualquer coisa mais, como [100] dizendo respeito ao povo da Inglaterra, falo por observação, não por autoridade; mas falo pela experiência que tive em uma bem extensa e variada comunicação com os habitantes deste reino, de todas as classes e categorias, e após o decurso de atenta observação, que comecei cedo na vida, e continuei durante quarenta anos. Com frequência surpreendi-me ao considerar que estamos divididos dos senhores por apenas um estreito dique de cerca de quarenta quilômetros, e que o mútuo intercâmbio entre os dois países ultimamente foi muito grande, para descobrir como os senhores parecem saber pouco sobre nós. Suspeito que isso se deva a terem formado um julgamento sobre esta nação a partir de certas publicações que muito erradamente, se é que de todo o fazem, representam as opiniões e disposições em geral predominantes na Inglaterra. A futilidade, agitação, petulância e espírito de intriga de diversas cabalas insignificantes, que tentam esconder sua total falta de consequência com ruído e barafunda, e a bajulação, a citação mútua, levam-no a imaginar que nosso desprezo por suas capacidades é uma marca de aquiescência geral com suas opiniões. Nada disso, eu lhe garanto. Porque meia dúzia de gafanhotos sob uma samambaia faz o campo vibrar com seus trilos importunos, enquanto milhares de grandes cabeças de gado, em repouso sob a sombra do carvalho inglês, ruminam a erva e ficam em silêncio, por favor não imagine que os que fazem o barulho são os únicos habitantes do campo; é claro que eles são muitos em número; nem imagine que eles são alguma outra coisa além dos pequenos, encarquilhados, magros e saltitantes, embora barulhentos e perturbadores, insetos de um momento.

Quase me arrisco a afirmar que sequer um só em uma centena dos nossos participa do "triunfo" da Revolution Society. Se o rei e a rainha da França, e seus filhos, viessem a cair em nossas mãos, pelo acaso da guerra, na mais acerba de todas as hostilidades (condeno tal evento, condeno semelhante hostilidade), seriam obsequiados com [101] outro tipo de entrada triunfal em Londres. Já tivemos um rei da França nessa situação; o senhor leu como ele foi tratado pelo vencedor no campo; e de que maneira foi em seguida recebido na Inglaterra. Quatrocentos anos se passaram sobre nós; mas creio que não mudamos essencialmente desde aquele período. Graças à nossa obstinada resistência a inovações, graças à fria indolência de nosso caráter nacional, ainda trazemos a estampa de nossos antepassados. Em minha concepção, não perdemos a generosidade e dignidade de pensamento do século XIV; nem ainda nos sutilizamos ao estado de selvagens. Não somos os convertidos de Rousseau; não somos discípulos de Voltaire; Helvetius não fez nenhum progresso entre nós. Ateus não são nossos pregadores; loucos não são nossos legisladores. Sabemos que *nós* não fizemos descobertas, e achamos que não há descobertas a serem feitas, em moralidade; nem mitos nos grandes princípios de governo, nem nas ideias de liberdade, que foram entendidos muito antes de termos nascido, e completamente, tão bem como serão depois que a sepultura tiver empilhado sua terra sobre nossa presunção e a tumba silenciosa houver imposto sua lei à nossa petulante loquacidade. Na Inglaterra ainda não fomos completamente estripados de nossas entranhas naturais; ainda sentimos dentro de nós, e nutrimos e cultivamos, aqueles sentimentos inatos que são os fiéis guardiães, os monitores ativos de nosso dever, os verdadeiros esteios de toda moral liberal e viril. Não fomos esvaziados e costurados, a fim de podermos ser recheados, como pássaros empalhados em um museu, com farpas e trapos, e reles tiras borradas de jornal sobre os direitos do homem. Preservamos o total de nossos sentimentos ainda nativos e inteiros, insofisticados por pedantismo e infidelidade. Temos, batendo em nossos peitos, corações verdadeiros, de carne e sangue. Tememos a Deus; erguemos os olhos a reis com temor; a parlamentos com afeição; a magistrados com senso do dever; a sacerdotes com reverência; e com respeito à [102] nobreza.* Por quê? Porque, quando ideias assim nos são apresentadas, é *natural* sermos assim afetados; porque todos os sentimentos outros são falsos e espúrios, e tendem a corromper nossas mentes, a viciar nossa moral primária; e, ensinando-nos uma insolência servil, licenciosa e relegada a ser nosso divertimento ordinário por uns poucos dias de folga, nos tornam perfeitamente adequados para a

* Os ingleses são, em minha concepção, deturpados em uma Carta publicada em um dos jornais por um cavalheiro que se acredita ser um ministro dissidente. Ao escrever ao Dr. Price sobre o espírito predominante em Paris, ele diz: "O espírito do povo deste lugar aboliu todas as orgulhosas *distinções* que o *rei* e os *nobres* impuseram em suas mentes; quer eles falem do *rei*, do *nobre* ou do *sacerdote*, toda a sua linguagem é a dos mais *esclarecidos e liberais entre os ingleses.*" Se a intenção desse cavalheiro é limitar os termos *esclarecidos* e *liberais* a um grupo de homens na Inglaterra, pode ser verdade. De um modo geral não é assim.

escravidão e justificadamente merecedores dela, ao longo de todo o decorrer de nossas vidas.

Pode ver, senhor, que nesta era iluminada tenho ousadia suficiente para confessar que somos geralmente homens de sentimentos que não nos foram ensinados; que, em vez de atirar fora todas as nossas velhas preferências, nós as cultivamos em um grau muito considerável e, para motivo de maior vergonha para nós, as cultivamos porque são preferências; e quanto mais tempo elas tenham durado e mais geralmente elas tenham prevalecido, mais carinhosamente as cultivamos. Temos medo de botar homens para viver e negociar cada qual com suas próprias reservas particulares de razão; porque suspeitamos que essas reservas em cada homem são pequenas e que os indivíduos fariam melhor valendo-se do capital do banco geral das nações e dos séculos. Muitos de nossos homens de especulação, em vez de demolir preferências gerais, empregam sua sagacidade em descobrir a sabedoria latente que predomina nelas. Se encontram o que buscam (e frequentemente não conseguem), acham mais sensato continuar sua preferência, com a razão envolvida, do que jogar fora a capa da preferência e deixar nada além do que a razão nua e crua, porque a preferência, com sua razão, tem um motivo para dar ação a essa razão, e uma [103] afeição que lhe dará permanência. A preferência é de pronta aplicação na emergência; ela previamente coloca a mente em um curso constante de sabedoria e virtude, e não deixa o homem hesitante no momento de tomar uma decisão, cético, confuso e incapaz de solução. A preferência torna a virtude de um homem seu hábito; e não uma série de atos desligados entre si. Por meio de uma justa preferência, seu dever torna-se parte de sua natureza.

Seus literatos, e seus políticos, e assim também todo o clã dos iluminados e esclarecidos entre nós, diferem essencialmente nesses pontos. Eles não têm respeito pela sabedoria dos outros; mas a compram por uma muito grande medida de confiança na sua própria. Com eles, isso é motivo suficiente para destruir um velho esquema de coisas, porque é velho. Quanto ao novo, não sentem nenhum tipo de medo com respeito à duração de um edifício erguido às pressas; porque duração não tem importância para quem acha que pouco ou nada foi feito antes de seu tempo, e coloca todas as suas esperanças em descobertas. Concebem, muito sistematicamente, que todas as coisas que dão perpetuidade são nocivas, e, portanto, eles encontram-se em guerra irredimível com todos os sistemas estabelecidos. Acham que governo é algo que pode variar como modos de vestuário, e com poucos maus efeitos. Que não é necessário nenhum princípio de união e lealdade, exceto um senso de conveniência do momento, para com qualquer constituição do estado. Sempre falam como se fossem da opinião de que existe uma espécie singular de pacto entre eles e seus magistrados, que obriga o magistrado, mas que nada tem de recíproco, e da que a majestade do povo tem o direito de dissolvê-lo sem nenhum motivo, salvo a sua vontade. Sua ligação ao seu país mesmo só existe na medida em que está de acordo com alguns de seus efêmeros projetos; ela começa e termina com aquele esquema de organização política que se encaixa em sua opinião momentânea.

Essas doutrinas, ou mais exatamente sentimentos, parecem predominantes entre [104] seus novos estadistas. Mas são totalmente diversas daquelas sobre as quais sempre agimos neste país.

Soube que às vezes é divulgado na França que o que se faz entre os senhores é seguindo o exemplo da Inglaterra. Peço vênia para afirmar que raramente alguma coisa feita entre os senhores originou-se da prática ou das opiniões predominantes deste povo, quer no ato ou no espírito do realizado. Permita-me acrescentar que estamos tão pouco dispostos a aprender da França essas lições quanto temos certeza de que nunca as ensinaremos àquela nação. As cabalas aqui que tomam uma espécie de parte em suas transações até agora ainda consistem apenas em um punhado de pessoas. Se infelizmente, por suas intrigas, seus sermões, suas publicações e por uma confiança derivada de uma esperada união com os concílios e forças da nação francesa, eles atraíram números consideráveis para a sua facção, e em consequência tentarem seriamente aqui alguma coisa em imitação do que foi feito entre vocês, ouso arriscar-me a profetizar que o caso será que, com alguma perturbação para seu país, eles logo conseguirão sua própria destruição. Este povo recusou-se a mudar sua lei em épocas longínquas por respeito à infalibilidade dos papas; e não a alterarão por uma fé implícita e pia no dogmatismo dos filósofos; embora os primeiros estivessem armados com o anátema e as cruzadas, e embora os últimos pudessem agir com a difamação e o poste de luz.

Anteriormente, os assuntos dos senhores eram apenas de seu próprio interesse. Sentíamos por eles como homens; mas mantivemo-nos a distância deles, porque não somos cidadãos da França. Mas, quando vemos o modelo nos ser apresentado, devemos sentir como ingleses e, assim sentindo, devemos prover como ingleses. Seus negócios, mesmo contra a nossa vontade, tornaram-se parte de nossos interesses; pelo menos até o ponto de manter à distância a sua panaceia, ou sua peste. Se for uma panaceia, não a queremos. Conhecemos as consequências [105] de remédios desnecessários. Se for uma peste, é uma peste tal, que a precaução da mais severa quarentena deveria ser tomada contra ela.

Ouço dizer por toda parte que uma cabala, intitulando-se filosófica, recebe a glória de muitos dos últimos trabalhos; e que suas opiniões e sistemas são o verdadeiro espírito atuante de todos eles. Nunca soube de algum partido na Inglaterra, literário ou político, em qualquer época, conhecido por semelhante descrição. Ela não se compõe, entre os senhores, daqueles homens, não é? A quem o vulgo, em seu estilo bronco e desgracioso, comumente chama de ateus e infiéis? Se for, admito que nós também tivemos escritores dessa classe, que fizeram algum barulho em seu tempo. No momento, repousam em duradouro esquecimento. Quem, nascido nos últimos quarenta anos, leu uma palavra de Collins e Toland, Tindal, Chubb e Morgan, e toda aquela raça dos que se chamavam de Livre-pensadores? Quem hoje lê Bolingbroke? Quem algum dia o leu inteiro? Perguntem aos livreiros de Londres o que foi feito de todas essas luzes do mundo. Em tão poucos anos, seus poucos sucessores irão para a cripta de família de "todos os Capuletos". Mas seja lá o que eles foram, ou são, entre nós eles foram e são indivíduos inteiramente isolados. Entre nós, eles mantiveram a natureza comum de sua espécie, e não eram gregários. Nunca agiram corporativamente, nem ficaram conhecidos como uma facção no estado, nem presumiu-se que influenciassem, nesse nome ou qualidade, ou para os fins de uma tal facção, algum de nossos interesses públicos. Se eles deveriam assim existir, e assim terem a permissão de agir, é uma outra questão. Assim como essas cabalas não existiram na Inglaterra, tampouco o espírito delas teve alguma influência em estabelecer a estrutura original de nossa constituição, ou em alguma das diversas emendas e melhorias que ela sofreu. O todo foi feito sob os auspícios e é confirmado pelas sanções da religião e da piedade. O todo [106] emanou da simplicidade de nosso caráter nacional e de uma espécie de simplicidade nativa e retidão de entendimento que durante um longo tempo caracterizaram os homens que sucessivamente obtiveram autoridade entre nós. Essa disposição ainda permanece, pelo menos no grande conjunto do povo.

Sabemos, e o que é melhor, sentimos interiormente, que a religião é a base da sociedade civil e a fonte de todo o bem e todo o consolo.* Na Inglaterra estamos tão convencidos disso, que não há ferrugem de superstição, com a qual o absurdo acumulado da mente humana possa tê-la coberto com uma crosta no decorrer dos séculos, que noventa e nove em cem pessoas da Inglaterra não preferissem à impiedade. Nunca seremos tão tolos a ponto de convocar um inimigo a penetrar a substância de algum sistema para remover suas corrupções, suprir seus defeitos ou aperfeiçoar sua construção. Se aos nossos dogmas religiosos algum dia faltar uma elucidação a mais, não invocaremos o ateísmo para explicá-los. Não iluminaremos nosso templo com esse fogo ímpio. Ele será ilumi-

* Sit igitur hoc ab initio persuasum civibus, dominos esse omnium rerum ac moderatores, deos; eaque, quae gerantur, eorum geri vi. ditione, ac numine: eosdemque optime de genere hominum mereri; et qualis quisque sit, quid agat, quid in se admittat, qua mente, qua pietate colat religionis intueri; piorum et impiorum habere rationem. His enim rebus imbutae mentes haud sane abhorrebunt ab utili et a vera sententia. Cíc. *De Legibus*, 1.2.

nado com outras luzes. Será perfumado com outro incenso que não aquele troço contagioso que é importado pelos contrabandistas da metafísica adulterada. Se nosso sistema eclesiástico precisasse de uma revisão, não há de ser a avareza ou a ganância, pública ou privada, que empregaremos para fazer o balanço, ou o recebimento, ou a aplicação, de seus santificados rendimentos. Não condenando violentamente nem o grego, nem o armênio, e nem, uma vez que as chamas já amainaram, o sistema romano de religião, preferimos o protestante; não porque achemos que haja menos religião cristã [107] nele, mas porque, em nosso julgamento, há mais. Somos protestantes não por indiferença, mas por zelo.

Sabemos, e temos orgulho de saber, que o homem é, por sua constituição, um animal religioso; que o ateísmo é contra não só a nossa razão, mas nossos instintos; e que ele não pode prevalecer muito tempo. Mas se, no momento do tumulto, e em um delírio ébrio da bebida forte tirada do alambique do inferno, que na França está agora em furiosa ebulição, viermos a descobrir nossa nudez, jogando fora aquela religião cristã que até agora foi nosso motivo de orgulho e consolo, e uma grande fonte de civilização entre nós, e entre muitas outras nações, ficamos apreensivos (estando bem cônscios de que a mente não suportará um vácuo) de que alguma superstição inculta, perniciosa e degradante, possa tomar o lugar dela. Por esse motivo, antes de tirarmos de nosso sistema os meios humanos naturais de apreço e estima, e os entregarmos ao desprezo, como os senhores fizeram, e por isso incorreram nas penalidades que bem merecem sofrer, desejamos que algum outro nos seja apresentado no lugar dele. Então formaremos nosso julgamento.

Sobre essas ideias, em vez de altercar com sistemas estabelecidos, como fazem alguns, que transformaram sua hostilidade a essas instituições em uma filosofia e uma religião, nos apegamos fielmente a elas. Estamos decididos a manter uma Igreja estabelecida, uma monarquia estabelecida, uma aristocracia estabelecida e uma democracia estabelecida, cada qual no grau em que existe, e não em grau maior. Vou mostrar-lhe agora o quanto possuímos de cada uma dessas coisas.

Foi o infortúnio, e não, como esses senhores acham, a glória dessa época, que tudo tenha de ser discutido: como se a constituição de nosso país devesse ser sempre motivo mais de altercação do que de contentamento. Por esse motivo, bem como para a satisfação daqueles entre os senhores (sei que há alguns assim em seu meio) que possam querer aproveitar [108] alguns exemplos, aventuro-me a perturbá-lo com umas poucas ideias sobre cada uma dessas instituições. Não acho que fossem insensatos os romanos antigos que, quando queriam remodelar suas leis, mandavam comissários para examinar as repúblicas mais bem constituídas dentro de seu alcance.

Primeiro, peço vênia para falar de nossa instituição da Igreja, que é a primeira de nossas predileções; não uma predileção destituída de razão, mas que envolve uma profunda e extensa sabedoria. Falo dela primeiro. Ela é a primeira, a última e a mediana em nossas mentes. Pois, aportando nesse sistema religioso, do qual estamos agora em posse, continuamos a agir com base no inicialmente recebido e uniformemente continuado senso de humanidade. Esse senso, como um sábio arquiteto, não só construiu a augusta estrutura dos estados, mas também, como um proprietário prudente, para preservar essa estrutura da profanação e da ruína, como um templo sagrado, purgou de todas as impurezas da trapaça, da violência, da injustiça e da tirania a nação, e solenemente e para sempre consagrou-a e a tudo que nela tem função. Essa consagração se faz para que todos que participam do governo, no qual se encontram na pessoa do próprio Deus, tenham dignas e elevadas noções de sua função e destinação; para que sua esperança seja cheia de imortalidade; para que não tenham em vista o mísero espólio do momento e o louvor passageiro do vulgo, mas uma existência sólida, permanente, na parte permanente de sua natureza, e uma fama e glória permanentes, no exemplo que deixam como uma rica herança para o mundo.

Esses princípios sublimes deveriam ser infundidos em pessoas de situações elevadas; em instituições religiosas, contanto que possam continuamente revivê-los e fazê-los vigorar. Todo tipo de instituição moral, civil e política, ajudando os laços racionais e naturais que ligam o entendimento e as afeições humanas [109] ao divino, não são mais do que necessárias, a fim de construir essa maravilhosa estrutura, o Homem; de quem é prerrogativa ser em amplo grau uma criatura de sua própria feitura; e que, quando feito como deveria ser feito, está destinado a ocupar lugar nada trivial na criação. Mas, sempre que um homem é posto sobre outros homens, como a melhor natureza deveria sempre presidir, nesse caso mais particularmente ele deveria, o mais que fosse possível, estar próximo de sua perfeição.

Essa consagração do Estado, por uma instituição religiosa do Estado, é necessária também para operar com um saudável temor sobre os cidadãos livres; porque, a fim de garantir sua liberdade, eles devem desfrutar de alguma determinada parcela do poder. Para eles, portanto, uma religião ligada ao Estado e a seu dever para com ele torna-se ainda mais necessária do que nessas sociedades em que o povo, pelos termos de sua submissão, está limitado a sentimentos privados e à condução de seus próprios interesses familiares. Todas as pessoas que possuem alguma parcela de poder deveriam ser fortemente inculcadas com a ideia de que agem em encargo de confiança; e de que devem prestar contas de sua conduta nesse encargo ao único grande mestre, autor e fundador da sociedade.

Esse princípio deveria ser ainda mais fortemente inculcado nas mentes que compõem a soberania coletiva do que nas de príncipes isolados. Sem instrumentos, esses príncipes nada podem fazer. Quem quer que use instrumentos, ao encontrar socorros, encontra também impedimentos. Seu poder, portanto, não é de modo algum completo; nem estão seguros em extremos maus-tratos. Essas pessoas, por mais elevadas que sejam por lisonja, arrogância e autoimportância, deveriam ter consciência de que, cobertas ou não pelo direito positivo, de um modo ou de outro têm de responder aqui mesmo pelo abuso de sua comissão em confiança. Se não forem eliminadas por uma rebelião de seu povo, podem ser estranguladas pelos próprios janíssaros mantidos [110] para sua segurança contra qualquer outra rebelião. Assim vimos o rei da França vendido por seus soldados em troca de um aumento de sua paga. Mas onde a autoridade popular é absoluta e irrestrita, o povo tem uma confiança em seu próprio poder infinitamente maior, porque muito mais bem fundamentada. Eles mesmos são, em uma grande medida, seus próprios instrumentos. Estão mais próximos de seus objetivos. Além disso, estão menos sob a responsabilidade de um dos maiores poderes controladores da terra, o senso de fama e estima. A parcela de infâmia com probabilidade de ser o quinhão de cada indivíduo em atos públicos é deveras pequena; e a operação da opinião é em proporção inversa ao número dos que abusam do poder. Sua aprovação de seus próprios atos tem para eles a aparência de um julgamento público em seu favor. Uma democracia perfeita é, portanto, a coisa mais desavergonhada do mundo. Sendo a mais desavergonhada, é também a mais temerária. Homem nenhum teme em sua pessoa que possa tornar-se sujeito a castigo. Certamente, as pessoas em geral nunca deveriam: pois como todos os castigos servem como exemplo para a conservação do povo em geral, o povo em geral nunca pode tornar-se objeto de castigo por alguma mão humana.* É, portanto, de infinita importância que não se tolere que o povo imagine ser a sua vontade, mais do que a dos reis, o padrão de certo e errado. Eles deveriam ser convencidos de que são muito pouco habilitados, e muito menos qualificados, com segurança para si próprios, a usar qualquer poder arbitrário que seja; e que, portanto, eles não devem, sob uma falsa mostra de liberdade mas, na verdade, exercendo uma dominação invertida anormal, extrair tiranicamente dos que cumprem as funções do estado não uma inteira devoção a seu interesse, o que é seu direito, mas uma abjeta submissão à sua vontade ocasional; com isso extinguindo, em todos os que os servem, todo princípio moral, todo senso [111] de dignidade,

* Quicquid multis peccatur inultum.

todo uso de julgamento e toda coerência de caráter, enquanto, pelo mesmíssimo processo, se entregam como uma presa adequada, embora muito desprezível, à ambição servil de sicofantas populares ou cortesãos bajuladores.

Quando as pessoas se tiverem esvaziado de toda a ânsia da vontade egoísta, o que sem religião é totalmente impossível que algum dia consigam, quando tiverem consciência de que exercem, e exercem talvez em um elo mais elevado da ordem de delegação, o poder que, para ser legítimo, deve estar de acordo com aquela lei eterna imutável na qual vontade e razão são a mesma coisa, terão mais cuidado com o modo como colocam o poder em mãos vis e incapazes. Em sua nomeação para um cargo, não designarão o exercício da autoridade como uma função deplorável, mas sagrada; não de acordo com seus interesses sórdidos e egoístas, nem com seus caprichos irresponsáveis, nem com sua vontade arbitrária; mas conferirão esse poder (ante o qual qualquer homem pode muito bem tremer ao dar ou ao receber) somente àqueles em quem possam discernir aquela proporção predominante de sabedoria e virtude ativas, tomadas em conjunto e adequadas ao cargo, assim como pode ser encontrada na grande e inevitável massa mesclada das imperfeições e enfermidades humanas.

Quando estiverem habitualmente convencidos de que nenhum mal pode ser aceitável, seja no ato ou na permissão, para quem possui uma boa essência, serão mais capazes de extirpar da mente de todos os magistrados, civis, eclesiásticos ou militares, alguma coisa que guarde uma mínima semelhança com uma dominação altiva e sem lei.

Mas um dos primeiros e mais importantes princípios pelos quais a nação e as leis são consagradas é para que os seus donos temporários e inquilinos vitalícios, negligentes do que receberam de seus ancestrais ou do que é [112] devido à sua posteridade, não ajam como se fossem os senhores totais; não pensem que está entre seus direitos alienar o legado inalienável, ou promover o desperdício da herança, destruindo a seu bel-prazer toda a estrutura original de sua sociedade; arriscando deixar para os que vierem depois deles uma ruína em vez de uma habitação e ensinando esses sucessores a respeitar suas criações tão pouco quanto eles próprios respeitaram as instituições de seus antepassados. Por essa facilidade inescrupulosa de mudar o Estado tanto, e tantas vezes, e de tantos modos quantos são os caprichos ou modas instáveis e variáveis, toda a corrente e continuidade da nação se romperiam. Nenhuma geração se poderia ligar com a outra. Os homens acabariam por se tornar pouco melhores do que as moscas de um verão.

E, primeiro de tudo, a ciência da jurisprudência, orgulho do intelecto humano, a qual, com todos os seus defeitos, redundâncias e erros, é a razão dos séculos reunida, combinando os princípios de justiça original com a variedade infinita dos interesses humanos, como uma pilha de velhos erros eliminados, não seria mais estudada. A autossuficiência pessoal e a arrogância, companheiras certas de todos os que nunca tiveram a experiência de uma sabedoria maior do que a deles próprios, usurpariam o tribunal. Evidentemente leis certas, estabelecendo fases invariáveis de esperança e medo, não haveria para manter as ações dos homens em um certo curso, nem as orientariam para um certo fim. Nada de estável nos modos de possuir propriedades, ou de exercer funções, poderia formar uma base sólida sobre a qual qualquer pai poderia refletir sobre a educação de seu rebento, ou sobre seu futuro estabelecimento no mundo. Nenhum princípio seria introduzido desde cedo nos hábitos. Assim que o instrutor mais capaz tivesse completado seu laborioso curso de instituição, em vez de mandar para o mundo seu aluno, aperfeiçoado em uma virtuosa disciplina, adequada para obter-lhe atenção e respeito, em seu lugar na sociedade, ele encontraria tudo alterado; e que ele acabara por ser uma pobre criatura, para o desprezo e escárnio do mundo [113], ignorante dos verdadeiros motivos de estima. Quem poderia garantir que um terno e delicado senso de honra batesse quase com os primeiros pulsos do coração, quando ninguém pudesse saber qual seria o teste de honra em uma nação variando continuamente o padrão de sua moeda? Nenhuma parte da vida conservaria suas aquisições. Barbarismo ante a ciência e literatura, inabilidade para com as artes e manufaturas, sucederiam infalivelmente a falta de uma educação firme e constante e de um princípio estabelecido; e assim a própria nação em umas poucas gerações se desintegraria e se desmancharia em pó e na poeira da individualidade, gradualmente se dispersando ao sabor de todos os ventos dos céus.

Para evitar, portanto, os males da inconstância e da versatilidade, dez mil vezes piores do que os da obstinação e do mais cego preconceito, nós *consagramos* o Estado; para que ninguém se aproximasse a fim de examinar seus defeitos ou corrupções senão com a devida cautela; para que jamais se sonhasse em começar sua reforma por sua subversão; para que só se abordassem as falhas do estado como se faz com as feridas de um pai, com pia reverência e trêmula solicitude. Por esse sábio preconceito somos ensinados a olhar com horror aqueles filhos de seu país que estão sempre prontos a precipitadamente picar esse genitor idoso em pedaços e jogá-lo no caldeirão dos magos, na esperança de que por suas ervas venenosas e loucos encantamentos eles possam regenerar a constituição paterna e renovar a vida de seu pai.

A sociedade é de fato um contrato. Contratos subordinados, para objetivos de mero interesse ocasional, podem ser dissolvidos à vontade; mas o Estado não deveria ser considerado nada mais do que um acordo de parceria em um comércio de pimenta e café, chita ou tabaco, ou algum outro negócio inferior assim, para ser tomado como uma pequena ocupação temporária [114] e ser dissolvido conforme o capricho das partes. Deve ser encarado com outra reverência; porque não se trata de uma parceria em coisas subservientes apenas à grosseira existência animal de uma natureza temporária e perecível. É uma parceria em toda ciência; uma parceria em toda arte; uma parceria em toda virtude e em toda perfeição. Como os fins dessa parceria não podem ser alcançados em muitas gerações, torna-se uma parceria não só entre os que estão vivos, mas entre os que estão vivos, os que morreram e os que ainda vão nascer. Cada contrato de cada Estado particular é apenas uma cláusula no grande contrato primitivo de sociedade eterna, ligando a natureza inferior com a superior, conectando o mundo visível e o invisível, de acordo com um pacto fixo sancionado pelo juramento inviolável que sustenta toda natureza física e toda natureza moral, cada qual em seu lugar determinado. Essa lei não está sujeita à vontade dos que, por uma obrigação acima deles, e infinitamente superior, são forçados a submeter sua vontade a ela. As corporações municipais desse reino universal não estão moralmente em liberdade para, conforme sua vontade, e sobre especulações de uma melhora contingente, separar por completo e romper os liames de sua comunidade subordinada e dissolvê-la num caos associal, incivil e desconectado de princípios elementares. É a primeira e suprema necessidade apenas, uma necessidade que não é escolhida, mas escolhe, uma necessidade essencial à deliberação, que não admite discussão nem exige evidência, que sozinha pode justificar um recurso à anarquia. Essa necessidade não é nenhuma exceção à regra; porque essa necessidade é ela própria uma parte também daquela disposição moral e física das coisas à qual o homem deve ser obediente, de bom grado ou à força. Mas, se aquilo que é apenas submissão à necessidade vier a se tornar objeto de escolha, a lei é violada, a natureza desobedecida e os rebeldes são proscritos, expulsos e exilados deste mundo de razão, ordem, paz, virtude e frutífera penitência [115] para o mundo antagônico de loucura, discórdia, vício, confusão e sofrimento inútil.

Esses, meu caro senhor, são, eram e acho que por longo tempo serão os sentimentos da não menos instruída e ponderada parte deste reino. Os que se incluem nessa categoria formam suas opiniões sobre as bases em que pessoas assim deveriam formá-las. Os menos curiosos recebem-nas de uma autoridade da qual aqueles que a Providência destina a viver em encargo de confiança não precisam sentir vergonha de depender. Essas duas espécies de homens seguem na mesma direção, embora para um lugar diferente. Ambas seguem a ordem do universo. Todas conhecem ou sentem esta grande verdade antiga: "Quod illi principi et praepotenti Deo qui omnem hunc mundum regit, nihil eorum quae quidem fiant in terris acceptius quam concilia et coetus hominum jure sociati quae civitates appellantur." Esse dogma da cabeça e do coração, eles o tiram não do grande nome que ele imediatamente evoca, nem do nome maior, do qual ele é derivado, mas daquilo que é a única coisa que pode dar verdadeiro peso e sanção a qualquer opinião instruída, a natureza e as relações comuns dos homens. Convencidos de que todas as coisas deveriam ser feitas com referência, e remetendo todas ao ponto de referência a que todas deviam ser dirigidas, eles se acreditam obrigados, não apenas como indivíduos isolados no santuário do coração, ou como congregados nessa condição pessoal, a renovar a memória de sua elevada casta e origem; mas também, em seu caráter corporativo, a prestar sua homenagem nacional ao instituidor, autor e protetor da sociedade civil; sem a qual o homem não teria nenhuma possibilidade de chegar à perfeição de que sua natureza é capaz, nem mesmo de aproximar-se dela remota e fracamente. Concebem que Ele, que deu nossa natureza para ser aperfeiçoada por nossa virtude, determinou também os meios necessários para sua perfeição. Ele concebeu, portanto, o Estado. Ele estabeleceu sua ligação [116] com a fonte e arquétipo original de toda perfeição. Os que estão convencidos dessa Sua vontade, que é a lei das leis e soberana dos soberanos, não podem achar repreensível que essa nossa fidelidade e homenagem corporativa, que esse nosso reconhecimento de uma senhoria suprema, eu quase disse essa oblação do próprio estado, como uma digna oferenda no altar-mor do louvor universal, deveriam ser executados, como todos os atos públicos solenes são executados, em construções, em música, em decoração, em discurso, na dignidade de pessoas, de acordo com os costumes da humanidade, ensinados por sua natureza; isto é, com modesto esplendor, com gala despretensiosa, com branda majestade e sóbria pompa. Para esses propósitos, eles acham que alguma parte da riqueza do país é mais utilmente empregada quanto pode ser para fomentar o luxo de indivíduos. É o ornamento público. É a consolação pública. Alimenta a esperança pública. O mais pobre dos homens encontra nela sua própria importância e dignidade, enquanto a riqueza e orgulho dos indivíduos a todo momento tornam o homem de posição e fortuna humildes consciente de sua inferioridade, e degradam e vilificam sua condição. É pelo homem de vida humilde, e para elevar sua natureza, e recordá-lo de um estado no qual os privilégios da opulência cessarão, quando ele for igual por natureza, e pode ser mais do que igual por virtude – que essa porção da riqueza geral de seu país é empregada e santificada.

Garanto-lhe que não viso a singularidade. Dou-lhe opiniões que foram aceitas entre nós, desde tempos muito primordiais até este momento, com uma contínua e geral aprovação, e de que estou deveras tão imbuído, que sou incapaz de distinguir o que aprendi de outros dos resultados de minha própria meditação.

É com base em alguns princípios assim que a maioria do povo da Inglaterra, longe de achar ilegal uma instituição religiosa nacional, não acha legal estar sem ela. Na França, os senhores estão totalmente equivocados se não [117] acreditam que somos afeiçoados a ela acima de todas as outras coisas, e além de todas as outras nações; e, quando este povo tiver agido insensata e injustificadamente em seu favor (como em algumas instâncias ele com toda certeza o fez), em seus próprios erros os senhores pelo menos descobrirão seu zelo.

Esse princípio percorre todo o sistema de sua organização política. Nosso povo não considera sua instituição eclesiástica conveniente, mas essencial a seu Estado; não uma coisa heterogênea e separável; alguma coisa acrescentada para acomodação; e que ele pode ou manter ou botar de lado, de acordo com suas ideias temporárias de conveniência. Ele a considera o fundamento de toda a sua constituição, com a qual e com cada parte da qual ele mantém uma indissolúvel união. Igreja e Estado são ideias tão inseparáveis em sua mente, que nunca uma é mencionada sem que se mencione o outro.

Nossa educação é formada de modo a confirmar e fixar essa impressão. Nossa educação está de certa maneira totalmente nas mãos de eclesiásticos, e em todos os estágios, da infância à vida de homem adulto. Mesmo quando nossa juventude, deixando escolas e universidades, entra nesse mais importante período da vida, que começa a unir experiência e estudo, e quando, com essa visão, eles visitam outros países, em vez de velhos empregados domésticos que vimos como governantes dos principais indivíduos de outras partes, três quartos dos que vão para o exterior com nossos jovens nobres e cavalheiros são eclesiásticos; não como mestres austeros, nem como meros seguidores; mas como amigos e companheiros de um caráter mais grave, e não raramente pessoas tão bem-nascidas quanto eles próprios. Com eles, como com parentes, esses jovens mais comumente mantêm uma estreita ligação ao longo da vida. Por essa ligação concebemos que vinculamos nossos cavalheiros à Igreja; e liberalizamos a Igreja por um relacionamento com os principais personagens do país. [118] Tão penitentes nós somos quanto aos velhos modos e modas da instituição eclesiástica, que muito pouca alteração foi feita neles desde o século XIV ou XV; mantendo-nos fiéis, nesse particular, como em todas as coisas mais, a nossa velha máxima estabelecida de nunca inteiramente nem de uma vez nos desviarmos da antiguidade. Achamos essas velhas instituições, no todo, favoráveis à moralidade e à disciplina; e achávamos que eram suscetíveis de correção, sem alterar a base. Achávamos que elas eram capazes de receber e melhorar, e acima de tudo preservar, as aquisições da ciência e da literatura, conforme a ordem da Providência as fosse sucessivamente produzindo. E, afinal de contas, com essa educação Gótica e monástica (pois ela na base é assim), podemos apresentar nossa reivindicação de uma parcela tão ampla e antecipada em todos os avanços da ciência, das artes e da literatura, que iluminaram e adornaram o mundo moderno, quanto a de qualquer outra nação da Europa; achamos que uma causa principal foi não termos desprezado o patrimônio de conhecimento que nos foi legado por nossos antepassados.

Foi por nossa ligação a uma instituição eclesiástica que a nação inglesa não achou prudente confiar esse grande interesse fundamental do todo a quem ela não confia nenhuma parte de seu serviço público civil ou militar, isto é, à vacilante e precária contribuição de indivíduos. Ela vai mais além. Ela com certeza nunca tolerou e nunca tolerará que as propriedades fixadas da Igreja sejam convertidas em uma pensão, dependendo do tesouro, e que seja atrasada, retida ou talvez extinta por dificuldades fiscais; dificuldades que podem às vezes passar por serem propósitos políticos, e que são, na verdade, acarretadas pela extravagância, negligência e voracidade de políticos. O povo da Inglaterra acha que tem motivos constitucionais, bem como religiosos, contra qualquer projeto de transformar seu clero independente em pensionistas eclesiásticos do estado. Esse povo treme [119] por sua liberdade, pela influência de um clero dependente da coroa; treme pela tranquilidade pública, pelas desordens de um clero faccioso, caso obrigassem-no a depender de alguma outra coisa além da coroa. E, portanto, esse povo tornou sua Igreja, como seu rei e sua nobreza, independente.

Das considerações unidas de religião e política constitucional, por sua opinião de um dever de fazer uma provisão segura para a consolação dos fracos e a instrução dos ignorantes, ele incorporou e identificou as propriedades da Igreja à massa de *propriedade privada*, da qual o estado não é o proprietário, ou para uso ou para domínio, mas apenas o guardião e o regulador. Ele determinou que a provisão dessa instituição fosse tão estável quanto o solo sobre o qual ela fica e não devia variar com o Euripo de fundos e ações.

Os homens da Inglaterra, os homens, quero dizer, de luzes e liderança na Inglaterra, cuja sabedoria (se têm alguma) é aberta e direta, sentiriam vergonha, como de um estratagema idiota de trapaça, de professar nominalmente alguma religião que, por suas ações, eles parecessem condenar. Se por sua conduta (a única linguagem que raramente diz mentiras) eles pareciam encarar o grande princípio norteador do mundo moral e do natural como mera invenção para manter o vulgo em obediência, eles temem que com essa conduta derrubem o propósito político que têm em vista. Achariam difícil fazer com que outros acreditassem em um sistema ao qual eles próprios manifestamente não deram nenhum crédito. Os estadistas cristãos desta terra de fato proveriam primeiro o sustento da *multidão*; porque é a *multidão*; e é, portanto, como tal, o primeiro objetivo na instituição eclesiástica, e em todas as instituições. Foi-lhes ensinado que a circunstância de o evangelho ser pregado aos pobres era um dos grandes testes de sua verdadeira missão. Acham, portanto, que não acreditam nele [120] os que não cuidam para que ele seja pregado aos pobres. Mas como sabem que a caridade não é limitada a alguma categoria, mas deveria aplicar-se a todos os homens que têm necessidades, não são privados de uma devida e ansiosa sensação de piedade pelas aflições do grande número de infelizes. Um gesto delicado não os leva a fugir, ao fedor de sua arrogância e presunção, de dar uma atenção medicinal a suas pústulas mentais e feridas supuradas. Eles têm consciência de que instrução religiosa é de mais consequência para eles do que para quaisquer outros; pela grandeza da tentação a que se veem expostos; pelas importantes consequências que acompanham suas falhas; pela contaminação que é seu mau exemplo; pela necessidade de curvar o pescoço teimoso de seu orgulho e ambição sob o jugo da moderação e da virtude; por uma consideração da grossa estupidez e da crassa ignorância com respeito ao que mais importa aos homens saber, que prevalece nos tribunais, e no comando de exércitos e em senados, e tanto nos teares quanto no campo.

O povo inglês está convencido de que para os grandes as consolações da religião são tão necessárias quanto suas instruções. Eles também se encontram entre os infelizes. Eles sentem dor pessoal e tristeza nacional. Isso não é privilégio deles, mas nisso estão sujeitos a pagar sua plena quota às contribuições cobradas da mortalidade. Querem esse bálsamo soberano para seus suplicantes cuidados e ansiedades, os quais, sendo menos conhecedores das limitadas necessidades da vida animal, grassam sem limite e são diversificados por infinitas combinações nas regiões agrestes e sem fronteiras da imaginação. Falta alguma dádiva caridosa a esses nossos irmãos, frequentemente muito infelizes, para preencher o lúgubre vazio que reina em mentes que nada têm no mundo para lhes dar esperança ou temor; algo para libertar do langor mortal e da fadiga da sobrecarga os que nada têm para fazer; algo para excitar um apetite pela existência na enfastiada saciedade que acompanha todos os prazeres [121] que podem ser comprados, onde a natureza não é deixada a seu próprio processo, onde até o desejo é previsto e, portanto, a fruição, frustrada por planos meditados e estratagemas de prazer; e nenhum intervalo, nenhum obstáculo se interpõem entre a vontade e a realização.

O povo da Inglaterra sabe a pouca influência que os professores de religião podem ter junto aos que são ricos e poderosos há muito tempo, e muito menos junto aos recém-afortunados, se se mostram de uma maneira que de modo nenhum combina com aqueles com os quais eles se devem associar, e sobre os quais devem exercer, em alguns casos, algo como uma autoridade. O que hão eles de pensar desse corpo de professores, se não viram nele nenhuma parte acima do modo de vida de seus empregados domésticos? Se essa pobreza fosse voluntária, isso poderia fazer alguma diferença. Fortes instâncias de abnegação operam de forma poderosa em nossas mentes; um homem que não tem necessidades obteve grande liberdade e firmeza, e até dignidade. Mas como a massa de qualquer categoria de homens não é senão composta de homens, e sua pobreza não pode ser voluntária, o desrespeito que acompanha toda pobreza leiga não faltará tampouco à eclesiástica. Nossa previdente constituição cuidou, portanto, de que os que hão de instruir a ignorância presunçosa, os que serão censores sobre o vício insolente, não viessem a incorrer em seu desprezo, nem a viver de suas esmolas; nem isso tentará os ricos a negligenciar o verdadeiro remédio de suas mentes. Por esses motivos, embora provejamos primeiro os pobres, e com solicitude paternal, não relegamos a religião, como algo que tivéssemos vergonha de mostrar, a municipalidades obscuras ou aldeias rústicas. Não! Faremos com que se exalte sua fronte mitrada em cortes e parlamentos. Faremos com que se misture inteiramente por toda a massa da vida, fundindo-se a todas as classes da sociedade. O povo da Inglaterra mostrará aos altivos potentados do mundo e a seus sofistas tagarelas que uma nação livre, generosa e [122] informada honra os altos magistrados de sua Igreja; que ela não suportará que a insolência de riqueza e títulos, ou quaisquer outras espécies de orgulhosa pretensão, desprezem com escárnio o que ela admira com reverência; nem pretendam pisotear aquela nobreza pessoal adquirida, que eles pretendem sempre que seja e que frequentemente é o fruto, e não a recompensa (pois, qual pode ser a recompensa?), do saber, da piedade e da virtude. Esse povo pode ver, sem dificuldade ou resmungos, um arcebispo preceder um duque. Pode ver um bispo de Durham, ou um bispo de Winchester, em posse de dez mil libras anuais; e não consegue conceber por que esse valor estará em piores mãos do que propriedades de valor semelhante nas mãos deste Conde ou daquele Fidalgo; embora talvez seja verdade que muitos cães e cavalos não são mantidos pelos primeiros, mas alimentados com as vitualhas que deveriam nutrir os filhos do povo. É verdade que a renda toda da Igreja nem sempre é empregada, até o último xelim, em caridade; nem talvez devesse; mas alguma coisa é geralmente assim empregada. É melhor cultivar virtude e humanidade, deixando muito ao livre-arbítrio, mesmo com alguma perda para o objeto, do que tentar fazer dos homens meras máquinas e instrumentos de uma benevolência política. O mundo no total ganhará por uma liberdade sem a qual a virtude não logra existir.

Uma vez a nação tendo estabelecido as terras da Igreja como propriedade, ela pode, consistentemente, não querer ouvir falar nem de mais nem de menos. De mais e de menos são traição contra a propriedade. Que mal pode surgir da quantidade em qualquer mão, enquanto a suprema autoridade tem a plena, soberana superintendência sobre isso, como sobre toda propriedade, para impedir toda espécie de abuso; e, sempre que se faça um desvio digno de nota, para dar-lhe uma direção conveniente aos propósitos de sua instituição?

Na Inglaterra, a maioria de nós concebe que é inveja, cobiça e [123] malignidade com aqueles que são muitas vezes os iniciadores de sua própria fortuna, e não um amor pela abnegação e mortificação da antiga igreja, que levam alguns a olhar torto para as distinções, honrarias e rendas que, tiradas de ninguém, são separadas para virtude. Os ouvidos do povo da Inglaterra são criteriosos. Eles escutam esses homens falando abertamente. A língua deles os trai. Sua linguagem é o patoá da trapaça, no jargão e no palavrório da hipocrisia. O povo da Inglaterra deve pensar assim, quando esses tagarelas dão-se ares de querer restituir o clero à sua primitiva pobreza evangélica que, no espírito, deveria sempre existir neles (e em nós também, não importa o quanto isso nos agrade), mas que na coisa deve ser variado, quando a relação desse corpo com o Estado é alterada; quando as maneiras, quando os modos de vida, quando deveras toda a ordem dos negócios humanos sofreram uma total revolução. Acreditaremos então que esses reformadores são honestos entusiastas, não como agora os consideramos, enganadores e trapaceiros, quando os virmos atirar seus próprios bens no bem comum e submeter suas próprias pessoas à austera disciplina da Igreja primitiva.

Com essas ideias arraigadas em sua mente, a plebe da Grã-Bretanha, nas emergências nacionais, nunca buscará recurso no confisco das propriedades da Igreja e dos pobres. Sacrilégio e proscrição não estão entre os modos e meios de nosso comitê de subsistência. Os judeus de Change Alley ainda não ousaram dar a entender suas esperanças de se hipotecarem as rendas pertencentes à Sé de Canterbury. Não tenho medo de ser desmentido quando lhe garanto que não há um homem público neste reino que o senhor não gostaria de citar; ninguém de nenhum partido ou categoria que não reprove o confisco desonesto, pérfido e cruel que a Assembleia Nacional foi forçada a fazer daquelas propriedades que era seu primeiro dever proteger.

[124] É com a exultação de um pouco de orgulho nacional que lhe digo que aqueles dentre nós que quiseram brindar às sociedades de Paris com a taça de suas abominações se decepcionaram. O roubo da Igreja dos senhores revelou-se uma segurança para as posses da nossa. Ele levantou o povo. Eles olham com horror e alarme esse enorme e desavergonhado ato de proscrição. Isso abriu, e abrirá cada vez mais, seus olhos para o egoísta alargamento da

mente e a estreita liberalidade de sentimento de homens insidiosos que, começando com hipocrisia e trapaça disfarçadas, terminaram com aberta rapina e violência. Na pátria, vemos começos semelhantes. Estamos de guarda contra conclusões similares.

Espero que nunca tenhamos perdido tão totalmente todo senso dos deveres a nós impostos pela lei de união social, a ponto de, sob qualquer pretexto de serviço público, confiscar os bens de um único cidadão inofensivo. Quem senão um tirano (um nome expressivo de tudo que pode corromper e degradar a natureza humana) poderia pensar em tomar as propriedades de homens que não foram acusados, que não se defenderam, nem foram julgados, em categorias inteiras, e às centenas e milhares juntos? Quem quer que não tenha perdido todo o vestígio de humanidade poderia pensar em rebaixar homens de posição elevada e função sagrada, alguns deles de uma idade que pede de imediato reverência e compaixão – em rebaixá-los da mais elevada situação na nação, na qual se mantinham por suas propriedades em terras, a um estado de indigência, depressão e desprezo?

Os confiscadores realmente fizeram alguma concessão a suas vítimas das migalhas e fragmentos de suas próprias mesas, das quais foram tão rudemente arrancados, e que foram liberalmente distribuídos como um banquete para as harpias da usura. Mas arrancar homens da independência para viver de esmolas é em si mesmo uma grande crueldade. O que poderia ser uma condição tolerável para homens em uma condição de vida, e não habituados a outras coisas, pode, quando todas essas circunstâncias são alteradas [125], ser uma terrível revolução; e à qual uma mente virtuosa sentiria dificuldade de imputar qualquer culpa, exceto aquela que exigisse a vida do culpado. Mas para muitos esse castigo de degradação e infâmia é pior que a morte. É indubitavelmente um infinito agravamento desse sofrimento cruel, que as pessoas que aprenderam uma dupla predisposição em favor da religião, por educação e pelo lugar que ocupam na administração de suas funções, devam receber os remanescentes de suas propriedades como esmolas das mãos ímpias e profanas que os pilharam de todo o resto; receber (se é que vão receber alguma coisa), não das contribuições caridosas dos fiéis, mas do carinho insolente do ateísmo sabido e declarado, a manutenção da religião, medida pelo padrão do desprezo em que ela é tida; e com o propósito de tornar os que recebem esse estipêndio vis e sem valor aos olhos da humanidade.

Mas esse ato de tomada de propriedade, ao que parece, é um julgamento pela lei, e não um confisco. Eles, parece, descobriram nas academias do *Palais Royal*, e dos *Jacobins*, que certos homens não tinham direito algum às posses que detinham por lei, costume, decisões dos tribunais e a prescrição acumulada de mil anos. Eles dizem que eclesiásticos são pessoas fictícias, criaturas do Estado; os quais eles podem destruir à vontade e evidentemente limitar e modificar em cada particular; que os bens que possuem não são propriamente seus, mas pertencem ao Estado, que criou a ficção; e nós, portanto, não nos devemos incomodar com o que eles possam sofrer em seus sentimentos e pessoas naturais; por conta do que se fizer com elas nesse seu caráter construtivo. Que importância tem sob que nomes homens são prejudicados e privados dos justos e emolumentos de uma profissão na qual foi não só permitido, mas estimulado pelo Estado a nela entrar; e [126] sobre a suposta certeza de cujos emolumentos eles traçaram o plano de suas vidas, contraíram dívidas e levaram multidões a uma inteira dependência deles?

Não imagine, senhor, que vou prestar um cumprimento a essa miserável distinção de pessoas com mais alguma discussão. Os argumentos da tirania são tão desprezíveis quanto sua força é temível. Se os seus confiscadores não houvessem, por seus primeiros crimes, obtido um poder que garante imunidade a todos os crimes de que eles desde então foram culpados, ou que podem vir a cometer, não seria o silogismo do lógico, mas o látego do carrasco, que teria refutado uma sofística que se torna cúmplice de roubo e assassinato. Os tiranos sofistas de Paris alçam a voz em suas declamações contra os tiranos régios passados que, em épocas anteriores, atormentaram o mundo. Eles são assim arrojados porque estão a salvo das masmorras e jaulas de ferro de seus antigos senhores. Havemos de ser mais ternos com os tiranos de nosso próprio tempo quando os vemos efetuar piores tragédias sob nossos próprios olhos? Não usaremos a mesma liberdade que eles, quando podemos usá-la com a mesma segurança? Quando dizer a verdade honesta só exige um desprezo pelas opiniões daqueles cujas ações detestamos?

Essa afronta a todos os direitos de propriedade foi a princípio encoberta com o que, no sistema de sua conduta, foi o mais espantoso de todos os pretextos – uma consideração pela fé nacional. Os inimigos da propriedade a princípio fingiram uma ansiedade extremamente terna, delicada e escrupulosa por manter os compromissos do rei com o credor público. Esses professores dos direitos do homem estão tão ocupados em ensinar os outros que eles próprios não têm tempo para aprender alguma coisa; senão saberiam que é à propriedade do cidadão, e não às exigências do credor do Estado, que a palavra primeira e original da sociedade civil é empenhada. A reivindicação do cidadão é anterior no tempo, suprema no direito [127] e superior em equidade. As fortunas dos indivíduos, quer sejam possuídas por aquisição, ou por descendência, ou em virtude de uma participação nos bens de alguma comunidade, não eram parte da garantia do credor, expressa ou implícita. Elas nunca sequer passaram pela sua cabeça quando ele fez sua transação. Ele sabia bem que o público, quer representado por um monarca, quer por um senado, nada pode empenhar, senão a propriedade pública; e ele não pode ter nenhuma propriedade pública, exceto no que ela derive de uma imposição justa e proporcional feita aos cidadãos em geral. Isso foi comprometido, e nada mais poderia tê-lo sido, com o credor público. Ninguém pode hipotecar sua injustiça como um penhor de sua fidelidade.

É impossível evitar algumas observações sobre as contradições causadas pelo extremo rigor e o extremo relaxamento da nova fé pública que teve influência nessa transação, e isso não de acordo com a natureza da obrigação, mas com a categoria das pessoas a quem ela foi comprometida. Nenhuma lei do antigo governo dos reis da França é considerada válida na Assembleia Nacional, exceto seus compromissos pecuniários; leis de todos os outros, da mais ambígua legalidade. O resto das leis desse governo régio é considerado sob uma luz tão odiosa, que ter um direito sob sua autoridade é encarado como uma espécie de crime. Uma pensão dada como uma recompensa por serviços ao Estado é com certeza um direito de propriedade tão bom quanto qualquer penhor por dinheiro adiantado ao Estado. É melhor, até; pois dinheiro é pago, e bem pago, para obter esse serviço. Vimos, no entanto, multidões de pessoas sob essa categoria na França, que nunca foram privadas de seus subsídios pelos ministros mais arbitrários nas épocas mais arbitrárias, serem roubadas sem piedade por essa assembleia dos direitos do homem. Disseram-lhes, em resposta à sua reivindicação do pão que ganharam com seu sangue, que seus serviços não foram prestados ao país que agora existe.

[128] Esse relaxamento da fé pública não se limita a essas infortunadas pessoas. A assembleia (com perfeita coerência, deve-se reconhecer) está engajada em uma respeitável deliberação sobre até que ponto ela está obrigada pelos tratados feitos com outras nações sob o governo anterior, e seu Comitê deve informar quais eles deveriam ratificar, e quais não. Por esse meio, puseram a fidelidade externa desse estado virgem par a par com sua fidelidade interna.

Não é fácil conceber sobre que princípio racional o governo real não deveria, dos dois, preferivelmente ter possuído o poder de recompensar serviços, e de fazer tratados, em virtude de sua prerrogativa, em vez de empenhar a credores a renda do Estado, a real e a possível. O tesouro da nação, quem diria!, foi o menos concedido à prerrogativa do rei da França, ou à prerrogativa de qualquer rei na Europa. Hipotecar a renda pública implica domínio soberano, no mais completo sentido, sobre a bolsa pública. Vai muito além do encargo em confiança até mesmo de uma taxação ocasional e temporária. As leis, no entanto, desse poder perigoso (a marca distintiva de um despotismo sem limites) foram, somente elas, consideradas sagradas. De onde surgiu essa preferência dada por uma assembleia democrática a um corpo de propriedade que deriva seu direito do mais crítico e odioso de todos os exercícios da autoridade monárquica? A razão nada pode fornecer para reconciliar a inconsistência; nem pode o favor parcial ser explicado sobre princípios equitativos. Mas a contradição e parcialidade que não admitem justificativa não são, no entanto, sem uma causa adequada; e essa causa não acho difícil de descobrir.

Pela vasta dívida da França cresceu insensivelmente um grande interesse pecuniário, e com ele um grande poder. Pelos usos antigos que prevaleciam nesse reino, a circulação de propriedades, e em particular a mútua conversibilidade [129] de terra em dinheiro, e de dinheiro em terra, sempre foi objeto de dificuldade. Assentamentos de famílias, bastante mais gerais e mais estritos do que são na Inglaterra; o *jus retractus*; a grande massa de propriedade fundiária possuída pela coroa e, por uma máxima da lei francesa, possuída inalienavelmente; as vastas propriedades das corporações eclesiásticas; tudo isso manteve os interesses fundiários e pecuniários mais separados na França, menos miscíveis, e os donos das duas espécies distintas de propriedade não tão bem dispostos um para com o outro como são neste país.

A propriedade pecuniária era há muito tempo encarada com bastante olho grande pelo povo. Ele a via ligada a suas aflições, e agravando-as. Era não menos invejada pelos interesses fundiários, em parte pelos mesmos motivos que a tornavam detestável para o povo, mas muito mais ainda, uma vez que ela eclipsava, pelo esplendor de um luxo de ostentação, as linhagens não dotadas e os direitos e títulos não corroborados de diversos entre a nobreza.

Mesmo quando a nobreza, que representava o interesse fundiário mais permanente, unia-se por casamento (o que às vezes era o caso) com a outra categoria, achava-se que a riqueza que salvava a família da ruína a contaminava e degradava. Assim, as inimizades e azedumes dessas duas partes eram aumentadas até mesmo pelos meios habituais com que se faz uma discórdia cessar e brigas são transformadas em amizade. Nesse meio-tempo, o orgulho dos homens ricos, não nobres ou recém-enobrecidos, aumentava com sua causa. Sentiam com ressentimento uma inferioridade cujos motivos eles não reconheciam. Não havia medida a que eles não estivessem dispostos a se prestar, a fim de vingar-se das afrontas desse orgulho rival, e de elevar sua riqueza ao que eles consideravam sua posição e estima naturais. Eles atacavam a nobreza por meio da coroa e da Igreja. Atacavam-na particularmente pelo lado em que a achavam mais vulnerável [130], isto é, as possessões da Igreja que, em virtude do patronato da coroa, geralmente passavam para a nobreza. Os episcopados e as grandes abadias comendatórias eram, com poucas exceções, possuídos nessa ordem.

Nesse estado de guerra real, embora nem sempre percebida, entre o antigo interesse da nobreza latifundiária e o novo interesse pecuniário, a maior força, maior porque a mais aplicável, estava nas mãos desse último. O interesse pecuniário é, em sua natureza, mais pronto a qualquer aventura; e seus possuidores, mais dispostos a novos empreendimentos de qualquer tipo. Sendo de uma recente aquisição, ele aquiesce mais naturalmente a quaisquer novidades. É, portanto, o tipo de riqueza a que recorrerão todos os que desejam mudanças.

Ao lado do interesse pecuniário, uma nova categoria de homens havia crescido, com a qual esse interesse logo formou uma estreita e marcante união; refiro-me aos políticos Homens de Letras. Homens de Letras, chegados a se destacar, raramente são avessos a inovações. Desde o declínio da vida e grandeza de Luís XIV, não foram muito cultivados, ou por ele, ou pelo regente, ou pelos sucessores à coroa; nem estavam comprometidos com a corte, por favores e emolumentos, tão sistematicamente quanto durante o período esplêndido daquele reino ostentoso e não impolítico. O que perderam da antiga proteção da corte, esforçaram-se por compensar entrando para uma espécie de incorporação só deles; para a qual as duas academias da França, e depois o vasto empreendimento da *Encyclopaedia*, levado avante por uma sociedade desses senhores, contribuíram não pouco.

A cabala literária, alguns anos antes, formara algo como um plano regular para a destruição da religião cristã. Buscaram esse objetivo com um grau de zelo que até então só havia sido descoberto nos propagadores de algum sistema de piedade. Estavam possuídos por um espírito [131] de proselitismo no mais fanático grau; e a partir daí, por um progresso fácil, com o espírito de persecução mais de acordo com seus meios.[b] O que não era para ser feito rumo a seu grande fim por algum ato direto ou imediato poderia ser conseguido em virtude de um processo mais longo por meio da opinião. Para ter voz de comando sobre essa opinião, o primeiro passo é estabelecer um domínio sobre os que a dirigem.

[b. Isso, até o final da primeira sentença do próximo parágrafo, e algumas outras partes aqui e ali, foi inserido quando de sua leitura do manuscrito por meu filho que perdi.]

Eles tramaram para se apossar, com grande método e perseverança, de todos os caminhos para a fama literária. Muitos deles, de fato, chegaram bem alto nas fileiras da literatura e da ciência. O mundo lhes fizera justiça; e, em favor de talentos gerais, perdoou a tendência má de seus princípios peculiares. Isso era verdadeira liberalidade, que eles retribuíram esforçando-se para limitar a reputação de senso, saber e gosto a si mesmos ou seus seguidores. Aventuro-me a dizer que esse espírito estreito, exclusivo, não foi menos prejudicial à literatura e ao gosto do que à moral e à verdadeira filosofia. Esses padres ateus têm seu próprio fanatismo; e aprenderam a falar contra monges com o espírito de um monge. Mas em algumas coisas são homens do mundo. Os recursos da intriga são convocados para suprir as falhas de argumento e agudeza de espírito. A esse sistema de monopólio literário juntou-se uma infatigável operosidade para obscurecer e desacreditar em todos os modos, e por todos os meios, todos que não aderiam à sua facção. Para os que observavam o espírito de sua conduta, há muito ficara claro que nada era desejado, senão o poder de levar a intolerância da língua e da pena a uma perseguição que atacaria a propriedade, a liberdade e a vida.

A perseguição confusa e opressiva movida contra eles, mais por submissão a forma e decência do que com ressentimento sério, nem lhes enfraqueceu as forças, nem [132] relaxou seus esforços. A questão toda era que, com oposição, e ainda mais com sucesso, um zelo violento e maligno, de um tipo até então desconhecido no mundo, tomara posse total de suas mentes, tornando toda a sua conversação, que de outro modo seria agradável e instrutiva, perfeitamente repulsiva. Um espírito de cabala, intriga e proselitismo permeava todos os seus pensamentos, palavras e ações. E, como um zelo controverso logo põe seus pensamentos em vigor e em ação, começaram a se insinuar em uma correspondência com príncipes estrangeiros: na esperança, por meio de sua autoridade, com que a princípio se iludiam, de que conseguissem provocar as mudanças que tinham em vista. Para eles era indiferente se essas mudanças tivessem de ser efetuadas pelo relâmpago trovejante do despotismo ou pelo terremoto da comoção popular. A correspondência entre essa cabala e o falecido rei da Prússia lança bastante luz sobre o espírito de toda a sua maneira de proceder.* Pelos mesmos propósitos pelos quais eles fizeram intrigas com príncipes, cultivaram, de maneira destacada, o interesse pecuniário francês; e em parte através de meios fornecidos por aqueles cujos ofícios peculiares davam-lhes os mais seguros e extensos meios de comunicação, eles ocuparam cuidadosamente todos os caminhos para a opinião.

Escritores, especialmente quando agem em conjunto, e com uma direção, têm grande influência sobre a mente do público; portanto, a aliança desses escritores com o interesse pecuniário[c] surtiu bastante efeito em eliminar o ódio e inveja populares que acompanhavam essa espécie de riqueza. Esses escritores, como os propagadores de todas as novidades, fingiam um grande zelo pelos pobres e pelas ordens inferiores, enquanto em suas sátiras tornavam odiosos, por meio de todo exagero, os erros dos tribunais, da nobreza e do clero. Transformaram-se numa espécie de demago-

* Prefiro não chocar o sentimento moral do leitor com alguma citação de sua linguagem vulgar, baixa e blasfema.

[c. Sua ligação com Turgot e quase todo o pessoal das finanças.]

gos. [133] Serviram como um laço para unir, em favor de um objetivo, uma riqueza odiosa a uma pobreza descontente e desesperada.

Conforme esses dois tipos de homens surgem como líderes principais em todas as recentes transações, a junção deles e sua política servirão para explicar, não por quaisquer princípios de lei ou de política, mas como uma *causa*, a fúria geral com que todos os proprietários rurais de corporações eclesiásticas foram atacados; e o grande cuidado que, contrariamente a seus pretensos princípios, foi tomado com um interesse pecuniário originário da autoridade da coroa. Todo o despeito contra a riqueza e o poder foi artificialmente dirigido contra outras categorias de riqueza. Por que outro princípio, senão aquele que declarei, podemos explicar um fenômeno tão extraordinário e antinatural quanto o das posses eclesiásticas, que aguentaram tantas sucessões de épocas e choques de violências civis e foram a um só tempo guardadas pela justiça e pelo preconceito, sendo aplicadas para o pagamento de dívidas, comparativamente recentes, odiosas e contratadas por um governo desacreditado e subvertido?

Eram os bens públicos caução suficiente para a dívida pública? Suponha que não fossem, e que se *devia* incorrer em uma perda em alguma parte – quando a única propriedade legalmente possuída, e que as partes contratantes tinham em mente na ocasião em que seu negócio foi feito, vem a ser insuficiente, quais as partes, de acordo com os princípios da equidade natural e legal, deveriam ser prejudicadas? Certamente deveria ser ou a parte que confiou, ou a parte que a convenceu a confiar; ou ambas; e não terceiros, que nada tinham a ver com a transação. No caso de alguma insolvência, deveriam sofrer o prejuízo os que foram fracos o suficiente para emprestar mediante uma má garantia ou os que fraudulentamente ofereceram uma garantia que não era válida. As leis não estão inteiradas de quaisquer outras regras de decisão. Mas, pelo novo instituto dos direitos do homem, as [134] únicas pessoas que em equidade deveriam sofrer o prejuízo são as únicas pessoas que devem ser salvas ilesas: devem responder pela dívida os que não foram emprestadores nem tomadores, devedores ou credores hipotecários.

O que tinha o clero a ver com essas transações? O que tinham eles a ver com qualquer compromisso público além da medida de suas próprias dívidas? Com estas, é lógico, suas propriedades estavam comprometidas até o último acre. Nada pode levar melhor ao verdadeiro espírito da assembleia, que se reúne para confisco público, com sua nova equidade e sua nova moralidade, do que uma atenção a suas ações com respeito a essa dívida do clero. O corpo de confiscadores, fiel àquele interesse pecuniário pelo bem do qual era falso a qualquer outro, achou o clero qualificado a incorrer em uma dívida legal. É claro que declararam o clero com direito legal à propriedade que sua possibilidade de incorrer em dívida e de hipotecar as propriedades implicava, reconhecendo os direitos desses cidadãos perseguidos, no ato mesmo em que esses direitos eram crassamente violados.

Se, como eu disse, alguém deve compensar insuficiências com o credor público, além do público em geral, devem ser aqueles que conduziram o acordo. Por que, portanto, não são confiscadas as propriedades de todos os controladores gerais?[d] Por que não os

[d. Todas foram, por sua vez, confiscadas.]

da longa sucessão de ministros, financistas e banqueiros, que enriqueceram, enquanto a nação empobrecia por causa dos negócios e dos conselhos deles? Por que não é confiscada a propriedade do Sr. Laborde, em vez da do arcebispo de Paris, que nada teve a ver na criação ou na especulação dos fundos públicos? Ou, se se devem confiscar propriedades rurais antigas, em favor dos especuladores financeiros, por que a penalidade se limita a uma categoria? Não sei se restou das despesas do duque de Choiseul alguma coisa das somas infinitas que ele extraiu da prodigalidade de seu amo e senhor, durante as transações de um [135] reinado que contribuiu largamente, por todos os tipos de liberdade, na guerra e na paz, para a atual dívida da França. Se resta alguma coisa, por que não é confiscada? Lembro-me de ter estado em Paris durante a época do velho governo. Estive lá logo depois que o duque d'Aiguillon foi arrancado (como geralmente se achava) do cepo do carrasco pela mão de um despotismo protetor. Ele era um ministro, e teve alguma participação nos negócios daquele período pródigo. Por que não vejo sua propriedade entregue às municipalidades em que se situa? Os membros da nobre família de Noailles foram durante longo tempo servidores (servidores meritórios, admito) da coroa da França e tiveram, é lógico, alguma parte em seus favores. Por que nada ouço dizer da aplicação de suas propriedades à dívida pública? Por que a propriedade do duque de Rochefoucauld é mais sagrada do que a do cardeal de Rochefoucauld? Não duvido que o primeiro seja uma pessoa digna; e (se não fosse uma espécie de blasfêmia falar do uso como afetando o direito à propriedade) ele faz bom uso de suas vendas; mas não é desrespeito para com ele dizer, o que informação autêntica bem me autoriza a dizer, que o uso feito de uma propriedade igualmente válida, por seu irmão,[e] o cardeal arcebispo de Rouen, foi muito mais louvável e de maior espírito público. Pode-se saber da proscrição dessas pessoas e do confisco de seus bens, sem indignação e horror? Não é um homem quem não sente essas emoções em tais ocasiões. Não merece o nome de homem livre quem não as expressar.

Poucos conquistadores bárbaros jamais fizeram uma revolução tão terrível na propriedade. Nenhum dos cabeças das facções romanas, quando instituíram "*crudelem illam hastam*" em todos os seus leilões de rapina, algum dia puseram à venda os [136] bens do cidadão conquistado em volume tão enorme. Há de se convir, em favor desses tiranos da antiguidade, que o que foi feito por eles dificilmente pode-se dizer ter sido feito a sangue-frio. Suas paixões eram inflamadas, seus ânimos azedados, seus entendimentos confundidos, pelo espírito de vingança, com as inúmeras e recentes imposições e retaliações de sangue e rapina. Eram impelidos além de todos os limites de moderação pela apreensão do retorno ao poder com o retorno da propriedade às famílias dos que eles prejudicaram além de qualquer esperança de perdão.

Esses confiscadores romanos, que estavam apenas na escola primária da tirania e não foram instruídos nos direitos do homem a exercer todos os tipos de crueldades uns sobre os outros, sem provocação, acharam necessário espalhar um pouco de colorido sobre sua injustiça. Consideraram a parte vencida como composta de

[e. Não seu irmão, nem parente próximo; mas esse erro não afeta o argumento.]

traidores que haviam portado armas, ou de outros modos agido com hostilidade contra a nação. Eles os encaravam como pessoas que haviam perdido o direito a suas propriedades por seus crimes. Entre os senhores, em seu melhorado estado da mente humana, não houve essa formalidade. Os senhores se apoderaram de cinco milhões de esterlinas de renda anual e arrancaram quarenta ou cinquenta mil pessoas de suas casas, porque "essa foi a sua vontade". O tirano Henrique VIII da Inglaterra, como não era mais esclarecido do que os romanos Mário e Sila, e não estudou nas novas escolas dos senhores, não sabia que instrumento eficaz de despotismo poderia ser encontrado nesse grande armazém de armas ofensivas, os direitos do homem. Quando resolveu roubar as abadias, como o clube dos Jacobinos roubou todos os eclesiásticos, começou estabelecendo uma comissão para investigar os crimes e abusos que prevaleciam nessas comunidades. Como se poderia esperar, sua comissão relatou verdades, exageros e falsidades. Mas, verdadeira ou [137] falsamente, ela relatou abusos e transgressões. No entanto, como abusos podem ser corrigidos, como todo crime de pessoas não implica um confisco com respeito a comunidades, e como propriedade, naquela era sombria, ainda não se descobrira ser uma criatura do preconceito, todos esses abusos (e havia bastante deles) não foram considerados motivo suficiente para esse confisco, como tinha ele o propósito de fazer. Ele, portanto, obteve a rendição formal dessas propriedades. Todos esses trabalhos operosos foram adotados por um dos mais decididos tiranos nos anais da história, como preliminares necessárias, antes de lograr aventurar-se, subornando os membros de suas duas câmaras servis com uma parte do espólio e prometendo-lhes uma eterna imunidade de taxação, a exigir uma confirmação de suas ações iníquas por uma lei do parlamento. Se o destino o houvesse reservado para nossa época, quatro termos técnicos teriam feito o serviço para ele, e lhe teriam poupado todo esse incômodo; ele precisava de nada mais do que uma breve fórmula de magia e sortilégio – *"Filosofia, Luz, Liberalidade, os Direitos do Homem"*.

Nada posso dizer em louvor desses atos de tirania, que até agora voz nenhuma encomiou sob qualquer de suas falsas cores; e, no entanto, nessas falsas cores o despotismo prestava uma homenagem à justiça. O poder que estava acima de todo medo e qualquer remorso não fora colocado acima de toda vergonha. Enquanto a Vergonha se mantém de vigia, a Virtude não se extinguiu totalmente no coração; nem a Moderação foi exilada por completo das mentes dos tiranos.

Acredito que todo homem honesto se solidariza em suas reflexões com nosso poeta político nessa ocasião, e orará para que se afaste o augúrio sempre que esses atos de despotismo voraz se apresentarem à sua vista ou à sua imaginação:

> ______________ Que tamanha tormenta
> Não caia sobre nosso tempo, em que a ruína serve de emenda.
> Diz-me (minha musa) que monstruosa, horrível ofensa,
> Que crimes algum rei cristão como num altar incensa
> A tamanho furor? Foi luxúria ou foi luxo?
> [138] Era *ele* tão temperado, tão casto, tão justo?
> Foram estes os crimes deles? Eles foram dele próprio, e o mais que sobre;
> Mas riqueza é crime bastante para quem é pobre.*

---

*O resto da passagem é o seguinte:

Quem, tendo os tesouros de sua coroa desperdiçado,
Condena-se pelos seus luxos a ser ele próprio alimentado.

Essa mesma riqueza, que em todas as épocas é traição e *lese nation* a um despotismo indigente e voraz, sob todos os modos de organização política, foi a tentação dos senhores de violar propriedade,

---

E no entanto este ato, para dar um verniz à compunção
Do sacrilégio, deve levar o nome de Devoção.
Crime nenhum seria tão impudente
Que não se achasse ser um bem real, ou ao menos aparente,
Ele não teme fazer mal, mas teme quando assim se o chama;
E, livre da consciência, é só um escravo da fama.
E a igreja é ao mesmo tempo por ele protegida e saqueada
E dos príncipes, mais do que o estilo, é afiada a espada.
E assim às eras passadas ele dá reparação,
Destrói-lhes a caridade, e defende-lhes a devoção.
Então a religião em uma cela ociosa vivia
Em contemplação aérea e vazia;
E, como o cepo do carrasco, imóvel ficava; mas a nossa, agora,
Sendo por demais ativa, como a cegonha devora.
Não se pode conhecer uma região temperada,
Entre a nossa zona tórrida e a deles, gelada?
Não podemos acordar desse letárgico torpor,
Senão para nos vermos inquietos em um pior rigor?
E para essa letargia não haverá cura,
Senão ser lançado na quentura?
O conhecimento não pode ter limite, e ir tão longe que nos leve à circunstância
De nos fazer aspirar à ignorância?
Não é melhor tatear o caminho à noite, sem guia,
Do que, levado por um guia falso, extraviar-se de dia?
Quem não perguntaria, vendo essa triste devastação,
Que invasor bárbaro saqueou nossa região?
Mas, quando souber que o autor dessa desolação
Não foi godo, nem turco, mas um rei cristão;
Quando nada, senão o nome de zelo
Aparece entre nossas melhores ações e as piores deles,
O que ele acha que nosso sacrilégio pouparia,
Quando tal efeito nossa devoção teria?

COOPER'S HILL, de Sir JOHN DENHAM

lei e religião, unidas em um único objeto. Mas o Estado da França estava tão desgraçado e destruído que para preservar sua existência não restava outro recurso senão a rapina? Sobre esse ponto, eu gostaria de [139] receber algumas informações. Quando os Estados se reuniram, a condição das finanças da França era tal que, após economizar em princípios de justiça e misericórdia em todos os departamentos, nenhuma distribuição justa de cargas teria a possibilidade de restaurá-las? Se essa imposição equitativa fosse suficiente, sabe que poderia facilmente ter sido feita. O Sr. Necker, no orçamento que apresentou às Ordens reunidas em Versalhes, fez uma exposição detalhada da situação da nação francesa.*

Se lhe dermos crédito, não era necessário recorrer a quaisquer novas imposições que fossem, para deixar as receitas da França equilibradas com suas despesas. Ele declarou os encargos permanentes de todas as categorias, incluindo os juros de um novo empréstimo de quatro milhões, em 531.444.000 *livres*; a renda fixa em 475.294.00, fazendo o déficit ser de 56.150.000, ou quase 2.200.000 esterlinas. Mas, para equilibrá-lo, ele apresentou poupança e aumentos de receita (considerados como inteiramente certos) de bem mais do que o total desse déficit; e conclui com estas palavras enfáticas (p. 39): "Quel pays, Messieurs, que celui, ou, *sans impôts* et avec de simples objêts *inapperçus*, on peut faire disparoître un deficit qui a fait tant de bruit en Europe." Quanto ao reembolso, o abatimento da dívida e os outros grandes objetivos de crédito público e acordo político indicados no discurso do Sr.

* Rapport de Mons. le Directeur-général des finances, fait par ordre du Roi à Versailles. Mai 5, 1789.

Necker, sem dúvida poderiam ser levados em consideração, mas uma taxação muito moderada e proporcional sobre os cidadãos sem distinção teria acudido a todos eles na mais plena medida de sua necessidade.

Se essa exposição do Mons. Necker era falsa, então a Assembleia é culpada no grau mais elevado por ter forçado o rei a aceitar como seu ministro, e depois da deposição do rei [140], por ter empregado como ministro *deles*, um homem que foi capaz de abusar tão notoriamente da confiança de seu senhor, e da deles próprios; e também em um assunto da mais alta importância, e diretamente pertinente à sua função particular. Mas, se a exposição foi exata (como, tendo sempre, tal como os senhores, concebido um alto grau de respeito pelo Sr. Necker, não tenho dúvida de que foi), então o que se pode dizer em favor dos que, em vez de uma contribuição moderada, razoável e geral, a sangue-frio, e sem nenhuma necessidade que os impelisse, recorreram a um confisco parcial e cruel?

Essa contribuição foi recusada sob um pretexto de privilégio, ou por parte do clero, ou por parte da nobreza? Certamente não. Quanto aos do clero, eles até se anteciparam aos desejos da terceira ordem. Antes da reunião dos Estados, eles em todas as suas instruções orientaram expressamente seus deputados a renunciar a qualquer imunidade que os pusesse em uma posição distinta da de seus concidadãos. Nessa renúncia, o clero foi ainda mais explícito do que a nobreza.

Mas suponhamos que o déficit tenha permanecido nos 56 milhões (ou 2.200.000 esterlinas), como a princípio declarado pelo Sr. Necker. Vamos admitir que todos os recursos que ele opôs a esse déficit fossem ficções imprudentes e infundadas; e que a assembleia (ou seus lords dos artigos* nos Jacobinos) estivesse a partir disso justificada em depositar toda a carga do déficit sobre o clero – mesmo admitindo tudo isso, uma necessidade de 2.200.000 esterlinas não justifica um confisco no total de cinco milhões. A imposição dos 2.200.000 ao clero, por parcial, teria sido opressiva e injusta, mas não teria sido totalmente [141] ruinosa para aqueles a quem essa imposição foi feita; e não teria, portanto, atendido ao verdadeiro propósito de seus gerentes.

Talvez pessoas não familiarizadas com o Estado francês, ao ouvir dizer que o clero e a nobreza eram privilegiados em questão de taxação, possam ser levadas a imaginar que antes da revolução esses corpos em nada haviam contribuído para o Estado. Isso é um grande equívoco. Eles certamente não contribuíram em pé de igualdade, nem nenhum deles em igualdade com a plebe. Ambos, no entanto, contribuíram amplamente. Nem a nobreza nem o clero desfrutaram de qualquer isenção do imposto sobre o consumo, das taxas alfandegárias, ou de qualquer das outras inúmeras imposições *indiretas*, que na França, bem como aqui, constituem uma proporção tão ampla de todos os pagamentos ao público. A nobreza pagava o imposto por cabeça (capitação). Pagava também um imposto territorial, chamado o vigésimo centavo, ao nível às vezes de três, às vezes de quatro xelins por libra; ambos imposições *diretas*, de natureza nada leve, e de produto nada trivial. O clero das províncias anexadas por conquista à França, que em extensão constituem cerca de uma oitava parte do todo, mas em riqueza uma

* Na constituição da Escócia durante os reinados dos Stuarts, um comitê se reunia para preparar projetos de lei; e nenhuma podia passar, senão as previamente aprovadas por eles. Esse comitê era chamado de os lords dos artigos.

proporção muito maior, pagava igualmente a capitação e o vigésimo centavo, à taxa paga pela nobreza. O clero das velhas províncias não pagava a capitação; mas se tinha redimido ao custo de cerca de 24 milhões, ou pouco mais de um milhão de esterlinas. Estava isento dos vigésimos; mas, aí, fazia doações; contraía dívidas pelo Estado; e estava sujeito a outras cobranças, o todo calculado em cerca de um treze avos de sua renda líquida. Ele deve ter pago anualmente cerca de quarenta mil libras mais, para se igualar à contribuição da nobreza.

Quando os terrores dessa tremenda proscrição abateram-se sobre ele, o clero fez, por meio do arcebispo de Aix, a oferta de uma contribuição que, por sua extravagância, deve [142] não ter sido aceita. Mas era evidente e obviamente mais vantajosa para o credor público do que qualquer coisa que pudesse ser racionalmente prometida pelo confisco. Por que não foi aceita? O motivo é claro – não se desejava que a Igreja viesse servir ao Estado. O serviço do Estado foi transformado em um pretexto para destruir a Igreja. No sentido de destruir a Igreja, eles não teriam escrúpulos em destruir seu país: e eles o destruíram. Uma grande finalidade do projeto teria ficado frustrada se o plano de extorsão tivesse sido adotado em lugar do esquema de confisco. O novo interesse fundiário ligado à nova república, e ligado a ela por seu próprio ser e existência, não poderia ter sido criado. Esse foi um dos motivos pelos quais aquele resgate extravagante não foi aceito.

A loucura do projeto de confisco, no plano que a princípio se pretendia, logo ficou evidente. Botar no mercado de uma só vez essa massa volumosa e pesada de propriedades fundiárias, ampliada pelo confisco de todo o vasto domínio fundiário da coroa, era obviamente frustrar os lucros propostos pelo confisco, depreciando o valor dessas terras, e de fato o de todas as propriedades fundiárias através da França. Esse súbito desvio de todo o seu meio circulante do comércio para a terra deve ser um dano adicional. Que medida foi tomada? A assembleia, conscientizando-se dos efeitos daninhos inevitáveis de sua projetada venda, voltou às ofertas do clero? Nenhuma aflição poderia obrigá-los a seguir em um rumo desfavorecido por qualquer aparência de justiça. Desistindo de todas as esperanças de uma venda geral imediata, um outro projeto parece ter-se imposto. Eles propuseram comprar ações em troca das terras da Igreja. Nesse projeto, surgiram grandes dificuldades em fazer a equiparação do que viria a ser trocado. Outros obstáculos também se apresentaram, que [143] os levaram de volta a algum projeto de venda. As municipalidades ficaram alarmadas. Não queriam ouvir falar de transferir toda a pilhagem do reino para os acionistas em Paris. Muitas dessas municipalidades haviam sido sistematicamente reduzidas à mais deplorável indigência. Não se via dinheiro em lugar algum. Foram então levados ao ponto que era tão ardentemente desejado. Ansiavam por um meio circulante de qualquer tipo que conseguisse fazer reviver sua indústria que perecia. As municipalidades então deveriam ter direito a uma parte do butim, o que evidentemente tornava o primeiro projeto, se é que ele alguma vez foi levado a sério, totalmente impraticável. As exigências públicas pressionavam de todos os lados. O ministro das finanças reiterou seu apelo por uma provisão de suprimento com voz extremamente urgente, ansiosa e agourenta. Assim pressionados de todos os lados, em vez do primeiro plano, de transformar seus banqueiros em bispos e abades, em vez de pagar a dívida velha, contraíram uma nova dívida, a três por cento, criando um novo papel-moeda, com base em uma eventual venda das terras da Igreja. Emitiram esse papel-moeda para satisfazer em primeira instância principalmente as exigências feitas a eles pelo *Banco de descontos*, a grande máquina ou fábrica de papel, de sua riqueza fictícia.

O espólio da Igreja agora tornara-se o único recurso de todas as suas operações financeiras; o princípio vital de toda a sua política; a única garantia para a existência de seu poder. Era necessário por todos os meios, mesmo os mais violentos, pôr todos os indivíduos no mesmo barco e comprometer a nação em um interesse culposo a apoiar essa ação e a autoridade daqueles pelos quais ela era feita. A fim de forçar os mais relutantes a uma participação em sua pilhagem, tornaram seu papel-moeda compulsório em todos os pagamentos. Quem considera a tendência geral dos planos deles a esse único objetivo como um centro, e um centro a partir do qual vão irradiar todas as suas medidas, não [144] achará que me alongo demais nessa parte dos trabalhos da Assembleia Nacional.

Para eliminar qualquer aparência de conexão entre a coroa e a justiça pública, e para levar o todo a uma obediência implícita aos ditadores de Paris, a velha e independente magistratura dos parlamentos, com todos os seus méritos e seus defeitos, foi totalmente abolida. Embora os parlamentos existissem, era evidente que o povo poderia, em um outro momento, vir a recorrer a eles, e arregimentar-se sob o estandarte de suas antigas leis. Tornou-se, entretanto, objeto de consideração que os magistrados e altos funcionários, dos tribunais agora abolidos, *haviam comprado seus postos* a uma taxa muito alta, pela qual, bem como pelos deveres que desempenhavam, receberam apenas um rendimento muito minguado. Simples confisco é um privilégio apenas para o clero; para os advogados, devem ser observadas algumas aparências; e eles devem receber compensação em um imenso volume. A compensação deles torna-se parte da dívida nacional, para cuja liquidação existe o tal fundo inesgotável. Os advogados devem receber sua compensação no novo papel-moeda da Igreja, que deverá ser posto em marcha com os novos princípios de magistratura e legislatura. Os magistrados demitidos devem repartir sua quota de martírio com os eclesiásticos, ou receber seus próprios bens do tal fundo e de maneira tal que todos os que foram temperados nos antigos princípios de jurisprudência e foram os guardiães declarados da propriedade devem encarar com horror. Até o clero deve receber seu mísero subsídio no depreciado papel-moeda que é estampado com a marca indelével do sacrilégio e com os símbolos de sua própria ruína, ou então morrer de fome. Afronta tão violenta ao crédito, à propriedade e à liberdade quanto esse papel-moeda compulsório raramente foi exibida pela aliança de falência e tirania, em qualquer época, ou em qualquer nação.

[145] No curso de todas essas operações, aos poucos vem à luz o grande *arcanum*; que na realidade, e num justo sentido, as terras da igreja, na medida em que algo de certo pode ser inferido de seus trabalhos, não devem, de todo, ser vendidas. Pelas recentes resoluções da Assembleia Nacional, elas de fato devem ser entregues a quem fizer o lance mais alto. Mas deve ser observado que *apenas uma certa porção do dinheiro da aquisição deve ser paga*. Deve ser dado um período de doze anos para o pagamento do restante. Os compradores filosóficos devem, portanto, mediante o pagamento de uma

espécie de luvas, ser postos instantaneamente em posse da propriedade. Isso se torna, em certos respeitos, uma espécie de presente para eles; a ser recebido, como a posse feudal, por zelo pelo novo sistema. Esse projeto visa evidentemente admitir uma massa de compradores sem dinheiro. A consequência será que esses compradores, ou mais exatamente concessionários, pagarão não só com os aluguéis que lhes reverterão, e que poderiam igualmente ser recebidos pelo Estado, mas também com o provento dos materiais dos prédios, da devastação de florestas e com qualquer dinheiro que, por mãos habituadas a infligir os apertos da usura, eles possam arrancar do infeliz do camponês. Este deve ser entregue ao critério mercenário e arbitrário de homens que serão estimulados a todas as espécies de extorsão pelas crescentes exigências feitas aos crescentes lucros de uma propriedade mantida sob a precária determinação de um novo sistema político.

Ao mesmo tempo que todas as trapaças, imposturas, violências, rapinas, incêndios, assassinatos, confiscos, papéis-moeda compulsórios e todas as categorias de tirania e crueldade empregadas para promover e apoiar essa resolução exercem seu efeito natural, isto é, chocar os sentimentos morais de todas as mentes sóbrias e virtuosas, todos os instigadores desse sistema filosófico puxam pela garganta em uma arenga contra o velho governo monárquico da França. Ao mesmo tempo que deixam esse poder deposto suficientemente negro, eles [146] prosseguem com a argumentação, como se todos que desaprovam seus novos abusos devam ser evidentemente partidários dos velhos; todos que reprovam seus projetos crus e violentos de liberdade devam ser tratados como defensores da servidão. Admito que suas necessidades de fato os obriguem a essa trapaça baixa e desprezível. Nada pode reconciliar os homens com seus projetos e procedimentos, senão a suposição de que não há terceira opção entre eles, e alguma tirania tão odiosa quanto puder ser fornecida pelos registros da história ou pela invenção dos poetas. A conversa fiada deles não merece o nome de sofística. Nada é além de simples impudência. Será que esses senhores nunca ouviram falar, em todo o círculo dos mundos da terra e da prática, de alguma coisa entre o despotismo do monarca e o despotismo da multidão? Nunca ouviram falar de uma monarquia dirigida por leis, controlada e equilibrada pela grande riqueza hereditária e dignidade hereditária de uma nação; e, mais uma vez, ambas regidas por um controle judicioso da razão e do sentimento do povo em geral, agindo por meio de um órgão adequado e permanente? É então impossível que se consiga achar um homem que, sem má intenção criminosa, ou lamentável absurdo, preferirá esse governo misto e moderado a qualquer dos extremos; e que consiga refutar como privada de qualquer sabedoria e de qualquer virtude a nação que, tendo à sua escolha obter esse governo com tranquilidade, *ou então confirmá-lo quando efetivamente possuído*, achou adequado cometer mil crimes, e sujeitar seu país a mil males, a fim de evitá-lo? É então uma verdade tão universalmente conhecida que uma democracia pura é a única forma tolerável a que a sociedade humana se pode lançar, que não se permite a um homem hesitar sobre seus méritos, sem a suspeita de ser amigo da tirania, isto é, de ser um inimigo da humanidade?

Não sei sob que categoria classificar a atual autoridade governante da França. Ela gosta de se fazer passar por pura democracia

[147], embora eu a ache em uma via direta de tornar-se brevemente uma oligarquia daninha e ignóbil. Mas no momento admito que ela seja uma invenção da natureza e efeito daquilo a que se pretende. Não reprovo nenhuma forma de governo meramente sobre princípios abstratos. Pode haver situações nas quais a forma puramente democrática se tornará necessária. Pode haver outras (muito poucas e muito particularmente circunstanciadas) em que ela seria claramente desejável. Não creio ser esse o caso da França ou de qualquer outro grande país. Até agora, não vimos exemplos de democracias consideráveis. Os antigos eram mais familiarizados com elas. Não sendo totalmente ignorante dos autores, que viram a maior parte dessas constituições, e que melhor as entenderam, não posso evitar concordar com a opinião deles, de que uma democracia absoluta, não mais do que a monarquia absoluta, deva ser contada entre as formas legítimas de governo. Eles a acham mais exatamente a corrupção e a degeneração do que a sólida constituição de uma república. Se me recordo corretamente, Aristóteles observa que uma democracia tem muitos pontos notáveis de semelhança com uma tirania.* Disso tenho certeza, de que em uma

* Quando escrevi isto, citei de memória, após muitos anos se terem passado desde que li a passagem. Um amigo muito culto a encontrou e é o seguinte: Τὸ ἦθος τὸ αὐτὸ, καὶ ἄμΦω δεσποτικὰ των βελτιόνων, καὶ τὰ ψηΦἰσματα, ὥσπερ ἐκεῖ τὰ ἐπιτάγματα· καὶ ο δημαγωγὸς καὶ ο κόλαξ, οι αὐτοὶ καὶ ανάλουον καὶ μάλιστα ἑκάτεροι παρ᾽ ἑκατέροις ἰσχύουσιν, οι μὲν κόλακες παρὰ τυράννοις, οι δὲ δημαγωγοὶ παρὰ τοις δήμοις τοις τοιούτοις. "O caráter ético é o mesmo; ambas exercem despotismo sobre a melhor classe de cidadãos; e decretos são em uma o que ordens, imposições e detenções são na outra: o demagogo também, e o favorito da corte, são com frequência o mesmo e idêntico homem, e sempre guardam uma estreita analogia; e eles têm o poder principal, cada qual em suas respectivas formas de governo, favoritos com o monarca absoluto, e demagogos com um povo como o que descrevi." Arist. *Polític.* liv. iv. cap. 4.

democracia a maioria dos cidadãos é capaz de exercer as mais cruéis opressões sobre a minoria, sempre que fortes divisões prevalecem nesse tipo de organização política, como com eles é frequentemente o caso; e [148] essa opressão da minoria se estenderá por números muito maiores, e será efetuada com muito maior fúria do que quase sempre pode ser temida sob o domínio de um único cetro. Nessa perseguição popular, os sofredores individuais encontram-se em uma condição muito mais deplorável do que em qualquer outro tipo. Sob um príncipe cruel, eles têm o bálsamo da compaixão humana para aliviar a ardência de suas feridas; eles têm os aplausos do povo para animar sua generosa constância sob seus sofrimentos: mas os que ficam sujeitos à injustiça sob multidões ficam privados de qualquer consolação externa. Parecem abandonados pela humanidade, subjugados por uma conspiração de toda a sua espécie.

Mas, admitindo que a democracia não tem essa tendência inevitável à tirania de partido, que suponho que tenha, e admitindo que ela, quando pura, possua tanto bem como tenho certeza que possui quando combinada com outras formas; e a monarquia, por sua parte, nada contém que a recomende? Não cito com frequência Bolingbroke, nem suas obras, em geral, deixaram uma impressão permanente em mim. Trata-se de um escritor presunçoso e superficial. Mas faz uma observação que, em minha opinião, mostra solidez e profundidade. Ele diz que prefere a monarquia a outros governos; porque pode-se melhor enxertar qualquer categoria de república em uma monarquia do que qualquer coisa de monárquico em formas republicanas. Acho que está perfeitamente certo. Isso é fato, historicamente; e está bastante de acordo com a especulação.

Sei como é um tópico fácil alongar-se nas falhas da grandeza defunta. Por uma revolução no Estado, o parasita bajulador de ontem se converte no austero crítico da hora atual. Mas firmes mentes independentes, quando têm um objetivo de tão séria importância para a humanidade, como é o governo, sob sua ponderação, desprezam assumir o papel dos satíricos e dos críticos. Julgarão as instituições humanas como julgam o caráter humano. Separar [149] o bem do mal, o qual está misturado nas instituições humanas como nos seres mortais.

O governo dos senhores na França, embora habitualmente, e acho que com justiça, reputado a melhor das inqualificadas ou mal qualificadas monarquias absolutas, ainda estava cheio de abusos. Esses abusos se acumularam em um período de tempo, como se devem acumular em toda monarquia não sob a constante inspeção de uma representação popular. Não me são estranhos os defeitos e as falhas do governo deposto da França; e acho que não sou inclinado por natureza ou por política a fazer um panegírico de alguma coisa que seja motivo justo e natural de censura. Mas a questão agora não é sobre os vícios daquela monarquia, mas sobre a sua existência. É então verdade que o governo francês era incapaz ou imerecedor de reforma; de modo que era de absoluta necessidade que toda a estrutura devesse ser imediatamente posta abaixo; e a área desimpedida para a ereção de um edifício técnico experimental em seu lugar? A França toda era de diferente opinião no começo do ano de 1789. As instruções aos representantes dos Estados Gerais, de cada distrito daquele reino, estavam cheias de projetos para a reforma do governo, sem a mais pálida sugestão do propósito de destruí-lo. Fosse semelhante propósito então sequer insinuado, acredito que se teria erguido uma única voz, e essa voz seria para rejeitar esse propósito com desprezo e horror. Os homens foram levados, às vezes gradualmente, às vezes às pressas, a fazer coisas das quais, se tivessem podido ver o todo em conjunto, nunca teriam permitido nem a mais longínqua aproximação. Quando essas instruções foram dadas, não havia questão de que abusos existiram, e de que eles exigiam uma reforma; nem há agora. No intervalo entre as instruções e a revolução, as coisas mudaram de forma; e em consequência dessa mudança, a verdadeira questão no momento é: quem estava com a razão, os que teriam reformado ou os que destruíram?

[150] Ouvindo alguns homens comentar sobre a finada monarquia da França, era de imaginar que falavam da Pérsia sangrando sob a espada feroz de Taehmas Kouli Khan; ou pelo menos descreviam o bárbaro despotismo anárquico da Turquia, sob o qual os melhores países, nos climas mais propícios do mundo, são devastados pela paz mais do que quaisquer países já foram dilacerados pela guerra; onde as artes são desconhecidas, onde as manufaturas definham, onde a ciência se extingue, onde a agricultura entra em decadência, onde a própria raça humana se desfaz e perece diante dos olhos do observador. Foi esse o caso da França? Não tenho como dar resposta à pergunta senão por uma referência a fatos. Fatos não apoiam essa imagem. Ao lado de muito mal, existe algum bem na própria monarquia; e alguma correção a seu mal a monarquia francesa deve ter recebido da religião, das leis, dos costumes, de opiniões; o que a tornou (embora de modo nenhum uma constituição livre e, portanto, de modo nenhum boa) um despotismo mais na aparência do que na realidade.

Entre os padrões pelos quais os efeitos do governo de qualquer país devem ser avaliados, devo considerar o estado de sua população como o não menos seguro. Nenhum país no qual a população prospera e encontra-se em melhora progressiva pode estar sob um governo *muito* mau. Cerca de sessenta anos atrás, os Intendentes dos Estados Gerais (*generalités*) da França fizeram, bem como com outros assuntos, um relatório da população de seus diversos distritos. Não tenho a meu alcance os livros, que são muito volumosos, e nem sei onde obtê-los (sou obrigado a falar de memória e, portanto, com menos certeza), mas acho que a população da França era então, mesmo nesse período, estimada em vinte e dois milhões de almas. No final do século passado, era calculada, de um modo geral, em dezoito milhões. Por qualquer dessas duas estimativas, a França não era mal povoada. O Sr. Necker, que é uma autoridade para a sua própria época, pelo menos da mesma importância que os Intendentes para a deles, [151] calcula, e aparentemente conforme os mesmos princípios seguros, a população da França, no ano de 1780, em vinte e quatro milhões, seiscentos e setenta mil. Mas era esse o provável número definitivo sob o velho sistema? O Dr. Price é de opinião de que o crescimento da população da França não estava de modo algum em seu *acmé* naquele ano. Eu certamente submeto-me à autoridade do Dr. Price nessas especulações bastante mais do que faço com relação à sua política geral. Esse senhor, apoiando-se nos dados do Sr. Necker, tem muita confiança em que, desde o período dos cálculos desse ministro, a população francesa cresceu rapidamente; tão rapidamente que no ano de 1789 ele não admite a taxa do povo daquele reino em número inferior a trinta milhões. Após dar muito desconto (e acho que muito devia ser descontado) ao cálculo confiante e otimista do Dr. Price, não tenho dúvida de que a população da França aumentou consideravelmente durante esse último período: mas, supondo que ele tenha aumentado nada mais do que o necessário para, dos 24.670.000, completar 25 milhões, ainda assim, uma população de 25 milhões, e isso em um progresso sempre maior, em um espaço de cerca de vinte e sete mil léguas quadradas, é imensa. É, por exemplo, bastante mais do que a população proporcional desta ilha, ou até mesmo do que a da Inglaterra, a parte mais populosa do Reino Unido.

Não é universalmente verdade que a França seja um país fértil. Extensões consideráveis dela são estéreis, e labutam sob outras desvantagens naturais. Nas porções de seu território em que as coisas são mais favoráveis, até onde sou capaz de descobrir, os números da população correspondem à indulgência da natureza.* A Generalité de Lisle (este, admito, é o exemplo mais forte), sobre uma extensão de 404 1/2 léguas, cerca de dez anos atrás, continha 734.600 almas, o que [152] dá 1.772 habitantes por légua quadrada. A média do resto da França é de cerca de 900 habitantes pela mesma extensão.

Não atribuo essa população ao governo deposto; porque não gosto de prestar cumprimentos às maquinações dos homens, ainda por cima pelo que se deve em alto grau à generosidade da Providência. Mas esse governo execrado não poderia ter obstruído, e muito provavelmente favoreceu, a operação daquelas causas (tenham sido quais foram), seja da natureza na terra, ou em hábitos de

* *De l'Administration des Finances de la France*, par Mons. Necker, vol. i. p. 288.

operosidade entre o povo, que produziram tão grande número de membros da espécie através de todo o reino e que exibiram, em alguns lugares particulares, tais prodígios de população. Nunca suporei ser essa estrutura de um Estado a pior de todas as instituições políticas, a qual, pela experiência, descobre-se conter um princípio favorável (por latente que possa ser) ao aumento da humanidade.

A riqueza de um país é um outro, e não desprezível padrão, pelo qual podemos julgar se, no todo, um governo é protetor ou destrutivo. A França supera em muito a Inglaterra na multidão de seu povo; mas temo que sua riqueza comparativa seja muito inferior à nossa; que não seja tão equitativa na distribuição, nem tão ágil na circulação. Acredito que a diferença na forma dos dois governos está entre as causas dessa vantagem do lado da Inglaterra. Falo da Inglaterra, não de todos os domínios britânicos; os quais, se comparados com os da França, irão, em certo grau, enfraquecer a taxa comparativa de riqueza pelo nosso lado. Mas essa riqueza, que não resistirá a uma comparação com as riquezas da Inglaterra, pode constituir um grau de opulência muito respeitável. O livro do Sr. Necker, publicado em 1785,* contém uma exata [153] e interessante coletânea de fatos relativos à economia pública e à aritmética política; e suas especulações sobre o assunto são em geral sensatas e liberais. Nessa obra, ele dá uma ideia do estado da França, muito distante do retrato de um país cujo governo era um perfeito tormento, um mal absoluto, que não admitia outra cura

* *De l'Administration des Finances de la France*, par M. Necker.

senão por meio do remédio violento e incerto de uma revolução total. Ele afirma que do ano de 1726 ao de 1784 foi cunhado na casa da moeda francesa, em moedas sonantes de ouro e prata, um volume de cerca de cem milhões de libras esterlinas.*

É impossível que o Sr. Necker estivesse enganado quanto ao volume de metal precioso que foi cunhado na casa da moeda. Isso é objeto de registro oficial. Os raciocínios desse hábil financista, com respeito à quantidade de ouro e prata que restou para circulação, quando ele escreveu, em 1785, isto é, cerca de quatro anos antes da deposição e aprisionamento do rei francês, não são de igual certeza; mas se apoiam em bases tão aparentemente sólidas que não é fácil recusar um considerável grau de concordância com seus cálculos. Ele calcula o *numéraire*, ou o que chamamos de *moeda sonante*, então existente de fato na França, em cerca de oitenta e oito milhões do mesmo dinheiro inglês. Um grande acúmulo de riqueza para um país, por maior que esse país seja! O Sr. Necker estava tão longe de considerar esse influxo de riqueza como tendo alguma possibilidade de cessar, quando escreveu, em 1785, que pressupõe um futuro aumento anual de dois por cento sobre o dinheiro trazido para a França durante o período a partir do qual ele calculou.

Algum motivo adequado deve ter originalmente introduzido todo o dinheiro cunhado em sua casa da moeda naquele reino; e algum motivo igualmente atuante deve ter mantido na pátria, ou trazido de volta a seu reino, essa vasta inundação de tesouro que o Sr. Necker calcula ter restado para circulação interna. Suponham-se quaisquer [154] deduções razoáveis do cálculo do Sr. Necker: o

* Vol. iii. cap. 8 e 9.

restante ainda deve montar a uma soma imensa. Motivos assim poderosos para adquirir e conservar não podem ser encontrados em indústria desestimulada, propriedade insegura e um governo positivamente destrutivo. De fato, quando considero a face do reinado da França; a multidão e opulência de suas cidades; a útil magnificência de suas espaçosas estradas principais e pontes; a oportunidade de seus canais e vias de navegação artificiais, abrindo as conveniências da comunicação marítima através de um continente sólido de tão imensa extensão; quando volto os olhos para as obras estupendas de seus portos e enseadas, e todo o seu aparato naval, seja para a guerra ou para o comércio; quando ponho diante dos olhos o número de suas fortificações construídas com técnica tão arrojada e magistral, e feitas e mantidas a um custo tão prodigioso, apresentando um *front* armado e uma barreira impenetrável a seus inimigos por todos os lados; quando me recordo de como é muito pequena a parte daquela extensa região que se encontra sem cultivo, e em que nível de completa perfeição a cultura de muitos dos melhores produtos da terra foi introduzida na França; quando reflito sobre a excelência de suas manufaturas e fábricas, que não perdem para nenhuma, senão as nossas, e em certos particulares para ninguém perdem; quando contemplo as grandes fundações de caridade, públicas e privadas; quando examino o estado de todas as artes que embelezam e aprimoram a vida; quanto enumero os homens que ela criou para ampliar sua fama na guerra, seus competentes estadistas, a multidão de seus profundos advogados e teólogos, seus filósofos, seus críticos, seus historiadores e antiquários, seus poetas e seus oradores, sacros e profanos, vejo em tudo isso alguma coisa que atemoriza e domina a imaginação, que controla a mente à beira da censura precipitada e indiscriminada, e que exige que examinemos muito seriamente quais são e como são grandes os vícios latentes que nos poderiam autorizar de imediato a derrubar ao chão uma estrutura [155] tão ampla e tão vasta. Não reconheço, nessa visão das coisas, o despotismo da Turquia. Nem discirno o caráter de um governo que foi, no todo, tão opressor, ou tão corrupto, ou tão negligente a ponto de ser totalmente impróprio *para qualquer reforma*. Devo achar que esse governo bem merecia ter suas excelências aumentadas; suas falhas corrigidas; e suas capacidades melhoradas até o nível de uma constituição britânica.

Quem tenha examinado em detalhe as medidas desse governo deposto, diversos anos para trás, não pode deixar de ter observado, em meio à inconstância e oscilação naturais das cortes, um sério esforço no sentido da prosperidade e melhoramento do país; e deve admitir que há muito já se empenhava, em algumas instâncias, por eliminar totalmente, e em muitas por corrigir consideravelmente, as práticas e usos abusivos que prevaleciam no Estado; e que até mesmo o poder ilimitado do soberano sobre as pessoas de seus súditos, inconsistente, como sem dúvida era, com a lei e a liberdade, tornava-se, no entanto, a cada dia mais mitigado pelo seu exercício. Longe de recusar-se a ser reformado, esse governo estava aberto, com um censurável grau de facilidade, a todos os tipos de projetos e de projetistas sobre o assunto. Foi dado um excesso de aprovação ao espírito de inovação, que logo se voltou contra aqueles que o haviam favorecido, o que terminou em sua ruína. É uma justiça apenas fria, e não muito lisonjeira para com essa monarquia decaída, dizer que, durante muitos anos, ela pecou mais por leviandade e falta de julgamento em diversos de seus projetos do que por qualquer defeito em diligência ou em espírito público. Comparar o governo da França durante os últimos quinze ou dezesseis anos com instituições experientes e bem-constituídas, durante esse ou durante qualquer período, é não agir com justiça. Mas, se em questão de prodigalidade no dispêndio de dinheiro, ou em questão de rigor no exercício do poder, ele for comparado com qualquer dos reinados anteriores [156], acredito que juízes imparciais darão pouco crédito às boas intenções daqueles que perpetuamente repisam as doações a favoritos, ou as despesas da corte, ou os horrores da Bastilha no reinado de Luís XVI.*

Se o sistema, caso mereça esse nome, agora construído sobre as ruínas dessa antiga monarquia, será capaz de dar uma melhor exposição da população e da riqueza do país que tomou sob seu cuidado, é questão muito duvidosa. Em vez de melhorar pela mudança, temo que uma longa série de anos se deva passar antes que o país consiga em algum grau recuperar-se dos efeitos dessa revolução filosófica, e antes que a nação consiga ser recolocada em suas condições anteriores. Se o Dr. Price achar adequado, daqui a alguns anos, favorecer-nos com uma estimativa da população da França, ele mal será capaz de reconciliá-la com sua história de trinta milhões de almas, conforme calculado em 1789, ou com o cômputo da assembleia de vinte e seis milhões naquele ano; ou mesmo com os vinte e cinco milhões do Sr. Necker em 1780. Ouço dizer sobre consideráveis ondas de emigração

---

* O mundo tem uma dívida com o Sr. de Calonne pelo trabalho a que ele se deu para refutar os exageros escandalosos relativos a algumas das despesas reais, e para detectar a exposição falaciosa de pensões, com o fim cruel de provocar o populacho a todos os tipos de crimes.

da França; e que muitos, deixando aquele clima voluptuoso, e aquela sedutora liberdade *circeana*, foram refugiar-se nas regiões geladas, e sob o despotismo britânico, do Canadá.

No presente desaparecimento de moeda, ninguém poderia achar tratar-se do mesmo país no qual o atual ministro das finanças foi capaz de descobrir oitenta milhões de esterlinas em moeda somente. Pelo seu aspecto geral, concluir-se-ia que ele esteve por algum tempo sob a direção especial dos instruídos acadêmicos de Laputa e Balnibarbi.* A população de Paris já diminuiu tanto, que o Sr. Necker declarou à Assembleia Nacional que a provisão [157] a ser feita para sua subsistência é um quinto menor do que se achava essencial.† Dizem (e nunca ouvi contradizerem) que há cem mil pessoas desempregadas naquela cidade, embora ela tenha se tornado a sede da Assembleia Nacional e da corte aprisionada. Nada, como tenho informação digna de crédito, pode superar o espetáculo repulsivo e chocante da mendicância que se exibe naquela capital. De fato, as votações da Assembleia Nacional não deixam dúvida a respeito. Eles recentemente criaram um comitê permanente sobre a mendicância. Estão inventando de imediato uma vigorosa polícia para isso e, pela primeira vez, a imposição de uma taxa para manter os pobres, para cujo imediato alívio grandes somas aparecem no início das contas públicas do ano.‡ Nesse meio- tempo, os líderes dos clubes legislativos

---

* Ver *As Viagens de Gulliver* para a ideia de países governados por filósofos.

† O Sr. de Calonne declara a redução da população de Paris como muito mais considerável; e pode ser que sim, desde o período dos cálculos do Sr. Necker.

‡ Travaux de charité pour

subvenir au manque de travail	Liv.,		£	*s.*	*d.*
à Paris et dans les provinces	3.866.920	Stg	161.121	13	4

e [158] cafés ficam ébrios de admiração por sua própria sabedoria e habilidade. Falam com o mais soberano desprezo do resto do mundo. Dizem às pessoas, para consolidá-las nos trapos com que as vestiram, que são uma nação de filósofos; e às vezes, por todas as artes de ostentação charlatanesca, por meio de exibição, tumulto e azáfama, às vezes pelos alarmes de complôs e invasões, tentam afogar os gritos da indigência e desviar os olhos do observador da ruína e infelicidade do estado. Um povo corajoso certamente preferirá a liberdade, acompanhada de uma pobreza virtuosa, a uma servidão rica e depravada. Mas, antes que o preço do conforto e da opulência seja pago, dever-se-ia ter bastante certeza de que é real liberdade o que está sendo comprado, e de que ela não está à venda por qualquer

	Liv.,		£	s.	d.
Destruction de vagabondage et de la mendicité	1.671.417		69.642	7	6
Primes pour l'importation de grains	5.671.907		236.329	9	2
Dépenses relatives aux subsistances, deduction fait des récouvremens qui ont eu lieu	39.871.790		1.661.324	11	8
Total Liv.	51.082.034	St[g]	2.128.418	1	8

Quando mandei este livro para a gráfica, eu nutria algumas dúvidas quanto à natureza e extensão do último artigo das contas acima, que está apenas sob um cabeço geral, sem detalhes. Depois disso, vi a obra do Sr. de Calonne. Devo considerar uma grande perda para mim não ter tido essa vantagem mais cedo. O Sr. de Calonne acha que esse artigo deve ser uma exposição da subsistência geral: mas como ele não é capaz de compreender que uma perda tão grande como acima de 1.661.000 esterlinas poderia ser suportada pela diferença entre o preço e a venda de grãos, parece atribuir a imensa coluna de custo a despesas secretas da revolução. Nada posso dizer com segurança sobre esse assunto. O leitor é capaz de julgar, pelo total desses custos imensos, sobre o estado e a situação da França; e sobre o sistema de economia pública adotado nessa nação. Esses artigos de prestação de contas não provocaram nenhum inquérito ou discussão na Assembleia Nacional.

outro preço. No entanto, sempre considerarei como muito equívoca em seu aspecto a liberdade que não tem por companheiras a sabedoria e a justiça e não traz em seu séquito abundância e prosperidade.

Os defensores dessa revolução, não satisfeitos em exagerar os vícios de seu antigo governo, atacam a fama de seu próprio país, pintando quase tudo que poderia atrair a atenção de estrangeiros, isto é, sua nobreza e seu clero, como objetos de horror. Se isso fosse apenas uma calúnia, não seria grande coisa. Mas tem consequências práticas. Se a sua nobreza e os seus fidalgos, que formavam o corpo maior de seus senhores de terras, e o todo de seus oficiais militares se tivessem parecido com os da Alemanha, no período em que as cidades da Hansa necessitaram confederar-se contra os nobres em defesa de suas propriedades – houvessem eles sido como os *Orsinis* e *Vitellis*, da Itália, que costumavam sair de seus refúgios fortificados em investidas para roubar comerciantes e viajantes –, houvessem eles sido como os *Mamelucos* do Egito, ou os *Nayres* da costa do Malabar, de fato admito que talvez não fosse aconselhável um inquérito crítico demais sobre os meios de livrar o mundo dessa chateação. As estátuas da Equidade e da Misericórdia poderiam ter de ser veladas por um momento. As mentes mais mansas, confundidas com a terrível exigência na qual a moralidade se submete à suspensão de suas próprias regras em favor de seus próprios princípios, poderiam olhar para o lado, enquanto trapaça e violência consumavam a destruição de uma pretensa nobreza, que, ao mesmo tempo que desmoralizava, perseguia a natureza humana. As pessoas mais contrárias a sangue, traição e confisco arbitrário poderiam permanecer como espectadores silenciosos dessa guerra civil entre os vícios.

Mas a nobreza privilegiada que se reunia sob o preceito do rei em Versalhes, em 1789, ou seus constituintes, merecem ser encarados como os *Nayres* ou *Mamelucos* desta época, ou como os *Orsinis* e *Vitellis* dos tempos antigos? Se eu tivesse feito então essa pergunta, teria passado por maluco. O que fizeram eles desde então, para serem obrigados ao exílio, para que suas pessoas fossem caçadas, mutiladas e torturadas, suas famílias dispersadas, suas casas reduzidas a cinzas, ou para que sua ordem fosse abolida, e a memória dela, se possível, extinta, sendo-lhes ordenado mudar os próprios nomes pelos quais eram habitualmente conhecidos? Leia o senhor as instruções deles a seus representantes. Elas respiram o espírito de liberdade tão calorosamente, e recomendam reformas tão fortemente quanto as de qualquer outra ordem. Seus privilégios relativos a contribuição foram voluntariamente abdicados; como o rei, desde o começo, abdicou de qualquer pretensão ao direito de taxação. Quanto a uma constituição livre, havia apenas uma opinião na França. A monarquia absoluta estava no fim. Hauria seus últimos alentos, sem um gemido, sem esforço, sem convulsão. Toda a luta, toda a dissensão ergueram-se depois, quanto à preferência por uma democracia despótica a um governo de controle recíproco. O triunfo da parte vitoriosa foi sobre os princípios de uma constituição britânica.

[160] Observei a afetação que, durante muitos anos, predominou em Paris até mesmo em um grau de perfeita infantilidade, de idolatrar a memória de seu Henrique IV. Se alguma coisa pode tirar alguém do sério com esse ornamento à régia personalidade seria esse estilo exagerado de panegírico insidioso. As pessoas que mais se atarefaram em fazer funcionar esse motor são as que terminaram seus panegíricos destronando seu sucessor e descendente; um homem pelo menos de

tão boa índole quanto Henrique IV; exatamente tão amoroso com seu povo; e que fez infinitamente mais para corrigir os antigos vícios do Estado do que fez o grande monarca, ou que, temos certeza, ele nunca pretendeu fazer. Que bem para seus panegiristas não terem de tratar com ele. Pois Henrique de Navarra era um príncipe resoluto, ativo e político. Possuía de fato grande humanidade e brandura; mas uma humanidade e brandura que nunca se interpunham a seus interesses. Nunca buscou ser amado sem primeiro colocar-se em uma condição de ser temido. Usava linguagem branda com conduta determinada. Afirmava e mantinha sua autoridade no conjunto e distribuía seus atos de concessão somente no detalhe. Gastava nobremente o lucro de suas prerrogativas; mas teve o cuidado de nunca aparecer de supetão na capital; nunca abandonando por um momento qualquer das reivindicações feitas por ele sob as leis fundamentais, nem evitando derramar o sangue dos que se opunham a ele, frequentemente no campo de batalha, às vezes sobre o cadafalso. Porque sabia como tornar suas virtudes respeitadas pelos ingratos, mereceu os louvores dos que, se houvessem vivido em sua época, teria trancado na Bastilha, e feito castigar ao lado dos regicidas que enforcou depois de ter obrigado Paris, pela fome, a render-se.

Se esses panegiristas são sérios em sua admiração por Henrique IV, devem lembrar-se que não podem tê-lo em mais alta conta do que aquela em que ele tinha a nobreza da [161] França; cuja virtude, honra, coragem, patriotismo e lealdade foram seus temas constantes.

Mas a nobreza da França degenerou desde o tempo de Henrique IV. Isso é possível. Mas é mais do que posso acreditar ser verdade em algum grande grau. Não me arvoro conhecer a

França tão corretamente quanto alguns outros; mas esforcei-me durante toda a minha vida por familiarizar-me com a natureza humana: caso contrário, eu não estaria preparado para assumir nem mesmo o meu humilde papel no serviço da humanidade. Neste estudo eu não poderia deixar passar ao largo uma vasta porção da nossa natureza, do modo modificado como ela aparecia em um país a apenas uns quarenta quilômetros das margens desta ilha. Em minha melhor observação, comparada com minhas melhores investigações, achei a nobreza dos senhores composta, em sua maior parte, de homens de um espírito elevado, e de um delicado senso de honra, tanto com respeito a si próprios individualmente quanto com respeito a todo o seu conjunto, sobre o qual eles mantinham, além do que é comum em outros países, um olho censor. Eram toleravelmente bem criados; muito prestativos, humanitários e hospitaleiros; na conversação, francos e abertos; com uma boa inflexão militar; com razoáveis tintas literárias, particularmente dos autores em sua própria língua. Muitos tinham pretensões bastante acima desta descrição. Falo daqueles que geralmente se conhecia.

Quanto a seu comportamento com as classes inferiores, pareciam-me comportar-se para com elas com bondade, e com alguma coisa mais próxima quase de familiaridade, do que é geralmente praticado entre nós nas relações entre as posições superiores e inferiores na vida. Atacar alguma pessoa, mesmo da condição mais abjeta, era coisa de certa maneira desconhecida, e seria altamente vergonhoso. Instâncias outras de maus-tratos à parte humilde da comunidade eram raras; e quanto a ataques feitos à propriedade ou à liberdade pessoal dos plebeus, nunca *os* [162] ouvi falar de algum que fosse; nem, enquanto vigoravam as leis sob o antigo governo, teria sido permitida a súditos essa tirania. Como homens com propriedades de terras, eu não encontrava falha em sua conduta, embora houvesse muito o que repreender, e muito que desejar ver mudado, nos antigos domínios. Onde a franquia de suas terras era por aluguel, não consegui descobrir que seu acordos com os fazendeiros fossem opressivos; nem quando tinham sociedade com o fazendeiro, como frequentemente era o caso, ouvi dizer que houvessem ficado com a parte do leão. As proporções pareciam equitativas. Podia haver exceções; mas certamente eram exceções apenas. Não tenho motivos para acreditar que nesses respeitos a nobreza senhora de terras na França fosse pior do que os fidalgos rurais deste país; certamente em nenhum respeito mais opressivos do que os proprietários de terras, não nobres, de sua própria nação. Nas cidades, a nobreza não tinha nenhum modo de poder; no campo, muito pouco. O senhor sabe que boa parte do governo civil, e a polícia nas partes mais essenciais, não estava nas mãos dessa nobreza que se apresenta primeiro à nossa consideração. Os rendimentos, cujo sistema e recolhimento eram as partes mais cruéis do Governo francês, não eram administrados pelos homens da espada; nem eram eles responsáveis pelos vícios de seus princípios, ou pelos aborrecimentos, caso existissem, em sua administração.

Negando, como estou bem justificado por fazer, que a nobreza teve alguma participação considerável na opressão do povo, em casos nos quais real opressão existiu, estou pronto a admitir que esses nobres não eram sem falhas e erros consideráveis. Uma imitação absurda da pior parte dos costumes da Inglaterra, o que comprometia seu caráter natural sem colocar em seu lugar o que eles talvez pretendiam copiar e que certamente os tornou piores do que eram. Uma dissolução habitual de costumes, que continuava para além do [163] período perdoável da vida, era mais comum entre eles do que entre nós; e ela reinava com menos esperança de remédio, embora possivelmente com algo menos de malícia, por ser encoberta com mais decoro exterior. Eles apoiaram demais aquela filosofia licenciosa que ajudou a provocar-lhes a ruína. Houve entre eles um outro erro mais fatal. Os plebeus que se aproximaram ou superaram muitos da nobreza em questão de riqueza não foram plenamente admitidos à estima e à posição social que a riqueza, pela razão e por boa política, deveria conceder em qualquer país; embora eu ache que não em pé de igualdade com as da outra nobreza. Os dois tipos de aristocracia foram mantidos muito meticulosamente separados; menos, no entanto, do que na Alemanha e algumas outras nações.

Essa separação, como já tomei a liberdade de lhe sugerir, concebo ser a principal causa isolada da destruição da velha nobreza. A classe militar, particularmente, era reservada exclusivamente demais para homens de boa família. Mas, afinal de contas, esse era um erro de opinião, que uma opinião conflitante teria corrigido. Uma assembleia permanente, na qual os comuns tivessem sua parcela de poder, logo aboliria qualquer coisa que fosse ofensiva e insultante demais nessas distinções; e até mesmo as falhas na moral da nobreza provavelmente teriam sido corrigidas pela maior variedade de ocupações e interesses a que uma constituição por ordens teria dado origem.

Entendo ser todo esse clamor contra a nobreza uma mera obra de arte. Ser homenageada e até privilegiada pelas leis, opiniões e usos inveterados de nosso país, brotando da norma de séculos, nada tem para provocar horror e indignação em homem algum. Até mesmo ser obstinado demais quanto a esses privilégios não é absolutamente um crime. A forte luta em cada indivíduo para preservar a posse do que ele acha que lhe pertence e o [164] distingue é uma das garantias contra a injustiça e o despotismo implantados em nossa natureza. Ela funciona como um instinto para assegurar a propriedade e preservar comunidades em uma condição estabelecida. O que há de chocante nisso? A nobreza é um gracioso ornamento da ordem civil. É o capitel coríntio da sociedade civilizada. *Omnes boni nobilitati semper favemus*, era a frase de um sábio e bom homem. É de fato sinal de uma mentalidade liberal e benevolente inclinar-se ante ela com algum tipo de propensão parcial. Não sente nenhum princípio enobrecedor em seu próprio coração quem deseja derrubar todas as instituições artificiais que foram adotadas para dar corpo à opinião, e permanência à estima fugidia. É uma disposição azeda, maligna, cruel, sem gosto pela realidade, ou por alguma imagem ou representação de virtude, aquela que vê com alegria a queda imerecida do que durante muito tempo floresceu em honra e esplendor. Não gosto de ver coisa alguma destruída; nenhum vazio produzido na sociedade; nenhuma ruína sobre a face da terra. Foi, portanto, sem decepção ou insatisfação que minhas investigações e observações não me apresentaram vícios incorrigíveis na nobreza da França, ou algum abuso que não pudesse ser retirado por uma reforma que não chegasse à abolição. A nobreza dos senhores não merecia castigo; mas degradar é castigar.

Foi com a mesma satisfação que descobri que o resultado de minha investigação com respeito ao seu clero não deu resultado diferente. Não é notícia agradável a meus ouvidos a de que grandes conjuntos de homens são incuravelmente corruptos. É com não muita credulidade que ouço algumas delas, quando falam mal daqueles que vão saquear. Suspeito bastante que os vícios são inventados ou exagerados, quando é lucro o que se busca com seu castigo. Um inimigo é má testemunha: um ladrão é ainda pior. Vícios e abusos houve indubitavelmente, nessa ordem, e assim deve ser. Era uma velha instituição e não frequentemente revista. [165] Mas não vi nos indivíduos crimes que merecessem confisco de suas posses, nem aqueles insultos e degradações cruéis, e aquela perseguição anormal que tomou o lugar de uma regulação melhoradora.

Se tivesse havido alguma justa causa para essa nova perseguição religiosa, os caluniadores ateus, que agem como arautos para animar o populacho à pilhagem, não amam tanto alguém ao ponto de não se alongar com complacência sobre os vícios do clero existente. Isso eles não fizeram. Acharam-se obrigados a vasculhar as histórias de épocas anteriores (que eles saquearam com uma operosidade pródiga e maligna) em busca de qualquer exemplo de opressão e perseguição que tenham sido feitas por aquele organismo ou em seu favor, a fim de justificar com muito iníquos, porque também muito ilógicos princípios de retaliação, suas próprias perseguições, e suas próprias crueldades. Após destruir todas as outras genealogias e distinções de família, eles inventam uma espécie de linhagem nobre de crimes. Não é muito justo punir homens pelas transgressões de seus ancestrais naturais; mas estender a ficção da ancestralidade a uma sucessão corporativa, como motivo para castigar homens que não têm nenhuma relação com atos culposos, exceto em nomes e categorias gerais, é um tipo de refinamento da injustiça próprio da filosofia dessa época iluminada. A assembleia castiga homens, muitos, se não a maioria dos quais abomina a conduta violenta de eclesiásticos em épocas anteriores tanto quanto seus atuais perseguidores podem abominar, e que seriam tão fortemente eloquentes na expressão dessa sensação, se não tivessem bastante consciência dos propósitos para os quais toda essa arenga seria empregada.

Organismos corporativos são imortais para o bem dos membros, mas não para seu castigo. As próprias nações são corporações assim. Nós da Inglaterra poderíamos igualmente bem pensar em travar guerra irredimível contra todos os franceses devido aos males que eles nos acarretaram nos diversos períodos de nossas hostilidades mútuas. Os senhores poderiam, por sua parte, achar-se [166] justificados em arremeter contra todos os ingleses, por conta das calamidades sem paralelos causadas ao povo da França pelas injustas invasões de nossos Henriques e nossos Eduardos. Deveras, estaríamos mutuamente justificados nessa guerra de extermínio uns contra os outros, não menos do que os senhores na perseguição imotivada a seus atuais conterrâneos, devido à conduta de homens do mesmo nome em outras épocas.

Não tiramos da história as lições morais que poderíamos. Ao contrário, sem cuidado ela pode ser usada para poluir nossas mentes e destruir nossa felicidade. Na história, um grande volume se desenrola para nossa instrução, extraindo os materiais da futura sabedoria dos erros e enfermidades passados da humanidade. Ela pode, na perversão, servir como um arsenal, fornecendo armas ofensivas e defensivas para grupos na Igreja e no Estado, e suprindo os meios de manter vivas, ou de reviver dissensões e animosidades, e botar lenha na fogueira da fúria civil. A história consiste, na maior parte, das desgraças acarretadas ao mundo pelo orgulho, a ambição, a avareza, a vingança, a luxúria, a sedição, a hipocrisia, o zelo descontrolado, e todo o séquito de apetites que agitam o público com os mesmos

> ——————— ventos e ondas procelosas
> Que agitam o barco do Estado e tornam a vida amargosa.

Esses vícios são as *causas* dessas procelas. Religião, moral, leis, prerrogativas, privilégio, liberdades, direitos do homem são os *pretextos*. Os pretextos sempre se encontram em alguma aparência enganosa de um bem real. Não se garantiriam os homens contra a tirania e a sedição, desarraigando-se da mente os princípios aos quais se aplicam esses pretextos fraudulentos? Se o fizessem, desarraigariam tudo que há de valor no coração humano. Como esses são os pretextos, do mesmo modo os atores e instrumentos comuns dos grandes males públicos são reis, sacerdotes, magistrados, senados, parlamentos, assembleias nacionais, juízes e capitães. Não se cura o [167] mal decidindo que não deve haver mais monarcas, nem ministros de Estado ou do evangelho; nem intérpretes da lei, nem oficiais generais; nem conselhos públicos. O senhor poderia trocar os nomes. As coisas devem permanecer sob alguma forma. Deve sempre existir na comunidade um certo *quantum* de poder, em algumas mãos e sob alguma denominação. Homens sensatos aplicarão seus remédios a vícios, não a nomes, às causas do mal que são permanentes, não aos órgãos ocasionais pelos quais elas agem, e os modos transitórios em que se mostram. Caso contrário, o senhor será sensato historicamente, e um tolo na prática.

Raramente duas épocas têm a mesma feição em seus pretextos e os mesmos modos de maldade. A maldade é um pouquinho mais inventiva. Enquanto o senhor discute moda, a moda passou. O mesmíssimo vício assume uma nova forma corpórea. O espírito transmigra; e, longe de perder seu princípio de vida pela mudança de sua aparência, ele se renova em seus novos órgãos com o frescor e o vigor de uma atividade juvenil. Caminha por toda parte; continua a fazer seus estragos, enquanto os senhores vilipendiam a carcaça, ou demolem o túmulo. Os senhores se aterrorizam com fantasmas e assombrações, enquanto a sua casa é um covil de ladrões. Assim é com todos os que, atentos apenas à concha e à casca da história, acham que travaram guerra contra a intolerância, o orgulho e a crueldade, enquanto, sob o colorido de abominar os maus princípios de grupos antiquados, autorizam e alimentam os mesmos vícios odiosos em facções diferentes, e talvez em piores.

Seus cidadãos de Paris já se prestaram a ser os solícitos instrumentos para abater os seguidores de Calvino, no infame massacre de São Bartolomeu. O que deveríamos dizer aos que pudessem pensar em retaliação contra os parisienses de hoje pelas abominações e horrores daquela ocasião? Eles são de fato levados a abominar *aquele* massacre. Ferozes do modo como eles são [168], não é difícil fazê-los não gostar dele; porque os políticos e professores da moda não têm interesse em dar a suas paixões exatamente a mesma direção. Ainda assim, entretanto, acham ser de seu interesse manter vivas as mesmas disposições ferozes. Foi ainda outro dia mesmo que fizeram exatamente esse massacre ser levado ao palco para a diversão dos descendentes daqueles que o cometeram. Nessa farsa trágica eles apresentaram o Cardeal de Lorraine nos paramentos de sua função, ordenando massacre geral. Esse espetáculo teve a intenção de levar os parisienses a detestar a perseguição e a rejeitar o derramamento de sangue? Não, era para ensiná-los a perseguir seus próprios pastores; era para excitá-los, despertando repulsa e horror pelo seu clero, a um entusiasmo pela caça, à destruição de uma ordem que, se de todo deve existir, deveria existir não só em segurança, mas em reverência. Era para estimular seus apetites canibais (que, seria de pensar, já se tinham empanturrado o suficiente) com variedade e tempero; e despertá-los para uma prontidão a novas mortes e massacres, se isso servisse aos propósitos dos Guises da época. Uma assembleia, da qual participava uma multidão de padres e prelados, foi obrigada a suportar essa indignidade à sua porta. O autor não foi mandado para as galés, nem os atores para a casa de correção. Não muito tempo depois desse espetáculo, esses atores apresentaram-se à assembleia para apropriar-se dos ritos dessa mesma religião que eles tinham ousado denunciar, e mostrar seus rostos prostituídos no senado, enquanto o arcebispo de Paris, cuja função era conhecida de sua gente apenas por suas preces e bênçãos, e sua riqueza apenas por suas esmolas, é forçado a abandonar sua casa e a fugir de seu rebanho, como de lobos famintos, porque, verdadeiramente, no século XVI, o Cardeal de Lorraine foi um rebelde e assassino.[f]

[169] Esse é o efeito da perversão da história, por aqueles que, pelos mesmos propósitos nefandos, perverteram qualquer outra

[f. Isso na suposição da verdade dessa história, mas ele não estava na França na época. Um nome serve tão bem quanto qualquer outro.]

parte do conhecimento. Mas os que se erguerão sobre aquela elevação da razão, que coloca os séculos sob os nossos olhos, e leva as coisas ao verdadeiro ponto de comparação, que obscurece nomes pequenos e apaga as cores de pequenos grupos, e à qual nada pode ascender, senão o espírito e a qualidade moral das ações humanas, dirão aos professores do Palais Royal: "O Cardeal de Lorraine foi o assassino do século XVI, os senhores têm a glória de serem os assassinos do século XVIII; e essa é a única diferença entre ele e os senhores." Mas a história, no século XIX, mais bem entendida, e mais bem empregada, ensinará, confio, uma posteridade civilizada a abominar os malfeitos de ambas essas épocas bárbaras. Ensinará futuros padres e magistrados a não retaliar contra os ateus especulativos e inativos das épocas futuras, contra as atrocidades cometidas pelos atuais zelotes práticos e fanáticos furiosos desse erro infeliz que, em seu estado inativo, é mais do que castigado, sempre que adotado. Ensinará a posteridade a não guerrear contra ou a religião ou a filosofia, pelos abusos que os hipócritas de ambas fizeram das dádivas mais valiosas a nós conferidas pela liberalidade do Patrono universal, que em todas as coisas protege e favorece eminentemente a raça do homem.

Se o seu clero, ou qualquer clero, se mostrassem corruptos além dos justos limites impostos à fraqueza humana e às falhas profissionais que não podem ser separadas das virtudes profissionais, embora seus vícios nunca logrem aprovar o exercício da opressão, de fato admito que eles naturalmente teriam o efeito de reduzir boa parte de nossa indignação contra os tiranos que passam da medida e da justiça em seus castigos. Posso aceitar em clérigos, através de todas as suas divisões, alguma obstinação de suas próprias [170] opiniões; alguns transbordamentos de zelo por sua propagação; alguma predileção por sua própria condição e função; alguma afeição aos interesses de sua própria corporação; alguma preferência pelos que ouvem com docilidade suas doutrinas, acima dos que as desprezam e ridicularizam. Aceito tudo isso, porque sou um homem que tem de lidar com homens, e que não quer incorrer, por meio de uma violência de tolerância, na maior de todas as intolerâncias. Devo tolerar fraquezas enquanto elas não degeneram em crimes.

Sem dúvida, o progresso natural das paixões, da fraqueza ao vício, deveria ser impedido por um olho vigilante e uma mão firme. Mas é verdade que o conjunto de seu clero ultrapassou os limites de uma justa aceitação? Pelo estilo geral de recentes publicações de todos os tipos, seríamos levados a crer que seu clero na França se compunha de uma espécie de monstros: uma horrível combinação de superstição, ignorância, indolência, trapaça, avareza e tirania. Mas isso é verdade? É verdade que o passar do tempo, a cessação de interesses conflitantes, a acabrunhante experiência dos males resultantes da fúria partidária não tiveram nenhum tipo de influência em melhorar de modo gradual, suas mentes? É verdade que havia invasões do poder civil que se renovavam diariamente, perturbando a tranquilidade interna de seu país e tornando as operações de seu governo frágeis e precárias? É verdade que o clero de nossa época esmagou a ordem leiga com mão de ferro e estava em todas as partes acendendo as fogueiras de uma perseguição feroz? Que eles, por meio de todas as trapaças, buscavam aumentar suas propriedades? Que costumavam ultrapassar as exigências legais sobre suas propriedades rurais? Ou que, atarraxando rigidamente o direito na injustiça, convertiam um direito legal em vergonhosa extorsão? Quando não na posse do poder, eram cheios dos vícios daqueles que o cobiçam? Estavam inflamados por um violento espírito de controvérsia? Estimulados pela ambição de soberania intelectual, estavam prontos a [171] desafiar abertamente toda a magistratura, a incendiar igrejas, a massacrar os padres de outras categorias, a derrubar altares e a abrir caminho, sobre as ruínas de governos derrubados, para um império doutrinário, levando as consciências dos homens, às vezes pela lisonja, às vezes pela força, a abandonar a jurisdição das instituições públicas por uma submissão à sua autoridade pessoal, começando com uma reivindicação de liberdade e terminando com abuso de poder?

Esses, ou alguns desses, eram os vícios alegados, e não de todo sem fundamento, contra diversos dos eclesiásticos dos tempos antigos, que pertenciam aos dois grandes grupos que então dividiam e perturbavam a Europa.

Se houvesse na França, como em outros países há visivelmente, uma grande diminuição, em vez de algum aumento desses vícios, em vez de fazer pesar sobre o atual clero os crimes de outros homens e o caráter odioso de outras épocas, por equidade comum, ele deveria ser louvado, estimulado e apoiado, por seu afastamento de um espírito que desmoralizou seus predecessores, e por ter assumido uma disposição de ânimo e modos muito mais adequados à sua sacra função.

Quando minhas oportunidades me levaram à França, perto do final do último reinado, o clero, sob todas as suas formas, absorveu uma parte considerável de minha curiosidade. Então, longe de encontrar (exceto por um grupo de homens, não muito numerosos, embora muito ativos) as queixas e insatisfações contra aquela ordem, que algumas publicações deram-me motivo para esperar, percebi pouca ou nenhuma apreensão, pública ou privada, por causa dele. Examinando melhor, achei o clero em geral pessoas de mentes moderadas e modos decorosos; incluo os seculares, e os regulares de ambos os sexos. Não tive a boa fortuna de conhecer muitos dos membros do clero paroquial; mas, em geral, recebi uma mostra perfeitamente boa [172] de sua moral e de sua atenção a seus deveres. Com alguns membros do alto clero travei conhecimento pessoal; e do resto dessa classe tive meios de informação muito bons. Eles eram, quase todos, pessoas de nobre nascimento. Pareciam-se com outros de sua própria classe; e onde havia alguma diferença, era em favor deles. Eram mais completamente educados do que a nobreza militar; de forma a de modo nenhum envergonhar sua profissão por ignorância, ou por falta de preparo para o exercício de sua autoridade. Eles me pareceram, mais do que a característica clerical, liberais e abertos; com os corações de cavalheiros, e de homens de honra; nem insolentes, nem servis em suas maneiras e conduta. Pareceram-me antes uma classe superior; um conjunto de homens entre os quais o senhor acharia natural encontrar um *Fénelon*. Vi entre o clero de Paris (não se pode conhecer muitos dessa categoria em qualquer lugar) homens de grande saber e franqueza; e tive motivo para acreditar que essa categoria não se limitava a Paris. Os que encontrei em outros lugares, sei que foi acidental; e devem, portanto, ser presumidos como uma amostra razoável. Demorei-me uns poucos dias em uma cidade de província, onde, na ausência do bispo, eu passava as noites com três clérigos, seus vigários gerais, pessoas que teriam dignificado qualquer igreja. Eram todos bem-informados; dois deles de erudição extensa, profunda e geral, antiga e moderna, oriental e ocidental; particularmente em sua própria profissão. Tinham um conhecimento de nossos teólogos ingleses mais extenso do que eu esperava; e penetravam o gênio desses escritores com precisão crítica. Um desses cavalheiros já morreu, o Abbé *Morangis*. Presto esse tributo, sem relutância, à memória dessa nobre, reverenda, instruída e excelente pessoa; e deveria fazer o mesmo, com igual entusiasmo, aos méritos dos outros, que creio ainda estarem vivos, se não temesse magoar aqueles que não posso incluir.

[173] Alguns desses eclesiásticos de alta posição são, por todos os motivos, pessoas merecedoras de respeito geral. Merecem gratidão, de mim e de muitos ingleses. Se esta carta um dia chegar-lhes às mãos, espero que acreditem que há em nossa nação quem sinta por sua imerecida queda, pelo confisco cruel de seus bens, e não com sensibilidade comum. O que digo deles é um testemunho, até onde uma voz fraca pode alcançar, que devo à verdade. Sempre que se tratar da questão dessa perseguição anormal, eu o prestarei. Ninguém me impedirá de ser justo e agradecido. É o momento certo para o dever; e é particularmente elegante mostrar nossa justiça e gratidão quando os que mereceram o bem, de nós e da humanidade, se afainam sob a difamação popular e as perseguições do poder opressivo.

Os senhores tinham, antes de sua Revolução, cerca de cento e vinte bispos. Alguns deles eram homens de eminente piedade e ilimitada caridade. Quando falamos de virtude heroica falamos, é claro, de virtude rara. Acredito que as instâncias de eminente depravação devam ser tão raras entre eles quanto as de bondade transcendental. Exemplos de avareza e licenciosidade podem ser pinçados, não o questiono, pelos que se deleitam na investigação do tipo que leva a essas descobertas. Um homem da mesma idade que eu não se espantará porque diversas pessoas em todas as categorias não levam aquela vida perfeita de desprendimento com respeito à riqueza ou ao prazer, a qual é por todos desejada, por alguns esperada, mas por ninguém cobrada com mais rigor do que pelos que são mais concentrados em seus próprios interesses, ou mais indulgentes com suas próprias paixões. Quando eu estava na França, tenho certeza de que o número de prelados corruptos não era grande. Certos indivíduos entre eles que não se distinguiam pela regularidade de suas vidas compensavam em algo sua carência das virtudes severas [174], por sua posse das liberais; e eram dotados de qualidades que os tornavam úteis à Igreja e ao Estado. Segundo me disseram, com poucas exceções, Luís XVI foi mais atento ao caráter, em suas promoções a essa categoria, do que seu predecessor imediato; e creio, uma vez que um certo espírito de reforma prevaleceu durante todo o reinado, que isso pode ser verdade. Mas o atual poder dominante mostrou disposição apenas para saquear a Igreja. Castigou *todos* os prelados; o que é favorecer os corrompidos, pelo menos em questão de reputação. Criou um sistema pensionário degradante a que ninguém de condição ou ideias liberais destinará seus filhos. Precisa instalar-se nas classes inferiores do povo. Como entre os senhores o clero inferior não é numeroso o suficiente para seus deveres; e como esses deveres são, além das medidas, minuciosos e trabalhosos; como não restou aos senhores nenhuma classe média do clero à sua disposição, no futuro nada de ciência ou de erudição poderá existir na Igreja galicana. Para completar o projeto, e sem a menor atenção aos direitos de padroado, a assembleia proveu, para o futuro, um clero eletivo; uma disposição que expulsará da profissão clerical todos os homens de sobriedade; todos os que possam pretender a independência em sua função ou sua conduta; e que jogará toda a orientação da opinião pública nas mãos de um bando de miseráveis licenciosos, descarados, astuciosos, facciosos e bajuladores, de tal condição e tais hábitos de vida que farão de suas desprezíveis pensões – em comparação com as quais os estipêndios de um coletor de impostos são lucrativos e estimáveis – um objeto de intriga reles e mesquinha. Esses dignitários, que eles ainda chamam de bispos, serão eleitos para uma provisão comparativamente medíocre por meio das mesmas artes (isto é, artes eleitoreiras) por homens de todos os dogmas religiosos conhecidos ou que possam ser inventados. Os novos legisladores não determinaram nada que seja, com respeito a suas qualificações, relativo ou a doutrina ou a moral; não [175] mais do que fizeram com relação ao clero subordinado; nem parece que tanto o alto quanto o baixo clero possam, a seu critério, praticar ou pregar qualquer modo de religião ou de irreligião que bem quiserem. Ainda não entendo qual deverá ser a jurisdição dos bispos sobre seus subordinados; ou se eles, de todo, terão alguma jurisdição.

Em suma, Senhor, parece-me que essa nova instituição eclesiástica tem a intenção de ser apenas temporária e preparatória da total abolição, sob qualquer de suas formas, da religião cristã, a qualquer hora em que as mentalidades dos homens estiverem preparadas para esse último golpe contra ela, pela consecução do plano de levar seus ministros ao desprezo universal. Quem não quiser acreditar que os fanáticos filosóficos que orientam nessas questões há muito nutriam esse desígnio é totalmente ignorante de seu caráter e procedimentos. Esses entusiastas não têm escrúpulos de confessar sua opinião de que um Estado pode subsistir melhor sem religião do que com alguma; e de que eles são capazes de suprir qualquer bem que possa haver nela por meio de um projeto deles próprios – ou seja, por uma espécie de educação que eles imaginaram, fundada em um conhecimento das necessidades físicas dos homens, progressivamente levada a um egoísmo iluminado que, quando bem entendido, dizem-nos eles, se identificará com um interesse mais ampliado e público. O projeto dessa educação há muito é conhecido. Recentemente eles o distinguem (assim como criaram uma nova nomenclatura inteira de termos técnicos) pelo nome de *Educação Cívica.*

Espero que seus partidários na Inglaterra (a quem prefiro atribuir uma conduta irrefletida, em vez do objeto extremo nesse desígnio detestável) não tenham sucesso nem na pilhagem dos eclesiásticos, nem na introdução de um princípio de eleição popular para nossas dioceses e cúrias paroquiais. Isso, na atual condição do mundo, seria a corrupção final da Igreja; a completa ruína do [176] caráter clerical; acho que o golpe mais perigoso que o estado já recebeu por meio de uma arrumação equivocada da religião. Sei bastante bem que as dioceses e cúrias, sob o padroado régio e senhorial, como são agora na Inglaterra, e foram ultimamente na França, são às vezes adquiridas por métodos indignos; mas o outro tipo de quadro eclesiástico sujeita-as de modo infinitamente mais certo e mais geral a todas as artes perversas da ambição vil a qual, operando sobre e por meio de grandes contingentes, produzirá males proporcionais.

Aqueles dentre os senhores que roubaram o clero acham que reconciliarão facilmente sua conduta com todas as nações protestantes; porque o clero que eles assim saquearam, degradaram ou entregaram à gozação e ao desprezo é o clero da fé católica romana, isto é, de *sua própria* pretensa fé religiosa. Não tenho dúvida de que hão de se achar alguns míseros fanáticos, aqui como em outras partes, que odeiam seitas e grupos diferentes dos seus próprios, mais do que amam a substância da religião; e que mais se zangam com os que divergem deles em seus planos e sistemas particulares do que se aborrecem com os que atacam os fundamentos de nossa esperança comum. Esses homens hão de falar e escrever sobre o assunto da maneira que é de esperar de seu caráter e disposição. Burnet diz que, quando esteve na França, no ano de 1683, "o método que levava os homens dos melhores meios ao papismo era este – eles criavam em si mesmos a dúvida quanto a toda a religião cristã. Uma vez isso feito, tornava-se indiferente de que lado eles continuavam exteriormente". Se essa era então a política eclesiástica da França é algo de que eles desde então tiveram motivos demais para se arrepender. Eles preferiram o ateísmo a uma forma de religião não condizente com suas ideias. Eles conseguiram destruir essa forma; e o ateísmo conseguiu [177] destruí-los. Posso prontamente dar crédito à história de Burnet; porque observei um excessivo espírito semelhante (pois um pouco dele é "demais em excesso") entre nós próprios. A disposição do espírito, no entanto, não é geral.

Os professores que reformaram nossa religião na Inglaterra não tinham nenhum tipo de semelhança com seus atuais doutores reformistas de Paris. Talvez fossem (como aqueles a quem se opunham) bastante mais do que se podia desejar sob a influência de um espírito partidário; mas eram fiéis extremamente sinceros; homens da mais fervorosa e exaltada piedade; prontos a morrer, como alguns deles morreram, como autênticos heróis em defesa de suas ideias particulares de cristianismo; como se disporiam a morrer, com igual fortidão, e mais alegremente, por aquele tronco de verdade geral, por cujos ramos eles lutaram com seu sangue. Esses homens teriam repudiado com horror aqueles infelizes que pretendiam um companheirismo com eles por nenhum outro direito senão o de terem pilhado as pessoas com quem mantinham controvérsia e terem desprezado a religião comum, por cuja pureza eles se esforçaram com um zelo que rebelava inequivocamente sua mais elevada reverência pela substância daquele sistema que desejavam reformar. Muitos de seus descendentes conservaram o mesmo zelo; porém (uma vez que menos envolvidos em conflitos) com mais moderação. Eles não se esquecem de que justiça e misericórdia são partes substanciais da religião. Homens ímpios não se recomendam à comunhão com eles por meio de iniquidade e crueldade para com qualquer categoria de seus semelhantes.

Ouvimos esses novos professores gabarem-se continuamente de seu espírito de tolerância. Que devam tolerar as opiniões aqueles que acham que nada é digno de estima é uma questão de pequeno mérito. Negligência equitativa não é bondade imparcial. As espécies de benevolência, que se originam do desprezo, não são verdadeira caridade. Há na Inglaterra abundância de homens que toleram no verdadeiro espírito de tolerância. Eles acham que os [178] dogmas religiosos, embora em diferentes graus, são todos de importância; e que em meio a eles há, como entre todas as coisas de valor, uma justa base de preferência. São benevolentes, portanto, e tolerantes. Toleram não porque desprezam opiniões, mas porque respeitam a justiça. Protegeriam reverente e afetuosamente todas as religiões, porque amam e veneram o grande princípio quanto ao qual todos estão de acordo, e o grande objetivo para o qual todos eles se dirigem. Começaram a discernir, cada vez mais claramente, que temos todos uma causa comum, como contra um inimigo comum. Não serão tão desorientados pelo espírito de facção, ao ponto de não distinguir o que é feito em favor de sua subdivisão, daqueles atos de hostilidade que, por meio de alguma categoria particular, são voltados contra todo o corpo, no qual eles próprios, sob uma outra denominação, se incluem. É impossível para mim dizer qual pode ser o caráter de cada categoria de homem entre nós. Mas falo pela maior parte; e, por eles, devo dizer-lhe que o sacrilégio não faz parte de sua doutrina de boas obras; que, longe de convocar o senhor para a camaradagem deles, a esse título, se seus professores foram admitidos à comunhão com eles, devem cuidadosamente esconder sua doutrina da legalidade da proscrição de homens inocentes; e que devem fazer restituição de quaisquer bens que tenham sido roubados. Até então, eles não são dos nossos.

O senhor pode supor que nós aqui não aprovamos o confisco, pelos senhores, das rendas dos bispos, diáconos, capítulos e do clero paroquial dono de propriedades independentes compostas de terras, porque temos o mesmo tipo de instituição na Inglaterra. Essa objeção, o senhor dirá, não pode valer quanto ao confisco dos bens de monges e freiras e à abolição de sua ordem. É verdade que essa parte particular de seu confisco geral não afeta a Inglaterra como um precedente apropriado: mas a razão se ajusta; e ela vai [179] longe. O antigo parlamento confiscou as terras dos diáconos e dos capítulos na Inglaterra baseado nas mesmas ideias sobre as quais sua assembleia pôs à venda as terras das ordens monásticas. Mas é no princípio de injustiça que mora o perigo, e não na categoria de pessoas sobre as quais ela é inicialmente exercida. Vejo, em um país muito próximo de nós, ser seguida uma linha de política que desafia a justiça, preocupação comum da humanidade. Para a Assembleia Nacional da França, posse é nada; lei e costume nada são. Vejo a Assembleia Nacional reprovar abertamente a doutrina de prescrição, a qual,* um dos maiores de nossos próprios advogados nos diz com grande verdade, faz parte do direito natural. Ele nos diz que a determinação positiva de seus limites e sua segurança contra invasão estavam entre os motivos pelos quais a própria sociedade civil foi instituída. Se a prescrição for uma vez abalada, nenhum gênero de propriedade está seguro, uma vez que se torna objeto grande o bastante para tentar a cupidez do poder indigente. Vejo uma prática perfeitamente correspondente ao desprezo por essa parte grande e fundamental do direito natural. Vejo os confiscadores começarem com bispos, capítulos e mosteiros. Não os vejo terminar aí. Vejo os príncipes do sangue real que, pelos mais antigos costumes desse reino, possuíam vastas propriedades

* Domat.

de terras (e sem a deferência de um debate) sendo privados de suas posses e, em lugar de sua propriedade estável e independente, ficarem reduzidos à esperança de alguma pensão precária, concedida por caridade, segundo a vontade de uma assembleia que evidentemente tem pouquíssima consideração pelos direitos de pensionistas de favor, quando despreza os de proprietários legais. Entusiasmados com a insolência de suas primeiras vitórias inglórias, e pressionados pelas aflições causadas por sua ganância de um lucro ímpio, decepcionados mas não desestimulados, eles aos poucos arriscaram subverter completamente toda propriedade, de todas as categorias, por toda a extensão de um grande [180] reino. Eles forçaram todo mundo, em todas as transações de comércio, na venda de terras, nos negócios civis, e por toda a comunhão de vida, a aceitar como pagamento perfeito e como moeda boa e legal os símbolos de suas especulações de uma projetada venda de sua pilhagem. Que vestígio de liberdade ou de prosperidade eles deixaram? O direito de arrendatário de uma plantação de repolhos, um ano de juros de um galpão de olaria, a boa vontade de uma cervejaria, ou de uma padaria, a sombra mesma de uma propriedade construtiva são tratados mais cerimoniosamente em nosso parlamento do que, entre os senhores, as mais antigas e valiosas propriedades de terras, nas mãos dos personagens mais respeitáveis, ou do que todo o conjunto do interesse pecuniário e comercial de seu país. Temos em alta conta a autoridade legislativa; mas nunca sonhamos que parlamentos tivessem qualquer direito de violar a propriedade, de derrubar a prescrição, ou de forçar um meio circulante de sua própria ficção no lugar do que é real e reconhecido pelo direito das nações. Mas os senhores, que começaram recusando submeter-se às restrições mais moderadas, terminaram instituindo um despotismo como nunca se ouviu falar. Acho que a base sobre a qual seus confiscadores agem é esta; que de fato suas ações não poderiam encontrar apoio em um tribunal; mas que as regras de prescrição não podem acorrentar uma assembleia legislativa.* De forma que essa assembleia legislativa de uma nação livre se reúne não para a segurança, mas para a destruição da propriedade, e não só da propriedade, mas de toda regra e máxima que podem dar-lhe estabilidade, e dos únicos instrumentos que podem dar-lhe circulação.

Quando os anabatistas de Münster, no século XVI, encheram a Alemanha de confusão, por seu sistema de igualização e suas desregradas opiniões com respeito à propriedade, a [181] que país da Europa o progresso de sua fúria não forneceu justa causa de alarme? Entre todas as coisas, a sabedoria é a que mais se aterroriza com o fanatismo epidêmico, porque, de todos os inimigos, é contra esse que ela é menos capaz de oferecer qualquer tipo de recurso. Não podemos ignorar o espírito de fanatismo ateu que inspirou uma multidão de textos, distribuídos com incrível assiduidade e despesa, e sermões feitos em todas as ruas e praças de afluência pública em Paris. Esses textos e sermões encheram o populacho de uma atrocidade mental negra e selvagem que se sobrepõe a seus sentimentos comuns naturais, bem como a todos os sentimentos de moralidade e religião; a tal ponto que esses desgraçados são induzidos a suportar com mal-humorada paciência as aflições into-

* Discurso do Sr. Camus, publicado por ordem da Assembleia Nacional.

leráveis a eles acarretadas pelas violentas convulsões e trocas que foram feitas na propriedade.* O espírito de proselitismo acompanha o espírito de fanatismo. Eles têm sociedades para fazer suas cabalas e se corresponder, na pátria e no exterior, para a propagação de seus princípios. A [182] república de Berna, um dos mais felizes, mais prósperos e mais bem governados países sobre a face da terra, é um dos grandes objetivos, cuja destruição eles visam. Disseram-me que eles em certa medida conseguiram plantar por lá as sementes da insatisfação. Estão no momento atarefados por toda a Alemanha. Espanha e Itália não ficaram incólumes. A Inglaterra não foi deixada de fora no plano abrangente de sua maligna caridade; e na Inglaterra encontramos os que estendem os braços para eles, que recomendam seus exemplos do alto de mais de um púlpi-

* Não sei se a descrição que se segue é rigorosamente verdadeira; mas é o que os editores quiseram fazer passar por verdade, a fim de animar outros. Em uma carta de Toul, publicada em um de seus jornais, encontra-se a seguinte passagem, referente ao povo daquele distrito: "Dans la Révolution actuelle, ils ont resisté à toutes les *séductions du bigotisme, aux persécutions et aux tracasseries* des Ennemis de la Révolution. *Oubliant leurs plus grands intérêts* pour rendre hommage aux vues d'ordre général qui ont déterminé l'Assemblée Nationale, ils voient, *sans se plaindre,* supprimer cette foule d'établissements ecclésiastiques par lesquels *ils subsistoient*; et même, en perdant leur siège épiscopal, la seule de toutes ces ressources qui pouvoit, ou plutôt *qui devoit, en toute équité,* leur être conservée; condamnés à *la plus effrayante misère,* sans avoir *été ni pu être entendus, ils ne murmurent point,* ils restent fidèles aux principes du plus pur patriotisme; ils sont encore prêts à *verser leur sang* pour le maintien de la Constitution, qui va reduire leur Ville *à la plus déplorable nullité.*" Essas pessoas não deveriam ter passado por tais sofrimentos e injustiças em uma luta por liberdade, pois a mesma narrativa afirma verdadeiramente que elas sempre foram livres; sua paciência na mendicância e na ruína, e seu sofrimento, sem reclamação, da mais flagrante e confessa injustiça, se rigorosamente verdadeiros, não podem ser senão o efeito desse terrível fanatismo. Uma grande multidão por toda a França está na mesma condição e é da mesma disposição.

to, e que decidem, em mais de uma reunião periódica, corresponder-se publicamente com eles, aplaudi-los e mostrá-los como objetos de imitação; que recebem deles penhores de confraternização e estandartes consagrados em meio a seus ritos e mistérios;* que lhes sugerem ligas de amizade perpétua, no momento mesmo em que o poder, ao qual nossa constituição delegou exclusivamente a capacidade federativa deste reino, pode achar conveniente travar guerra contra eles.

Não é o confisco das propriedades de nossa Igreja, a partir desse exemplo da França que eu temo, embora isso não fosse um mal trivial. A grande fonte de minha solicitude é que nunca se venha a considerar na Inglaterra como política de estado recorrer a confiscos de qualquer tipo; ou que nunca qualquer categoria de cidadãos seja levada a encarar qualquer das outras como sua presa peculiar.† As nações [183] afundam cada vez mais em um oceano de dívida ilimitada. As dívidas públicas, que a princípio eram uma garantia

* Ver os trabalhos da confederação em *Nantz*.

† "Si plures sunt ii quibus improbe datum est, quam illi quibus injuste ademptum est, idcirco plus etiam valent? Non enim numero haec judicantur, sed pondere. Quam autem habet aequitatem, ut agrum multis annis, aut etiam saeculis ante possessum, qui nullum habuit habeat; qui autem habuit amittat? Ac, propter hoc injuriae genus, Lacedaemonii Lysandrum Ephorum expulerunt: Agin regem (quod nunquam antea apud eos acciderat) necaverunt; exque eo tempore tantae discordiae secutae sunt, ut et tyranni exsisterint, et optimates exterminarentur, et preclarissime constituta respublica dilaberetur. Nec vero solum ipsa cecidit, sed etiam reliquam Graeciam evertit contagionibus malorum, quae a Lacedaemoniis profectae manarunt latius." Após falar da conduta do modelo dos verdadeiros patriotas, Aretus de Sicyon, que era de um espírito muito diferente, ele diz: "Sic par est agere cum civibus; non ut bis jam vidimus, hastam in foro ponere et bona civium voci subjicere praeconis. At ille Graecus (id quod fuit sapientis et praestantis viri) omnibus consulendum esse putavit: eaque est summa ratio et sapientia boni civis, commoda civium non divellere, sed omnes eadem aequitate continere". Cíc. *Off.* l. 2.

para os governos, por interessar muitos na tranquilidade pública, provavelmente hão de se tornar, em seu excesso, o meio de sua subversão. Se os governos provêm o pagamento dessas dívidas por meio de imposições pesadas, perecem por se tornar odiosos para o povo. Se não proverem seu pagamento, serão destruídos pelos esforços do mais perigoso de todos os grupos; refiro-me ao interesse pecuniário descontente, prejudicado mas não destruído. Os homens que compõem esse interesse buscam sua segurança, em primeira instância, na fidelidade do governo; em segunda, no seu poder. Se acham os velhos governos combalidos, desgastados, com os tendões relaxados, de forma a não serem de vigor suficiente para seus propósitos, podem buscar governos novos que possuam mais energia; e essa energia derivará não de uma aquisição de recursos, mas de um desprezo pela justiça. As revoluções são favoráveis ao confisco; e é impossível saber sob que nomes detestáveis os próximos confiscos serão autorizados. Tenho certeza de que os princípios predominantes na França se estendem a muitíssimas pessoas e categorias de pessoas em todos os países, as quais acham que sua indolência inócua é sua segurança e garantia. Esse tipo de inocência em proprietários pode ser demonstrado como inutilidade, e a inutilidade, como um despreparo para suas propriedades. Muitas partes da Europa encontram-se em aberta desordem. Em muitas outras há um murmurar cavo por baixo dos panos; sente-se um movimento confuso, que ameaça um terremoto geral no mundo político. Já se formam confederações e correspondências da natureza mais extraordinária, em [184] diversos países.* Nesse estado de

* Ver dois livros intitulados *Einige Originalschriften des Illuminatenordens; System und Folgen des Illuminatenordens*. Munique, 1787.

coisas, deveríamos ficar em guarda. Em todas as mutações (se mutações deve haver) a circunstância que mais servirá para cegar o fio de sua malícia e promover o bem que possa haver nelas é que nos encontrem com nossas ideias obstinadas pela justiça e zelosas pela propriedade.

Mas há de se dizer que esse confisco na França não deveria alarmar outras nações. Dizem que ele não é feito por ganância imoderada; que se trata de uma grande medida de política nacional, adotada para afastar um mal extenso, inveterado, supersticioso. É com a maior dificuldade que consigo separar política de justiça. A própria justiça é a grande política regular da sociedade civil; e qualquer iminente afastamento dela, sob quaisquer circunstâncias, fica sob a suspeita de absolutamente não se tratar de política.

Quando os homens são estimulados pelas leis existentes a seguir um certo modo de vida, e são protegidos nesse modo como em uma ocupação legítima – quando acomodaram a esse modo todas as suas ideias e todos os seus hábitos –, quando a lei há muito já fez da adesão deles a suas regras um motivo de reputação, e de seu afastamento delas um motivo de desonra e até de penalidade – tenho certeza de que é injusto em legislatura, por meio de um decreto arbitrário, fazer uma súbita violência a suas ideias e seus sentimentos; degradá-los forçosamente de seu estado e condição, e estigmatizar com vergonha e infâmia aquele caráter e aqueles costumes que eram a medida de sua honra e felicidade. Se a isso se acrescentar uma expulsão de suas habitações e um confisco de todos os seus bens, não tenho sagacidade suficiente para descobrir como essa diversão despótica, feita dos sentimentos, consciências, preceitos e propriedades dos homens, pode ser diferenciada da mais consumada tirania.

[185] Se a injustiça do rumo tomado na França ficar clara, a política da medida, isto é, o benefício público a esperar daí, deveria ser pelo menos tão evidente, e pelo menos tão importante. Para um homem que não age sob a influência de qualquer paixão, que em seus projetos nada tem em vista senão o bem público, imediatamente o impressionará uma grande diferença entre o que a política prescreveria sobre a introdução original dessas instituições, e sobre a questão de sua total abolição, onde elas se arraigaram profundamente, e onde, por longo hábito, coisas mais penosas do que elas próprias lhes estão tão adaptadas, e de certo modo entremeadas nelas, que uma não pode ser destruída sem prejudicar notavelmente a outra. Ele poderia ficar constrangido, se o caso fosse realmente como os sofistas o representam em seu estilo reles de debate. Mas nisso, como na maior parte das questões de Estado, existe um meio-termo. Existe algo mais do que a mera alternativa de destruição absoluta, ou existência sem ser reformada. *Spartam nactus es; hanc exorna.* Essa é, em minha opinião, uma regra de sentido profundo, e nunca deveria afastar-se da mente de um reformador honesto. Não consigo conceber como algum homem possa ter-se levado a esse auge de presunção, que é considerar seu país como nada além de *carte blanche*, na qual ele pode rabiscar qualquer coisa que bem queira. Um homem cheio de calorosa benevolência especulativa pode querer sua sociedade constituída de forma diferente daquela em que ele a encontra; mas um bom patriota, um autêntico político sempre considera como aproveitará ao máximo os elementos existentes em seu país. Uma disposição a preservar, e uma capacidade de melhorar, reunidas, seria esse o meu padrão de um estadista. Tudo mais é vulgar na concepção, arriscado na execução.

Há momentos na fortuna dos Estados em que indivíduos particulares são convocados a fazer melhorias por meio de grande esforço mental. Nesses momentos, mesmo quando eles parecem gozar da confiança de seu príncipe e de seu país, e [186] estar investidos de plena autoridade, nem sempre têm instrumentos adequados. Um político, para fazer grandes coisas, busca um *poder*, o que os trabalhadores chamam de uma *influência*; e, se ele encontra esse poder, na política como na mecânica, não pode ficar sem saber como aplicá-lo. Nas instituições monásticas, em minha opinião, foi encontrado um grande *poder* para o mecanismo de benevolência política. Havia rendimentos com uma orientação pública; havia homens totalmente reservados e dedicados a propósitos públicos, sem quaisquer outros laços e princípios que não públicos; homens sem a possibilidade de virem a converter as propriedades da comunidade em fortuna particular; homens que se negavam aos interesses pessoais, cuja avareza é para alguns comunidade; homens para quem a pobreza pessoal é honra e a obediência implícita se coloca no lugar de liberdade. Em vão um homem buscará a possibilidade de fazer essas coisas quando bem entender. Os ventos sopram para onde querem. Essas instituições são produtos de entusiasmo; são os instrumentos da sabedoria. A sabedoria não pode criar implementos; eles são dádivas da natureza ou do acaso; o orgulho dela está no uso. A existência perene de organismos corporativos e suas fortunas são coisas particularmente adequadas a um homem que tem longa visão; que medita propósitos que requerem tempo para se formar; e que propõe duração quando eles se realizam. Não merece alta posição, ou mesmo ser mencionado na ordem dos grandes estadistas, quem, tendo obtido o comando e a direção de um poder como o existente na riqueza, na disciplina, e nos hábitos dessas corporações, como as que os senhores precipitadamente destruíram, não consegue encontrar um meio de convertê-los em grande e duradouro benefício de seu país. Na visão desses súditos, um milheiro de usos se sugere a uma mente inventiva. Destruir qualquer poder, crescendo descontrolado da exuberante força produtiva da mente humana, é quase equivalente, no mundo moral, à destruição das propriedades aparentemente ativas de corpos [187] no mundo material. Seria como a tentativa de destruir (se estivesse em nossa competência fazê-lo) a força expansiva do ar estável em nitrato, ou a força do vapor, ou da eletricidade, ou do magnetismo. Essas energias sempre existiram na natureza, e sempre foram discerníveis. Algumas delas pareciam imprestáveis, algumas nocivas, outras não melhores do que um divertimento para as crianças; até que a faculdade contemplativa, combinada com a habilidade prática, domou sua natureza desregrada, submeteu-as para o uso e tornou-as de uma só vez os agentes mais poderosos e mais maleáveis, em subserviência às grandes visões e aos grandes propósitos dos homens. Cinquenta mil pessoas, cujo esforço mental e físico os senhores poderiam dirigir, e muitas centenas de milhares de rendimento ao ano, que não eram nem preguiçosas, nem supersticiosas, parecem ser demais para suas capacidades de controle? Os senhores não tiveram um meio de utilizar os homens, senão transformando monges em pensionistas? Não tinham um meio de tirar proveito da fazenda pública, senão através do recurso improvidente de uma venda perdulária? Se os senhores eram assim destituídos de fundos mentais, então o procedimento está em seu caminho natural. Seus políticos não entendem de seu ofício; vendem, portanto, suas ferramentas.

Mas as instituições têm gosto de superstição em seu próprio princípio; e elas o alimentam por uma influência permanente e regular. Isso eu não pretendo discutir; mas isso não deveria impedi-los de derivar da própria superstição quaisquer recursos que possam daí ser fornecidos para a vantagem pública. Os senhores derivam benefícios de muitas disposições e muitas paixões da mente humana, que são de um matiz tão duvidoso ao olho moral quanto a própria superstição. Cabia-lhes corrigir e mitigar tudo que era nocivo nessa paixão, como em todas as paixões. Mas a superstição é o maior de todos os vícios possíveis? Em seu possível excesso, acho que ela se torna um mal muito grande. É, no entanto, uma questão moral; e admite, é claro, todos os graus e todas [188] as modificações. Superstição é a religião de mentes fracas; e elas devem ser toleradas ainda que tal mistura, de alguma forma ou de outra, seja insignificante ou entusiástica, senão os senhores privarão mentes fracas de um recurso considerado necessário às mais fortes. O corpo de toda verdadeira religião consiste, é lógico, em obediência à vontade do soberano do mundo; em uma confiança em suas declarações; e em imitação de suas perfeições. O resto é nosso próprio. Pode ser prejudicial ao grande fim; pode ser de ajuda. Homens de sabedoria que, como tal, não são *admiradores* (pelo menos não admiradores da *Munera Terrae*) não são violentamente apegados a essas coisas, nem as odeiam violentamente. A sabedoria não é o mais severo retificador da loucura. São as loucuras rivais que travam uma com a outra guerra tão implacável; e que fazem um uso tão cruel de suas vantagens, como quando envolvem o vulgo imoderado em um lado ou outro em seus conflitos. A Prudência seria neutra; mas se, na contenção entre carinhoso apego e forte antipatia com respeito a coisas que em sua natureza não são feitas para provocar essas inflamações, um homem prudente estaria obrigado a fazer uma escolha de que erros e excessos de entusiasmo ele condenaria ou aguentaria; talvez ele achasse a superstição que constrói mais tolerável do que a que demole; a que adorna um país mais do que a que o deforma; a que dota, mais do que a que saqueia; a que dá a uma beneficência equivocada, mais do que a que estimula a real injustiça; aquela que leva um homem a recusar-se prazeres legais, mais do que a que arranca de outros a fraca subsistência de seu espírito de sacrifício. Esse, eu acho, é muito aproximadamente o estado da questão entre os antigos fundadores da superstição monástica e a superstição dos pretensos filósofos do momento.

Por ora, postergo todas as considerações sobre o suposto benefício público da venda, o qual, entretanto, concebo [189] ser perfeitamente ilusório. Aqui o considerarei somente como uma transferência de propriedade. Sobre a política dessa transferência eu lhes darei o incômodo de apenas umas poucas ideias.

Em toda comunidade próspera, é produzido algo mais do que o necessário para o sustento imediato do produtor. Esse excesso forma o lucro do capitalista fundiário. E será gasto por um proprietário que não dá duro no trabalho. Mas essa própria ociosidade é fonte de trabalho; esse repouso, o impulso à industriosidade. O único interesse do Estado é que o capital obtido pelo aluguel da terra retorne à indústria de onde veio; e que esse gasto seja com o menor detrimento possível para a moral dos que gastam, e a das pessoas para quem ele retorna.

Em todas as visões de receita, despesa e emprego pessoal, um legislador sóbrio deveria comparar cuidadosamente o proprietário que ele recomendou ser expulso com o estranho que foi proposto para preencher seu lugar. Antes que ocorram as inconveniências que *devem* acompanhar todas as revoluções violentas em propriedade por meio de confisco extenso, deveríamos ter alguma garantia racional de que os compradores da propriedade confiscada serão, em um grau considerável, mais laboriosos, mais virtuosos, mais sóbrios, menos dispostos a extorquir uma proporção pouco razoável dos ganhos do trabalhador, ou a consumir consigo mesmos uma parcela maior do que o adequado à medida de um indivíduo, ou que estejam mais qualificados a dispor do excedente de um modo mais firme e equitativo, que atenda aos propósitos de um dispêndio político, do que os antigos proprietários, chamem-se estes bispos, ou cônegos, ou abades comendatários, ou monges, ou o que se quiser. "Os monges são ociosos." Que seja. Suponham que não têm outro uso senão o de cantar no coro. São tão utilmente empregados quanto os que não cantam nem declamam. Tão utilmente mesmo quanto os que cantam no palco. São [190] tão utilmente empregados como se trabalhassem de manhã à noite nas inúmeras ocupações servis, degradantes, indecorosas, indignas de um homem, e com frequência extremamente insalubres e perniciosas, às quais, pela economia social, tantos desgraçados veem-se inevitavelmente condenados. Se não fosse de um modo geral pernicioso perturbar o curso natural das coisas, e impedir, em qualquer grau, o movimento da grande roda de circulação que é girada pelo labor estranhamente orientado dessa gente infeliz, eu seria infinitamente mais inclinado a resgatá-los à força de sua miserável operosidade do que a perturbar violentamente o repouso tranquilo da quietude monástica. Humanidade e talvez política poderiam justificar-me melhor em uma do que na outra coisa. É um tema sobre o qual refleti com frequência, e nunca refleti sem sentimento por ele. Tenho certeza de que nenhuma consideração, exceto a necessidade de submeter-se ao jugo da voluptuosidade e ao despotismo da fantasia que, a seu próprio modo imperioso, distribuirão o produto excedente do solo, pode justificar a tolerância desses negócios e empregos em um Estado bem-regulamentado. Mas para esse propósito de distribuição, parece-me que as despesas ociosas dos monges são exatamente tão bem orientadas quanto as despesas ociosas em que incorremos nós, leigos vadios.

Quando as vantagens da propriedade, e do projeto, estão em nível de igualdade, não há motivo para uma mudança. Mas, no caso presente, talvez não estejam em nível de igualdade, e a diferença é a favor da propriedade. Não me parece que as despesas dos que os senhores vão expulsar, de fato, tomem um rumo tão direta e tão geralmente tendente a corromper, degradar e tornar infelizes aqueles por quem eles passam quanto as despesas dos favorecidos que os senhores estão intrometendo nas casas deles. Porque o dispêndio de uma grande propriedade fundiária, que é uma dispersão do produto excedente do solo, parece intolerável aos senhores ou a mim, quando ele segue seu rumo por meio do acúmulo de vastas bibliotecas, que são a história da força e da fraqueza [191] da mente humana; por meio de grandes coleções de antigos registros, medalhas e moedas, que atestam e explicam leis e costumes. Por meio de pinturas e estátuas que, imitando a natureza, parecem ampliar os limites da criação; por meio de grandiosos monumentos aos mortos, que dão continuidade às considerações e ligações da vida para além da sepultura; por meio de coleções de espécimes da natureza, que se tornam uma assembleia representativa de todas as classes e famílias do mundo, que por disposição facilitam e, despertando a curiosidade, abrem os caminhos para a ciência? Se, por meio de grandes instituições permanentes, todos esses objetos de despesa são mais bem garantidos contra o divertimento inconstante do capricho e da extravagância pessoais, estão pior do que se os mesmos gostos prevalecessem em indivíduos dispersos? O suor do pedreiro e do carpinteiro, que labutam a fim de partilhar o suor do camponês, não flui tão agradável e salubremente na construção e no conserto dos majestosos edifícios da religião, quanto nas barracas coloridas e nos antros do vício e da luxúria; tão honrosa e proveitosamente em restaurar as sombras sacras que ficam envelhecidas por inúmeros anos quanto os receptáculos momentâneos da transitória voluptuosidade; teatros líricos e bordéis; casas de jogos e clubes, e obeliscos no Champ de Mars? Será que o produto excedente da oliveira e da videira é mais mal empregado no sustento de pessoas que as ficções de uma pia imaginação elevam à dignidade por edificarem no serviço de Deus, do que em mimar a incontável multidão dos que são degradados ao serem transformados em domésticos inúteis, subservientes ao orgulho do homem? As decorações de templos são um dispêndio menos digno de um homem sensato do que fitas e rendas, penachos cívicos, petits maisons, e petits soupers e todas as inúmeras afetações de variedade e extravagâncias em que a opulência se distrai da carga de sua superfluidade?

[192] Até essas coisas toleramos; não por amor a elas, mas por medo de coisa pior. Nós as toleramos porque propriedade e liber-

dade, em certo grau, requerem essa tolerância. Mas por que condenar o outro, e com certeza, sob todos os pontos de vista, mais louvável uso de propriedades? Por que, pela violação de toda propriedade, pela afronta a cada princípio de liberdade, levá-las forçosamente do melhor para o pior?

Essa comparação entre os novos indivíduos e a antiga corporação se faz sobre uma suposição de que nenhuma reforma poderia ser efetuada nessa última. Mas, em questão de reforma, sempre considero que organismos corporativos, sejam isolados ou consistindo em muitos, são bem mais suscetíveis de uma orientação pública pelo poder do Estado, no uso de sua propriedade e na regulamentação dos modos e hábitos de vida de seus membros, do que cidadãos particulares algum dia possam ser, ou talvez devessem ser; e isso me parece uma consideração muito substancial para quem se propõe a realizar alguma coisa que mereça o nome de um empreendimento político. Já chega quanto às propriedades dos mosteiros.

Com respeito às propriedades de bispos, cônegos e abades comendatários, não consigo descobrir por que motivo algumas propriedades fundiárias não podem ser possuídas de outro modo que não por herança. Será que algum saqueador filosófico pode incumbir-se de demonstrar o mal positivo, ou o comparativo, de ter uma certa, e também uma grande porção de propriedade fundiária passando por sucessão a pessoas cujo direito a ela significa, sempre em teoria, e muitas vezes de fato, um eminente grau de piedade, moral e instrução; uma propriedade que, por sua destinação, por sua vez, e por conta de mérito, dá às mais nobres famílias renovação e apoio, e às mais humildes os meios de dignidade e elevação; uma propriedade cuja posse é o desempenho de algum dever, seja qual for o valor que se possa escolher atribuir a esse dever – e o caráter de cujos proprietários exige pelo menos um decoro exterior e gravidade de maneiras; que devem exercer uma hospitalidade generosa, mas [193] comedida; parte de cuja renda eles devem considerar como um depósito em confiança para caridade; e que, mesmo quando faltam a essa confiança, quando deslizam de seu caráter e degeneram em um mero nobre ou cavalheiro secular, não são em nenhum respeito piores do que os que podem sucedê-los em suas propriedades confiscadas? É melhor que propriedades sejam possuídas por quem não tem deveres do que pelos que têm um dever? Por aqueles cujo caráter e destinação indicam virtudes do que por quem não tem regra e direção no dispêndio de suas propriedades senão sua própria vontade e apetite? Nem essas propriedades são possuídas por completo no caráter ou com os males que se acha serem inerentes à inalienabilidade. Elas passam de mão em mão com uma circulação mais rápida do que qualquer outra. Nenhum excesso é bom; e, portanto, uma proporção grande demais de propriedade fundiária pode ser possuída oficialmente por toda a vida; mas não me parece de prejuízo substancial para qualquer nação que existam algumas propriedades que têm a possibilidade de ser adquiridas por outros meios que não a prévia aquisição de dinheiro.

Esta carta cresceu muito, embora seja de fato curta com respeito à extensão infinita de seu assunto. Várias distrações de tempos em tempos afastaram minha mente desse assunto. Não me desculpo por dar-me tempo para observar se, nos trabalhos da Assembleia Nacional, eu não possa encontrar motivos para mudar ou para restringir alguns de meus sentimentos iniciais. Tudo me confirmou mais fortemente em minhas primeiras opiniões. Era meu propósito original examinar os princípios da Assembleia Nacional com respeito às instituições grandes e fundamentais, e comparar a totalidade daquilo que vocês colocaram no lugar daquilo que vocês destruíram, com os vários membros de nossa constituição britânica. Mas esse plano é muito mais extenso do que avaliei primeiramente, e vejo que vocês têm pouco desejo de tirar proveito de quaisquer exemplos. No momento, terei de me satisfazer com alguns comentários sobre suas instituições reservando para outra hora o que eu propunha dizer concernente ao espírito de nossa monarquia, aristocracia e democracia britânicas, tal como elas de forma prática existem.

Fiz uma resenha do que foi realizado pelo poder dominante na França. Eu certamente falei disso com liberdade. Quem tem por princípio desprezar o antigo e permanente senso de humanidade e montar um plano de sociedade sobre novos princípios deve naturalmente esperar que aqueles de nós que pensam melhor do julgamento da raça humana do que do julgamento deles próprios, deveriam considerar tanto eles quanto seus estratagemas como homens e planos sendo experimentados. Devem ter por certo que damos muita atenção à sua razão, mas absolutamente nenhuma à sua autoridade. Eles não têm a seu favor um dos grandes preconceitos que influenciam a humanidade. Eles atribuem sua hostilidade à opinião. É claro que não devem esperar apoio dessa influência, a qual, com autoridade toda outra, eles depuseram da sede de sua jurisdição.

Jamais poderei considerar essa assembleia como algo mais do que uma associação voluntária de homens que se aproveitaram das circunstâncias para tomar o poder do Estado. Eles não têm a sanção e a autoridade do caráter sob o qual inicialmente se reuniram.

Assumiram um outro, de uma natureza muito diferente; e alteraram e inverteram completamente todas as relações em que originalmente se formavam. Não possuem a autoridade que exercem sob qualquer lei constitucional do Estado. Afastaram-se das instruções do povo que os enviou; instruções que, como a assembleia não agia em virtude de nenhum costume antigo ou lei instituída, eram a exclusiva fonte de sua autoridade. Os seus decretos mais consideráveis não foram aprovados por grandes maiorias; e nesse tipo de quase divisões, que têm [195] apenas a autoridade construtiva do todo, estrangeiros considerarão razões, bem como resoluções.

Se eles tivessem montado esse novo governo experimental como um necessário substituto para uma tirania deposta, a humanidade preveria o tempo de prescrição, o qual, em virtude de longo hábito, amadurece para a legalidade governos que foram violentos em seu começo. Todos os que têm afeições que os levam à conservação da ordem civil reconheceriam, mesmo no berço, que era legítimo o filho produzido a partir desses princípios de irrefutável conveniência a que todos os governos legítimos devem seu nascimento e com os quais justificam seu prosseguimento e permanência. Mas eles tardarão e mostrarão relutância em dar qualquer tipo de aprovação às operações de um poder que derivou sua origem não de uma lei ou de uma necessidade; mas que, ao contrário, teve sua origem nos vícios e práticas sinistras pelos quais a união social é frequentemente perturbada e às vezes destruída. Essa assembleia mal tem um ano de prescrição. Contamos com a palavra deles próprios de que fizeram uma revolução. Fazer uma revolução é uma medida que, *prima fronte*, exige uma justificativa. Fazer uma revolução é subverter o antigo estado de nosso país. E razões comuns não são invocadas para justificar processo tão violento. O senso de humanidade nos autoriza a investigar o modo de adquirir poder novo, e a criticar o uso que é feito dele, com menos temor e reverência do que habitualmente se concedem a uma autoridade estabelecida e reconhecida.

Na obtenção e manutenção de seu poder, a assembleia procede segundo princípios os mais opostos aos que parecem orientá-la no uso dele. Uma observação dessa diferença nos fará conhecer o verdadeiro espírito de sua conduta. Tudo o que esses senhores fizeram, ou continuam a fazer, a fim de obter e manter seu poder, é pela mais comum [196] das artes. Eles procedem exatamente como seus ancestrais de ambição antes deles. Rastreie todos os seus artifícios, trapaças e violências, e não conseguirá encontrar em absoluto algo que seja novo. Eles seguem precedentes e exemplos com a exatidão meticulosa de um pleiteante na justiça. Nunca se afastam um iota das fórmulas autênticas da tirania e usurpação. Mas, em todas as regulamentações relativas ao bem público, o espírito era o oposto total disso. Aí eles deixam o todo à mercê de especulações não experimentadas; abandonam os mais caros interesses do público àquelas vagas teorias, às quais nenhum deles sonharia confiar o menor de seus interesses privados. Eles fazem essa diferença porque em seu desejo de obter e manter o poder são inteiramente diligentes; aí, preferem tomar o caminho mais batido. Os interesses públicos, porque não têm por eles nenhuma real solicitude, eles os abandonam totalmente ao acaso; digo ao acaso porque seus planos nada têm de experiência para provar que sua tendência é benéfica.

Devemos sempre encarar com uma pena não desprovida de respeito os erros dos que são tímidos e sentem dúvidas de si mesmos com relação a questões que concernem à felicidade da espécie humana. Mas não há nesses senhores nem um traço daquela terna solicitude genitora que recua em cortar a criança em partes em nome de uma experiência. Na vastidão de suas promessas, e na confiança de suas previsões, eles deixam muito pouco para trás toda a bazófia dos empíricos. A arrogância de suas pretensões, de certa maneira, provoca e desafia-nos a uma investigação de seu princípio.

Estou convencido de que há homens de consideráveis talentos entre os líderes populares da Assembleia Nacional. Alguns deles exibem eloquência em seus discursos e seus textos. Isso não pode existir sem talentos fortes e cultivados. Mas a eloquência pode existir sem um grau proporcional de [197] sensatez. Quando falo de capacidade, fico obrigado a discriminar. O que eles fizeram para apoiar seu sistema não revela homens vulgares. No próprio sistema, entendido como o projeto de uma república edificada para obter a prosperidade e a segurança do cidadão, confesso-me incapaz de encontrar alguma coisa que demonstre, em uma só instância, o trabalho de uma mente abrangente e organizada, ou mesmo as provisões de uma prudência vulgar. Seu propósito, em toda parte, parece ter sido o de evadir e livrar-se de *dificuldades*. O que foi a glória dos grandes mestres de todas as artes, confrontar, e superar; e, uma vez superada a primeira dificuldade, transformá-la em um instrumento para novas conquistas sobre novas dificuldades; permitindo-lhes assim ampliar o império de sua ciência; e até mesmo fazer avançar além das fronteiras de suas ideias originais os marcos do próprio entendimento humano. A dificuldade é um instrutor severo, posto acima de nós pela ordem suprema de um guardião e legislador paternal, que nos conhece melhor do que conhecemos a nós mesmos, como nos ama melhor também, *Pater ipse colendi haud facilem esse viam voluit.* Quem luta conosco fortalece nossa coragem e afia nossa habilidade. Nosso antagonista nos ajuda. Esse conflito amigável com a dificuldade nos obriga a um conhecimento íntimo de nosso objetivo, e nos força a considerá-lo em todas as suas relações. Ele não vai tolerar que sejamos superficiais. É a falta de fibra de entendimento para essa função; é o amor degenerado por urdir atalhos e pequenas comodidades falaciosas que em muitas partes do mundo criou governos com poderes arbitrários. Criaram a extinta monarquia arbitrária da França. Criaram a arbitrária república de Paris. Entre eles as deficiências em sabedoria devem ser supridas pela plenitude da força. Nada conseguem com isso. Começando seus trabalhos sobre um princípio de indolência, eles têm [198] a sorte comum aos homens indolentes. As dificuldades, que eles mais eludiram do que delas escaparam, voltam a confrontá-los em seu caminho; elas se multiplicam e se acumulam, pesando sobre eles; veem-se envolvidos, através de um labirinto de detalhes confusos, em uma laboriosidade sem limites, e sem direção; e, em conclusão, o total de seu trabalho torna-se frágil, corrompido e inseguro.

Foi essa incapacidade de lutar com as dificuldades que obrigou a assembleia arbitrária da França a começar seus planos de reforma com abolição e destruição total.* Mas é em destruir e pôr abaixo

* Um membro importante da assembleia, o sr. Rabaud de St. Etienne, expressou tão claramente quanto possível o princípio de todos os seus trabalhos.

que essa capacidade se demonstra? O seu populacho pode fazer isso pelo menos tão bem quanto suas assembleias. O entendimento mais superficial, a mão mais rude estão mais do que à altura dessa tarefa. O frenesi da fúria e da loucura pode, em meia hora, derrubar mais do que prudência, deliberação e previsão podem construir em cem anos. Os erros e defeitos de velhas instituições são visíveis e palpáveis. Requer pouca capacidade apontá-los; e onde é dado o poder absoluto é preciso apenas uma palavra para eliminar totalmente o vício e a instituição juntos. A mesma disposição ociosa e inquieta, que ama a indolência e odeia o sossego, orienta esses políticos, quando eles chegam a trabalhar, para suprir a falta do que eles destruíram. Fazer tudo ser o inverso do que eles viram é praticamente tão fácil quanto destruir. Não ocorre dificuldade alguma com o que nunca [199] foi tentado. A crítica fica quase desnorteada se tenta descobrir os defeitos do que não existiu; e o entusiasmo impaciente, e a esperança enganadora, têm todo o amplo campo da imaginação, no qual podem estender-se com pouca ou nenhuma oposição.

Preservar e reformar ao mesmo tempo é totalmente outra coisa. Quando as partes úteis de uma velha instituição são conservadas, e o que for acrescentado for adequado ao que é retido, uma mente

---

Nada pode ser mais simples: "*Tous les établissemens en France couronnent le malheur du peuple; pour le rendre heureux il faut le renouveler; changer ses idées; changer ses loix; changer ses moeurs; ... ... changer les hommes; changer les choses; changer les mots... ... tout détruire; oui, tout détruire; puisque tout est à recréer.*" Esse senhor foi escolhido presidente de uma assembleia que não se reunia no *Quinze vingt*, ou nas *Petites Maisons*; e composta de pessoas apresentando-se como seres racionais; mas nem suas ideias, linguagens ou conduta diferem, no mínimo grau, dos discursos, opiniões e ações daqueles, dentro e fora da assembleia, que dirigem as operações da máquina ora em funcionamento na França.

vigorosa, atenção firme e perseverante, variados poderes de comparação e combinações, e os recursos de um entendimento pródigo em expedientes devem ser exercidos; devem ser exercidos em um conflito contínuo com a força combinada de vícios opostos; com a obstinação que rejeita toda melhoria, e a leviandade que fica cansada e enjoada de tudo que possui. Mas o senhor pode objetar – "Um processo desse tipo é lento. Não serve para uma assembleia que se vangloria por realizar em poucos meses a obra de séculos. Esse modo de reforma talvez possa levar muitos anos." Sem dúvida poderia; e deveria. É uma das excelências de um método em que o tempo é um de seus assistentes, que sua operação seja lenta e, em alguns casos, quase imperceptível. Se circunspecção e cautela fazem parte da sabedoria, quando trabalhamos apenas com matéria inanimada, certamente elas fazem parte do dever também, quando o objeto de nossa demolição ou construção não é tijolo e madeira, mas seres humanos pela súbita alteração de cujo estado, condição e hábitos, multidões podem se tornar infelizes. Mas parece, como se fosse a opinião predominante em Paris, que um coração insensível e uma confiança inabalável são as únicas qualificações para um legislador perfeito. São muito diferentes as minhas ideias sobre essa eminente função. O verdadeiro legislador deveria ter um coração cheio de sensibilidade. Ele deveria amar e respeitar sua espécie, e temer a si mesmo. Poder-se-ia permitir a seu temperamento captar seu objetivo extremo com um olhar [200] intuitivo; mas seus movimentos na direção dele deveriam ser deliberados. Um arranjo político, como é um trabalho para fins sociais, só deve ser elaborado por meios sociais. Aí, mente deve conspirar com mente. Requer tempo produzir essa união de mentes que sozinha pode produzir todo o bem que visamos. Nossa paciência conseguirá mais do que nossa força. Se pudesse aventurar-me a recorrer ao que está tão fora de moda em Paris, isto é, à experiência, devo dizer-lhe que em minha carreira conheci e, de acordo com minha capacidade, colaborei com grandes homens; e até agora nunca vi algum plano que não houvesse sido corrigido pelas observações dos que eram muito inferiores em entendimento à pessoa que tomava a dianteira no negócio. Por um progresso lento e bem-mantido, o efeito de cada passo é observado; o bom ou mau sucesso do primeiro nos ilumina no segundo; e assim, de luz em luz, somos conduzidos com segurança por toda a série. Vemos que as partes do sistema não se chocam. Os males latentes nas invencionices mais promissoras são cuidados à medida que vão surgindo. Uma vantagem é tão pouco quanto possível sacrificada a uma outra. Compensamos, reconciliamos, equilibramos. Somos capacitados a unir em um todo consistente as várias anomalias e princípios conflitantes que se encontram nas mentes e negócios dos homens. Disso surge, não uma excelência em simplicidade, mas uma muito superior, uma excelência em composição. Onde os grandes interesses da humanidade estão envolvidos no curso de uma longa sucessão de gerações, essa sucessão deveria ter acesso a alguma parte nos concílios que deverão afetá-las tão profundamente. Se a justiça exige isso, a própria obra exige a colaboração de mais mentes do que uma época pode fornecer. É a partir dessa visão das coisas que os melhores legisladores frequentemente se deram por satisfeitos com a instituição de algum seguro e sólido princípio diretor do governo; um poder como o que alguns dos filósofos chamaram de uma natureza plástica; e, [201] tendo fixado o princípio, deixaram-no em seguida à sua própria operação.

Prosseguir dessa maneira, isto é, prosseguir com um princípio diretor, e uma energia política, é para mim o critério de uma sabedoria profunda. O que seus políticos acham ser as marcas de um gênio ousado, intrépido, são apenas provas de uma deplorável falta de habilidade. Por sua pressa violenta, e seu desafio ao processo natural, eles são entregues cegamente a cada planejador e aventureiro, a cada empírico e alquimista. Eles desesperam de tirar proveito de qualquer coisa que seja comum. No sistema deles de remediar, dieta é nada. O pior disso é que esse desespero deles de curar desordens políticas comuns por métodos regulares brota não só de um defeito de compreensão, mas, temo, de alguma malignidade de disposição. Seus legisladores parecem ter tirado suas opiniões de todas as profissões e ofícios, das arengas e palhaçadas dos satíricos; os quais ficariam eles próprios atônitos se fossem tomados ao pé da letra de suas próprias descrições. Ouvindo apenas estas, seus líderes encaram todas as coisas só pelo lado de seus vícios e falhas e encaram esses vícios e falhas sob todas as cores do exagero. É sem dúvida verdade, embora possa parecer paradoxal; mas em geral os que são habitualmente empregados em descobrir e expor falhas não são qualificados para o trabalho de reforma: porque suas mentes são não só desprovidas de padrões do justo e do bom, mas também, por hábito, passam a não ter nenhum prazer na contemplação dessas coisas. Por odiar os vícios demais, passam a amar os homens de menos. Não é, portanto, extraordinário que se sintam indispostos e incapazes para servi-los. Daí surge a disposição natural de alguns dos seus guias a fazer tudo em pedaços. Nesse jogo malicioso eles exibem toda a sua atividade *quadrímana*. Quanto ao resto, os paradoxos de escritores eloquentes, expressos puramente como um [202] divertimento da imaginação, para pôr à prova seus talentos, para chamar atenção e despertar surpresa, são tomados por esses senhores não no espírito dos autores originais, como meios de cultivar seu gosto e melhorar seu estilo. Esses paradoxos tornam-se para eles sérios motivos de ação, pelos quais passam a regular os interesses mais importantes do Estado. Cícero descreve Catão ridiculamente como esforçando-se por agir na nação pelos paradoxos escolares que exercitavam a argúcia dos alunos mais jovens da filosofia estoica. Se isso era verdade quanto a Catão, esses senhores o copiam à maneira de algumas pessoas que viveram por volta de sua época – *pede nudo Catonem*. Disse-me o Sr. Hume que obtivera do próprio Rousseau o segredo de seus princípios de composição. Aquele observador agudo, embora excêntrico, havia percebido que para atingir e interessar o público era preciso produzir o maravilhoso; que o maravilhoso da mitologia ateia há muito havia perdido seu efeito; que gigantes, magos, fadas e heróis de romance que tiveram êxito haviam exaurido a porção de credulidade de sua época; que agora nada restava ao escritor senão aquela espécie do maravilhoso, que ainda podia ser produzida e com efeito tão grande quanto o de sempre, embora de outro modo; isto é, o maravilhoso na vida, em maneiras, em personagens e em situações extraordinárias, dando origem a proezas novas e inesperadas em moral e política. Acredito estivesse Rousseau vivo e em um de seus intervalos de lucidez, ficaria chocado com o frenesi prático de seus estudiosos, que em seus paradoxos são imitadores servis; e mesmo em sua incredulidade descobrem uma fé implícita.

Homens que empreendem coisas consideráveis deveriam dar-nos motivos para pressupormos competência. Mas o médico do Estado que, não satisfeito com a cura de desordens políticas, se incumbe de regenerar constituições [203], deveria mostrar poderes incomuns. Algumas aparências de sabedoria muito incomuns deveriam mostrar-se na superfície dos desígnios dos que não recorrem a alguma prática, e não copiam nenhum modelo. Alguma coisa assim se manifestou? Farei um exame (que será, para o assunto, muito breve) do que a assembleia fez com respeito, primeiro, à constituição da legislatura; em segundo lugar, à do poder executivo; e então, à do judiciário; em seguida, ao modelo do exército; e concluirei com o sistema financeiro, para ver se podemos descobrir em alguma parte de seus esquemas a portentosa capacidade que logre justificar esses ousados empreendedores na superioridade que assumem sobre a humanidade.

É no modelo da parte soberana e dirigente dessa nova república que deveríamos esperar sua grande exibição. Nisso eles deveriam provar seu direito a suas exigências orgulhosas. Para o próprio plano em geral, e para os motivos sobre os quais ele se baseia, vou referir-me aos diários da assembleia, de 29 de setembro de 1789, e aos subsequentes trabalhos que executaram quaisquer alterações no plano. Na medida em que, em um assunto um tanto confuso, consigo ver luz, o sistema permanece substancialmente como foi originalmente montado. Minhas poucas observações serão com respeito a seu espírito, sua tendência e seu preparo para montar uma nação popular, que eles professam ser a deles, adequada aos fins para que é feita qualquer nação, e particularmente uma nação assim. Ao mesmo tempo, pretendo considerar sua coerência consigo mesma, e com seus próprios princípios.

Velhas instituições são julgadas por seus efeitos. Se o povo está feliz, unido, próspero e com força, podemos presumir o resto. Concluímos que seja bom aquilo de onde o bem é derivado. Em velhas instituições foram encontrados corretivos para suas aberrações técnicas. De fato, eles são o resultado de necessidades e oportunidades variadas. Eles [204] não são frequentemente construídos conforme alguma teoria; mais exatamente, teorias são extraídas deles. Neles, frequentemente vemos o fim ser mais bem obtido onde os meios parecem não perfeitamente reconciliáveis com o que podemos imaginar fosse o projeto original. Os meios ensinados pela experiência podem ser mais bem adequados a fins políticos do que os concebidos no projeto original. Eles mais uma vez reagem sobre a constituição primitiva, e às vezes melhoram o próprio desígnio que parece ter sido o ponto de partida. Acho que tudo isso poderia ser singularmente exemplificado na constituição britânica. No pior dos casos, os erros e desvios de cálculo de todo tipo são encontrados e calculados, e a nave prossegue em seu curso. Esse é o caso de velhas instituições; mas, em um sistema novo e meramente teórico, espera-se que cada dispositivo parecerá, em sua superfície, atender a seu fim; especialmente onde os planejadores não ficam de modo algum atrapalhados com um esforço para acomodar o novo edifício a um antigo, seja nas paredes ou nas fundações.

Os construtores franceses, retirando como mero entulho qualquer coisa que encontrassem, e, como seus jardineiros ornamentais, modelando tudo em um nível exato, propõem estabelecer o local todo e a legislatura geral sobre três bases de três diferentes tipos: uma geométrica, uma aritmética e a terceira financeira; a primeira das quais eles chamam de a *base de território*; a segunda, de a *base de população*; e a terceira, a *base de contribuição*. Para a consecução do primeiro desses propósitos, dividem a área de seu país em oitenta e três pedaços, regularmente quadrados, de dezoito por dezoito léguas. Essas grandes divisões são chamadas *Departamentos*. Estes eles repartem, seguindo a mensuração quadrada, em mil setecentos e vinte distritos, chamados *Communes*. Eles novamente os subdividem, sempre seguindo a mensuração quadrada, em distritos menores, chamados *Cantons*, totalizando 6.400.

[205] À primeira vista, essa base geométrica deles não apresenta muita coisa que admirar ou condenar. Não requer grandes talentos legislativos. Nada mais do que um exato agrimensor com sua trena de agrimensor, sua visão e seu teodolito, é essencial para um plano como esse. Nas antigas divisões do país, variados acidentes em várias épocas, bem como o fluxo e refluxo de várias propriedades e jurisdições, demarcaram seus limites. Esses limites não foram determinados por algum sistema indubitavelmente fixado. Estavam sujeitos a algumas inconveniências, para as quais o hábito encontrou remédios e o costume proporcionou acomodação e paciência. Nesse novo calçamento de quadrado dentro de quadrado, e nessa organização e semiorganização feita sobre o sistema de Empédocles e Buffon, e não sobre algum princípio político, seria impossível que não surgissem inúmeras inconveniências locais, a que os homens não estavam acostumados.

Mas quanto a estas, vou passar por cima, porque especificá-las exige um conhecimento preciso do país, que não possuo.

Quando esses agrimensores do Estado chegaram para ter uma visão de seu trabalho de mensuração, rapidamente descobriram que, em política, a mais falaciosa de todas as coisas era a demonstração geométrica. Tiveram então de recorrer a uma outra base (ou então escora) para sustentar o edifício, que vacilava sobre aquela falsa fundação. Era evidente que a boa qualidade do solo, o número da população, sua riqueza, e a largueza de sua contribuição faziam variações tão infinitas entre um quadrado e outro, ao ponto de tornar a mensuração um padrão ridículo de poder na nação, e a igualdade geométrica a mais desigual de todas as medidas na distribuição de homens. No entanto, eles não podiam desistir. Mas, dividindo sua representação política e civil em três partes, destinaram uma dessas partes à mensuração quadrada, sem um único fato ou cálculo para determinar se essa proporção territorial de representação era [206] razoavelmente indicada, e se deveria sobre algum princípio haver realmente uma terceira. No entanto, tendo dado à geometria essa porção (de uma terceira, para seu dote), suponho que, como uma homenagem a essa ciência sublime, deixaram as outras duas para serem disputadas em rixa entre as outras partes, população e contribuição.

Quando chegou a vez de prover para a população, eles não foram capazes de proceder assim tão facilmente quanto no campo de sua geometria. Agora, sua aritmética voltou-se contra sua metafísica jurídica. Se eles se houvessem atido a seus princípios metafísicos, o processo aritmético seria de fato simples. Com eles, os homens são rigorosamente iguais, e têm direitos iguais em seu próprio governo. Cada cabeça, nesse sistema, teria seu voto, e todos votariam diretamente na pessoa que os representaria na legislatura. "Mas, devagar – por graus regulares, ainda não." Esse princípio metafísico, ao qual lei, costume, hábito, política e razão deviam ceder, vai prestar-se à vontade deles. Deve haver muitos graus, e alguns estágios, até que o representante consiga entrar em contato com seu constituinte. De fato, como logo veremos, essas duas pessoas não têm nenhum tipo de comunhão uma com a outra. Primeiro, os eleitores do *Canton*, que compõem o que eles chamam de *assembleias primárias*, devem ter uma *condição*. O quê! Uma condição aos direitos irrevogáveis do homem? Sim; mas será uma condição muito pequena. Nossa injustiça será muito pouco opressora; somente o valor local de três dias de trabalho pago ao erário público. Ora, isso não é muito, admito prontamente, por alguma coisa senão a total subversão de seu princípio igualizador. Como uma limitação, poderia muito bem ser deixada para lá; pois não atende a nenhum dos propósitos para os quais limitações são estabelecidas: e, nas suas ideias, ela exclui do voto justamente o homem cuja igualdade natural tem mais necessidade de proteção e defesa; refiro-me ao que nada mais tem, senão sua igualdade natural, para protegê-lo. [207] Os senhores ordenam-lhe que compre o direito, o qual já lhe disseram que a natureza lhes dera gratuitamente no nascimento, e do qual nenhuma autoridade na terra poderia legalmente privá-lo. Com respeito à pessoa que não logra alcançar o nível do seu mercado, uma aristocracia tirânica é estabelecida contra ela logo de saída, pelos senhores que pretendem ser seu inimigo jurado.

A gradação prossegue. Essas assembleias primárias do *Canton* elegem deputados para a *Commune*; um para cada duzentos habitantes habilitados. Eis aqui a primeira mediação posta entre o eleitor primário e o legislador representativo; e aqui é estabelecido um novo pedágio para taxar os direitos do homem com uma segunda condição: pois não pode ser eleito para a *Commune* quem não pagar o equivalente a dez dias de trabalho. E ainda não acabamos. Ainda deve haver mais uma gradação.* Essas *Communes*, escolhidas pelo *Canton*, escolhem para o *Departement*; e os deputados do *Departement* escolhem seus deputados à *Assembleia Nacional*. Aqui há uma terceira barreira de uma condição limitante sem sentido. Cada deputado à Assembleia Nacional deve pagar, em contribuição direta, o valor de um *marco de prata*. Devemos pensar a mesma coisa de todas essas barreiras e condições limitantes; que elas são impotentes para garantir independência; fortes apenas para destruir os direitos do homem.

Em todo esse processo, que em seus elementos fundamentais aparenta considerar apenas *população* mediante um princípio de direito natural, existe uma atenção manifesta à *propriedade*; o que, embora justo e razoável em outros projetos, no deles é perfeitamente insuportável.

---

* A assembleia, na execução do plano de seu comitê, fez algumas alterações. Eles cancelaram um estágio nessas gradações; isso remove uma parte da objeção: mas a principal objeção, ou seja, a de que em seu projeto o primeiro eleitor constituinte não tem nenhuma conexão com o legislador representante, continua em todo o seu vigor. Há outras alterações, algumas possivelmente para melhor, algumas certamente para pior; mas, para o autor, o mérito ou demérito dessas alterações menores parece não ter nenhuma importância, onde o próprio projeto é fundamentalmente viciado e absurdo.

Quando eles chegam à sua terceira fase, a da *Contribuição* [208], descobrimos que perderam de vista mais completamente seus direitos do homem. A última base apoia-se *inteiramente* em propriedade. Um princípio totalmente diverso da igualdade dos homens, e totalmente irreconciliável com ela, é com isso admitido; mas, mal esse princípio é admitido (como de hábito), é subvertido; e não é subvertido (como imediatamente veremos) para aproximar a desigualdade de riquezas do nível da natureza. A parcela adicional na terceira porção de representação (uma porção reservada exclusivamente para a contribuição mais alta) é feita com vistas ao *distrito* apenas, e não aos indivíduos nele que pagam. É fácil perceber, pelo rumo de seus raciocínios, o quanto estavam constrangidos por suas ideias contraditórias sobre os direitos do homem e os privilégios da riqueza. O comitê de constituição praticamente admite que eles são inteiramente irreconciliáveis. "A relação, com respeito às contribuições, é sem dúvida *nula* (dizem eles) quando a questão é sobre o equilíbrio dos direitos políticos, como entre indivíduo e indivíduo; sem o qual *a igualdade pessoal seria destruída*, e uma *aristocracia dos ricos* seria estabelecida. Mas essa inconveniência desaparece inteiramente quando a relação proporcional da contribuição é considerada só nas *grandes massas*, e é unicamente entre províncias; ela serve nesse caso apenas para formar uma proporção recíproca justa entre as cidades, sem afetar os direitos pessoais dos cidadãos."

Aqui, o princípio de *contribuição*, entendido como entre homem e homem, é condenado como *nulo*, e destrutivo da igualdade; e como pernicioso também; porque leva ao estabelecimento de uma *aristocracia dos ricos*. Entretanto, não deve ser abandonado. E o modo de se livrar da dificuldade é estabelecer a desigualdade como entre departamento e departamento, deixando todos os indivíduos de cada departamento em exato pé de igualdade. Observe-se que essa paridade entre indivíduos já fora destruída quando as condições limitantes [209] dentro do departamento foram fixadas; nem parece uma questão de grande importância se a igualdade dos homens for prejudicada em massa ou individualmente. Um indivíduo não tem a mesma importância em uma massa representada por poucos que em uma massa representada por muitos. Seria excessivo dizer a um homem zeloso de sua igualdade que um eleitor que vota por três membros tem a mesma franquia que ele, que vota por dez.

Agora, vejam pelo outro ponto de vista, e suponhamos que seu princípio de representação, de acordo com a contribuição, isto é, de acordo com a riqueza, seja bem imaginado, e seja uma base necessária para a república dos senhores. Nessa sua terceira base eles aceitam que riquezas deveriam ser respeitadas, e que justiça e política exigem que elas deveriam dar direito aos homens, de um modo ou de outro, a uma parcela maior na administração dos negócios públicos; resta agora ver como a assembleia provê pela primazia ou mesmo pela segurança dos ricos, conferindo, em virtude de sua opulência, uma medida maior de poder ao distrito deles que lhes é negada pessoalmente. Prontamente admito (na verdade, deveria estabelecê-lo como um princípio fundamental) que em um governo republicano, que tem uma base democrática, os ricos de fato requerem uma segurança adicional acima da que lhes é necessária em monarquias. Estão sujeitos à cobiça invejosa, e através desta à opressão. No projeto atual, é impossível adivinhar que vantagem eles tiram da preferência aristocrática sobre a qual se fundamenta a representação desigual das massas. Os ricos não podem senti-la, seja como um apoio à dignidade, seja como uma segurança para a fortuna: pois a massa aristocrática é gerada a partir de princípios puramente democráticos; e a predominância dada a ela na representação geral não tem nenhum tipo de referência às pessoas ou de ligação com elas, por conta de cuja propriedade essa superioridade da massa é estabelecida. Se os inventores desse projeto pretendiam algum [210] tipo de favorecimento aos ricos em consequência de sua contribuição, deveriam ter conferido o privilégio ou ao rico individual ou a alguma classe formada de pessoas ricas (como os historiadores representam a atuação de Sérvio Túlio na constituição inicial de Roma); porque a disputa entre os ricos e os pobres não é uma luta entre corporações, mas uma disputa entre homens e homens; uma competição não entre distritos, mas entre categorias. Ela atenderia melhor a seu propósito se o esquema fosse invertido: que os votos dentro de cada massa fossem proporcionais à propriedade.

Suponhamos que um homem em um distrito (é uma suposição fácil) contribua tanto quanto cem de seus vizinhos. Contra esses cem, ele tem apenas um voto. Se houvesse apenas um representante para a massa, seus vizinhos pobres o derrotariam em votação por cem a um, por causa desse único representante. Nada bom. Mas ele precisa receber compensação. Como? O distrito, em virtude da riqueza dele, deve escolher, digamos, dez membros em vez de um: isto é, pagando uma contribuição muito grande, ele tem a felicidade de ser vencido nos votos pelos pobres, por cem a um, em vez de ser vencido exatamente na mesma proporção por um único membro. Na verdade, em vez de se beneficiar por essa quantidade superior de representação, o rico fica sujeito a uma dificuldade adicional. O aumento de representação dentro de sua província estabelece nove pessoas mais, e tantas mais que nove quanto possa haver candidatos democráticos, para cabalar e intrigar, e lisonjear o povo à sua custa e para sua opressão. Um interesse de obter um salário de dezoito *livres* por dia (para eles um vasto objetivo), além do prazer de uma residência em Paris e sua parte no governo do reino, é por esse meio estendido a multidões do tipo inferior. Quanto [211] mais os objetos de ambição são multiplicados e se tornam democráticos, exatamente nessa proporção os ricos ficam em perigo.

Assim deve ser entre os pobres e os ricos na província dada como aristocrática, que em sua relação interna é o exato inverso dessa qualidade. Em sua relação externa, isto é, sua relação com as outras províncias, não consigo ver como a representação desigual, que é dada a massas por conta de riqueza, torna-se o meio de preservar o equilíbrio e a tranquilidade da nação. Pois, se for um dos objetivos proteger os fracos de serem esmagados pelos fortes (como em toda sociedade sem dúvida é), como é que os menores e mais pobres dentre essas massas serão salvos da tirania dos mais ricos? Será acrescentando aos ricos ainda mais meios sistemáticos de oprimi-los? Quando chegamos a um equilíbrio de representação entre organismos corporativos, interesses, emulações e ciúmes provincianos têm tanta probabilidade de surgir entre eles quanto entre indivíduos; e suas divisões têm a probabilidade de produzir um espírito de dissensão muito mais inflamado, e algo levando muito mais aproximadamente a uma guerra.

Percebo que essas massas aristocráticas são constituídas sobre o que se chama de princípio de contribuição direta. Nada pode ser um padrão mais desigual do que isso. A contribuição indireta, que se origina de taxas sobre o consumo, é na verdade um padrão melhor, que segue e descobre riqueza mais naturalmente do que o da contribuição direta. É de fato difícil fixar um padrão de preferência local por conta de uma, ou da outra, ou de ambos, porque algumas províncias podem pagar mais de uma, ou da outra, ou de ambas, devido a causas não intrínsecas, mas que têm origem naqueles distritos mesmos graças aos quais elas obtiveram uma preferência em consequência de sua contribuição ostensiva. Se as massas fossem organismos soberanos independentes, que devessem prover o sustento de um tesouro federativo por contingentes distintos, e a [212] receita não tivesse (como tem) muitas imposições percorrendo o todo, coisa que afeta os homens individualmente e não corporativamente, e as quais, por sua natureza, confundem todos os limites territoriais, seria possível dizer algo em favor da base de contribuição como fundamentada sobre massas. Mas, entre todas as coisas, essa representação, a ser medida por contribuição, é a mais difícil de acomodar sobre princípios de equidade em um país que considera seus distritos como membros de um todo. Pois uma grande cidade, como Bordeaux ou Paris, parece pagar um enorme corpo de tarifas, quase fora de qualquer proporção atribuível a outros lugares, e sua massa é considerada correspondentemente. Mas essas cidades são os verdadeiros contribuintes nessa proporção? Não. Os consumidores dos produtos importados através de Bordeaux, que se encontram espalhados por toda a França, pagam as taxas de importação de Bordeaux. O produto da vindima em Guienne e no Languedoc dá àquela cidade os meios de sua contribuição, proveniente de um comércio de exportação. Os proprietários de terra, que gastam seus bens em Paris, e são com isso os criadores daquela cidade, contribuem para Paris a partir das províncias das quais se originam seus rendimentos. O mesmo argumento servirá muito aproximadamente para a parcela de representação atribuída por conta de contribuição *direta*; porque a contribuição direta deve ser avaliada em riqueza real ou presumida; e essa riqueza local surgirá, ela própria, de causas não locais, e portanto, em equidade, essas causas não deveriam produzir uma preferência local.

É absolutamente notável que nessa regulamentação fundamental, que estabelece a representação da massa sobre a contribuição direta, eles ainda não tenham estabelecido como essa contribuição direta será lançada, e como será rateada. Talvez haja, nesse estranho procedimento, alguma política latente no sentido da continuidade da atual assembleia. Entretanto, enquanto não fizerem isso, não poderão ter uma constituição segura. Esta deve depender afinal do sistema de taxação, e deve variar [213] com cada variação desse sistema. Do modo como eles conceberam as coisas, sua taxação não depende tanto de sua constituição quanto sua constituição de sua taxação. Isso deve introduzir grande confusão entre as massas: assim como a variável condição limitante para votos dentro do distrito deve, se algum dia houver reais eleições disputadas, causar infinitas controvérsias internas.

Para comparar as três bases juntas, não em sua razão política, mas nas ideias sobre as quais a assembleia funciona, e testar sua coerência consigo mesmas, não podemos evitar observar que o princípio chamado pelo comitê de base *populacional* não começa a operar a partir do mesmo ponto com os dois outros princípios, chamados bases *territorial* e de *contribuição*, que são, ambos, de natureza aristocrática. A consequência é que, onde todas três começam a operar juntas, existe a mais absurda desigualdade produzida pela operação do primeiro dos dois últimos princípios. Cada cantão contém quatro léguas quadradas, e estima-se que contenha, em média, 4.000 habitantes, ou 680 eleitores nas *assembleias primárias*, variando em números com a população do cantão, e mandam *um deputado* à *commune* para cada 200 eleitores. *Nove cantons* formam uma *commune*.

Agora, peguemos um *canton* contendo uma *cidade portuária comercial*, ou uma *grande cidade manufatureira*. Suponhamos que a população desse cantão seja de 12.700 habitantes, ou 2.193 eleitores, formando *três assembleias primárias*, e mandando *dez deputados* à *commune*.

Oponhamos a esse *um* cantão *dois* outros dos oito restantes na mesma comuna. Podemos supor que eles tenham sua razoável população de 4.000 habitantes, e 680 eleitores cada, ou 8.000 habitantes e 1.360 eleitores, os dois juntos. Eles formarão apenas *duas assembleias primárias*, e mandarão apenas *seis deputados* à *commune*.

[214] Quando a assembleia da *commune* vai votar na *base do território*, princípio esse que é o primeiro admitido a operar nessa assembleia, o *cantão único*, que tem *metade* do território dos *outros dois*, terá *dez* vozes a *seis* na eleição de *três deputados* à assembleia do departamento, escolhidos sobre a base expressa de uma representação territorial.

Essa desigualdade, chocante como é, ficará, no entanto, altamente agravada se supusermos, como razoavelmente podemos supor, que *diversos* outros cantões da *commune* ficarão proporcionalmente abaixo da média da população, tanto quanto o *cantão principal* a excede. Ora, quanto à *base de contribuição*, que é também um princípio admitido inicialmente a operar na assembleia da *commune*, vamos mais uma vez pegar *um* cantão, tal como fizemos anteriormente. Se o todo das contribuições diretas pagas por uma grande cidade comercial ou manufatureira for dividido igualmente entre os habitantes, vamos descobrir que cada indivíduo paga muito mais do que um indivíduo vivendo no país de acordo com a mesma média. O total pago pelos habitantes do primeiro será mais do que o total pago pelos habitantes desse último – podemos razoavelmente presumir que um terço mais. Então, os 12.700 habitantes, ou 2.193 eleitores do cantão pagarão tanto quanto 19.050 habitantes, ou 3.289 eleitores dos *outros cantões*, que são quase a proporção estimada de habitantes e eleitores de *cinco* outros cantões. Ora, os 2.193 eleitores mandarão, como eu já disse, apenas *dez* deputados à assembleia; os 3.289 eleitores mandarão *dezesseis*. Assim, por uma parcela *igual* na contribuição de toda a *commune*, haverá uma diferença de *dezesseis* vozes a *dez* na votação para deputados a serem escolhidos sobre o princípio de representar a contribuição geral de toda a *commune*.

Pelo mesmo modo de cálculo descobriremos que 15.875 habitantes, ou 2.741 eleitores dos *outros* cantões, que pagam *um sexto* MENOS à contribuição de toda a *commune*, terão [215] *três* vozes MAIS do que os 12.700 habitantes, ou 2.193 eleitores de *um* cantão.

Essa é a fantástica e injusta desigualdade entre massa e massa, nessa curiosa divisão dos direitos de representação feita a partir de *território* e *contribuição*. As qualificações que esses princípios conferem são, na verdade, qualificações negativas, que dão um direito em proporção inversa à posse delas.

Em toda essa elucubração das três bases, considerem-na sob qualquer luz que quiserem, não vejo uma variedade de objetivos, reconciliados em um todo consistente, mas diversos princípios contraditórios relutante e irreconciliavelmente reunidos e consolidados por seus filósofos, como bichos selvagens trancados em uma jaula, mordendo-se e dilacerando-se até sua mútua destruição.

Temo ter ido longe demais no exame do modo deles de considerar a formação de uma constituição. Eles têm muita, porém ruim, metafísica; muita, porém ruim, geometria; muita, porém falsa, aritmética proporcional; mas, se fosse tudo tão exato como metafísica, geometria e aritmética deveriam ser, e se seus projetos e planos fossem perfeitamente compatíveis em todas as suas partes, isso renderia apenas uma visão mais bela e agradável. É notável que em uma grande disposição da humanidade não se ache uma referência que seja a alguma coisa moral ou a alguma coisa política, nada que se relacione aos interesses, às ações, às paixões, às preocupações dos homens. *Hominem non sapiunt.*

Veja o senhor que só considero essa constituição como eleitoral, e levando por degraus à Assembleia Nacional. Não entro no governo interno dos Departamentos e sua genealogia através das *Communes* e *Cantons*. Esses governos locais, no plano original, devem ser o mais próximo possível compostos da mesma maneira e sobre os mesmos princípios que as assembleias eletivas. São, cada um deles, organismos perfeitamente compactos e completos em si mesmos.

O senhor não pode deixar de perceber, nesse esquema, que ele tem uma [216] tendência direta e indireta a dividir a França em uma variedade de repúblicas, e a torná-las totalmente independentes umas das outras, sem nenhum meio constitucional direto de coerência, ligações ou subordinação, exceto o que possa ser derivado da aquiescência deles às determinações do congresso geral dos embaixadores de cada república independente. Essa é em realidade a Assembleia Nacional, e admito que governos assim existem no mundo, embora em formas infinitamente mais adequadas às circunstâncias locais e habituais de seus povos. Mas essas associações, mais do que organismos políticos, foram de modo geral efeito de necessidade, não de escolha; e acredito que o atual poder francês é o primeiríssimo corpo de cidadãos que, tendo obtido plena autoridade para fazer com seu país o que quisessem, escolheu recortá-lo dessa maneira bárbara.

É impossível não observar que no espírito dessa distribuição geométrica, e disposição, esses pretensos cidadãos tratam a França exatamente como um país de conquista. Agindo como conquistadores, imitaram a política dos mais agressivos dessa raça acerba. A política desses vencedores bárbaros, que desprezam um povo subjugado, e insultam seus sentimentos, sempre foi, tanto quanto neles reside, destruir todos os vestígios do país antigo, em religião, em organização política, nas leis e nas maneiras; confundir todos os limites territoriais; produzir uma pobreza generalizada; levar suas propriedades a leilão; esmagar seus príncipes, nobres e pontífices; arrasar tudo que houvesse erguido a cabeça acima do nível, ou que pudesse servir para juntar, ou reunir, em suas aflições, o povo disperso, sob o estandarte da antiga opinião. Fizeram a França livre à maneira como aqueles amigos sinceros dos direitos da humanidade, os romanos, libertaram a Grécia, a Macedônia e outras nações. Destruíram os elos da união delas, sob o disfarce de prover a independência de cada uma de suas cidades.

[217] Quando os membros que compõem esses novos conjuntos de cantões, comunas e departamentos, arranjos e disposições produzidos propositalmente por meio de confusão começarem a agir, vão descobrir-se, em grande medida, estranhos uns aos outros. Os eleitores e eleitos por todo o país, especialmente nos *cantons* rurais, serão frequentemente pessoas sem hábitos ou ligações civis ou qualquer coisa daquela disciplina natural que é a alma de uma verdadeira república. Magistrados e coletores de impostos não serão mais familiarizados com seus distritos, bispos com suas dioceses, ou curas com suas paróquias. Essas novas colônias dos direitos do homem têm uma forte semelhança com aquele tipo de colônias militares a cujo respeito Tácito observou no declínio político de Roma. Em dias melhores e mais sensatos (seja qual for o rumo que tomaram entre nações estrangeiras), eles tiveram o cuidado de fazer com que os elementos de uma subordinação e colonização metódica fossem contemporâneos; e até de lançar os fundamentos da disciplina civil nos militares.* Mas, quando todas as boas artes já haviam caído em ruínas, prosseguiram, como prossegue a assembleia dos senhores, sobre a igualdade dos homens e com tão pouco julgamento, e tão pouco cuidado com aquelas coisas que tornam uma república tolerável ou durável. Mas nisso, como em quase toda instância, a nova república dos senhores nasceu, criou-se e

* Non, ut olim, universae legiones deducebantur cum tribunis, et centurionibus, et sui cujusque ordinis militibus, ut consensu et caritate rempublicam afficerent; sed ignoti inter se, diversis manipulis, sine rectore, sine affectibus mutuis, quase ex alio genere mortalium, repente in unum collecti, numerus magis quam colonia. Tác. *Annal,* l. 14. seç. 27. Tudo isso será ainda mais aplicável às assembleias nacionais desconexas, rotativas e bienais, nessa constituição absurda e sem sentido.

alimentou-se, naquelas corrupções que marcam repúblicas degeneradas e desgastadas. O filho dos senhores vem ao mundo com os sintomas da morte; a *facies Hippocratica* forma o caráter de sua fisionomia, e o prognóstico de seu destino.

Os legisladores que montaram as repúblicas antigas sabiam [218] que sua função era árdua demais para ser cumprida com um aparato não melhor do que a metafísica de um estudante e a matemática e a aritmética de um coletor de impostos. O que lhes dizia respeito eram homens, e estavam obrigados a estudar a natureza humana; eram cidadãos, e estavam obrigados a estudar os efeitos daqueles hábitos que são comunicados pelas circunstâncias da vida civil. Estavam cônscios de que a operação dessa segunda natureza sobre a primeira produzira uma nova combinação; e daí surgiram muitas diversidades entre os homens, de acordo com seu nascimento, sua educação, suas profissões, os períodos de suas vidas, sua residência em cidades ou no campo, seus diversos modos de adquirir e de fixar propriedade, e de acordo com a qualidade da propriedade mesma, tudo isso tornando-os de certo modo como tantas diferentes espécies de animais. Donde se acharam obrigados a dispor seus cidadãos nas classes e a colocá-los em situações no estado que seus hábitos peculiares poderiam habilitar a ocupar, e a destinar-lhes os privilégios apropriados a garantir-lhes o que suas ocasiões específicas exigiam e que pudessem fornecer a cada categoria a força capaz de protegê-la no conflito causado pela diversidade de interesses, que deve existir e deve competir em toda sociedade complexa; pois o legislador deveria ficar envergonhado que o rude fazendeiro saiba muito bem como separar e usar suas ovelhas, cavalos e bois e tenha o bom senso de não abstrair as coisas e igualálas, todas, como animais, sem prover para cada tipo o apropriado alimento, tratamento e emprego; enquanto ele, o economista, distribuidor e pastor de seus próprios semelhantes, sublimando-se em um metafísico nas nuvens, resolve nada saber de seus rebanhos, senão como homens em geral. É por esse motivo que Montesquieu observou com muita justiça, em sua classificação dos cidadãos, que os grandes legisladores da antiguidade deram [219] a maior mostra de seus poderes, e até elevaram-se em relação a si mesmos. É aqui que legisladores modernos dos senhores foram fundo na série negativa, e afundaram abaixo ainda de seu próprio nada. Enquanto o primeiro tipo de legisladores dava atenção aos diferentes tipos de cidadãos e combinava-os em uma nação, os outros, os legisladores metafísicos e alquimistas, tomaram o rumo diretamente contrário. Tentaram confundir todos os tipos de cidadãos, tão bem quanto podiam, em uma massa homogênea; e então dividiram esse seu amálgama em inúmeras repúblicas incoerentes. Reduzem os homens a fichas soltas, meramente em nome de simples contagem, e não a números cuja força deve provir de seu lugar na mesa. Os elementos de sua própria metafísica poderiam ter-lhes dado lições melhores. O giro de sua mesa categórica poderia tê-los informado de que havia algo mais no mundo intelectual além de *substância* e *quantidade*. Podiam aprender do catecismo da metafísica que em toda deliberação complexa havia oito cabeças mais,* em que eles nunca pensaram, embora estas, de todas as dez, sejam o objeto sobre o qual a habilidade do homem pode, afinal, operar alguma coisa.

* Qualitas, Relatio, Actio, Passio, Ubi, Quando, Situs, Habitus.

Longe dessa inteligente disposição de alguns dos velhos legisladores republicanos, que acompanha com solícita precisão as condições e propensões morais dos homens, eles arrasaram e esmagaram todas as ordens que encontraram, mesmo sob o grosseiro e natural arranjo da monarquia, modo de governo em que a divisão dos cidadãos em classes não tem tanta importância quanto em uma república. É, no entanto, verdade que toda classificação dessas, se adequadamente organizada, é boa em todas as formas de governo; e compõe uma forte barreira contra os excessos do despotismo, bem como é o meio necessário de dar efeito e permanência [220] a uma república. Por falta de algo desse tipo, caso o atual projeto de uma república venha a fracassar, todas as seguranças e garantias de uma liberdade moderada fracassam com ele; todas as barreiras indiretas que mitigam o despotismo são retiradas; tanto que, se a monarquia alguma vez voltar a obter inteira ascendência na França, sob essa ou sob qualquer outra dinastia, ela provavelmente será, caso não voluntariamente temperada logo de início pelos conselhos sábios e virtuosos do príncipe, o poder mais completamente arbitrário que já surgiu na face da terra. Isso é fazer um jogo extremamente desesperado.

A confusão que acompanha todos esses procedimentos, eles até declaram ser um de seus objetivos, e têm a esperança de garantir sua constituição pelo terror ante uma volta dos males que acompanharam sua feitura. "Com isso", dizem eles, "sua destruição ficará difícil para uma autoridade, que não pode rompê-la sem a inteira desorganização de todo o Estado." Presumem que, se essa autoridade um dia chegar ao mesmo grau de poder que eles adquiriram, faria dele um uso mais moderado e disciplinado, e tremeria de forma pia ao desorganizar inteiramente o Estado do modo selvagem como o fizeram. Esperam, das virtudes de um despotismo de regresso, a segurança a ser desfrutada pela prole de seus vícios populares.

Gostaria que o senhor e meus leitores fizessem uma busca atenta pela obra do Sr. de Calonne sobre esse tema. É de fato um desempenho não só eloquente, mas também hábil e instrutivo. Vou limitar-me ao que ele diz com relação à constituição do novo Estado, e à condição da renda pública. Quanto às disputas desse ministro com seus rivais, não desejo pronunciar-me a respeito. Como tampouco pretendo arriscar alguma opinião com relação a seus meios e modos, financeiros ou políticos, para tirar seu país de sua atual vergonha e deplorável situação de servidão, anarquia, falência e mendicância. [221] Não posso especular de forma exatamente tão animada quanto ele: mas ele é um francês e tem um dever mais rigoroso quanto a esses objetivos e meios melhores de julgá-los do que eu posso ter. Gostaria que se desse atenção muito particularmente à confissão formal a que ele se refere, feita por um dos principais líderes da assembleia, com respeito à tendência do projeto deles de levar a França não somente de uma monarquia para uma república, mas de uma república a uma mera confederação. Isso acrescenta nova força a minhas observações; de fato, a obra do Sr. de Calonne supre minhas deficiências com muitos argumentos novos e surpreendentes sobre a maioria dos temas da presente Carta.*

Foi essa decisão, de repartir seu país em repúblicas separadas, que os levou ao maior número de suas dificuldades e contradições.

---

* Ver *L'État de la France*, p. 363.

Não fosse por isso, todas as questões de exata igualdade, e esses balanços, que nunca são acertados, de direitos individuais, população e contribuição seriam totalmente inúteis. A representação, embora derivada de partes separadas, seria uma obrigação que diria respeito igualmente ao todo. Cada deputado da assembleia seria representante da França e de todas as suas categorias, dos ricos e dos pobres, dos grandes e dos pequenos distritos. Todos esses distritos seriam eles próprios subordinados a alguma autoridade permanente, existindo independentemente deles; uma autoridade da qual sua representação, e tudo que a ela pertence, se originaria, e para a qual ela seria voltada. Esse governo permanente, inalterável e fundamental tornaria, e é a única coisa que poderia tornar, aquele território verdadeira e propriamente um todo. Entre nós, quando elegemos representantes populares, nós os mandamos a um conselho, no qual cada homem individualmente é um súdito, e submisso a um governo, completo em todas as suas funções comuns. Entre os senhores, a assembleia eletiva é a soberana, e a única soberana: todos os membros são, [222] portanto, partes integrais dessa única soberania. Mas entre nós é totalmente diferente. Aqui, o representante, separado das outras partes, não pode ter nem ação nem existência. O governo é o ponto de referência dos diversos membros e distritos de nossa representação. Esse é o centro de nossa unidade. Esse governo de referência é um depositário em confiança para o *todo,* e não para as partes. Assim também é o outro ramo de nosso conselho público; refiro-me à Câmara dos Lords. Entre nós, o rei e os lords são seguranças diversas e unidas para a igualdade de cada distrito, cada província, cada cidade. Quando foi que se ouviu falar de alguma província da Grã-Bretanha sofrendo de desigualdade em sua representação: de algum distrito não tendo nenhuma representação? Não só nossa monarquia e nossa nobreza garantem a igualdade de que nossa unidade depende, como são o espírito da própria Câmara dos Comuns. A desigualdade mesma de representação, tão tolamente lamentada, é talvez exatamente o que nos impede de pensar ou agir como membros para distritos. A Cornualha elege tantos membros quanto toda a Escócia. Mas a Cornualha é mais bem cuidada do que a Escócia? Poucos esquentam a cabeça por causa de alguma das bases dos senhores, fora de alguns clubes meio amalucados. A maioria dos que desejam alguma mudança, a partir de quaisquer motivos plausíveis, deseja-a por ideias diferentes.

A nova constituição dos senhores é o exato inverso da nossa em seu princípio; e estou atônito de ver como algumas pessoas puderam sonhar em apresentar alguma coisa feita nela como um exemplo para a Grã-Bretanha. Entre os senhores existe pouca, ou então nenhuma, ligação entre o último representante e o primeiro constituinte. O membro que vai para a Assembleia Nacional não é escolhido pelo povo, nem responsável perante ele. Há três eleições antes de ser ele escolhido: dois grupos de magistratura intervêm entre ele e a assembleia primária, de forma a fazer dele, como eu disse, um embaixador de um Estado, e [223] não o representante do povo de um Estado. Com isso, todo o espírito da eleição é transformado; nem nenhum corretivo que seus mercadores de constituição tenham imaginado pode fazer dele alguma coisa além do que ele é. A própria tentativa de fazê-lo inevitavelmente introduziria uma confusão, se isso é possível, mais terrível do que a atual. Não há meio de fazer uma ligação entre o constituinte original e o representante, senão pelos meios tortuosos que podem levar o candidato a submeter-se, na primeira instância, aos eleitores primários, a fim de que, pelas instruções abalizadas deles (e talvez alguma coisa mais), esses eleitores primários consigam forçar os dois corpos eleitorais que se seguem a fazer uma escolha conforme aos seus desejos. Mas isso claramente subverteria o esquema todo. Seria mergulhá-los de volta naquele tumulto e confusão da eleição popular que, por suas interpostas eleições em gradação, eles pretendem evitar, e finalmente arriscar toda a fortuna do Estado com quem tem menos conhecimento dele, e o maior interesse por ele. Esse é um dilema perpétuo, ao qual eles são levados pelos princípios perniciosos, fracos e contraditórios que escolheram. A não ser que o povo rompa e derrube essa gradação, está claro que eles de modo nenhum elegem substancialmente para a assembleia; na verdade, elegem tão pouco em aparência quanto em realidade.

O que é que nós todos buscamos em uma eleição? Para atender a seus reais propósitos, deve-se primeiro possuir os meios de conhecer o preparo do seu escolhido; e, então, deve-se ter algum poder sobre ele por obrigação ou dependência pessoal. Para que fim esses eleitores primários são homenageados, ou então ironizados, com uma escolha? Eles nunca podem saber alguma coisa sobre as qualidades de quem irá servi-los, nem tem este nenhuma obrigação que seja para com eles. De todos os poderes inadequados para serem delegados por quem tenha quaisquer meios reais de julgar, o mais peculiarmente inadequado é o que se relaciona a uma escolha *pessoal*. [224] Em caso de abuso, o corpo de eleitores primários nunca poderá exigir do representante que preste contas de sua conduta. Ele está afastado demais deles, na cadeia de representação. Se agir impropriamente no final de seus dois anos de mandato, isso não lhe diz mais respeito por mais dois anos ainda. Pela nova constituição francesa, os representantes melhores e mais sábios entram em igualdade com os piores nesse *Limbus Patrum*. Julga-se que suas quilhas estão podres, e eles devem ser postos no estaleiro para serem consertados. Qualquer um que já serviu em uma assembleia fica inelegível pelos dois anos seguintes. Exatamente quando os magistrados começam a aprender o seu serviço, como limpadores de chaminés, são desqualificados para exercê-lo. Aquisição petulante, superficial, nova e má lembrança, interrompida, vagabunda, falida, esse está destinado a ser o perfil de todos os seus futuros governantes. Sua constituição tem zelo demais para fazer muito sentido. Os senhores consideram o abuso de confiança do representante no cargo como sendo tão importante que não levam em conta a questão do preparo dele para exercê-lo.

Esse intervalo purgatorial não é desfavorável a um representante infiel, que pode ser tão bom cavador de votos quanto foi mau governante. Nesse período de tempo ele pode cabalar para alçar-se a uma posição de superioridade quanto aos mais sábios e os mais virtuosos. Como, no final, todos os membros dessa constituição eletiva são igualmente fugitivos, e existem apenas para a eleição, podem não ser mais as mesmas pessoas que o escolheram e para com quem ele deve ser responsável quando solicitar a renovação de seu encargo. Exigir dos eleitores secundários da *Commune* que prestem contas é ridículo, impraticável e injusto; eles próprios podem ter sido enganados em sua escolha, como o terceiro grupo de eleitores do *Département* pode ter sido no deles. Nas eleições dos senhores, não pode existir responsabilidade.

Não encontrando nenhuma espécie de princípio de coerência umas com as outras na natureza e constituição das diversas novas repúblicas da França, considerarei que cimento os legisladores haviam [225] providenciado para elas a partir de quaisquer materiais exteriores. Suas confederações, seus *spectacles*, suas festas cívicas e seu entusiasmo, não dou a isso nenhuma atenção; são nada mais do que meros ardis; mas, rastreando sua política por meio de suas ações, acho que consigo distinguir as providências pelas quais propõem consolidar a união dessas repúblicas. A primeira é o *confisco*, com o papel-moeda compulsório a ele anexado; o segundo é o poder supremo da municipalidade de Paris; o terceiro é o exército geral do Estado. Sobre esse último, reservarei o que tenho a dizer até passar a considerar o exército como um tópico em si mesmo.

Quanto à operação do primeiro (o confisco e o papel-moeda) meramente como um cimento, não posso negar que eles, um dependendo do outro, podem por algum tempo compor um certo tipo de cimento, se a loucura e insensatez deles na direção, e em temperar as partes em conjunto, não produzir uma rejeição logo de saída. Mas, admitindo que o esquema tenha alguma coerência e alguma duração, parece-me que se, após algum tempo, o confisco não for suficiente para sustentar a emissão de papel-moeda (como estou moralmente seguro de que não será), então, em vez de cimentar, fará aumentar infinitamente a dissociação, perturbação e confusão dessas repúblicas confederadas; tanto em relação a umas com as outras quanto às diversas partes dentro de si mesmas. Mas, se o confisco até lá tiver sucesso a ponto de fazer afundar o papel-moeda, o cimento desaparece com a circulação. Nesse meio-tempo, sua força de obrigação será muito incerta e vai apertar ou afrouxar a cada variação no crédito do papel.

Apenas uma coisa é certa nesse esquema, que é um efeito aparentemente colateral, mas direto, não tenho dúvida, nas mentes que conduzem esse negócio, isto é, seu efeito em produzir uma *Oligarquia* em cada uma das repúblicas. Um meio circulante de papel-moeda, não fundamentado em nenhum dinheiro real [226] depositado ou comprometido, montando já a quatrocentos e quarenta milhões do dinheiro inglês, e esse papel-moeda substituindo à força a moeda do reino, tornando-se com isso a substância de sua renda, bem como o meio e veículo de todas as suas relações comerciais e civis, deve vir a pôr o total de que poder, autoridade e influência tenham restado, seja qual for a forma que possa assumir, nas mãos dos administradores e condutores dessa circulação.

Na Inglaterra, sentimos a influência do banco, embora ele seja apenas o centro de uma transação voluntária. Conhece de fato muito pouco da influência do dinheiro sobre a humanidade quem não vê a força da administração de um interesse pecuniário, que é tão mais extensa, e em sua natureza tão mais dependente dos administradores do que qualquer dos nossos. Mas esse não é meramente um interesse de dinheiro. Há um outro membro no sistema inseparavelmente ligado a essa administração do dinheiro. Ele consiste nos meios de extrair a seu critério porções das terras confiscadas para vender; e levando adiante um processo de contínua transmutação de papel em terras, e de terras em papel. Quando acompanhamos esse processo em seus efeitos, logramos conceber algo da intensidade da força com que esse sistema deve operar. Por esse meio, o espírito de especulação financeira penetra a própria massa de terra e se incorpora a ela. Por esse tipo de operação, essa espécie de propriedade torna-se (por assim dizer) volatilizada; ela assume uma atividade monstruosa e antinatural, e com isso atira nas mãos de diversos administradores, principais e subordinados, parisienses e provincianos, tudo que é representativo de dinheiro, e talvez uma décima parte inteira de toda a terra da França, que agora adquiriu a parte pior e mais perniciosa do mal de um meio circulante de papel-moeda, a maior incerteza possível em seu valor. Reverteram a bondade de Latona à propriedade fundiária de Delos. Mandaram os seus para serem lançados à deriva, como os fragmentos mais leves de um naufrágio, *oras et littora circum.*

Os novos negociantes, sendo todos habitualmente aventureiros, e sem hábitos fixos ou predileções de local, comprarão para especular na revenda, conforme o mercado de papel, ou de dinheiro, ou de terras, apresente alguma vantagem. Pois, embora um venerável bispo ache que a agricultura obterá grandes vantagens dos agiotas "esclarecidos" que vão adquirir os confiscos da Igreja, eu, que sou não um bom, mas um velho fazendeiro, com grande humildade peço vênia para dizer a sua eminência falecida que a usura não é tutor da agricultura; e se a palavra "iluminados" for entendida de acordo com o novo dicionário, como sempre acontece novas escolas dos senhores, não consigo conceber como a descrença de um homem em Deus pode ensiná-lo a cultivar a terra com o mínimo de qualquer habilidade ou estímulo adicionais. "Diis immortalibus sero", dizia um velho romano, quando segurava um punho do arado, enquanto a Morte segurava o outro. Embora os senhores venham a reunir na comissão de todos os diretores das duas academias os diretores da *Caisse d'Escompte*, um camponês velho e experiente vale por eles todos. Consegui mais informação sobre um curioso e interessante ramo da lavoura em uma rápida conversa com um monge cartuxo do que obtive de todos os diretores de bancos com que já conversei. No entanto, não há motivo para apreensão ante a mistura de comerciantes de dinheiro com a economia rural. Esses senhores são sensatos demais em sua geração. A princípio, talvez, suas imaginações sensíveis e suscetíveis possam ser cativadas pelas delícias inocentes e improdutivas de uma vida pastoral; mas em pouco tempo descobrirão que a agricultura é um negócio muito mais laborioso e muito menos lucrativo do que o que eles abandonaram. Após fazer seu panegírico, lhe darão as costas, como fez o grande precursor e protótipo deles. Podem, como ele, começar por cantar "*Beatus ille*" – mas qual será o fim?

[228] Haec ubi locutus faenerator Alphius,
Jam jam futurus rusticus
Omnem redegit idibus pecuniam,
Quaerit calendis ponere.

Eles cultivarão a *Caisse d'Église*, sob os sacros auspícios desse prelado, com muito mais proveito do que seus vinhedos ou seus milharais. Empregarão seus talentos de acordo com seus hábitos e seus interesses. Não vão andar atrás do arado quando podem dirigir tesourarias e governar províncias.

Os legisladores dos senhores, novos em tudo, são os primeiríssimos que fundaram uma nação sobre o jogo, e infundiram nela esse espírito como seu alento vital. O grande objetivo dessa política é metamorfosear a França de um grande reino em uma grande mesa de jogo; transformar seus habitantes em uma nação de jogadores; tornar as especulações tão extensas quanto a vida; misturar isso a todas as suas ocupações; e desviar o total das esperanças e medos do povo de seus canais úteis para os impulsos, paixões e superstições dos que vivem de oportunidades. Eles proclamam em voz alta sua opinião de que esse seu atual sistema de uma república não tem a possibilidade de existir sem esse tipo de fundo de jogatina; e que o próprio fio de sua vida é desfiado da fibra dessas especulações. O velho jogo com fundos era bastante daninho, sem dúvida; mas só era assim para indivíduos. Mesmo quando ele foi mais amplo, no Mississippi e nos Mares do Sul, afetou apenas poucos, comparativamente; onde ele se estende mais um pouco, como em loterias, o espírito tem apenas um único objetivo. Mas onde a lei, que na maioria das circunstâncias proíbe, e em nenhuma circunstância aprova o jogo, é ela própria corrompida, de forma a inverter sua natureza e sua política, e expressamente forçar o súdito a essa mesa destrutiva, levando o espírito e os símbolos da jogatina às mínimas questões, e envolvendo todo mundo nela, em todas as coisas é difundida uma desordem política epidêmica desse tipo, a mais terrível que já apareceu no mundo. Entre os senhores, um homem não pode ganhar nem comprar sua refeição, sem uma especulação. O que ele recebe pela manhã não terá o mesmo valor à noite. O que ele é forçado a receber como pagamento de uma velha dívida não será o mesmo quando ele vier a pagar uma dívida contraída por ele próprio; nem será o mesmo quando, mediante pronto pagamento, ele quiser evitar contrair de todo qualquer dívida. A indústria deverá definhar. A economia deverá ser expulsa do seu país. Uma provisão cautelosa não existirá. Quem vai trabalhar sem saber a quanto monta seu pagamento? Quem vai estudar para aumentar o de que ninguém pode dar uma estimativa? Quem vai acumular, quando não sabe o valor do que economiza? Abstraindo sua utilização na jogatina, acumular riqueza de papel seria não a providência de um homem, mas o instinto perturbado de uma gralha pegadeira.

A parte verdadeiramente melancólica de fazer sistematicamente uma nação de jogadores é isto: que, embora todos sejam forçados a jogar, poucos conseguem entender o jogo; e menos ainda estão em condição de aproveitar o conhecimento. Os muitos devem ser os trouxas dos poucos que dirigem a máquina dessas especulações. O efeito que isso deve ter nas pessoas do campo é visível. O homem da cidade pode calcular no dia a dia; o morador do campo, não. Quando o camponês traz pela primeira vez seu milho ao mercado, o magistrado da cidade obriga-o a receber o *assignat* ao par; quando ele vai ao armazém com esse dinheiro, encontra-o sete por cento desvalorizado, só por atravessar a rua. A esse mercado ele não voltará a recorrer prontamente. As pessoas da cidade vão ficar inflamadas! Forçarão o pessoal do campo a trazer seu milho. A resistência vai começar, e os assassinatos de Paris e St. Dennis podem renovar-se por toda a França.

O que significa o vazio cumprimento feito ao campo, dando-lhe talvez mais do que a sua parte na teoria da representação dos senhores? Onde os senhores colocaram o real [230] poder sobre circulação pecuniária e fundiária? Onde colocaram os meios de aumentar e reduzir o valor da livre propriedade de todos? Aqueles cujas operações conseguem reduzir ou aumentar em dez por cento as posses de todos os franceses devem ser os senhores de todos os franceses. O total do poder obtido por essa resolução se estabelecerá nas cidades, entre os burgueses e os diretores pecuniários que os lideram. Os cavalheiros donos de terras, o pequeno proprietário rural e o camponês, nenhum deles tem hábitos, ou inclinações, ou experiência, que logrem levá-los a alguma participação nessa que é a única fonte de poder e influência que hoje resta na França. A natureza mesma de uma vida no campo, a natureza mesma da propriedade fundiária, em todas as ocupações e todos os prazeres que proporcionam, tornam a combinação e o acerto (o único meio de obter e exercer influência) de certa maneira impossível entre a gente do campo. Combine-os com toda a arte que puder, e com toda a diligência, e eles sempre se dissolvem na individualidade. Qualquer coisa da natureza de uma incorporação é quase impraticável entre eles. Esperança, medo, alarme, inveja, a efêmera história, que cumpre sua função e morre em um dia, todas essas coisas, que são as rédeas e as esporas com que os líderes contêm ou atiçam as mentes dos seguidores, não se empregam facilmente, ou não se empregam de todo, entre pessoas dispersas. Elas se reúnem, se armam, agem com a mais extrema dificuldade e ao máximo custo. Seus esforços, se algum dia lograrem ser iniciados, não conseguirão ser mantidos. Elas não conseguem proceder sistematicamente. Se os fidalgos do campo tentarem uma influência por meio do mero rendimento de sua propriedade, o que é isso para quem tem dez vezes a sua produção para vender, e que pode arruinar-lhes a propriedade trazendo seu produto para opor a ela no mercado? Se o dono de terras quiser hipotecar, ele abaixa o valor de sua terra e eleva o valor dos *assignats*. Ele aumenta a força de seu inimigo pelo próprio meio que deve usar para lutar com ele. [231] O fidalgo do campo, portanto, o oficial de mar e terra, o homem de vistas e hábitos liberais, não pertencendo a nenhuma profissão, será completamente excluído do governo de seu país, como se fosse legislativamente proscrito. É óbvio que, nas cidades, todas as coisas que conspiram contra o fidalgo do campo combinam-se em favor do diretor e gerente de dinheiro. Em cidades, a combinação é natural. Os hábitos dos burgueses, suas ocupações, sua diversão, seus negócios, seu ócio colocam-nos continuamente em contato mútuo. Suas virtudes e seus vícios são sociáveis; estão sempre em guarnição; e chegam incorporados e meio disciplinados às mãos dos que pretendem formá-los para ação civil, ou para ação militar.

Todas essas considerações não nos deixam dúvida na mente de que, se esse monstro de constituição conseguir continuar, a França será totalmente governada pelos agitadores em corporações, por sociedades nas cidades, formadas de diretores de *assignats* e encarregados da venda de terras da Igreja, advogados, agentes, especuladores financeiros e aventureiros, compondo uma oligarquia ignóbil fundada na destruição da coroa, da Igreja, da nobreza e do povo. Aqui terminam todos os sonhos e visões enganosas de igualdade e direitos do homem. No *"atoleiro sérvio"* dessa vil oligarquia eles são todos absorvidos, afundados e perdidos para sempre.

Embora olhos humanos não possam rastreá-los, alguns grandes delitos na França devem clamar aos céus, que acharam adequado puni-los com a sujeição a um domínio vil e inglório, no qual nenhum consolo ou compensação pode ser encontrado em alguma coisa, nem mesmo naqueles falsos esplendores que, ornamentando outras tiranias, impedem a humanidade de sentir-se desonrada, mesmo quando está oprimida. Devo confessar que sou tomado por uma tristeza misturada com alguma indignação diante da conduta de uns poucos homens, um dia de grande posição, e ainda de grande dignidade, [232] que, iludidos por nomes atraentes, envolveram-se em um negócio fundo demais para a linha de seu entendimento conseguir sondar; que emprestaram sua bela reputação, e a autoridade de seus nomes altissonantes, aos desígnios de homens com os quais eles nunca travariam conhecimento, e que com isso fizeram com que suas virtudes mesmas operassem para a ruína de seu país.

Até aqui, o primeiro princípio aglutinador.

O segundo material de cimento para nova república dos senhores é a superioridade da cidade de Paris; e isso, admito, está fortemente ligado ao outro princípio aglutinador do confisco e da circulação de papel-moeda. É nessa parte do projeto que devemos buscar a causa da destruição de todos os antigos laços de províncias e jurisdições, eclesiásticas e seculares, e a dissolução de todas as velhas combinações de coisas, bem como a formação de tantas pequenas repúblicas desconectadas. O poder da cidade de Paris é evidentemente uma grande fonte de toda a política deles. É por meio do poder de Paris, agora tornada o centro e ponto focal de especulação, que os líderes dessa facção dirigem, ou melhor, comandam todo o governo legislativo e todo o governo executivo. Portanto, deve ser feito tudo que logre confirmar a autoridade dessa cidade sobre as outras repúblicas. Paris é compacta; tem uma força enorme, totalmente desproporcional à força de qualquer das repúblicas quadradas; e essa força é recolhida e condensada dentro de um perímetro estreito. Paris tem uma ligação natural e fácil de suas partes que não será afetada por nenhum projeto de uma constituição geométrica, nem significa muita coisa se sua porção de representação for maior ou menor, uma vez que ela tem o sortimento inteiro dos peixes em sua rede de arrastão. As outras divisões do reino sendo desmontadas, despedaçadas e separadas de todos os seus meios habituais e de seus firmes princípios de união não podem, pelo menos por algum tempo, confederar-se contra ela. Nada seria deixado em todos os membros [233] subordinados, senão fraqueza, desligamento e confusão. Para confirmar essa parte do plano, a assembleia chegou recentemente a uma resolução de que duas repúblicas não terão o mesmo comandante em chefe.

A uma pessoa que dê uma olhada no todo, a força de Paris, assim formada, parecerá um sistema de fraqueza geral. Alardeia-se que a política geométrica foi adotada, que todas as ideias locais deveriam ser esquecidas e que o povo não deveria ser de gascões, picardos, bretões, normandos, mas de franceses, com um só país, um só coração e uma só assembleia. Mas, em vez de serem todos franceses, a maior probabilidade é de que os habitantes dessa região em breve não terão país algum. Ninguém jamais foi apegado por um senso de orgulho, parcialidade, ou real afeição, a uma categoria de medida quadrada. E nunca irá se vangloriar de pertencer ao Quadrado número 71, ou a qualquer outra etiqueta de identificação. Começamos nossas afeições públicas em nossas famílias. Nenhum parente frio é um cidadão zeloso. Passamos a seguir para nossas vizinhanças e nossas habituais ligações provincianas. Estas são pousadas e locais de repouso. Essas divisões de nosso país que foram formadas pelo hábito, e não por um súbito espasmo de autoridade, eram muitas pequenas imagens do grande país no qual o coração encontrava algo que ele podia preencher. O amor pelo todo não se extingue por causa dessa parcialidade subordinada. Talvez se trate de um tipo de aprendizado elementar para aquelas vistas mais amplas e mais elevadas, pelas quais somente os homens chegam a ser afetados, como por seus próprios interesses, na prosperidade de um reino tão extenso como o da França. Nesse próprio território geral, como no velho nome de províncias, os cidadãos são levados a seus interesses por velhos preconceitos* e hábitos irrefletidos, e não por causa das propriedades geométricas de sua figura. O poder, a força e a primazia de Paris certamente comprimem e amalgamam essas repúblicas, na medida em que durem. Mas, pelos motivos que já dei ao senhor, já não creio que consigam durar muito tempo.

[234] Passando do princípio criador civil e do princípio aglutinador civil dessa constituição para a Assembleia Nacional, que deve parecer e atuar como soberana, vemos em sua constituição um corpo com todo o poder possível, e nenhum controle externo possível. Vemos um corpo sem leis fundamentais, sem máximas estabelecidas, sem regras de procedimento respeitadas, sem algo que consiga manter firme qualquer sistema que seja. A ideia deles de seus poderes é sempre tirada da mais extrema e forçada interpretação da competência legislativa, e os exemplos deles para casos comuns, tirados das exceções da mais urgente necessidade. O futuro deverá ser, na maioria dos respeitos, como a atual assembleia; mas, pelo modo das novas eleições e a tendência das novas circulações, ele será expurgado do pequeno grau de controle interno existente em uma minoria escolhida originalmente a partir de interesses variados, e preservando alguma coisa do espírito deles. Se isso for

---

* Ou preferências: Burke usa constantemente a palavra *prejudice* (preconceito), para se referir a antigas preferências, a opiniões preestabelecidas; em português, a conotação pejorativa de "preconceito" contaminou a palavra, impedindo que se tenha a instantânea percepção das outras conotações possíveis (N. T.).

possível, a próxima assembleia deverá ser pior do que a atual. A atual, destruindo e alterando tudo, deixará a seus sucessores, aparentemente, nada de popular a fazer. Eles serão estimulados por emulação e exemplo aos mais temerários e absurdos empreendimentos. Imaginar uma assembleia dessas reunindo-se em perfeita quietude é ridículo.

Seus legisladores onissuficientes, em sua pressa de fazer tudo de uma só vez, esqueceram uma coisa que parece essencial, e que, acredito, nunca foi, na teoria ou na prática, omitida por algum planejador de uma república. Esqueceram-se de constituir um *Senado*, ou algo desse caráter e natureza. Nunca, antes desta época, se ouviu falar de um organismo político composto de uma assembleia legislativa ativa e seus executivos sem um conselho dessa natureza; sem algo com que Estados estrangeiros possam manter contato; algo que nos pormenores comuns do governo o povo possa respeitar; algo que possa fornecer uma tendência e um comportamento equilibrado e preservar alguma coisa [235] semelhante a consistência nos trabalhos do Estado. Os reis geralmente têm um organismo assim como um conselho. Uma monarquia pode existir sem ele; mas ele parece ser a própria essência de um governo republicano. Ele ocupa uma espécie de posição média entre o poder supremo exercido pelo povo, ou imediatamente delegado por este, e o mero executivo. Disso não há vestígios na constituição dos senhores; e, nada provendo desse tipo, seus Sólons e Numas, tanto como em qualquer outra coisa, revelaram uma soberana incapacidade.

Voltemos nossos olhos agora para o que eles fizeram no sentido da formação de um poder executivo. Para isso, escolheram um rei degradado. Esse primeiro funcionário executivo deles deve ser uma máquina, sem tipo algum de critério deliberativo em qualquer ato de sua função. Na melhor das hipóteses, ele não passa de um canal para transmitir à Assembleia Nacional algum assunto que possa ser importante esse organismo conhecer. Se ele tivesse sido feito o canal exclusivo, esse poder não deixaria de ter sua importância; embora infinitamente arriscado para quem resolvesse exercê-lo. Mas informação pública e exposição de fatos podem passar para a assembleia, com igual autenticidade, por meio de qualquer outro veículo. Quanto aos meios, portanto, de dar uma direção a medidas pela exposição de um relator autorizado, esse cargo de informação é como nada.

Para considerar esse esquema francês de um funcionário executivo em suas duas divisões naturais de civil e político – na primeira deve-se observar que, de acordo com a nova constituição, as partes mais elevadas da magistratura, em qualquer de suas linhas, não estão no rei. O rei da França não é a fonte da justiça. Os juízes, nem o original, nem o de apelação, não são nomeados por ele. Tampouco propõe os candidatos, nem tem o direito de veto da escolha. Ele não é sequer o promotor público. Serve apenas como um notário para autenticar [236] a escolha dos juízes feita nos diversos distritos. Por meio de seus funcionários, deve executar a sentença deles. Quando examinamos a verdadeira natureza de sua autoridade, ele parece ser nada mais que um chefe de agentes e beleguins, guardas de tribunal, esbirros, carcereiros e carrascos. É impossível colocar algo chamado realeza em uma posição mais degradante. Mil vezes melhor seria para a dignidade desse infortunado príncipe se ele absolutamente nada tivesse a ver com a administração da justiça, privado como se encontra de tudo que é venerável, de tudo que é consolador nessa função, sem poder de dar origem a nenhum processo; sem poder de suspensão, mitigação ou perdão. Tudo que é vil e odioso na justiça foi jogado em cima dele. Não foi por nada que a assembleia se deu a tanto trabalho para eliminar o estigma de certas funções, quando estava decidida a colocar a pessoa que até recentemente era seu rei em uma situação apenas um grau acima do carrasco, e em uma função quase da mesma qualidade. Não é da natureza que, situado como o rei da França agora se encontra, ele possa respeitar-se ou ser respeitado pelos outros.

Veja esse novo funcionário executivo pelo lado de sua posição política, já que ele age sob as ordens da Assembleia Nacional. Executar leis é uma função régia; executar ordens é não ser rei. Entretanto, uma magistratura executora política, embora meramente isso, é um grande encargo em confiança. É um encargo de fato que muito depende de seu desempenho fiel e diligente, tanto na pessoa que a ele preside quanto em todos os seus subordinados. Os meios de cumprir esse dever deveriam ser dados por regulamentação; e disposições nesse sentido deveriam ser infundidas pelas circunstâncias decorrentes do encargo. Deveria ser cercado de dignidade, autoridade e considerações, e deveria conduzir a glórias. O cargo de execução é uma função que exige esforço. Não é da impotência que devemos esperar as funções do poder. Que tipo de pessoa [237] é, para comandar serviço de execução, um rei que não tem nenhum meio que seja de recompensá-la? Não em uma função permanente; não em uma concessão de terras; não, não em uma pensão de cinquenta libras por ano; não no direito mais vão e trivial. Na França, o rei é não mais fonte de honra do que fonte de justiça. Todas as recompensas, todas as distinções estão em outras mãos. Os que servem ao rei não podem ser movidos por algum motivo natural senão o medo; por um medo de tudo, exceto de seu senhor. Suas funções de coerção interna são tão odiosas quanto as que ele exerce no departamento de justiça. Se é preciso dar socorro a alguma municipalidade, a assembleia o dá. Se é preciso mandar tropas para reduzi-la a obediência à assembleia, o rei deve executar a ordem; e em todas as ocasiões ele será salpicado com o sangue de seu povo. Ele não tem direito de veto; e, no entanto, seu nome e autoridade são usados para impor qualquer decreto severo. Pior ainda, ele deve colaborar na chacina dos que tentarem libertá-lo de seu aprisionamento, ou que mostrem o mais leve apego e lealdade à sua pessoa ou à sua antiga autoridade.

A magistratura executiva deveria ser constituída de tal maneira que os que a compõem estivessem dispostos a amar e venerar os que eles são obrigados a obedecer. Uma negligência proposital ou, o que é pior, uma obediência literal, mas perversa e malévola, deve ser a ruína dos mais sábios conselhos. Em vão tentará a lei prever ou investigar essas negligências estudadas e atenções fraudulentas. Não é da competência da lei fazer com que os homens ajam zelosamente. Reis, mesmo os que são verdadeiramente reis, podem e devem tolerar a liberdade de súditos que lhes são antipáticos. Eles podem também, sem tirar seu próprio mérito, tolerar até a autoridade dessas pessoas, se isso promove seu serviço. Luís XIII odiava mortalmente o cardeal de Richelieu; mas seu apoio a esse ministro contra seus rivais foi a fonte de toda a glória de seu reinado, e o sólido fundamento de seu [238] próprio trono. Luís XIV, quando subiu ao trono, não amava o cardeal Mazarino; mas, por seus interesses, ele o preservou no poder. Quando velho, detestava Louvois; mas durante anos, enquanto este serviu fielmente sua grandeza, ele aturou sua pessoa. Quando George II acolheu o Sr. Pitt, que certamente não lhe era agradável, em seus conselhos, este nada fez que pudesse humilhar um sábio soberano. Mas esses ministros, que eram escolhidos por negócios, não por afeições, agiam no nome de reis, e em confiança para eles; e não como seus senhores confessos, constitucionais e ostensivos. Acho impossível que algum rei, quando se recuperou de seus primeiros terrores, logre cordialmente infundir vivacidade e vigor a medidas que ele sabe ditadas por pessoas que, ele deve estar convencido, são mal dispostas no mais alto grau contra a sua própria pessoa. E algum ministro que sirva a esse rei (ou seja lá como possa ser chamado), com apenas uma decente aparência de respeito, obedecerá cordialmente às ordens de quem, ainda outro dia mesmo, haviam em seu nome trancafiado na Bastilha? Obedecerão às ordens daqueles que, enquanto estavam exercendo justiça despótica sobre eles, concebiam que os estavam tratando com clemência; e para quem, em uma prisão, achavam ter proporcionado um asilo seguro? Se os senhores esperam essa obediência, entre suas outras inovações e regenerações, deveriam fazer uma revolução na natureza e prover uma nova constituição para a mente humana. Senão, seu governo supremo não conseguirá harmonizar-se com seu sistema de execução. Há casos em que não nos podemos ligar com nomes e abstrações. Os senhores podem chamar meia dúzia de indivíduos importantes, aos quais temos motivo para temer e odiar, de *a nação*. Isso não faz nenhuma diferença, além de nos levar a temê-los e odiá-los ainda mais. Caso se tenha achado justificável e conveniente fazer essa revolução por esses meios, e por meio dessas pessoas, como os senhores fizeram a sua, teria sido mais sábio haver terminado o [239] serviço dos dias cinco e seis de outubro. O novo funcionário executivo então deveria sua situação aos que são seus criadores, bem como seus senhores; e poderia ficar obrigado por interesse, na sociedade do crime, e (se pudesse haver virtudes em crimes), por gratidão, a servir aos que o haviam promovido a uma posição de grande lucro e grande indulgência sensual; e de algo mais: pois mais deve ter ele recebido dos que com certeza não teriam limitado uma criatura engrandecida, como fizeram com um antagonista resignado.

Um rei nas circunstâncias do atual, se estiver totalmente atarantado por seus infortúnios, de modo a achar ser não uma necessidade, mas a recompensa e o privilégio da vida, comer e dormir, sem nenhuma consideração por glória, nunca poderá servir para o cargo. Se sente como os homens comumente sentem, deve ter consciência de que, em um cargo nessa situação, ele não pode obter nem fama, nem reputação. Não tem nenhum interesse generoso que possa incitá-lo à ação. No melhor dos casos, sua conduta será passiva e defensiva. Para gente inferior, essa função poderia ser uma questão de honra. Mas ser elevado a ela e descer até ela são coisas diferentes, e sugerem sentimentos diferentes. Ele *realmente* nomeia os ministros? Estes terão a simpatia dele. Eles lhe são forçados? O negócio todo entre eles e o rei nominal será de oposição mútua. Em todos os outros países, o cargo de ministro de Estado é da mais alta dignidade. Na França, é cheio de riscos e incapaz de trazer glória. Rivais, entretanto, eles se sentirão em sua nulidade, enquanto ambição rasteira existir no mundo, ou o desejo de um salário miserável for um incentivo à avareza míope. Esses competidores dos ministros têm a possibilidade, pela constituição dos senhores, de atacá-los nas partes vitais, enquanto eles não têm os meios de repelir essas investidas em alguma outra condição que não a degradante de acusados e culpados. Os ministros de Estado na França são as únicas pessoas daquele país incapazes [240] de uma participação nos conselhos nacionais. Que ministros! Que conselhos! Que nação! Mas eles são responsáveis. É um fraco serviço o que se pode obter da responsabilidade. A elevação da mente, a ser derivada do medo, nunca tornará uma nação gloriosa. Responsabilidade impede crimes. Torna perigosos todos os atentados contra as leis. Mas, por um princípio de serviço ativo e zeloso, somente idiotas poderiam pensar nisso. É a condução de uma guerra sendo confiada a um homem que pode abominar seu princípio; e que, em cada passo que logre dar para torná-la vitoriosa, confirma o poder daqueles pelos quais ele é oprimido? Estados estrangeiros tratarão seriamente com quem não tem nenhuma prerrogativa de paz ou de guerra? Não, não tanto quanto em um único voto dele próprio ou de seus ministros, ou de alguém que ele tenha a possibilidade de influenciar? Uma situação de desprezo não é situação para um príncipe: melhor livrar-se dele logo de uma vez.

Sei que se dirá que esses caprichos e extravagâncias da corte e do governo executivo continuarão apenas ao longo da presente geração; e que o rei foi levado a declarar que o delfim será educado em conformidade com sua situação. Se se fizer que ele se conforme à sua situação, então ele não terá educação alguma. Sua instrução deve ser pior até que a de um monarca arbitrário. Se ele estudar – quer estude, ou não, algum gênio bom ou mau lhe contará que seus ancestrais foram reis. Daí em diante, seu objetivo deve ser afirmar-se e vingar os pais. O senhor dirá que isso não é o dever dele. Pode ser; mas é da natureza; e quando se provoca a natureza contra si, age-se insensatamente em fiar-se no Dever. Nesse fútil esquema de organização política, o Estado nutre em seu seio, para o presente, uma fonte de fraqueza, perplexidade, oposição, ineficiência e decadência; e prepara os meios de sua ruína final. Em suma, nada vejo na força executiva (não posso chamá-la de autoridade) que tenha sequer uma aparência de vigor, ou que tenha o mínimo grau de justa [241] correspondência ou simetria, ou relação amigável, com o poder supremo, ou como ele agora existe, ou como está planejado para o futuro governo.

Os senhores estabeleceram, por uma economia tão pervertida quanto a política, duas instituições de governo:* uma real, uma fictícia. Ambas mantidas com uma vasta despesa; mas a fictícia, creio, com a despesa maior. Uma máquina como essa última não vale a graxa de suas engrenagens. A despesa é exorbitante; nem a exibição nem a utilização valem a décima parte da conta. Oh! mas não estou fazendo justiça aos talentos dos legisladores. Não estou levando em conta, como deveria, a necessidade. Seu esquema de força executiva não foi escolha deles. Esse desfile deve continuar. O povo consentiria em ficar sem ele. Certo; entendo os senhores. Apesar de suas grandiosas teorias a que gostariam que os céus e a terra se curvassem, os senhores sabem como se conformar à natureza e às circunstâncias das coisas. Mas, quando foram obrigados a se conformar tão extensamente às circunstâncias, deveriam ter levado

* Na realidade, três, contando-se os estabelecimentos republicanos provincianos.

sua submissão mais longe, e ter feito o que estavam obrigados a usar: um instrumento adequado, e útil para sua finalidade. Esse era o poder dos senhores. Por exemplo, entre muitos outros, estava em seu poder deixar a seu rei o direito de guerra e paz. O quê! Deixar ao magistrado executivo a mais perigosa de todas as prerrogativas? Nenhuma conheço mais perigosa; nem alguma em que seja necessário assim confiar. Não digo que essa prerrogativa devesse ser confiada a seu rei, a não ser que ele tivesse outros encargos auxiliares ao lado deste, os quais ele agora não possui. Mas, se ele os possuísse, arriscados como indubitavelmente são, vantagens decorreriam dessa constituição, mais do que compensando o risco. Não há outro meio de impedir os diversos potentados da Europa de intrigar clara e pessoalmente com os membros [242] da assembleia dos senhores, de interferir em todos os seus negócios e de fomentar, no coração de seu país, a mais perniciosa de todas as facções; facções no interesse de potências estrangeiras, e sob a direção delas. Desse pior dos males, graças a Deus, ainda estamos livres. Sua habilidade, tivessem os senhores alguma, seria bem empregada em descobrir corretivos e controles indiretos para esse encargo perigoso. Se não gostaram dos que escolhemos na Inglaterra, seus líderes poderiam ter exercido suas habilidades planejando melhores. Se fosse necessário exemplificar as consequências de um governo executivo como o dos senhores, na direção de grandes negócios, eu deveria remeter o senhor aos recentes relatórios do Sr. de Montmorim à Assembleia Nacional e a todos os outros trabalhos relativos às diferenças entre a Grã-Bretanha e a Espanha. Seria tratar com desrespeito seu entendimento destacá-los para o senhor.

Ouço dizer que as pessoas que se chamam ministros manifestaram uma intenção de renunciar a suas posições. Estou bastante surpreso de que já não se tenham demitido há muito tempo. Nem pelo universo inteiro eu teria permanecido na situação em que eles passaram esse último ano. Desejavam o bem, aceito como evidente, da Revolução. Seja esse fato como for, colocados como estavam sobre uma eminência, embora uma eminência de humilhação, eles não podiam ser senão os primeiros a ver coletivamente, e a sentir, cada qual em seu próprio departamento, os males que foram produzidos por essa revolução. Em cada passo que deram, ou evitaram dar, devem ter sentido a situação degradada de seu país, e sua completa incapacidade de servi-lo. Eles estão em uma forma de servidão subordinada, na qual nunca alguém tinha sido visto. Sem a confiança de seu soberano, a quem eles foram impingidos, ou da assembleia, que os impingiu a ele, todas as nobres funções de seus deveres são executadas por comitês da assembleia, sem nenhuma consideração que seja [243] por sua autoridade pessoal, ou oficial. Devem executar, sem poder; devem ser responsáveis, sem critério pessoal; devem deliberar, sem escolha. Em sua situação confusa, sob dois soberanos, sobre nenhum dos quais eles têm influência, devem agir de tal maneira a (de fato, seja lá o que possam pretender) às vezes trair um, às vezes o outro, e sempre trair a si mesmos. Essa era a situação deles; essa deve ser a situação dos que os sucederam. Nutro muito respeito pelo Sr. Necker, e faço-lhe muito bons votos. Sou-lhe devedor de atenções. Achei que, quando seus inimigos o expulsaram de Versalhes, esse seu exílio era motivo da mais séria congratulação – *sed multae urbes et publica vota vicerunt*. Ele agora tem assento sobre as ruínas das finanças e da monarquia da França.

Muito mais ainda poderia ser observado na estranha constituição da parte executiva do novo governo; mas o cansaço deve impor limites à discussão de assuntos que em si mesmos mal têm algum limite.

Quão pouco gênio e talento sou capaz de perceber no plano de magistratura judicial da Assembleia Nacional. De acordo com seu rumo invariável, os formadores da constituição dos senhores começaram pela total abolição dos parlamentares. Esses organismos veneráveis, como o resto do velho governo, tinham necessidade de reforma, ainda que nenhuma mudança tivesse sido feita na monarquia. Exigiam diversas alterações mais, para adaptá-los ao sistema de uma livre constituição. Mas eles tinham particularidades em sua constituição, e não poucas, que mereciam a aprovação das pessoas sensatas. Possuíam uma excelência fundamental: eram independentes. A circunstância mais duvidosa consequente de sua função, a de ser vendável, contribuía, no entanto, para sua independência de caráter. Sua validade era perpétua. De fato [244], pode-se dizer deles que valeram por herança. Indicados pelo monarca, eram considerados quase fora de seu poder. Os esforços mais determinados dessa autoridade contra eles só mostravam sua independência radical. Eles compunham organismos políticos permanentes, constituídos para resistir a inovações arbitrárias; e por essa constituição corporativa, e pela maioria de suas formas, eles foram bem calculados para proporcionar tanto certeza quanto estabilidade às leis. Eram um asilo seguro, para garantir essas leis em todas as revoluções de disposição e opinião. Conservaram esse depósito sagrado do país durante os reinados de príncipes arbitrários e as lutas de facções arbitrárias. Mantiveram vivos a memória e o registro da constituição. Foram a grande segurança para a propriedade privada; da qual se poderia dizer (quando não existia liberdade pessoal) estar, de fato, tão bem guardada na França quanto em muitos outros países. Qualquer coisa que seja suprema em um Estado deveria ter, tanto quanto possível, sua autoridade judicial constituída de maneira a não só depender dela, mas a de alguma forma equilibrá-la. Deveria dar à sua justiça uma segurança contra seu poder. Deveria tornar sua magistratura, por assim dizer, algo exterior ao Estado.

Esses parlamentos forneceram certamente não o melhor, mas algum considerável corretivo aos excessos e vícios da monarquia. Essa magistratura independente era dez vezes mais necessária quando uma democracia tornou-se o poder absoluto do país. Nessa constituição, eletiva, temporária, juízes locais, como os senhores conceberam, exercendo suas funções dependentes em uma sociedade tacanha, devem ser o pior de todos os tribunais. Neles, será inútil buscar alguma aparência de justiça para com estranhos, para com os ricos detestados, para com a minoria de partidos desbaratados, para com todos aqueles que, na eleição, apoiaram candidatos que não tiveram sucesso. Será impossível manter os novos tribunais livres do pior espírito de facção. Todos [245] os expedientes e maquinações por eleição, sabemos por experiência, são inúteis e infantis para impedir uma descoberta de inclinações. Onde eles podem melhor atender aos propósitos de ocultamento, só conseguem produzir suspeita, e essa é uma causa ainda mais nociva de parcialidade.

Se os parlamentos tivessem sido preservados, em vez de serem dissolvidos a um custo tão ruinoso para a nação, poderiam ter servido nessa nação talvez não precisamente aos mesmos (não me refiro a um paralelo exato) mas quase aos mesmos propósitos a que o tribunal e o senado do Areópago serviram em Atenas; isto é, como um dos equilíbrios e corretivos aos males de uma democracia leviana e injusta. Todo mundo sabe que aquele tribunal foi o grande esteio daquele Estado. Todo mundo sabe com que cuidado era sustentado, e com que reverência religiosa foi consagrado. Os parlamentos não eram totalmente livres de facções, admito; mas esse mal era exterior e acidental, e não tanto um vício de sua própria constituição, como deve ser em sua nova invenção de magistraturas eletivas sexenais. Diversos ingleses elogiam a abolição dos velhos tribunais, supondo que eles determinavam tudo por propina e corrupção. Mas eles passaram pelo teste da investigação monárquica e republicana. O tribunal estava disposto a provar a corrupção desses organismos quando eles foram dissolvidos, em 1771. Os que mais uma vez os dissolveram teriam feito o mesmo, se pudessem; mas ambas as inquisições não tendo conseguido esse resultado, concluo que corrupção pecuniária flagrante deve ter sido bastante rara entre eles.

Teria sido prudente haver preservado, com os parlamentos, o antigo poder deles de registrar e de protestar, pelo menos, no caso de todos os decretos da Assembleia Nacional, como fizeram no caso dos que foram aprovados no tempo da monarquia. Isso seria um meio de enquadrar os ocasionais decretos de uma democracia em alguns princípios de jurisprudência geral. O vício das antigas democracias, e uma [246] causa da ruína delas, era que governavam, tal como os senhores fazem, por decretos ocasionais, *psephismata*. Essa prática logo intrometeu-se, perturbando o teor e a consistência das leis; reduziu o respeito do povo por elas; e no final destruiu-as totalmente.

Os senhores terem conferido o poder de protestar, que, no tempo da monarquia, existia no parlamento de Paris, ao seu principal funcionário executivo, que, ao arrepio do bom-senso, os senhores perseveram em chamar de rei, é o auge do absurdo. Os senhores nunca deveriam sofrer admoestação daquele que deve executar. Isso é não entender nem conselho, nem execução; nem autoridade, nem obediência. A pessoa a quem os senhores chamam de rei não deveria ter esse poder, ou deveria ter mais.

O atual arranjo dos senhores é rigorosamente judicial. Em vez de imitar sua monarquia, e fazer sentar seus juízes em uma bancada de independência, seu objetivo é reduzi-los à mais cega obediência. Como os senhores mudaram todas as coisas, inventaram novos princípios de ordem. Primeiro nomeiam juízes, que, suponho, devem decidir de acordo com a lei, e então informam-nos, em algum momento ou outro, que pretendem dar-lhes alguma lei, pela qual eles devem decidir. Quaisquer estudos que eles tenham feito (se fizeram algum) lhes serão inúteis. Mas, para completar esses estudos, eles devem jurar obedecer a todas as regras, ordens e instruções, que receberão de vez em quando da Assembleia Nacional. Caso se submetam a isso, eles não deixam base legal para o súdito. Tornam-se instrumentos completos e extremamente perigosos nas mãos do poder governante, que, no meio de uma causa, ou na perspectiva dela, pode mudar totalmente a regra de decisão. Se essas ordens da Assembleia Nacional vierem a ser contrárias à vontade do povo que escolhe localmente esses juízes, deve acontecer uma confusão que é terrível só de pensar. Pois [247] os juízes devem sua posição à autoridade local; e as ordens que devem jurar obedecer vêm de quem não tem nenhuma participação na indicação deles. No meio-tempo têm o exemplo do tribunal do *Chatelet* para estimulá-los e guiá-los nc exercício de suas funções. Esse tribunal deve julgar criminosos mandados a ele pela Assembleia Nacional, ou trazidos diante dele por outras rotas de delação. Eles julgam sob uma guarda, para salvar suas próprias vidas. Não sabem por que lei julgam, nem sob qual autoridade agem, nem por qual estabilidade se mantêm. Acha-se que eles às vezes são obrigados a condenar ao risco de suas próprias vidas. Isso talvez não seja seguramente certo, nem pode ser determinado; mas, quando absolvem, sabemos, já viram as pessoas libertadas por eles, com perfeita impunidade dos agentes, serem enforcadas à porta de seu tribunal.

A assembleia de fato promete que eles formarão um organismo de direito, que será breve, simples, transparente e assim por diante. Isto é, por suas leis breves, deixarão muita coisa ao critério do juiz, enquanto eles desacreditaram a autoridade de todo o conhecimento que poderia fazer o critério judicial (uma coisa, na melhor das hipóteses, arriscada) merecer ser chamado de um critério *sólido*.

É curioso observar que os organismos administrativos foram cuidadosamente isentados de jurisdição desses novos tribunais. Isto é, estão isentadas do poder das leis as pessoas que deveriam ser as mais inteiramente submissas a elas. Quem executa encargos pecuniários públicos de confiança deveria ser, entre todos os homens, os mais rigorosamente submetidos às obrigações que elas impõem. As pessoas teriam achado que deve ter sido uma das primeiríssimas preocupações dos senhores, se não era intenção sua que esses organismos administrativos fossem reais estados soberanos independentes, a de formar um terrível tribunal, como os seus extintos parlamentos, ou como a nossa tribuna do rei, onde todos os funcionários corporativos poderiam obter proteção ao exercício legal de suas funções e enfrentariam [248] coerção se transgredissem seu dever legal. Mas a causa dessa isenção é clara. Esses organismos administrativos são os grandes instrumentos dos atuais líderes em seu caminho da democracia à oligarquia. Devem, portanto, ser colocados acima da lei. Dir-se-á que os tribunais legais que os senhores fizeram não são adequados para coagi-los. Não são, indubitavelmente. Não são adequados a nenhum propósito racional. Dir-se-á também que os organismos administrativos serão responsáveis perante a assembleia geral. Isso, temo, é falar sem dar muita consideração à natureza dessa assembleia, ou dessas corporações. No entanto, estar sujeito à vontade dessa assembleia não é estar sujeito à lei, nem para proteção nem para coerção.

A esse estabelecimento de juízes ainda falta algo para estar completo. É ser galardoado por um novo tribunal. Isso é ser uma grande magistratura de Estado; e é julgar os crimes cometidos contra a nação, isto é, contra o poder da assembleia. Parece como se eles tivessem alguma coisa em vista da natureza do solene tribunal de justiça erigido na Inglaterra durante a época da grande usurpação. Como eles ainda não concluíram essa parte do projeto, é impossível formar um juízo direto a respeito. Entretanto, se não se tomar grande cuidado para formá-lo em um espírito muito diferente daquele que os orienta em seus trabalhos relativamente a delitos contra o Estado, esse tribunal, subserviente à inquisição deles, o *comitê de pesquisa,* extinguirá as últimas centelhas de liberdade na França e estabelecerá a tirania mais terrível e arbitrária que já se viu em qualquer nação. Se querem dar a esse tribunal alguma aparência de liberdade e justiça, não devem buscar nele, ou mandar para ele, as causas relativas a seus próprios membros, a seu bel-prazer. Eles também devem retirar a sede desse tribunal da república de Paris.*

[249] Demonstrou-se mais sabedoria na constituição do seu exército do que é discernível no seu plano de magistratura? A disposição competente dessa parte é o mais difícil, e requer a máxima habilidade e atenção, não só como uma grande empresa em si mesma, mas como o terceiro princípio aglutinador desse novo corpo de repúblicas, que os senhores chamam de nação francesa. Verdadeiramente, não é fácil adivinhar em que o exército se pode tornar, por fim. Os senhores votaram por um exército muito grande, e bem equipado, no mínimo totalmente à altura de seus aparentes meios de pagamento. Mas qual é o princípio de sua disciplina? Ou a quem ele deve obedecer? Os senhores seguraram o lobo pelas orelhas, e desejo-lhes que façam bom proveito da favorável posição em que escolheram colocar-se e na qual estão em boa situação para uma deliberação livre, relativamente a esse exército, ou a qualquer outra coisa.

O ministro e secretário de Estado do departamento da guerra é o Sr. de la Tour du Pin. Esse senhor, como seus colegas da administração, é um mui zeloso defensor da revolução, e um animado admirador da nova constituição, que se originou daquele evento.

* Para mais elucidações sobre a questão de todas essas magistraturas, e do comitê de pesquisa, ver a obra do Sr. de Calonne.

Sua exposição dos fatos relativos aos militares na França é importante, não só por sua autoridade oficial e pessoal, mas porque ela exibe muito claramente a condição efetiva do exército francês, e porque lança luz nos princípios pelos quais a assembleia procede à administração desse objetivo crítico. Ela pode permitir-nos formar algum julgamento sobre até que ponto pode ser conveniente, neste país, imitar a política marcial da França.

O Sr. de la Tour du Pin, em 4 de junho passado, vem prestar contas da situação de seu departamento, tal como ele existe sob os auspícios da Assembleia Nacional. Ninguém o conhece tão bem; ninguém pode expressá-lo melhor. Dirigindo-se à Assembleia Nacional, diz: "Sua Majestade enviou-me *hoje* para notificá-los da multiplicação de distúrbios [250] de que ele recebe *todo dia* as mais angustiantes informações. O exército (le corps militaire) periga cair na mais turbulenta anarquia. Regimentos inteiros ousaram violar, de uma só vez, o respeito devido às leis, ao Rei, à ordem estabelecida pelos seus decretos e aos juramentos feitos com a máxima solenidade. Impelido pelo meu dever de lhes dar informação desses excessos, meu coração sangra quando considero quem são os que os cometeram. Estes, contra os quais não está em meu poder calar as queixas mais graves, são uma parte daquela soldadesca mesma que, até hoje, era tão cheia de honra e de lealdade e com a qual, durante cinquenta anos, vivi como camarada e amigo.

"Que espírito incompreensível de delírio e ilusão imediatamente os extraviou? Enquanto os senhores são infatigáveis em estabelecer uniformidade no império, e em moldar o todo em um corpo coerente e consistente; enquanto os franceses aprendem dos senhores, ao mesmo tempo, o respeito que as leis devem aos direitos do homem e o que os cidadãos devem às leis, a administração do exército nada apresenta além de distúrbios e confusão. Vejo em mais de uma unidade os elos da disciplina frouxos ou quebrados; as pretensões mais inauditas confessadas abertamente e sem nenhum disfarce; as ordens sem força; os chefes sem autoridade; o cofre dos militares e os pavilhões roubados; a autoridade do próprio Rei [*risum teneatis*] arrogantemente desafiada; os oficiais desprezados, degradados, ameaçados, enxotados, e alguns deles prisioneiros no meio de suas unidades, arrastando-se em uma vida precária, no seio do desgosto e da humilhação. Para encher até a borda a medida de todos esses horrores, comandantes de postos tiveram suas gargantas cortadas, sob os olhos, e quase que nos braços, de seus próprios soldados.

"Esses males são enormes; mas não são as piores consequências [251] que podem ser produzidas por essas insurreições militares. Mais cedo ou mais tarde elas podem ameaçar a própria nação. *A natureza das coisas exige* que o exército nunca deve atuar senão como *um instrumento*. No momento em que, erigindo-se em um corpo deliberativo, ele agir de acordo com suas próprias resoluções, o *governo, seja ele qual for, degenerará imediatamente em uma democracia militar*; uma espécie de monstro político, que sempre acabou por devorar os que o produziram.

"Depois de tudo isso, quem deve não estar alarmado diante das consultas irregulares, e comitês turbulentos, formados em alguns regimentos pelos soldados comuns e pelos oficiais subalternos sem o conhecimento, ou até mesmo ao arrepio da autoridade de seus superiores? Embora a presença e a cooperação desses superiores não pudessem dar autoridade alguma a essas monstruosas assembleias democráticas [comices]."

Não é necessário acrescentar grande coisa a esse quadro acabado: acabado na medida em que a tela admite; mas, como temo, não compreendendo o total da natureza e complexidade dos distúrbios dessa democracia militar que o ministro da guerra, verdadeira e sabiamente, observa, onde quer que ela exista, deva ser a verdadeira constituição do Estado, seja qual for o nome formal pelo qual ela possa passar. Pois, embora ele informe à assembleia que a parte mais considerável do exército não jogou fora sua obediência, mas ainda está presa ao seu dever, no entanto os viajantes que viram os regimentos que têm a melhor conduta observaram neles mais a ausência de motim do que a existência de disciplina.

Não posso deixar de fazer aqui um momento de pausa, para refletir sobre as expressões de surpresa que esse ministro deixou escapar, relativas aos excessos que ele relata. Para ele, o afastamento das tropas de seus antigos princípios de honra e lealdade parece totalmente inconcebível. Certamente, aqueles a quem ele se dirige conhecem as causas disso bem até demais. [252] Eles sabem as doutrinas que pregaram, os decretos que aprovaram, as práticas que apoiaram. Os soldados se lembram do dia 6 de outubro. Recordam-se dos guardas do Rei. Não se esqueceram da tomada dos castelos do Rei em Paris e Marselha. Que os governadores, em ambos os locais, foram assassinados com impunidade é um fato que não saiu de suas mentes. Eles não abandonaram os princípios, estabelecidos tão ostentosa e laboriosamente, de igualdade dos homens. Não conseguem fechar os olhos à degradação de toda a nobreza da França; e à supressão da própria ideia de um cavalheiro. A total abolição de títulos e distinções não se perdeu para eles. Mas o Sr. du Pin fica atônito com a deslealdade deles, considerando que os doutores da assembleia lhes ensinaram ao mesmo tempo o respeito devido às leis. É fácil julgar qual dos dois tipos de lição é provável que homens com armas nas mãos venham a aprender. Quanto à autoridade do Rei, podemos inferir do próprio ministro (se algum argumento naquela cabeça não fosse totalmente supérfluo) que ela não é alvo de mais consideração para essas tropas do que para qualquer outro mais. "O rei", diz ele, "repetiu várias vezes suas ordens de pôr fim a esses excessos: mas, em uma crise tão terrível, *sua* [da assembleia] cooperação tornou-se indispensavelmente necessária para evitar os males que ameaçam o Estado. *Vocês* unem à força do poder legislativo *a da opinião,* ainda mais importante." É claro que o exército não pode ter opinião sobre o poder ou autoridade do rei. Talvez o soldado a essa altura já tenha aprendido que a própria assembleia não desfruta de um grau de liberdade muito maior que o da figura régia.

Deve-se ver agora o que foi proposto nessa exigência, uma das maiores que podem acontecer em um Estado. O Ministro pede que a assembleia se alinhe em todos os seus terrores, e conclame toda a sua majestade. Ele deseja que os [253] princípios graves e severos anunciados por eles possam dar vigor à proclamação do Rei. Depois disso deveríamos esperar por cortes civis e marciais; ruptura de alguns regimentos, dizimação de outros e todos os meios terríveis empregados pela necessidade nesses casos para interromper o avanço do mais terrível de todos os males; particularmente, era de esperar que fosse aberto um sério inquérito sobre o assassinato de comandantes à vista de seus soldados. Nem uma palavra sobre tudo isso, ou sobre alguma coisa parecida. Depois que lhes contaram que a soldadesca pisoteou os decretos da assembleia promulgados pelo Rei, a assembleia aprovou novos decretos; e autoriza o Rei a fazer novas proclamações. Depois que o ministro da guerra declarou que os regimentos não deram a mínima a juramentos *prêtés avec la plus imposante solemnité* – eles propõem – o quê? Mais juramentos. Renovam decretos e proclamações à medida que vão experimentando sua insuficiência, e multiplicam juramentos na proporção em que eles enfraquecem, nas mentes dos homens, as sanções da religião. Espero que condensações práticas dos excelentes sermões de Voltaire, d'Alembert, Diderot e Helvetius, sobre a Imortalidade da Alma, sobre uma particular Providência supervisora, e sobre um Futuro Estado de Recompensas e Castigos, sejam mandadas aos soldados com seus juramentos cívicos. Disto não tenho dúvida; do modo como entendo, uma certa categoria de leituras faz parte nada inconsiderável de seus exercícios militares, e eles estão não menos bem supridos de munição de panfletos do que de cartuchos de balas.

Para evitar os males que se originam de conspirações, consultas irregulares, comitês sediciosos e monstruosas assembleias democráticas ["comitia", "comices"] dos soldados, e todos os distúrbios provenientes de ócio, luxúria, dissipação e insubordinação, acredito que foram usados os meios mais espantosos que já ocorreram aos homens, mesmo em todas as invenções desta época prolífica. É não menos do que [254] isto: o rei promulgou em cartas circulares a todos os regimentos sua autorização e incentivo direto para que as diversas unidades se juntassem aos clubes e confederações nas diversas municipalidades e se misturassem a eles em suas festas e divertimentos cívicos! Essa disciplina folgazã, ao que parece, é para suavizar a ferocidade de suas mentes; para reconciliá-los com seus companheiros de garrafa de outras categorias; e para fundir conspirações particulares em associações mais gerais.* Que esse remédio agradaria aos soldados, como eles foram descritos pelo Sr. de la Tour du Pin, posso prontamente acreditar: e que, por mais que de outro modo sejam insubordinados, eles se submeterão obedientemente a *essas* proclamações reais. Mas eu deveria questionar se todo esse juramento, clubismo e festejo cívicos os disporiam, mais do que atualmente estão dispostos, a uma obediência a seus oficiais; ou os ensinariam melhor a se submeter às regras austeras da disciplina militar. Isso fará deles cidadãos admiráveis segundo a moda francesa, mas soldados não exatamente tão bons segundo qualquer moda. Uma dúvida poderia muito bem ser levantada, se as conversas a essas boas mesas os preparariam muito melhor para o caráter de *meros instrumentos*, o que, esse oficial e estadista veterano muito justamente observa, a natureza das coisas sempre exige que um exército seja.

Com respeito à probabilidade dessa melhora de disciplina, pela livre conversação dos soldados com as sociedades festivas municipais, coisa assim oficialmente estimulado pela autoridade e sanção reais, podemos julgar pelo estado das próprias municipalidades, que nos é informado pelo ministro [255] da guerra nesse discurso mesmo. Ele concebe boas esperanças do sucesso de seus esforços

* Comme sa Majesté y a reconnu, non une systême d'associations particulières, mais une réunion de volontés de tous les François pour la liberté et la prosperité communes, ainsi pour le maintien de l'ordre publique; il a pensé qu'il convenoit que chaque régiment prit part a ces fêtes civiques pour multiplier les rapports, et reserrer les liens d'union entre les citoyens et les troupes. – Para o caso de não acreditarem em mim, insiro as palavras, que autorizam as tropas a festejar com as confederações populares.

no sentido de restaurar a ordem *no momento*, pela boa disposição de certos regimentos; mas vislumbra alguma coisa sombria e nublada com respeito ao futuro. Quanto a impedir o retorno da confusão, "para isso, a administração (diz ele) não pode ser responsável perante os senhores, pelo menos enquanto ela vir as municipalidades se arrogando uma autoridade sobre as tropas que as suas instituições reservaram totalmente ao monarca. Os senhores fixaram os limites da autoridade militar e da autoridade municipal. Os senhores limitaram a ação, que permitiram a esta última sobre a primeira, ao direito de requisição; mas nunca a letra ou o espírito de seus decretos deu autoridade à plebe dessas municipalidades para degradar os oficiais, levá-los a julgamento, dar ordens aos soldados, afastá-los dos pontos designados à sua guarda, fazê-los parar em suas marchas ordenadas pelo Rei ou, em uma palavra, escravizar as tropas ao capricho de cada uma das vilas ou mesmo das cidades-mercado pelas quais eles devem passar".

Esse é o caráter e disposição da sociedade municipal, que deve recuperar a soldadesca, trazê-los de volta aos verdadeiros princípios da subordinação militar e transformá-los em máquinas nas mãos do poder supremo do país! Essas são as indisposições e perturbações das tropas francesas! Essa é a sua cura! Assim como se passa com o exército, passa-se com a marinha. As municipalidades relegam as ordens da assembleia, e os marinheiros, por sua vez, relegam as ordens das municipalidades. Lamento de coração a situação de um respeitável servidor público, como esse ministro da guerra, obrigado em sua velhice a beber à saúde da assembleia em suas taças cívicas e a participar com a cabeça grisalha de todos os fantásticos caprichos desses políticos infantis. Esses esquemas não são como proposições vindas de um homem de cinquenta anos passados em meio à humanidade. Eles parecem mais os que deveriam ser [256] esperados daquelas grandes raposas políticas, que cortam o caminho de seu avanço no Estado; e que têm, sobre todos os assuntos, uma certa iluminação e segurança interior fanáticas; por cuja conta um de seus doutores achou adequado, com grande aplauso, e ainda maior sucesso, acautelar a assembleia a não dar atenção a homens idosos, ou a quaisquer pessoas que se atribuíssem valor devido a sua experiência. Suponho que todos os ministros de Estado se devam habilitar, e passar por este teste: abjurar totalmente os erros e heresias da experiência e da observação. Todo mundo tem lá o seu encanto. Mas acho que, se eu não conseguisse alcançar a sabedoria, pelo menos preservaria algo da dignidade firme e peremptória da idade. Esses senhores tratam de regeneração; mas por preço nenhum eu entregaria minhas fibras rígidas para serem regeneradas por eles; nem começaria, no meu grande climatério, a guinchar em seus novos sotaques, ou a tartamudear, em minha segunda infância, os sons elementares de sua metafísica bárbara*. *Si isti mihi largiantur ut repuerascam, et in eorum cunis vagiam, valde recusem!*

A imbecilidade de qualquer parte do sistema pedante e pueril que eles chamam de constituição não pode ser revelada sem pôr a descoberto a total insuficiência e malícia de qualquer outra parte com que ela entre em contato, ou que tenha a mais longínqua relação com ela. Não se pode propor um remédio para a incompetência da coroa sem exibir a debilidade da assembleia. Não se pode

* Esse ministro da guerra deixou desde então a escola e renunciou a seu cargo.

deliberar sobre a confusão do exército do Estado sem revelar as piores desordens das municipalidades armadas. A anarquia militar escancara a civil, e a anarquia civil entrega a militar. Gostaria que todo mundo examinasse com atenção o discurso eloquente (pois assim é) de Mons. de la Tour du Pin. Ele atribui a salvação das municipalidades ao bom comportamento [257] de algumas das tropas. Essas tropas devem preservar a parte bem-disposta dessas municipalidades, que se confessa ser a mais fraca, da pilhagem feita pela de pior disposição, que é a mais forte. Mas as municipalidades assumem uma soberania e querem mandar nas tropas que são necessárias para sua proteção. De fato, devem mandar nelas, ou cortejá-las. As municipalidades, pela necessidade de sua situação, e pelos poderes republicanos que obtiveram, devem, com relação aos militares, ser seus senhores, ou seus servidores, ou seus confederados, ou cada uma dessas coisas sucessivamente; ou devem fazer uma mistura de todas elas, de acordo com as circunstâncias. Que governo existe para coagir o exército senão a municipalidade, ou para coagir a municipalidade senão o exército? Para preservar a concórdia onde a autoridade se extinguiu, ao risco de todas as consequências, a assembleia tenta curar os distúrbios pelos próprios distúrbios; e alimenta a esperança de se preservar de uma democracia puramente militar dando-lhe um interesse depravado pelo municipal.

Se os soldados uma vez chegarem a se misturar por algum tempo nos clubes, cabalas e confederações municipais, uma atração eletiva os puxará para a parte inferior e mais desesperada. Com eles, irão seus hábitos, gostos e simpatias. As conspirações militares, que devem ser remediadas por confederações cívicas; as municipalidades rebeldes, que devem ser tornadas obedientes fornecendo-lhes os meios de seduzir esses mesmíssimos exércitos do Estado que devem mantê-las em ordem; todas essas quimeras de uma política monstruosa e insólita devem agravar as confusões que lhes deram origem. Há de correr sangue. A falta de julgamento de bom-senso, manifestada na construção de todas as categorias de forças, e em todos os seus tipos de autoridades civis e judiciais, fará com que ele corra. Desordens podem ser apaziguadas em um certo momento e em uma determinada parte. Mas prorromperão em outros, [258] porque o mal é radical e intrínseco. Todos esses planos de misturar soldados rebeldes com cidadãos sediciosos devem enfraquecer ainda muito mais a ligação dos soldados com seus oficiais, bem como acrescentar audácia militar e revoltosa a artífices e camponeses turbulentos. Para assegurar um real exército, o oficial deveria ser o primeiro e o último aos olhos do soldado; primeiro e último em sua atenção, obediência e estima. Estima-se que existam oficiais cujas principais qualificações devem ser temperança e paciência. Devem dominar suas tropas com artes eleitoreiras. Devem portar-se como candidatos e não como comandantes. Mas, como por esses meios o poder pode ocasionalmente estar em suas mãos, a autoridade pela qual eles hão de ser indicados e nomeados torna-se de alta importância.

O que os senhores podem finalmente fazer não aparece; nem isso tem muita importância, enquanto a estranha e contraditória relação entre seu exército e todas as partes de sua república, bem como a confusa relação dessas partes umas com as outras e com o todo, permanecer como está. Os senhores, ao que parece, deram a nomeação condicional dos oficiais, em primeira instância, ao rei, com uma reserva de aprovação pela Assembleia Nacional. Homens com o interesse de buscar são extremamente sagazes em descobrir a verdadeira sede do poder. Devem perceber logo que quem pode vetar indefinidamente na realidade indica. Os oficiais devem, portanto, contar com suas intrigas naquela assembleia como o único caminho certo para a promoção. Ainda assim, no entanto, pela sua nova constituição, devem iniciar sua solicitação no tribunal. Essa dupla negociação por patente militar parece-me uma sagaz invencionice tão bem adaptada, como se não tivesse sido estudada para qualquer outro fim, a promover facção na própria assembleia, relativa a esse vasto patrocínio militar; e, em seguida, a envenenar o corpo de oficiais com facções de uma natureza ainda mais perigosa para a segurança do governo, sobre qualquer base na qual ela possa ser colocada, [259] e destrutiva, no final, para a eficiência do próprio exército. Esses oficiais, que perdem as promoções pretendidas para eles pela coroa, devem tornar-se uma facção oposta à da assembleia que rejeitou suas reivindicações e devem nutrir descontentamentos no coração do exército contra os poderes governantes. Por outro lado, os oficiais que, fazendo prevalecer seu ponto de vista por meio de um interesse na assembleia, sentem que são, no melhor dos casos, apenas segundos na boa vontade da coroa, embora primeiros na da assembleia, devem fazer pouco de uma autoridade que não ia querer favorecer nem poderia retardar sua promoção. Se para evitar esses males os senhores não tiverem outra regra para comando ou promoção senão a antiguidade no posto, terão um exército de formalidade; ao mesmo tempo, ele se tornará mais independente, e mais como uma república militar. Não eles, mas sim o rei é a máquina. Um rei não deve ser deposto pela metade. Se ele não for tudo no comando de um exército, então ele é nada. Qual é a efetividade de um poder colocado nominalmente à testa do exército e que, para esse exército, não é objeto de gratidão, ou de temor? Essa charada não é conveniente para a administração de um objeto que é a mais delicada de todas as coisas, o comando supremo de militares. Eles devem estar submetidos (e suas inclinações levam-nos até o que suas necessidades exigem) a uma autoridade real, vigorosa, efetiva, decidida e pessoal. A autoridade da própria assembleia sofre por atravessar um canal tão debilitante quanto o que eles escolheram. O exército não contará por muito tempo com uma assembleia agindo por meio do órgão de falsa exibição, e palpável imposição. Eles não irão seriamente prestar obediência a um prisioneiro. Eles irão ou desprezar uma alegoria, ou sentir pena de um rei cativo. Essa relação do exército dos senhores com a coroa vai, se não estou rendondamente enganado, tornar-se um sério dilema na sua política.

Além disso, deve ser considerado se uma assembleia como a dos senhores, mesmo supondo que ela estivesse na posse de um outro [260] tipo de órgão, por meio do qual suas ordens devessem passar, é apropriada para promover a obediência e a disciplina de um exército. Sabe-se que exércitos, até então, prestavam uma obediência muito precária e incerta a qualquer senado ou autoridade popular; e muito menos a prestarão a uma assembleia que deverá ter a duração de apenas dois anos. Os oficiais deverão perder totalmente a disposição característica dos militares se virem com perfeita submissão e devida admiração o domínio de pleiteantes e suplicantes; especialmente quando descobrem que têm uma nova corte a fazer a uma infinita sucessão desses pleiteantes, cuja política militar e o gênio de cujo comando (se eles tiverem algum) devem ser tão incertos quanto sua duração é transitória. Na fraqueza de um tipo de autoridade e na vacilação de todas, os oficiais de um exército continuarão por algum tempo revoltosos e cheios de facciosidade, até que algum general popular, que entenda a arte de conciliar a soldadesca e que possua o verdadeiro espírito de comando, atraia sobre si os olhos de todos eles. Exércitos lhe obedecerão por sua conta pessoal. Não há outro meio de assegurar obediência militar nesse estado de coisas. Mas, no momento em que isso acontecer, a pessoa que realmente comandar o exército é o senhor dos senhores; o senhor (isso é pouco) do seu rei, o senhor da sua assembleia, o senhor da sua república inteira.

Como foi que a assembleia chegou ao seu atual poder sobre o exército? Principalmente, sem dúvida, corrompendo os soldados a se afastar de seus oficiais. Eles começaram por uma terribilíssima operação. Tocaram no ponto central, em torno do qual as partículas que compõem o exército estão em repouso. Destruíram o princípio de obediência no grande elo crítico essencial entre o oficial e o soldado, exatamente onde começa a cadeia da subordinação militar, e do qual depende todo aquele sistema. Dizem ao soldado que ele é um cidadão, e que tem os direitos do homem e do cidadão. O direito de um [261] homem, dizem-lhe, é ser seu próprio governante, e ser governado apenas por aqueles a quem ele delegar esse autogoverno. É muito natural que ele ache que deveria acima de tudo ter sua escolha onde ele deve prestar o maior grau de obediência. Ele, portanto, com toda probabilidade, fará sistematicamente o que hoje faz ocasionalmente; isto é, exercerá pelo menos uma recusa, ou veto, na escolha de seus oficiais. No momento os oficiais são conhecidos como, no melhor dos casos, por serem apenas toleráveis, e pelo seu bom comportamento. Na verdade, houve muitas instâncias em que foram demitidos por seus regimentos. Eis aqui um segundo veto à escolha do rei; um veto tão eficaz pelo menos quanto o outro, da assembleia. Os soldados já sabem que foi uma questão, não mal recebida na Assembleia Nacional, se eles deveriam não ter a escolha direta de seus oficiais, ou alguma proporção deles. Quando essas questões entram em deliberação, não é uma suposição extravagante a de que eles se inclinarão para a opinião mais favorável a suas pretensões. Não aturarão serem considerados o exército de um rei prisioneiro, enquanto um outro exército no mesmo país, com o qual devem festejar e se confederar, deve ser considerado o exército livre de uma livre constituição. Eles porão os olhos sobre o outro e mais permanente exército; refiro-me ao municipal. Essa corporação, eles bem sabem, de fato elege seus próprios oficiais. Eles podem não ser capazes de discernir os motivos de distinção pelos quais não devem eleger um Marquis de la Fayette (ou não importa qual seja o seu novo nome) deles próprios. Se essa eleição de comandante em chefe for uma parte dos direitos do homem, por que não do deles? Eles veem juízes de paz eletivos, juízes comuns eletivos, curas eletivos, bispos eletivos, municipalidades eletivas e comandantes eletivos do exército parisiense. Por que somente eles deveriam ser excluídos? Serão os bravos soldados franceses os únicos homens dessa nação que não são juízes adequados do mérito militar e das qualificações necessárias para um [262] comandante em chefe? Eles são pagos pelo Estado e, portanto, perdem os direitos do homem? Eles próprios são uma parte dessa nação, e contribuem para essa paga. E não é o rei, não é a Assembleia Nacional, e não são todos que elegem a Assembleia Nacional igualmente pagos? Em vez de ver todos estes perderem seus direitos porque recebem um salário, eles percebem que em todos esses casos um salário é dado pelo exercício desses direitos. Todas as resoluções, todos os trabalhos, todos os debates, todas as obras dos doutores, dos senhores em religião e política foram diligentemente postos nas mãos deles; e agora esperam que eles aplicarão ao caso deles próprios exatamente tanto das doutrinas e exemplos dos senhores quanto for da vontade dos senhores!

Tudo depende do exército em um governo como o dos senhores; pois os senhores diligentemente destruíram todas as opiniões e preconceitos e, até onde está nos senhores, todos os instintos que apoiam o governo. Portanto, no momento em que surge alguma diferença entre a sua Assembleia Nacional e alguma parte da nação, os senhores têm de recorrer à força. Nada mais lhes resta; ou melhor, os senhores nada mais deixaram para si próprios. Veem pelo relatório de seu ministro da guerra que a distribuição do exército é feita, em grande medida, tendo em vista a coerção interna.* Os senhores devem governar por meio de um exército; e os senhores infundiram nesse exército pelo qual governam, bem como em todo o corpo da nação, princípios que, após algum tempo, devem incapacitá-los para o uso que resolverem fazer dele. O rei deve convocar tropas para agir contra seu povo, quando se disse ao mundo inteiro, e a afirmação ainda vibra em nossos ouvidos, que soldados não deveriam atirar nos cidadãos. As colônias afirmam-se numa constituição independente e num livre comércio. Devem ser

* *Courier François*, 30 de julho de 1790, Assemblée Nationale, Numéro 210.

reprimidas pelas tropas. Em que capítulo do seu código dos direitos do homem eles podem ler que é uma parte desses direitos ter [263] seu comércio monopolizado e reprimido em benefício de outrem? Assim como os colonizadores se erguem contra os senhores, os negros se erguem contra eles. Tropas de novo – massacre, tortura, enforcamento! Esses são seus direitos do homem! Esses são os frutos de declarações metafísicas feitas levianamente e vergonhosamente desmentidas! Foi ainda outro dia mesmo que os lavradores de uma de suas províncias se recusaram a pagar alguns tipos de aluguéis ao dono do solo. Em consequência disso, os senhores decretam que a gente do campo deverá pagar todos os aluguéis e as taxas, exceto os que os senhores aboliram como injustos; e se eles se recusam, então os senhores ordenam ao rei que mande tropas marchar contra eles. Os senhores formulam proposições metafísicas que inferem consequências universais, e então tentam limitar a lógica pelo despotismo. Os líderes do atual sistema falam-lhes de seus direitos, como homens, de tomar fortalezas, matar guardas e capturar reis, sem a menor aparência de autoridade mesmo da assembleia, enquanto, como soberano corpo legislativo, a assembleia se reunia em nome da nação; e, no entanto, esses líderes têm a presunção de ordem que saiam as tropas, que agiram nesses distúrbios mesmos, para coagir os que julgarão os princípios, e seguirão os exemplos, que foram garantidos por sua própria aprovação!

Os líderes ensinam o povo a abominar e rejeitar todo feudalismo como o barbarismo da tirania e depois dizem-lhe o quanto dessa tirania bárbara ele terá de aguentar com paciência. Assim como eles são pródigos em luz com relação a agravos, assim as pessoas os acham frugais ao extremo com relação a reparações.

Eles sabem que só certos foros de isenção e tarifas pessoais, que os senhores lhes permitiram resgatar (mas não deram dinheiro algum para o resgate), são como nada diante daqueles encargos para os quais os senhores não fizeram qualquer provisão. Eles sabem que quase todo o sistema de propriedade fundiária em sua origem é feudal; que é a distribuição das posses dos [264] proprietários originais, feita por um conquistador bárbaro a seus bárbaros instrumentos; e que os efeitos mais nocivos da conquista são os arrendamentos de terra de todo tipo, como sem dúvida alguma são.

Os camponeses, com toda probabilidade, são os descendentes desses antigos proprietários, romanos ou gauleses. Mas, se não têm sucesso, em algum grau, nos direitos que formam sobre os princípios de antiquários e advogados, eles se refugiam na cidadela dos direitos do homem. Aí, eles descobrem que os homens são iguais; e a terra, a mãe gentil e igual de todos, não deveria ser monopolizada para favorecer o luxo de alguns homens que, por natureza, não são em nada melhores do que eles próprios e que, se não suarem a fronte pelo seu pão, são piores. Descobrem que, pelas leis da natureza, aquele que ocupa e cultiva o solo é o verdadeiro proprietário; que não há prescrição contra a natureza; e que os acordos (onde houver algum) que foram feitos com seus senhorios, durante o tempo da escravidão, são apenas o efeito de coação e força; e que, quando as pessoas retornaram aos direitos do homem, esses acordos foram anulados, assim como tudo mais que foi decidido sob a predominância da velha tirania feudal e aristocrática. Eles dirão que não veem nenhuma diferença entre um ocioso de chapéu ostentando um penacho da nação, ou um ocioso envergando hábito de monge com um capuz ou com uma sobrepeliz rendada. Se os senhores baseiam o direito a arrendamentos por sucessão e prescrição, eles lhes dizem, a partir do discurso do Sr. Camus, publicado pela Assembleia Nacional para a informação deles, que coisas começadas erradamente não se podem beneficiar de prescrição; que o direito desses senhores de terras era inválido em sua origem; e que a força é pelo menos tão ruim quanto a trapaça. Quanto ao direito por sucessão, eles dirão que a sucessão dos que cultivaram o solo é o verdadeiro certificado de boa linhagem da propriedade, e não documentos em pergaminhos podres ou tolas e absurdas transmissões e perpetuações de sucedâneos; que os senhores usufruíram da usurpação por tempo demais; e que se concedem a [265] esses monges leigos alguma pensão caridosa, eles deveriam ser gratos à munificência do verdadeiro proprietário, que é tão generoso para com um falso pretendente a seus bens.

Quando os camponeses lhes devolvem essa moeda de razão sofística, em que os senhores gravaram sua imagem e inscrição, os senhores a desprezam como moeda vil e dizem-lhes que para o futuro pagarão com guardas franceses, hussardos e dragões da cavalaria. Os senhores apresentam, para discipliná-los, a autoridade em segunda mão de um rei que é apenas instrumento de destruição, sem nenhum poder de proteger nem o povo, nem a sua própria pessoa. Por meio dele, parece, vocês se fazem obedecidos. Eles respondem, os senhores nos ensinaram que não existem cavalheiros; e qual dos seus princípios nos ensina a nos curvar diante de reis que não elegemos? Sabemos, sem o seu ensinamento, que foram dadas terras para o apoio de posições feudais, títulos e funções feudais. Quando os senhores derrubaram a causa como sendo prejudicial, por que deveria permanecer o efeito mais daninho? Assim como não existem agora honras hereditárias, nem famílias de distinção, por que somos tributados para manter o que os senhores nos dizem que deveria existir? Os senhores derrubaram nossos antigos senhores de terras aristocratas em nenhuma outra qualidade e a nenhum outro título que não o de publicanos sob a sua autoridade. Os senhores fizeram algum esforço para tornar esses seus coletores de aluguéis respeitáveis para nós? Não. Os senhores os mandaram para nós com suas armas viradas para baixo, seus escudos partidos, seus selos obliterados; e tão desplumados, degradados e metamorfoseados, umas coisas bípedes tão depenadas, que nós não mais os conhecemos. São estranhos para nós. Nem mesmo atendem pelos nomes de nossos antigos senhores. Fisicamente, podem ser os mesmos homens, embora não tenhamos muita certeza disso, com suas novas doutrinas filosóficas de identidade pessoal. Em todos os outros respeitos eles estão totalmente transformados. Não vemos por que não temos tanto direito de recusar-lhes seus aluguéis quanto os senhores têm de abrogar todas as suas honras, títulos e distinções. [266] Isso nunca os encarregamos de fazer; e é uma instância, entre muitas, de fato, dos senhores assumindo um poder que não lhes foi delegado. Vemos os burgueses de Paris, através de seus clubes, suas turbas e suas guardas nacionais, dirigindo-os à sua vontade, e dando aos senhores, como lei, o que, sob sua autoridade, é transmitido como lei para nós. Por meio dos senhores, esses cidadãos dispõem das vidas e das fortunas de todos nós. Por que os senhores não atenderiam aos desejos do laborioso agricultor com respeito a nosso aluguel, pelo qual somos afetados da maneira mais séria, tanto quanto atendem às exigências desses cidadãos insolentes com relação a distinções e títulos de honra, pelos quais nem eles nem nós somos em absoluto afetados? Mas vemos que os senhores dão mais consideração aos caprichos deles do que à nossa necessidade. Faz parte dos direitos do homem pagar tributo a seus iguais? Antes dessa medida dos senhores poderíamos ter achado que não éramos perfeitamente iguais. Poderíamos ter nutrido algum preconceito antigo, habitual e sem sentido em favor daqueles senhores de terras; mas não conseguimos conceber com que outras vistas senão a de destruir todo respeito por eles os senhores poderiam ter feito a lei que os degrada. Os senhores nos proibiram de tratá-los com qualquer das velhas formalidades de respeito, e agora mandam tropas para nos forçar, por sabre e baioneta, a uma submissão ao medo e à força, que os senhores não toleravam que prestássemos à branda autoridade da opinião.

A base de alguns desses argumentos é horrível e ridícula para todos os ouvidos racionais; mas para os políticos da metafísica, que abriram escolas de sofística e criaram estabelecimentos para a anarquia, ela é sólida e conclusiva. É óbvio que, em uma mera consideração do direito, os líderes da assembleia não teriam tido o menor escrúpulo em revogar os aluguéis com os títulos e as insígnias de família. Isso seria apenas dar prosseguimento ao princípio de seus raciocínios, e completar a analogia de sua conduta. Mas [267] eles se haviam apossado recentemente de uma grande massa de propriedade fundiária por confisco. Eles tinham essa mercadoria no mercado; e o mercado teria sido totalmente destruído, caso permitissem que os agricultores se rebelassem contra as especulações com que eles livremente se embriagavam. A única segurança de que a propriedade desfruta em qualquer de suas categorias é contra os interesses de sua própria ganância com respeito a alguma outra. Eles nada deixaram além de sua própria vontade arbitrária para determinar qual propriedade deve ser protegida e qual deve ser subvertida.

Tampouco deixaram algum princípio pelo qual alguma de suas municipalidades possa ser forçada à obediência; ou mesmo ser conscienciosamente obrigada a não se separar do todo, tornar-se independente ou ligar-se a algum outro estado. O povo de Lyons, ao que parece, ultimamente tem-se recusado a pagar impostos. E por que não deveriam fazer isso? Que autoridade legítima restou para recolhê-los? O rei impôs alguns deles. Os velhos estados, metodizados por ordens, estabeleceram os mais antigos. Eles podem dizer à assembleia: quem são vocês, que não são nossos reis, nem os estados que elegemos, nem se reúnem pelos princípios a partir dos quais nós os elegemos? E quem somos nós, que quando vemos as gabelas,* que vocês ordenaram que fossem pagas, totalmente abandonadas, quando vemos o ato de desobediência em seguida validado por vocês mesmos – quem somos nós, que não podemos julgar que impostos devemos ou não pagar, e que não nos podemos valer dos mesmos poderes cuja validade vocês aprovaram em outros? A isso a resposta é: vamos mandar tropas. O último motivo dos reis é sempre o primeiro da assembleia dos senhores. Essa ajuda militar pode servir por algum tempo, enquanto permanecer a impressão de aumento de pagamento e a vaidade de ser árbitros em todas as disputas é lisonjeada. Mas essa arma vai disparar subitamente, desobediente à mão que a utiliza. A assembleia mantém uma escola onde, sistematicamente, e com

* Impostos sobre o sal (N. T.)

infatigável perseverança, ela ensina princípios e forma regulamentos destrutivos de todo espírito de subordinação, civil e militar – e então espera manter em obediência um povo anárquico por meio de um exército anárquico!

O exército municipal que, de acordo com sua nova política, deve contrabalançar esse exército nacional, se considerado em si mesmo apenas, é de uma constituição muito mais simples e em todos os respeitos menos censurável. É um mero corpo democrático, sem ligação com a coroa ou o reino; armado, treinado e provido de oficiais segundo a vontade do distrito a que suas unidades variadamente pertencem; e o serviço pessoal dos indivíduos que o compõem, ou a multa, em lugar de serviço pessoal, é dirigido pela mesma autoridade.* Nada é mais uniforme. Se, entretanto, for considerado em qualquer relação com a coroa, com a Assembleia Nacional, com os tribunais públicos ou com o outro exército, ou se for considerado tendo em vista qualquer coerência ou conexão entre suas partes, ele parece um monstro, e dificilmente deixará de concluir seus movimentos perplexos em alguma grande calamidade nacional. É um preservativo de uma constituição geral pior do que a *systasis* de Creta, ou a confederação da Polônia, ou qualquer outro corretivo mal concebido que já se tenha imaginado nas necessidades produzidas por um sistema de governo mal construído.

---

*Vejo, pelo relatório do Sr. Necker, que os guardas nacionais de Paris receberam, além e por sobre o dinheiro arrecadado em sua própria cidade, mais ou menos 145.000 esterlinas oriundas do tesouro público. Se isso significa um pagamento real pelos nove meses de sua existência, ou uma estimativa de seu encargo anual, é coisa que não consigo perceber claramente. Trata-se, aliás, de algo sem importância, tão certo é que eles podem tomar o quanto bem quiserem e entenderem.

Tendo concluído minhas poucas observações sobre a constituição do poder supremo, o executivo, a magistratura, os militares, e sobre a relação recíproca de todas essas instituições, direi algo sobre a habilidade mostrada por seus legisladores com relação à receita pública.

[269] Em seus trabalhos relativos a essa matéria aparecem, se possível, ainda menos vestígios de julgamento político ou capacidade financeira. Quando os Estados se reuniram, parecia ser o grande objetivo melhorar o sistema da receita pública, ampliar sua conexão, purgá-la de opressão e aborrecimento e estabelecê-la sobre a mais sólida situação. Grandes eram as expectativas nutridas sobre esse tópico em toda a Europa. Era por meio desse importante ajuste que a França deveria ficar de pé ou cair; e esse tornou-se (em minha opinião, muito apropriadamente) o teste pelo qual a capacidade e o patriotismo dos que governavam naquela assembleia seriam julgados. A receita do Estado é o Estado. Com efeito, tudo depende disso, seja para apoio ou para reforma. A dignidade de cada ocupação depende totalmente da quantidade e do tipo de virtude que pode ser exercida nela. Como todas as grandes qualidades da mente que operam em público, e que não são meramente sofredoras e passivas, exigem força para seu desdobramento, eu ia quase dizendo para sua existência inequívoca, a receita, que é a fonte de todo o poder, torna-se em sua administração a esfera de toda virtude ativa. A virtude pública, sendo de uma natureza magnífica e esplêndida, instituída para grandes coisas e versada sobre grandes empreendimentos, exige âmbito e espaço abundantes, e não se pode difundir e crescer em confinamento, e passando dificuldades, no aperto e na sordidez. Apenas por meio da receita, o corpo político pode agir em seu verdadeiro gênio e caráter, e,

portanto, ele exibirá exatamente tanto de sua virtude coletiva, e tanto dessa virtude quanto possa caracterizar os que a põem em marcha e são, por assim dizer, sua vida e princípio orientador, conforme ela possua uma receita justa. Pois a partir daí não só magnanimidade, e liberdade, beneficência e firmeza, providência e a proteção tutelar de todas as boas artes derivam seu alimento, e o crescimento de seus órgãos, mas continência, abnegação, trabalho, vigilância, frugalidade, e o que mais exista em [270] que a mente se mostre acima do apetite, em parte nenhuma estão mais em seu correto elemento do que na provisão e distribuição da riqueza pública. Não é, portanto, sem motivo que a ciência financeira especulativa e prática, que deve usar em sua ajuda tantos ramos auxiliares do conhecimento, ocupa elevada posição na estima não só da gente vulgar, mas também dos homens melhores e mais sábios; e como essa ciência cresceu com o progresso de seu objeto, a prosperidade e o progresso das nações aumentaram de um modo geral com o aumento de suas receitas; e continuarão ambos a crescer e prosperar enquanto o equilíbrio entre o que restou para fortalecer os esforços dos indivíduos e o que é recolhido para os esforços comuns do Estado guardarem uma devida proporção recíproca e forem mantidos em estreita correspondência e comunicação. E talvez possa ser devido ao grande volume das receitas e à urgência das necessidades de estado que são descobertos antigos abusos na constituição das finanças, e sua verdadeira natureza e teoria racional chegam a ser mais perfeitamente compreendidas; tanto que uma receita menor pode ter sido mais aflitiva em um período do que em outro se acha ser uma muito maior, mesmo que a riqueza proporcional continue a mesma. Nesse estado de coisas, a assembleia francesa encontrou em suas receitas algo a preservar, a garantir e a sabiamente administrar, bem como a revogar e alterar. Embora sua orgulhosa presunção pudesse justificar os testes mais severos, no entanto, ao julgar suas habilidades em seus trabalhos financeiros, eu só consideraria o que é o simples e óbvio dever de um ministro das finanças comum e as julgaria por isso, e não por modelos de perfeição ideal.

Os objetivos de um financista são, então, garantir o recolhimento de uma ampla receita; impô-lo com critério e equanimidade; empregá-lo economicamente, e, quando a necessidade o obrigar a fazer uso de créditos, garantir seus fundamentos nessa instância [271] e para sempre, pela transparência e honestidade de seu procedimento, exatidão de seus cálculos e solidez de seus fundos. Nesses tópicos podemos ter uma rápida e nítida visão dos méritos e capacidades dos membros da Assembleia Nacional que assumiram a direção dessa árdua empresa. Longe de algum aumento de receita em suas mãos, descubro, por um relatório de M. Vernier, do comitê de finanças, do dia 2 de agosto último, que o volume da receita nacional, em comparação com seu resultado antes da revolução, teve diminuída a soma de duzentos milhões, ou *oito milhões de esterlinas,* do seu rendimento anual – consideravelmente mais de um terço do total!

Se isso é o resultado de grande capacidade, certamente capacidade nunca foi demonstrada de maneira mais distinta, ou com um efeito tão possante. Nenhuma loucura comum, nem incapacidade banal, nenhuma negligência oficial vulgar, nem mesmo algum crime oficial, nem corrupção, nem peculato, dificilmente alguma hostilidade direta que tenhamos visto no mundo moderno, poderiam em tão pouco tempo ter promovido uma derrubada tão completa das finanças e, com ela, da força de um grande reino. *Cedo quî vestram rempublicam tantam amisistis tam cito?*

Os sofistas e os polemistas, assim que a assembleia se reuniu, começaram por execrar a antiga constituição da receita em muitos de seus ramos mais essenciais, como o monopólio público do sal. Eles a acusavam, tão verdadeira quanto insensatamente, de ser mal concebida, opressora e parcial. Eles não se satisfizeram com utilizar essa descrição em discursos preliminares a algum plano de reforma; eles declararam isso em uma resolução solene ou sentença pública, de certo modo imparcialmente aprovada a esse respeito; e espalharam isso por toda a nação. Na ocasião em que votaram o decreto, com a mesma gravidade ordenaram que esse imposto absurdo, opressivo e parcial fosse pago, até conseguirem encontrar uma fonte de receita para substituí-lo. A consequência era inevitável. [272] As províncias que sempre estiveram isentas desse monopólio do sal, algumas das quais eram oneradas com outras contribuições, talvez equivalentes, não tinham predisposição a suportar qualquer parte dessa carga, que por uma distribuição equitativa deveria remir as outras. Quanto à assembleia, ocupada como estava com a declaração e violação dos direitos do homem, e com suas providências para a confusão geral, não tinha nem a disponibilidade nem a capacidade para conceber, nem a autoridade para impor algum plano de qualquer tipo relativo à substituição do imposto ou seu nivelamento, ou para compensar as províncias ou para levar suas mentes a qualquer plano de acomodação com os outros distritos que deviam ser aliviados.

O povo das províncias do sal, impaciente sob impostos censurados pela autoridade que havia ordenado seu pagamento, rapidamente teve sua paciência esgotada. Descobriu-se tão habilidoso em demolição quanto a assembleia podia ser. Aliviou-se atirando fora o fardo todo. Animados por esse exemplo, os distritos, ou parte de um distrito, julgando sua própria queixa pelo seu próprio sentimento, e qual seria o remédio pela sua própria opinião, fizeram o que bem quiseram quanto a outros impostos.

Estamos a ponto de ver como eles se conduziram em conceber imposições equitativas, proporcionais aos meios dos cidadãos e com menos probabilidades de se apoiar firmemente no capital produtivo empregado na geração da riqueza privada da qual deve ser derivada a fortuna pública. Tolerando que os diversos distritos, e diversos dos indivíduos de cada distrito, julgassem que parte da antiga receita eles poderiam segurar para si mesmos, em vez de melhores princípios de igualdade, foi introduzida uma nova desigualdade, do tipo mais opressivo. Os pagamentos eram regulados por disposições. As partes do reino que eram as mais submissas, as mais ordeiras e pacatas ou as mais afeiçoadas à nação suportavam toda a carga do Estado. Nada acaba [273] por ser tão opressor e injusto quanto um governo tíbio. Para preencher todas as deficiências das velhas imposições, e as novas deficiências de todo tipo que deveriam ser esperadas, o que restava a um Estado sem autoridade? A Assembleia Nacional apelava por uma benevolência voluntária; por um quarto da renda de todos os cidadãos, a ser estimada sobre a honra dos que deviam pagar. Obtiveram alguma coisa mais do que podia ser racionalmente calculado, mas que estava de fato longe de ser adequado a suas reais necessidades, e muito menos a suas otimistas expectativas. Pessoas racionais poderiam ter esperado pouco desse imposto deles, disfarçado de benevolência; um imposto fraco, ineficaz e desigual; um imposto sob o qual se abrigavam o luxo, a avareza e o egoísmo, e a carga era lançada sobre o capital produtivo, sobre a integridade, a generosidade e o espírito público – um imposto de regulação sobre a virtude. Aos poucos a máscara é arrancada, e eles agora experimentam (com pouco sucesso) meios de extrair sua benevolência pela força.

Essa benevolência, filha raquítica da fraqueza, devia ser sustentada por uma outra fonte, irmã gêmea da mesma imbecilidade prolífica. As doações patrióticas eram para compensar o fracasso da contribuição patriótica. Fulano de tal devia tornar-se segurança para Beltrano e Sicrano. Por esse plano, tiravam coisas de muito valor do doador e de comparativamente pouco valor para o recebedor; arruinaram diversos negócios comerciais; pilharam a coroa de seus ornamentos, as igrejas de sua prata e as pessoas de seus adornos pessoais. A invenção desses pretendentes infantis à liberdade era, na realidade, nada mais do que uma servil imitação de um dos mais insignificantes recursos de um despotismo caduco. Tiraram uma peruca velha, enorme e cheia de cachos do guarda-roupas das bugigangas antiquadas de Luís XIV para cobrir a calvície prematura da Assembleia Nacional. Saíram-se com essa loucura formal obsoleta, embora ela tenha sido tão abundantemente [274] exposta nas Memórias do Duque de St. Simon, caso, para homens razoáveis, houvessem faltado a ela argumentos para expor sua perversidade e insuficiência. Uma maquinação do mesmo tipo foi tentada, ao que me recordo, por Luís XV; mas nunca deu resultado. Entretanto, as necessidades de guerras desastrosas eram alguma desculpa para projetos desesperados. As deliberações em meio à calamidade raramente são sábias. Mas aqui era época para disposição e providência. Foi em época de profunda paz, então desfrutada por cinco anos, e prometendo continuar por muito mais tempo, que eles recorreram a essa bobagem desesperada. Tinham certeza de perder mais reputação se divertindo, em sua situação séria, com esses brinquedos e joguetes financeiros que preencheram metade de seus diários, do que poderia ser compensado pelo fraco suprimento temporário que eles forneciam. Dava a impressão de que os que adotaram tais projetos eram totalmente ignorantes de suas circunstâncias ou completamente incapacitados para suas necessidades. Seja qual for a virtude que possa haver nesses expedientes, é óbvio que nunca se poderá voltar a recorrer nem aos donativos patrióticos, nem à contribuição patriótica. As reservas da loucura pública logo se esgotam. De fato, o total do projeto deles de receita é o de dar, por meio de algum artifício, a aparência de um reservatório cheio para essa hora; enquanto ao mesmo tempo eles cortam as nascentes e as fontes vivas de suprimento perene. A exposição há não muito tempo fornecida pelo Sr. Necker tinha sem nenhuma dúvida a intenção de ser favorável. Ele dá uma visão lisonjeira dos meios de atravessar o ano; mas expressa, como é natural que fizesse, alguma apreensão pelo que viria a suceder. Sobre esse último prognóstico, em vez de entrar nos motivos de sua apreensão a fim de, por uma previsão adequada, impedir o mal prognosticado, o Sr. Necker recebe uma espécie de reprimenda amigável do presidente da assembleia.

Quanto a seus outros projetos de taxação, é impossível dizer alguma coisa deles com certeza porque ainda não [275] tiveram sua operação; mas ninguém é tão animado a ponto de imaginar que eles preenchem alguma parte perceptível do enorme buraco que sua incapacidade abriu em suas receitas. No momento, a situação de seu tesouro míngua cada dia mais em dinheiro vivo e incha cada vez mais em representação fictícia. Quando tão pouca coisa se encontra agora, dentro ou fora dele, a não ser papel, o representante não da opulência mas da escassez, criatura não de crédito mas do poder, eles imaginam que nosso próspero estado da Inglaterra é devido a esse papel-moeda, e não o papel-moeda à próspera condição de nosso comércio, à solidez de nossos crédito e à total exclusão de toda ideia de poder de qualquer parte da transação. Eles se esquecem de que, na Inglaterra, nem um xelim de papel-moeda de qualquer tipo ou categoria é recebido senão por escolha; mas o todo teve sua origem em dinheiro vivo efetivamente depositado; e que ele é conversível, à vontade, em um instante, e sem a menor perda, novamente em valor vivo. Nosso papel-moeda tem valor no comércio, porque na lei não tem valor algum. Ele é forte no Câmbio, porque em Westminster Hall é impotente. Em pagamento de uma dívida de vinte xelins, um credor pode recusar todo o papel-moeda do Banco da Inglaterra. Nem existe entre nós uma única segurança pública, de qualquer qualidade ou natureza, que seja imposta por autoridade. De fato, pode ser facilmente demonstrado que nossa riqueza em papel, em vez de produzir o valor da moeda real, tem tendência a aumentá-lo; em vez de ser um substituto para o dinheiro, ele só facilita sua entrada, sua saída e sua circulação; que ele é o símbolo da prosperidade, e não o emblema da dificuldade. Nunca uma escassez de dinheiro vivo e uma exuberância de papel-moeda foram motivo de queixa nesta nação.

Bem! Mas uma redução de despesas pródigas, e a economia que foi introduzida pela assembleia virtuosa e sapiente, compensam as perdas sofridas na receita. Pelo menos nisso eles cumpriram [276] o dever de um financista. Os que dizem isso deram uma olhada nas despesas da própria Assembleia Nacional? Das municipalidades? Da cidade de Paris? Do aumento de pagamento dos dois exércitos? Da nova política? Das novas magistraturas? Eles ao menos compararam cuidadosamente a atual lista de pensões com a anterior? Esses políticos foram cruéis, e não econômicos. Comparando as despesas do pródigo governo anterior, e sua relação com as receitas de então, com as despesas desse novo sistema em confronto com o estado de seu novo tesouro, creio que o atual será considerado, acima de qualquer comparação, mais culpável e oneroso.*

Resta apenas considerar as provas de capacidade financeira fornecidas pelos atuais administradores franceses quando têm de levantar suprimentos a crédito. Aqui sou obrigado a parar um pouco; pois crédito, propriamente dito, eles têm nenhum. O crédito do antigo governo não era de fato dos melhores; mas sempre podiam, em alguns termos, levantar dinheiro, não só no país, mas junto à

* O leitor observará que toquei apenas levemente (meu plano nada mais pedia) na condição das finanças francesas, em ligação com as exigências feitas a elas. Houvesse eu pretendido fazer diferentemente, os materiais em minhas mãos para essa tarefa não são totalmente perfeitos. Sobre esse tema, remeto o leitor à obra do Sr. de Calonne, e à tremenda exposição que ele fez do estrago e devastação da fazenda pública, e em todos os negócios da França, causados pelas presunçosas boas intenções da ignorância e da incapacidade. Essas causas sempre produzirão semelhantes efeitos. Examinando essa exposição com olhos bem rigorosos e, talvez, até excessivos, deduzindo tudo que possa ser posto na conta de um financista deslocado, que seus inimigos podem achar que está a fim de aproveitar ao máximo a sua causa, creio que se descobrirá que uma lição mais salutar de cautela contra a ousadia de espírito dos inovadores do que a recebida à custa da França, nunca, em momento algum, foi dada à humanidade.

maioria dos países da Europa, onde se acumulava um excedente de capital; e o crédito daquele governo melhorava diariamente. O estabelecimento de um sistema de liberdade evidentemente deveria, ao que se supunha, dar-lhe nova força; e assim teria de fato acontecido, se um [277] sistema de liberdade houvesse sido criado. Que ofertas seu governo de pretensa liberdade recebeu da Holanda, de Hamburgo, da Suíça, de Gênova ou da Inglaterra para negociar com seus papéis-moeda? Por que essas nações de comércio e economia deveriam entrar em qualquer negociação pecuniária com um povo que tenta inverter a própria natureza das coisas, em meio ao qual elas veem o devedor prescrevendo, à ponta de baionetas, o meio de sua solvência com o credor; desobrigando-se de seus compromissos com um outro; transformando sua própria penúria em seu recurso; e pagando seus juros com seus trapos?

Sua confiança fanática na onipotência do saque à Igreja induziu esses filósofos a desprezar qualquer cuidado com a fazenda pública, assim como o sonho da pedra filosofal induz os trouxas, sob a mais plausível ilusão da arte hermética, a descurar todos os meios racionais de aumentar suas fortunas. Com esses financistas filosóficos, esse remédio universal, feito de múmia de Igreja, deve curar todos os males do Estado. Esses senhores talvez não acreditem muito nos milagres da piedade; mas não se pode questionar que eles têm uma fé sólida nos prodígios do sacrilégio. Estão pressionados por uma dívida? Emitam *assignats*. Há, por decreto, que fazer compensações, ou prover a subsistência daqueles a quem eles privaram de seu domínio absoluto em sua função, ou expulsaram de sua profissão? *Assignats*. Há uma frota a ser equipada? *Assignats*. Se dezesseis milhões de esterlinas desses *assignats*, impingidos ao povo, deixam as necessidades do Estado mais urgentes que nunca – emitam, diz um, trinta milhões de esterlinas em *assignats* – diz um outro, emitam oitenta milhões mais de *assignats*. A única diferença entre suas facções financeiras é quanto à maior ou menor quantidade de *assignats* a ser imposta à tolerância do público. Eles são todos professores de *assignats*. Mesmo aqueles cujo bom senso natural e conhecimento [278] do comércio, não obliterados por filosofia, fornecem argumentos decisivos contra essa ilusão, concluem seus argumentos propondo a emissão de *assignats*. Suponho que devem falar de *assignats*, uma vez que nenhuma outra linguagem seria compreendida. Toda a experiência de sua ineficácia não os desestimula minimamente. Os velhos *assignats* estão depreciados no mercado? Qual é o remédio? Emitam novos *assignats*. *Mais si maladia, opiniatria, non vult se garire, quid illi facere? Assignare; postea assignare; ensuita assignare.* As palavras estão um pouquinho alteradas. O latim de seus atuais doutores pode ser melhor que o da sua velha comédia;* a sabedoria deles e a variedade de seus recursos são as mesmas. Eles não têm mais notas em seu canto do que o cuco; mesmo que, longe da suavidade daquele arauto do verão e da abundância, sua voz seja tão áspera e agourenta quanto a do corvo.

Quem senão os mais desesperados aventureiros em filosofia e finanças poderia de todo haver pensado em destruir a receita estabelecida do Estado, a única segurança para o crédito público, na esperança de reconstruí-la com materiais de propriedades confiscadas? Se, no entanto, um zelo excessivo pelo Estado viesse a levar um prelado pio e venerável, por antecipação um dos padres da Igreja†, a pilhar sua própria ordem, a assumir o lugar de grande

* A referência é a *O doente imaginário*, de Molière (N. T.)

† La Bruyère de Bossuet.

financista do confisco e inspetor geral do sacrilégio, ele e seus colaboradores estavam, em minha opinião, obrigados a demonstrar, por sua subsequente conduta, que sabiam alguma coisa da função que assumiram. Quando resolveram apropriar para o *Fisc* uma certa porção da propriedade fundiária do país que conquistaram, cabia-lhes tornar seu banco um real fundo de crédito, na medida em que esse banco fosse capaz de tornar-se isso.

[279] Instituir um crédito circulante corrente sobre algum banco rural, sob que circunstâncias sejam, até agora mostrou-se no mínimo difícil. A tentativa comumente terminava em falência. Mas quando a assembleia foi levada, em virtude de um desprezo pela moral, a um desafio dos princípios econômicos, poder-se-ia pelo menos ter esperado que, da parte dela, nada fosse omitido que lograsse reduzir essa dificuldade, ou impedir qualquer agravamento dessa falência. Poder-se-ia esperar que, para tornar seu Banco Rural tolerável, seriam adotados os meios que conseguissem exibir abertura e honestidade na declaração da garantia; tudo que pudesse ajudar na reparação da demanda. Para ver as coisas pelo seu ponto de vista mais favorável, sua condição era a de um dono de uma grande propriedade fundiária que quisesse poder dispor dela para o pagamento de uma dívida e a realização de certos serviços. Não conseguindo vender de imediato, gostar-se-ia de hipotecar. O que um homem de boas intenções e de um entendimento comumente claro faria nessas circunstâncias? Não deveria ele primeiro apurar o valor bruto da propriedade; os custos de sua administração e transmissão; os encargos temporários e perpétuos, de todos os tipos, que pesam sobre ela; então, atribuindo-lhe um excedente líquido, calcular o justo valor da garantia? Quando esse excedente, a única

garantia para o credor, foi claramente avaliado, e adequadamente investido nas mãos de encarregados em confiança; então ele notificaria as partes a serem vendidas, e a época e condições da venda; depois disso, ele admitiria que o credor público, se assim o decidisse, subscrevesse seu capital nesse novo fundo; ou ele poderia receber propostas de um *assignat* por parte dos que quisessem adiantar dinheiro para adquirir esse tipo de garantia.

Isso seria proceder como homens de negócios, metódica e racionalmente; e sobre os únicos princípios de crédito público e privado que existem. O negociador então [280] saberia exatamente o que adquirir; e a única dúvida que poderia permanecer em sua mente seria o temor da retomada do espólio, o que um dia poderia ser feito (talvez com um acréscimo punitivo) pelo domínio sacrílego daqueles infelizes execráveis que se poderiam tornar adquirentes, no leilão de seus inocentes concidadãos.

Uma declaração aberta e precisa do valor líquido da propriedade, e da ocasião, circunstâncias e lugar da venda, tudo isso seria necessário para apagar o mais que for possível o estigma que até então marcava todo tipo de Banco Rural. Tornou-se necessário um outro princípio, isto é, por conta da palavra previamente dada sobre esse assunto de que sua futura fidelidade em um negócio escorregadio poderia ser determinada por sua adesão a seu primeiro compromisso. Quando finalmente se decidiram por um recurso para o Estado tirado do butim da Igreja, eles chegaram, em 14 de abril de 1790, a uma solene resolução sobre o assunto; e comprometeram-se com seu país a que "na proposta orçamentária para cada ano seria inserida uma soma suficiente para cobrir as despesas da religião C. A. R., o sustento dos ministros dos altares, a ajuda aos pobres, as pensões dos eclesiásticos, seculares bem como regulares, de um e do outro sexo, *a fim de que as propriedades e os bens que estão à disposição da nação possam ser liberados de todos os encargos, e empregados pelos representantes, ou pelo corpo legislativo, para as grandes e mais prementes exigências do Estado*". Além disso, assumiram o compromisso, no mesmo dia, de que a soma necessária para o ano de 1791 seria determinada sem demora.

Nessa resolução, eles admitem ser seu dever demonstrar claramente a despesa dos objetivos apontados acima, os quais, por outras resoluções, eles já haviam empenhado que deveriam ser os primeiros na ordem de provisão. Admitem que deveriam mostrar [281] a propriedade líquida e desembaraçada de todos os encargos, e que deveriam fazê-lo imediatamente. Fizeram isso imediatamente, ou a qualquer momento? Algum dia forneceram uma relação de locações dos bens imóveis, ou fizeram um inventário dos bens móveis confiscados para seus *assignats*? De que maneira podem cumprir seus compromissos de apresentar ao serviço público "um conjunto de propriedades desembaraçadas de todos os encargos" sem legitimar o valor da propriedade, ou o *quantum* dos encargos, é algo que deixo para seus admiradores ingleses explicarem. Instantaneamente após esse compromisso, e previamente a qualquer passo dado para cumpri-lo, eles emitem, sobre o crédito de tão bela declaração, dezesseis milhões de esterlinas de seu papel-moeda. Isso foi corajoso e viril. Quem, depois desse golpe de mestre, pode duvidar de suas habilidades nas finanças? Mas aí, antes de qualquer nova emissão dessas *indulgences* financeiras, eles pelo menos tiveram o cuidado de honrar sua promessa original! Se essa estimativa, ou do valor das propriedades ou do montante dos encargos foi feita, a mim escapou: nunca ouvi falar disso.

Aos poucos, eles foram abrindo o jogo, e fizeram uma plena revelação de sua trapaça abominável, em apresentar as terras da Igreja como garantia de quaisquer débitos ou serviços. Roubam apenas para isso lhes permitir trapacear; mas em muito pouco tempo derrubam os fins tanto do roubo quanto da trapaça, apresentando contas, para outros propósitos, que lançam pelos ares todo o seu aparato de força e tapeação. Sou devedor ao Sr. de Calonne por sua referência ao documento que prova esse fato extraordinário: ele, de algum modo, me havia escapado. De fato, não era necessário fazer minha avaliação quanto à quebra de compromisso da declaração de 14 de abril de 1790. Por um relatório de seu Comitê, agora parece que o custo de manter os reduzidos estabelecimentos eclesiásticos e outras despesas acessórias da religião, e de sustentar os [282] religiosos de ambos os sexos, efetivados ou pensionistas, e as outras despesas concomitantes da mesma natureza, que eles acarretaram para si próprios com essa convulsão da propriedade, excedem a renda das propriedades por eles obtidas na enorme soma de dois milhões de esterlinas por ano; além de uma dívida de sete milhões para cima. Esses são os poderes de cálculo da impostura! Essas são as finanças da filosofia! Esse é o resultado de todas as ilusões apresentadas para envolver um povo miserável em rebelião, assassinato e sacrilégio, e fazer dele instrumento pronto e zeloso da ruína de seu país! Nunca, em nenhum caso, um Estado enriqueceu pelo confisco dos cidadãos. Essa nova experiência resultou como todo o resto. Toda mentalidade honesta, todo verdadeiro amante da liberdade e da humanidade deve rejubilar-se ao descobrir que a injustiça nem sempre é boa política, nem a rapina a estrada principal para a riqueza. Acrescento, com prazer, em uma nota as competentes e espirituosas observações do Sr. de Calonne sobre esse tema.*

[283] A fim de convencer o mundo dos recursos infinitos do confisco eclesiástico, a assembleia procedeu a outros confiscos de propriedades nas profissões, que não poderiam ser feitos com qualquer pretexto comum sem serem compensados a partir desse grande confisco de propriedade fundiária. Eles lançaram sobre esse fundo, que viria a apresentar um excedente, desembaraçado de todos os encargos, um novo encargo; ou seja, a compensação de todo o corpo da magistratura dispersado; e de todas as funções e bens imóveis abolidos; um encargo que não sei calcular, mas que inquestionavelmente monta a muitos milhões franceses. Mais um dos novos encargos é uma anuidade de quatrocentos e oitenta mil

---

* "Ce n'est point à l'assemblée entière que je m'adresse ici; je ne parle qu'à ceux qui l'égarent, en lui cachant sous des gazes séduisantes le but où ils l'entraînent. C'est à eux que je dis: Votre objet, vous n'en disconviendrez pas, c'est ôter tout espoir au clergé, & de consommer sa ruine; c'est-là, en ne vous soupçonnat d'aucune combinaison de cupidité, d'aucun regard sur le jeu des effets publics, c'est-là ce qu'on doit croire que vous avez en vue dans la terrible opération que vous proposez; c'est ce qui doit en être le fruit. Mais le peuple que vous y intéressez, quel avantage peut-il y trouver? En vous servant sans cesse de lui, que faites vous pour lui? Rien, absolument rien; &, au contraire, vous faites ce qui ne conduit qu'à l'accabler de nouvelles charges. Vous avez rejeté, à son préjudice, une offre de 400 millions, dont l'acceptation pouvoit devenir un moyen de soulagement en sa faveur; & à cette ressource, aussi profitable que légitime, vous avez substitué une injustice ruineuse, qui, de votre propre aveu, charge le trésor public, & par conséquent le peuple, d'un surcroît de dépense anuelle de 50 millions au moins, & d'un remboursement de 150 millions.
"Malheureux peuple! voilà ce que vous vaut en dernier résultat l'expropriation de l'Eglise, & la dureté des décrets taxateurs du traitement des ministres d'une religion bienfaisante; & désormais ils seront à votre charge: leurs charités soulageoient les pauvres; & vous allez être imposés pour subvenir à leur entretien!" – *De l'État de la France*, p. 81. Ver também a p. 92 e as seguintes.

libras esterlinas, a ser paga (se eles resolverem cumprir a palavra) em parcelas diárias, para os juros dos primeiros *assignats*. Eles algum dia se deram ao trabalho de declarar corretamente o custo da administração das terras da Igreja nas mãos das municipalidades, a cujos cuidados, habilidade e diligência, delas e também da de sua legião de subagentes desconhecidos, eles decidiram dar o encargo das propriedades confiscadas, e cuja consequência foi tão habilmente destacada pelo bispo de Nancy?

Mas é desnecessário prolongar-se sobre esses óbvios tópicos de sobrecarga. Eles apresentaram alguma exposição clara do maior de todos os ônus, gravames e sobrecargas, quero dizer, o total dos estabelecimentos gerais e municipais de todos os tipos, e o compararam com o rendimento habitual da receita? Cada deficiência nessas coisas torna-se um ônus sobre a propriedade confiscada, antes que o credor possa plantar seus repolhos em um acre de propriedade da Igreja. Não há outro esteio além desse confisco para impedir o Estado inteiro de cair por terra. Nessa situação eles propositalmente cobriram com um espesso nevoeiro tudo que deveriam zelosamente ter aclarado; e então, eles próprios, de olhos vendados, como touros que apertam os olhos quando arremetem, forçam, à ponta de baionetas, seus escravos [284], olhos vendados de fato, não pior do que seus senhores, a tomar suas ficções por moeda corrente, e a engolir pílulas de papel a vinte e quatro milhões de esterlinas a dose. Então eles orgulhosamente dão entrada em sua reivindicação de um crédito futuro, na falha de todos os seus compromissos passados, e em um momento em que (se em tal questão alguma coisa pode ser clara) está claro que as propriedades excedentes nunca resgatarão nem a primeira de suas hipotecas, refiro-me àquela de quatrocentos milhões (ou dezesseis milhões de esterlinas) em *assignats*. Em todo esse procedimento não consigo discernir nem o sólido bom senso de um simples negócio, nem a destreza sutil de uma trapaça engenhosa. As objeções dentro da assembleia quanto a abrir as comportas para essa inundação de trapaça não são atendidas; mas são inteiramente refutadas por cem mil financistas nas ruas. São esses números pelos quais calculam os aritméticos metafísicos. São os grandiosos cálculos sobre os quais se funda na França um crédito público filosófico. Eles não podem levantar suprimentos; mas podem sublevar multidões. Eles que se rejubilem com os aplausos do clube em Dundee, por sua sabedoria e patriotismo em ter assim aplicado a pilhagem dos cidadãos a serviço do Estado. Não ouço nenhuma manifestação sobre esse assunto por parte dos diretores do Banco da Inglaterra; embora a aprovação deles tivesse um pouco mais de peso na balança do crédito do que a do clube em Dundee. Mas, para fazer justiça ao clube, acredito que os cavalheiros que o compõem sejam mais sensatos do que parecem; que hão de ser menos liberais com seu dinheiro do que com seus discursos; e que não dariam uma orelha de livro de seu papel escocês mais amassado e rasgado em troca de vinte dos *assignats* mais bonitinhos dos senhores.

No começo deste ano, a assembleia emitiu papel-moeda no total de dezesseis milhões de esterlinas. Qual deve ter sido o estado a que a assembleia levou os seus negócios, para que o alívio proporcionado por tão vasto suprimento fosse sequer perceptível? Essa papelada também sofreu uma quase imediata depreciação de cinco por cento, que em pouco tempo chegou a cerca de sete. O efeito desses *assignats* sobre o recolhimento da receita foi notável. O

Sr. Necker descobriu que os coletores da receita, que recebiam em moeda, pagavam ao tesouro em *assignats*. Os coletores ganharam sete por cento, com isso recebendo em dinheiro e prestando contas em papel depreciado. Não era muito difícil prever que isso devia ser inevitável. Nem por isso, no entanto, menos embaraçoso. O Sr. Necker foi obrigado (creio, em uma parte considerável, que no mercado de Londres) a comprar ouro e prata para cunhagem, o que montou a cerca de doze mil libras acima do valor da mercadoria obtida. Esse ministro era de opinião de que, qualquer que pudesse ser a virtude nutritiva secreta deles, o Estado não poderia viver apenas de *assignats*; que um pouco de prata de verdade era necessário, particularmente para a satisfação dos que, tendo ferro nas mãos, por certo não se distinguiriam pela paciência, quando percebessem que, enquanto lhes era estendido um aumento de pagamento em dinheiro de verdade, ele seria novamente reduzido, de modo fraudulento, por papel depreciado. O ministro, nessa aflição muito natural, recomendou à assembleia que esta deveria mandar que os coletores pagassem em espécie o que em espécie houvessem recebido. Não pôde escapar-lhe que, se o tesouro pagava três por cento pelo uso de uma moeda corrente que voltaria sete por cento pior do que quando o ministro a emitira, tal transação não tenderia muito grandemente a enriquecer o público. A assembleia não tomou conhecimento dessa recomendação. Eles estavam no seguinte dilema: se continuassem a receber os *assignats*, cada qual iria tornar-se um ser alienígena em seu tesouro: se o tesouro recusasse esses *amuletos* de papel, ou os desacreditasse em algum grau, estariam destruindo o crédito de seu único recurso. Eles parecem ter feito sua opção; e ter dado algum tipo de crédito a seu papel, recebendo-o eles próprios; ao mesmo tempo, em seus discursos, [286] fizeram uma espécie de declaração fanfarrona, alguma coisa, eu acho, com certeza, acima da competência legislativa; isto é, que não há diferença de valor entre dinheiro metálico e seus *assignats*. Esse foi um bom e robusto artigo de fé, pronunciado sob um anátema, pelos veneráveis padres desse sínodo filosófico. *Credat* quem quiser – certamente não *Judaeus Apella*.

Uma nobre indignação ergueu-se nas mentes de seus líderes populares, ao ouvirem a lanterna mágica de seu *show* de finanças ser comparada às exibições fraudulentas do Sr. Law. Eles não conseguem suportar ouvir as areias de seu Mississippi comparadas com a rocha da igreja, sobre a qual constroem seu sistema. Peço, por favor, que os deixem sufocar esse espírito glorioso, até que mostrem ao mundo que pedaço de chão sólido existe para seus *assignats* que eles não tenham previamente ocupado com outros encargos. Fazem injustiça àquela grande trapaça-mãe, comparando-a à sua degenerada imitação. Não é verdade que Law edificou somente sobre uma especulação com respeito ao Mississippi. Ele acrescentou o comércio com a Índia Oriental; acrescentou o comércio africano; acrescentou as fazendas de toda a receita agrícola da França. Tudo isso junto inquestionavelmente não podia sustentar a estrutura que o entusiasmo público, não ele, decidiu erguer sobre essas bases. Estas, entretanto, eram, em comparação, ilusões generosas. Eles supunham um aumento do comércio da França, e o visavam. Eles o abriram a todo o âmbito dos dois hemisférios. Não pensaram em alimentar a França com a substância dela própria. Uma possante imaginação encontrou nesse arroubo de comércio algo para cativar. Era o suficiente para ofuscar o olhar de uma águia. Não foi feito para atrair o olfato de uma toupeira, fuçando e enterrando-se em sua mãe-terra, como a dos senhores. Os homens não haviam então encolhido bastante de suas dimensões naturais por uma filosofia degradante e sórdida, e adequada para enganos baixos e vulgares. Acima de tudo, lembrem-se [287] de que, valendo-se da imaginação, os então gerentes do sistema fizeram um cumprimento à liberdade do homem. Em sua trapaça não havia mistura de força. Esta ficou reservada para o nosso tempo, para apagar os poucos lampejos de razão que poderiam penetrar de repente na sólida escuridão desta era iluminada.

Relembrando, eu nada disse sobre um plano de finanças que pode ser alegado em favor das capacidades desses cavalheiros e que foi introduzido com grande pompa, embora ainda não finalmente adotado na Assembleia Nacional. Ele chega como algo sólido em ajuda do crédito da circulação de papel-moeda; e muito se falou de sua utilidade e sua elegância. Refiro-me ao projeto de cunhar dinheiro com os sinos das igrejas fechadas. Essa é a alquimia deles. Há algumas loucuras que fazem gorar qualquer argumento; que vão além do ridículo; e que não despertam em nós nenhum sentimento além da repulsa; e, portanto, nada mais digo sobre isso.

Vale igualmente tão pouco fazer mais alguma observação sobre seus saques e ressaques, sobre sua circulação para adiar o dia do infortúnio, sobre o jogo entre o tesouro e a *Caisse d'Escompte*, e sobre todas essas antigas artimanhas desacreditadas de trapaça mercantil, agora exaltadas à condição de política de Estado. A receita não será motivo de zombaria. A conversa fiada sobre os direitos do homem não será aceita em pagamento por um biscoito ou por uma libra de pólvora. Aqui, então, os metafísicos descem das especulações aéreas e visionárias e seguem exemplos infalivelmente. Que exemplos? Os exemplos de falências. Mas, derrotados, frustrados, desmoralizados, quando seu alento, sua força, suas invenções, suas fantasias os abandonam, sua confiança ainda conserva seu fundamento. No fracasso manifesto de suas capacidades, recebem crédito por sua benevolência. Quando a receita desaparece em suas mãos, eles têm a presunção, em alguns de seus recentes trabalhos, de dar valor *a si próprios* pelo socorro prestado ao povo. Não [288] socorreram o povo. Se nutriam essa intenção, por que mandaram que os detestados impostos fossem pagos? O povo socorreu a si mesmo, apesar da assembleia.

Mas, abandonando qualquer discussão sobre as partes que podem reivindicar o mérito desse socorro falacioso, houve, de fato, algum socorro ao povo, sob qualquer forma? O Sr. Bailly, um dos grandes agentes da circulação de papel-moeda, nos faz penetrar na natureza desse socorro. Seu discurso à Assembleia Nacional continha um solene e elaborado panegírico aos habitantes de Paris pela constância e firme resolução com que suportam sua aflição e infelicidade. Uma excelente imagem de felicidade pública! O quê! Grande coragem e inflexível firmeza de espírito para tolerar benefícios e suportar reparação? Era de pensar, pelo discurso desse douto Senhor Prefeito, que os parisienses passaram este último ano sofrendo as dificuldades de algum terrível bloqueio; que Henrique IV andou interrompendo as vias de acesso de seus suprimentos e Sully trovejando suas ordens nos portões de Paris; quando na realidade eles estão sitiados por nenhum outro inimigo senão sua própria insensatez e loucura, sua própria credulidade e perversidade. Mas é mais fácil o Sr. Bailly derreter o gelo eterno dessas regiões atlânticas do que restaurar o aquecimento central de Paris, enquanto a cidade permanece "atingida pelo porrete frio e seco, paralisante" de uma filosofia falsa e insensível. Algum tempo depois desse discurso, isto é, no dia 13 de agosto último, o mesmo magistrado, prestando contas de seu governo no foro da mesma assembleia, expressa-se da seguinte maneira: "No mês de julho de 1789" (período de perpétua comemoração), "as finanças da cidade de Paris *ainda* estavam em boa ordem; a despesa era contrabalançada pela receita, e ela possuía naquela ocasião um milhão (quarenta mil libras esterlinas) no banco. As despesas em que ela foi forçada a incorrer *posteriormente à revolução* montam a 2.500.000 *livres*. [289] Em meio a essas despesas, e a grande queda no produto das *dádivas espontâneas*, teve lugar uma falta de dinheiro não apenas momentânea, mas *total*." Essa é a Paris com cuja nutrição, no decorrer do último ano, somas imensas, arrancadas das partes vitais de toda a França, foram gastas! Enquanto Paris permanecer no lugar da antiga Roma, ela será mantida pelas províncias subjugadas. É um mal que inevitavelmente acompanha o domínio de repúblicas democráticas soberanas. Como aconteceu em Roma, pode sobreviver aquela dominação republicana que lhe deu origem. Nesse caso, o próprio despotismo se deve submeter aos vícios da popularidade. Roma, sob seus imperadores, unia os males de ambos os sistemas, e essa combinação antinatural foi grande causa de sua ruína.

Dizer ao povo que ele é socorrido pela dilapidação da propriedade pública é uma imposição cruel e insolente. Os estadistas, antes de se valorizarem pelo socorro prestado ao povo com a destruição de sua receita, deveriam primeiro ter dado cuidadosa atenção à solução deste problema: se é mais vantajoso para o povo pagar consideravelmente e ganhar em proporção, ou ganhar pouco ou nada e ser aliviado de toda contribuição? Minha cabeça está resolvida a decidir em favor da primeira proposição. A experiência está comigo, e, acredito, as melhores opiniões também. Manter um equilíbrio entre o poder de aquisição por parte do súdito e as exigências do Estado a que ele deve atender é uma parte fundamental da habilidade de um verdadeiro político. Os meios de aquisição são prévios em tempo e em providências. Boa ordem é o fundamento de todas as boas coisas. Para ser capacitado a adquirir, o povo, sem ser servil, deve ser dócil e obediente. O magistrado deve ter sua reverência; as leis, sua autoridade. A massa do povo não deve ter os princípios de subordinação natural desarraigados, por artimanhas, de suas cabeças. [290] Devem respeitar a propriedade de que não possam participar. Devem labutar para obter o que pela labuta pode ser obtido; e, quando descobrem, como comumente acontece, o sucesso desproporcional ao esforço, deve-se-lhes ensinar sua consolação nas proporções finais da justiça eterna. Qualquer um que os prive dessa consolação amortece-lhes a operosidade e fere a raiz de toda aquisição como a de toda conservação. Quem faz isso é o opressor cruel, o inimigo impiedoso dos pobres e infelizes; ao mesmo tempo, com suas perversas especulações, ele expõe os frutos da industriosidade bem-sucedida e as acumulações da fortuna à pilhagem dos negligentes, dos insatisfeitos e dos indigentes.

Muitos dos financistas por profissão tendem a nada ver na receita senão bancos, circulações, vidas por anuidades, tontinas, arrendamentos perpétuos e todas as miudezas do varejo. Em uma ordem estabelecida do Estado, essas coisas não devem ser desprezadas, nem a habilidade nelas contida deve ser tida em estima trivial. Elas são boas, mas boas somente quando assumem as obrigações dessa ordem estabelecida, e são construídas sobre ela. Mas, quando os homens acham que essas artimanhas indigentes podem fornecer recurso contra os males resultantes de destruir os fundamentos da ordem pública, e de causar ou tolerar a subversão dos princípios de propriedade, deixarão, na ruína de seu país, um monumento melancólico e duradouro ao efeito da política grotesca e da sabedoria presunçosa, míope e de mente estreita.

Os efeitos da incapacidade demonstrada pelos líderes populares em todos os grandes componentes da nação devem ser disfarçados com o "nome onirreparador" de liberdade. Em algumas pessoas, vejo de fato grande liberdade; em muitas, não na maioria, uma servidão opressiva, degradante. Mas o que é [291] liberdade sem sabedoria, e sem virtude? É o maior de todos os males possíveis; pois é insensatez, vício e loucura, sem freio ou tutela. Os que sabem o que é a liberdade virtuosa não toleram vê-la desmoralizada por cabeças incapazes, por conta de terem elas na boca palavras altissonantes. Sentimentos de liberdade grandiosos e formidáveis eu não desprezo, disso estou certo. Eles aquecem o coração; ampliam e liberalizam nossas mentalidades; animam nossa coragem em época de conflito. Velho como sou, leio com prazer os belos arroubos de Lucano e Corneille. Nem condeno totalmente as artes e artifícios da popularidade. Eles facilitam a transmissão de muitos pontos importantes, mantêm o todo unido; restauram a mente em seus esforços; e difundem ocasional alegria sobre a fronte severa da liberdade moral. Todo político deveria fazer sacrifício às graças; e formar cumplicidade com a razão. Mas em um empreendimento como esse da França, todos esses sentimentos e artifícios subsidiários são de pouca valia. Estabeleça a sede do poder; ensine obediência; e o serviço está pronto. Dar liberdade é ainda mais fácil. Não é necessário guiar; só exige que se solte a rédea. Mas formar um *governo livre,* isto é, unir e temperar esses elementos opostos de liberdade e restrição em uma obra consistente, requer muita reflexão; pensar profundamente; uma mente sagaz, possante e capaz de combinações. Isso eu não encontro nos que assumiram a liderança da Assembleia Nacional. Talvez eles não sejam tão miseravelmente deficientes quanto parecem. Acredito sem dúvida que sejam. Isso os poria abaixo do nível comum de entendimento humano. Mas, quando os líderes decidem fazer-se arrematantes em um leilão de popularidade, seus talentos, na construção do Estado, de nada servirão. Eles vão tornar-se bajuladores em vez de legisladores; os instrumentos, e não os guias do povo. Se algum deles propuser um plano de [292] liberdade, sobriamente limitado, e definido com qualificações adequadas, seu lance será imediatamente superado pelos licitantes seus concorrentes, que hão de se sair com alguma coisa mais esplendidamente popular. Levantarão suspeitas de sua fidelidade à sua causa. A moderação será estigmatizada como a virtude dos covardes, e a conciliação como a prudência dos traidores; até que, na esperança de preservar o crédito que pode permitir-lhe acalmar-se e moderar-se em algumas ocasiões, o líder popular é obrigado a tornar-se ativo na propagação de doutrinas, e no estabelecimento de poderes que em seguida derrubarão qualquer propósito sóbrio que ele, em última análise, possa ter visado.

Mas serei eu tão pouco razoável a ponto de absolutamente nada ver que mereça ser recomendado nos trabalhos infatigáveis dessa assembleia? Não nego que, entre um número infinito de atos de violência e insânia, algum bem possa ter sido feito. Quem destrói tudo certamente eliminará algum motivo de queixa. Quem faz tudo novo tem uma chance de poder fazer algo benéfico. Dar-lhes crédito pelo que fizeram por conta da autoridade que usurparam, ou que pode desculpá-los dos crimes pelos quais essa autoridade foi adquirida, há de dar a impressão de que as mesmas coisas não poderiam ter sido conseguidas sem fazer essa revolução. Com muita certeza poderiam; porque quase todas as regulamentações feitas por eles, o que não é muito equívoco, foram ou por cessão do rei, feitas voluntariamente em reunião dos Estados, ou pelas instruções concomitantes às ordens. Alguns usos e costumes foram abolidos por motivos justos; mas eram tais que, se tivessem ficado como estavam por toda a eternidade, pouco comprometeriam a felicidade e a prosperidade de qualquer Estado. As melhorias da Assembleia Nacional são superficiais; seus erros, fundamentais.

Sejam quais forem, gostaria de que meus conterrâneos preferissem recomendar a nossos vizinhos o exemplo da constituição britânica [293] a tomá-los como modelo para a melhoria da nossa própria. Nela, eles têm um tesouro inestimável. Acho que não deixam de ter alguns motivos de queixa e apreensão; contudo, não os devem à sua constituição mas à sua própria conduta. Acho que nossa afortunada situação deve-se à nossa constituição; mas ao total dela, e não a alguma parte isoladamente; devido, em grande medida, ao que deixamos permanecer em nossas diversas revisões e reformas, bem como ao que alteramos ou acrescentamos. Nosso povo encontrará suficiente emprego para um espírito verdadeiramente patriótico, livre e independente, protegendo de violação aquilo que possui. Eu tampouco excluiria alterações; mas, mesmo quando eu mudasse, seria para preservar. Eu deveria ser levado a meu remédio por um forte agravo. No que fiz, eu deveria seguir o exemplo de nossos ancestrais. Eu faria a reforma o mais aproximadamente possível no estilo do próprio prédio. Uma cautela política, uma prudente circunspecção, uma timidez mais moral do que conjuntural estavam entre os princípios dominantes de nossos antepassados em sua conduta mais decidida. Não sendo iluminados com a luz de que os cavalheiros franceses nos dizem ter recebido porção tão abundante, eles agiram sob uma forte impressão da ignorância e habilidade da humanidade. Aquele que nos fez assim falíveis, recompensou-os por terem, em sua conduta, dado atenção à sua natureza. Vamos imitar a cautela deles, se quisermos merecer sua fortuna, ou guardar seus legados. Vamos aumentá-los, se assim quisermos; mas vamos preservar o que eles deixaram; e, de pé sobre o terreno firme da constituição britânica, fiquemos satisfeitos em admirar, mais do que tentar seguir em seus voos desesperados, os aeronautas da França.

Contei ao senhor sinceramente meus sentimentos. Não acho provável que eles alterem os seus. Sei que não deveriam. O senhor é jovem, não pode orientar, e sim deve seguir a fortuna de seu país. Mas de agora em diante eles lhe podem ser de [294] alguma utilidade, em alguma forma futura que a sua nação possa assumir. Como está ela não pode ficar; mas antes de sua consolidação final ela pode ser obrigada a passar, como diz um de nossos poetas, "por grandes variedades de ser não experimentadas", e em todas as suas transmigrações ser purificada pelo fogo e pelo sangue.

Tenho pouco que recomende minhas opiniões, a não ser longa observação e muita imparcialidade. Elas vêm de alguém que não foi instrumento do poder, nem bajulador da grandeza; e que em seus últimos atos não quer contradizer o teor de sua vida. Elas vêm de alguém cujo esforço quase todo foi uma luta pela liberdade de outros; de alguém em cujo peito nunca se inflamou alguma raiva durável ou veemente, a não ser pelo que ele considerava como tirania, e que, nos esforços que são feitos por homens bons para desacreditar a opressão opulenta, arranca de sua parte as horas que empregou nos assuntos dos senhores; e que, ao fazê-lo, está convencido de não se ter afastado de seu ofício habitual. Elas vêm de alguém que deseja honras, distinções e emolumentos, mas pouco, e que não espera em absoluto por eles; que não despreza a fama e não teme a vituperação; que passa ao largo da contenção, embora esteja disposto a arriscar uma opinião; de alguém que deseja preservar a consistência, mas que preservaria a consistência variando seus meios de garantir a unidade de seus fins; e, quando o equilíbrio do barco em que ele navega possa ser ameaçado por estar sobrecarregado de um lado, mostra-se desejoso de transferir o pequeno peso de suas razões para aquele lado que pode preservar seu equilíbrio.

Finis

Notas

P. 141. *A Revolução na França.* O termo "Revolução", por sua aplicação aos eventos de 1688, adquiriu na Inglaterra uma conotação exclusivamente favorável. "Revolution principles" significava os princípios da liberdade constitucional inglesa. Os Tories, que apoiavam a sucessão hanoveriana, embora se opusessem ao restante da política dos Whigs, chamavam-se de "Revolution Tories". Donde o nome "Revolution Society" significava mais ou menos a mesma coisa que "Constitutional Society". Esse uso do termo *in bonam partem,* que estava ainda em voga, apesar de seu declínio, na época da Revolução na França, a partir de então desaparece da língua inglesa. Burke a princípio não estava disposto a aplicar o termo a uma série de eventos que, em sua opinião, importavam na total subversão da estrutura de uma sociedade nacional e se baseavam no que ele chamava de "espúrios princípios de Revolução", p. 164; l. 6: mas o costume logo sancionou seu uso na Inglaterra. Na França, foi de uso comum durante quarenta anos e passou de um sentido favorável para um sentido quase legendário e heroico. Assim, sobre o uso do termo feito por Barbier em 1751, Sr. Aubertin escreve: "Voilà donc ce mot de 'révolution' qui abonde sous la plume des contemporains, et pour un temps illimité prend possession de notre histoire. Désormais, l'idée sinistre d'une catastrophe nécessaire, d'une péripétie tragique, obsède les imaginations françaises; la vie politique de notre pays sort des conditions d'un développement normal pour entrer dans les brusques mouvements et dans l'horreur mystérieuse d'un drame." *L'Esprit Public au XVIII Siècle*, p. 282. Sobre o uso da palavra pouco antes do evento, ver Mercier, *New Picture of Paris*, cap. 3: "Todo livro que ostentasse o título de *Revolução* era comprado e levado embora... Ouvíamos sempre as palavras 'Dê-me as Revoluções romanas – as Revoluções da Suécia – da Itália'; e os livreiros, a fim de vender seus livros velhos, imprimiam títulos falsos e faziam a venda com o crédito meramente do título."

Ibid. *Décima Primeira Edição*, 1791. Alguns meses após sua publicação inicial, a obra havia chegado a esta, sua forma permanente. Burke fez algumas alterações no texto, conforme este aparece na primeira edição, que serão objeto de notas, na medida em que forem substanciais. Umas poucas breves anotações, que aparecem em edições subsequentes à edição adotada como o texto, são impressas com ele (ver nota a [296] p. 248, l. 25): mas não parece que Burke, mesmo que as tenha escrito, pretendesse que fossem publicadas. Esta décima primeira edição apareceu no segundo ano de publicação. A circulação da obra, durante a vida de Burke, foi calculada em 30.000 exemplares, o que Lord Stanhope acha um exagero: mas como na morte de James Dodsley em 1797 parecia não ter ele vendido menos de 18.000, e se levarmos em conta as traduções francesa e alemã, novas edições irlandesas e norte-americanas, etc., o exagero não pode ser grande. Existe uma curiosa edição condensada e barata, publicada por "S.J." em 1793, *in duodecimo*, para circulação popular, como um antídoto para os textos dos Jacobinos. O editor professa ter "podado algumas pequenas exuberâncias de gênio e fantasia em que a vívida imaginação do excelente escritor às vezes o traía".

Ibid. *Argumento.* Burke diz (p. 154, l. 20) que escreve com muito pouca atenção a método formal. Essa distribuição da obra em seções é apenas aproximada, e tem a intenção de ajudar o leitor, marcando os pontos salientes, e assim podendo captar mais rapidamente o sentido da obra. Os títulos curtos dados neste "Argumento" só indicam o fio do raciocínio e de modo nenhum incluem tudo que ele carrega. Quem desejar uma análise minuciosa pode consultar as traduções de Gentz e Dupont; mas tal análise tende a prejudicar o efeito da obra, que é essencialmente discursiva e informal.

P. 145, l. 3. *um cavalheiro muito jovem em Paris.* O Sr. Dupont, que em seguida traduziu a obra para o francês. Ele travou conhecimento com Burke em Londres e visitou-o em Beaconsfield.

L. 6. *uma resposta foi escrita,* etc. Ver Corr. de Burke, vol.iii, p. 102. Essa carta valiosa é um meio de adquirir uma primeira ideia geral dos pontos de vista de Burke. Ela traz indícios de que muito trabalho houve na composição. Sir Philip Francis, cujo gosto sentiu-se tão ofendido pelas *Reflexões,* achou esta carta, "do ponto de vista da arte de escrever, muito menos censurável".

L. 7. *por consideração de prudência* – i. e. por medo de que a carta fosse aberta e o destinatário ficasse em perigo por causa das opiniões nela contidas. Comp. p. 146, l. 13.

L. 10. *assinalados em uma carta breve* – que foi então mandada em seu lugar. Eles parecem ter sido em seguida incorporados à própria carta (Corr. vol. iii, p. 103-04).

L. 14. *no início da última primavera.* A "Substância do Discurso do Sr. Burke no Debate sobre o Orçamento do Exército, 9 de fev. de 1790", publicada logo depois, na qual seus pontos de vista sobre os acontecimentos na França eram livremente expressos, foi seguida por uma resposta à Carta de Lord Stanhope, datada de 24 de fev., na qual ele diz: "Pelo título de um outro panfleto, que uma propaganda nos jornais anunciava ser esperado do senhor para muito breve, conjectura-se que o senhor contemplava a Revolution Society de Londres quando fez esse Discurso", p. 20. Lord Stanhope era o presidente dessa sociedade. O anúncio saiu no *London Chronicle* de 16 de fev. de 1790 e dizia o seguinte: "Saindo brevemente do Prelo, Reflexões sobre certos [297] Trabalhos da Revolution Society em 4 de novembro de 1789, com respeito à Questão da França. Em uma Carta do Sr. Edmund Burke a um cavalheiro parisiense. Impresso para J. Dodsley em Pall Mall." Burke emprestou a Sir Philip Francis, em 18 de fev. de 1790, folhas de provas tipográficas que compreendiam mais de um terço da obra inteira em sua forma atual (Corr. vol. iii, p. 128), e talvez incluísse os primeiros dois terços, que são aqui representados como a Primeira Parte (p. 146-362). Esse anúncio provocou muita sensação. "A mera ideia da intenção do Sr. Burke de logo escrever dá vida ao mundo das letras." *Public Advertiser,* 18 de fev.

P. 146, l. 14. *não escrevi a partir de nenhuma descrição dos homens.* Até agora, a publicação tem um caráter diferente do das publicações da Constitutional and Revolution Societies. Burke, entretanto, alega, ao longo da primeira parte da obra, estar expressando as opiniões de todos os verdadeiros ingleses (p. 256).

P. 146, l. 20. *espírito de liberdade racional etc.* Comp. a Carta a Depont, Corr. vol. iii, p. 105: "O senhor espera que eu ache dos franceses que eles merecem liberdade. Com certeza acho. Eu com certeza acho que todos os homens que a desejam merecem-na. Ela não é recompensa de nosso mérito, ou aquisição de nossa operosidade. É nossa herança. É direito de nascença da nossa espécie. Não podemos renunciar ao nosso direito a ela, senão por meio do que nos priva de nosso direito aos privilégios de nossa espécie – isto é, o abuso, ou o esquecimento de nossas faculdades racionais, e uma indocilidade feroz que nos torna propensos à injustiça e à violência, destrói nossa natureza social, e nos transforma em algo pouco melhor do que a categoria dos animais selvagens".

L. 21. *um corpo permanente, etc.* Ver a mesma Carta, p. 107-113.

P. 147, l. 6. *de mais de um clube.* A alusão é especialmente ao clube Whig "Brook's", do qual Burke se tornou membro em 1783.

L. 23. *a Constitutional Society – sete ou oito anos de existência.* Na realidade um pouco mais, tendo sido fundada pelo Major Cartwright na primavera de 1780, "após meses inteiros de um esforço estafante". Contava entre seus membros com os Duques de Norfolk e Richmond, os Condes de Derby, Effingham e Selpirk, ao lado de muitas outras pessoas de alta classe, e membros do Parlamento.

L. 27. *circulação de muitos livros, etc.* Um apologista da Sociedade diz que partes das obras dos antigos autores Whigs, como Sidney, Locke, Trenchard, Lord Somers etc., eram distribuídas gratuitamente pela Sociedade. Mas o principal objetivo da Sociedade era fazer circular os textos de Cartwright, Capel Lofft, Jebb, Northcote, Sharp e outros panfletistas do momento. É a estes que Burke alude adiante (p. 148, l. 12), reprovando "a maioria das publicações que circulam por essa sociedade".

P. 148, l. 1. *livreiros (booksellers) = editores (publishers).*

L. 3. caridosamente *lidos* – A palavra é repetida, pela figura retórica chamada *traductio,* de modo pejorativo. Burke insinua que os livros não eram dignos de ler, e de fato não eram lidos (ou: lê-los era um ato de caridade).

L. 6. *ouvi falar muito das luzes, etc.* Comp. o correspondente francês do *St. James's Chronicle,* 15 dez. 1789: "Foram os senhores, ó nobres habitantes das [298] Ilhas Britânicas, que deram o exemplo ao meu país – foi nossa relação com os senhores – a leitura de seus textos livres, que imprimiram em nossas mentes uma ideia da dignidade do homem", etc.

L. 8. *Que melhoras.* Burke sempre usa *meliorated* (a forma correta), em vez do moderno *ameliorate.*

P. 149, l. 6. *um clube de dissidentes.* O Dr. Kippis e o Dr. Rees eram membros destacados. A Sociedade fora fundada por dissidentes, mas durante alguns anos ela contou, entre seus participantes, com muitos membros da Igreja da Inglaterra. Lord Surrey e os Duques de Norfolk, Leeds, Richmond e Manchester às vezes compareciam a suas reuniões, bem como muitos membros da Câmara dos Comuns.

Ibid. *cuja denominação,* etc. Na época de Burke, as linhas que separavam denominações dissidentes umas das outras e da Igreja eram menos nitidamente definidas do que agora. Os unitaristas eram conhecidos por outras denominações e podiam pregar em seus templos. O Dr. Price era nominalmente um "independente", embora suas doutrinas fossem unitaristas.

L. 19. *novos membros possam ter entrado.* Lord Stanhope declara, em sua *Vida de Pitt,* que essa sociedade fora ultimamente "remodelada", com vistas a colaborar com os revolucionários franceses. Desse modo, ela veio a ser uma "Sociedade para Revoluções", como Burke a chama à p. 171, l. 25.

P. 151, l. 4. *quem são – por sua capacidade pessoal,* etc. Encontramos aqui a prática inflexível de Burke de relacionar medidas e opiniões com as *pessoas* que as apoiam. Comp. a Carta a Depont, p. 115: "Nunca separe por completo em sua mente os méritos de qualquer questão política dos homens envolvidos nela."

L. 22. *nudez e solidão da abstração metafísica.* Talvez, um eco de Butler:

> He took her (viz. matter) *naked, all alone,*
> *Before one rag of form was on.*
>
> *Hudibras,* Parte i. Canto i. l. 561.

> (Ele a tomou (por ex. a matéria) *nua, inteiramente,*
> *Antes que qualquer farrapo a recobrisse.*)

L. 23. *circunstâncias, etc.* Um dos chamados truísmos em que Aristóteles frequentemente insistia.

L. 27. *governo, bem como liberdade.* Comp. nota ao vol. i. p. 70, l. 22. Por "governo", Burke refere-se aqui, como com frequência em outras partes, a um estado ou hábito de regulamentação política. Burke termina bem como começa o livro com a distinção entre liberdade verdadeira e falsa. Ver p. 472.

L. 28. *dez anos atrás.* Após a queda de Turgot, quando o governo francês esteve em sua pior forma.

P. 152, l. 10. *reencenar os crimes dos condenados.* Ver *Dom Quixote*, Parte i. cap. 22. Essa obra-prima parece ter sido uma das preferidas de Burke. "Bendita seja a alma de quem inventou o sono, disse Dom Sancho Pança, o sábio! Todas essas bênçãos, e dez mil vezes mais, para quem descobriu abstração, personificação e impessoais." Quarta Carta sobre a Paz Regicida.

L. 11. *o metafísico Cavaleiro.* Burke usa com muito pouca discriminação as formas *metaphysic, metaphysical; ecclesiastic, ecclesiastical; theatric,*
[299] *theatrical; politic, political; practic, pratical.* Com o termo "metafísico", ele alude aos Cavaleiros que libertam criminosos com base no direito abstrato à liberdade, sem considerar as circunstâncias.

L. 12. *espírito de liberdade... gás violento, etc.* Crabbe é frequentemente credor de uma sugestão a Burke, patrono de seu início de carreira;

I for that freedom make, said he, my prayer.
That suits with all, like atmospheric air;
....
The lighter gas, that taken in the frame
The spirit heats, and sets the blood on flame, –
Such is the freedom which when men approve,
They know not what a dangerous thing they love.

Crabbe, *Tales of the Hall.*

(Para essa liberdade, disse ele, fiz minha prece. / Que combina com tudo, como o ar atmosférico; ... / O gás turbulento, que tomado em sua constituição, / Estimula o espírito e põe o sangue em chamas, / Tal é a liberdade que os homens aprovam / Sem saber que coisa perigosa estão amando.)

L. 14. *o ar firme.* Era então a expressão científica para o gás carbônico ácido. Esse gás foi descoberto por Van Helmont. Esse nome lhe foi dado pelo Dr. Black, em 1755, por conta de sua propriedade, descoberta por ele, de prontamente perder sua elasticidade e fixar-se em muitos corpos, particularmente os de tipo calcário.

L. 16. *a primeira efervescência.* Comp. *infra,* p. 355, l. 11. bebidas fermentadas contêm grande quantidade de "ar fixo", às quais dá sua efervescência borbulhante.

L. 21. *A lisonja corrompe tanto quem a faz quanto quem a recebe.* A ideia é adaptada de Shakespeare:

... It is twice blessed:
It blesseth him that gives, and him that takes.

(...Bendito duas vezes:
Bendito o que dá e aquele que recebe.)
O Mercador de Veneza, Ato IV, cena I.

Ibid. *Lisonja; adulação.* Tem a intenção de expressar uma diferença entre vício como prática pública e privada.

L. 25. *como foi combinada com governo, etc.* A Segunda Parte (p. 362 até o fim) é antecipada aqui.

L. 28. *Solidez* = estabilidade.

P. 153, l. 4. *fazer o que quiserem.* "Mais la liberté politique ne consiste point à faire ce que l'on veut... La liberté ne peut consister qu'à pouvoir faire ce que l'on doit vouloir." *De l'Esprit des Lois,* Liv. xi. cap. 3.

L. 7. *liberdade... é poder.* "On a confundu le pouvoir du peuple avec la liberté du peuple." Id. cap. 2. Na França, diz muito francamente o Sr. Mignet, o amor da liberdade é equivalente ao amor do poder.

L. 13. *aqueles que parecem... os mais ativos, etc.* Acreditava-se que o Duque de Orleans fora o agente inicial, embora ele não tenha tomado a parte mais ativa na cena.

L. 18. *ao vir para a cidade* – para a temporada de inverno de 1789-90.

L. 19. *uma exposição desses trabalhos.* "Um Discurso sobre o Amor pelo nosso País, feito em 4/11/1789, no Templo do velho Bairro Judeu à Sociedade para comemoração da Revolução na Grã-Bretanha. Com um Apêndice contendo o Relatório do Comitê da dita Sociedade; uma [300] descrição da população da França; e a Declaração de Direitos pela Assembleia Nacional da França. Terceira Edição, com acréscimos ao Apêndice, contendo comunicações da França ocasionadas pela Fala da Revolution Society de Congratulações à Assembleia Nacional da França, com as Respostas a eles. Por Richard Price, D.D., LL.D., F.R.S.", etc. A Carta do Duque de Rochefoucauld é uma missiva informal endereçada ao Dr. Price e datada de 2 de dez. de 1789. A do Arcebispo de Aix (como Presidente da Assembleia Nacional), formalmente endereçada a Lord Stanhope, como Presidente da Sociedade, e datada de 5 de dez. de 1789, era acompanhada de um extrato oficial do Procès Verbal da Assembleia, datado de 25 de nov. de 1789. O Apêndice também contém Resoluções de agradecimentos enviados à Sociedade de Dijon e Lille, com as Respostas transmitidas a eles pela Sociedade.

P. 154, l. 4. *prudência de uma ordem mais elevada.* Burke sempre reconhece uma boa e má forma de hábitos e sentimentos morais, sem muita referência a seus nomes e acepções comuns. Daí expressões inusitadas como "prudência falsa, reptílica", "a firmeza e a coragem do medo racional", etc., abundam em seus textos.

P. 154, l. 7. *bastante tênues – infância ainda mais frágil.* Burke era disposto demais a atribuir à Revolução ao espírito do Jacobinismo contemporâneo como uma causa primária. Esse espírito pode ajudar, mas não pode dar origem e muito menos levar a termo semelhantes convulsões, que sempre têm fortes causas *materiais.* Havia muito jacobinismo na Inglaterra; mais do que hoje conseguimos compreender. Um quinto das forças políticas ativas do país foi classificado por Burke como jacobino; mas não havia aquela série irresistível de causas materiais que, confrontadas com resistência material, produziu a explosão de 1789.

L. 9. *empilhar montanhas sobre montanhas.* Comp. Waller, *On the Head of a Stag:*

Heav'en with these Engines had been scal'd,
When mountains heap'd on mountains fail'd.

(Os céus foram escalados com esses Engenhos,
Quando o amontoar de montanhas fracassou.)

A alusão é aos Titãs. Ver Virg. *Geórg.* i. 281.

L. 10. *a casa de nosso vizinho estiver pegando fogo, etc.*

Nam tua res agitur, paries quum proximus ardet.

Hor. *Ep.* Lib. i. xviii. 84.

Ver a ideia desenvolvida na justificativa de Burke de interferência nos negócios da França, baseada na "lei de vizinhança civil", na Primeira Carta sobre uma Paz Regicida – "Vicini vicinorum facta praesumuntur scire – esse princípio que, como o resto, é tão válido para nações quanto para indivíduos, concedeu à grande vizinhança da Europa um direito a saber, e um direito a impedir, qualquer inovação capital que possa redundar na ereção de um incômodo perigoso." Os políticos da França negaram esse direito, sob o princípio abstrato de que cabe a cada nação regular, sem ser molestada, seus assuntos internos.

L. 18. *liberdade da relação epistolar; pouca atenção a um mérito formal.* "A disposição de sua obra é tão singular quanto o assunto. Valendo-se de todos os privilégios da efusão epistolar em sua máxima amplitude e [301] frouxidão, ele interrompe, põe de lado e retoma argumentos como lhe agrada. Seu tema extenso é ciência política – suas alusões e incursões alcançam quase todas as regiões do conhecimento humano. Deve-se reconhecer que, nesse esforço de guerra miscelâneo e desconexo, a superioridade de um homem de gênio sobre homens comuns é infinita. Ele pode acobertar a tirada mais ignominiosa com uma alusão brilhante. Ele é capaz de fazer desfilar seus argumentos com a tática perfeita de um general onde eles forem fortes. Sabe fugir de uma posição insustentável para uma declaração esplêndida. Pode derrubar a convicção mais inexpugnável de silogismos com um escárnio. Absolvido das leis do método vulgar, pode fazer avançar um grupo de horrores magníficos para abrir uma brecha em nossos corações, por meio da qual a turba mais indisciplinada de argumentos pode penetrar em triunfo". *Vindiciae Gallicae*, Prefácio.

L. 25. *talvez de mais do que a Europa.* Os desígnios de Bonaparte, e os eventos de fato no Egito, Síria, Índia e nas Índias Ocidentais, justificam essa previsão. A Revolução impôs a independência da América espanhola e portuguesa.

l. 28. *pelos meios mais absurdos etc.* Balzac (o anterior), *Aristippe*: "Les grands événements ne sont pas toujours produits par des grandes causes. Les ressorts sont cachés, et les machines paraissent; et quand on vient à découvrir ces ressorts, on s'étonne de les voir et si faibles et si petits. On a honte de l'opinion qu'on en avait eue." Cp. com o início da Primeira Carta sobre uma Paz Regicida: "Muitas vezes é impossível, nessas investigações políticas, encontrar alguma proporção entre a força aparente de quaisquer causas morais que nos possa atribuir e sua operação conhecida... Um simples soldado, uma criança, uma menina à porta de uma estalagem mudaram o aspecto da fortuna, e quase da natureza." Aí, como aqui, ele considera o fato de que, "nesse seu auge de prosperidade e grandeza humana, no estado elevado e próspero da monarquia francesa, ela veio abaixo sem luta". Assim também o Dr. Johnson: "Os políticos durante muito tempo observaram que os maiores eventos podem com frequência ser rastreados em causas ínfimas. Competição mesquinha, ou amizade casual, a prudência de um escravo, a tagarelice de uma mulher, estorvaram ou promoveram os planos e projetos mais importantes, e apressaram ou retardaram as revoluções de um império". *The Rambler*, nº 141.

P. 155, l. 14. *políticos maquiavélicos.* O velho adjetivo, da forma francesa "Machiavel", então em uso na Inglaterra. O *ch* é pronunciado macio (chiado). Nós hoje dizemos "Machiavelli" e "Machiavellian", pronunciando o *ch* duro [*qui*].

L. 16. *Dr. Richard Price... um eminente ministro.* A essa altura um velho, com a saúde deficiente. Ele foi um economista político de alguma reputação; comp. p. 314 , l. 20. Seus textos obtiveram-lhe a amizade do rival Whig de Lord Rockingham, Lord Shelburne, que fez dele seu secretário particular, em sua ascensão ao cargo em 1782. Lord Shelburne era implacavelmente detestado por Burke e seu partido. O partido de Shelburne, menos seu líder, estava agora no poder sob Pitt: donde estrangeiros poderiam presumir alguma conexão entre Price e o governo inglês. A decepção política contribui então para a virulência com que Burke o ataca [302]. Price foi fiel à sua educação básica, pois era filho de um ministro dissidente, e foi amigo de Franklin, Turgot e Howard. Simplicius, o personagem da Sra. Chapone (*Miscellanies*, Ensaio I), foi criado em intenção dele, e o Dr. Doran, em seu *Last Journal of Horace Walpole*, mencionava muitos fatos altamente creditáveis a seu caráter e capacidade pessoais.

L. 22. *ingrediente no caldeirão.* Alusão a *Macbeth*, Ato IV, cena I.

P. 156, l. 9. *oráculo – filipiza.* A célebre expressão de Demóstenes. Ésquines *in Ctes.* p. 72.

L. 15. O reverendo *Hugh Peters.* Aplicado pejorativamente. "Reverendo", como título, data de algum tempo depois de Peters.

L. 20. *sua liga na França.* A Santa Liga dos Católicos. Burke podia ter em mente a nota de Grey sobre *Hudibras*, parte i. Canto ii. l. 651.

L. 25. *política e o púlpito, etc.* O clamor comum dos políticos profissionais. Silêncio com respeito a questões públicas não pode nem deveria ser mantido nos púlpitos de uma nação livre em tempos conturbados. "Eu abominava fazer do púlpito cenário para a extravasão de paixões, ou para o serviço de interesses." Burnet, *Own Time*, Ann. 1684. A prática de modo nenhum se limitava aos revolucionários. Em 30 de janeiro de 1790, o Bispo de Chester, na Câmara dos Lords, dirigiu uma diatribe política cheia de violentas invectivas contra a nação francesa e a Assembleia Nacional. A Câmara deu-lhe um voto de gratidão e ordenou que o sermão fosse publicado. Quanto à introdução de política no púlpito, Fox concorda com Burke: "O Dr. Price, em seu sermão no aniversário da Revolução Inglesa, expressou muitos sentimentos nobres, dignos de um filósofo esclarecido [iluminado]... mas, ainda que eu aprove seus princípios gerais, considero seus argumentos inadequados para o púlpito. O clero, em seus sermões, não deveria tratar de questões políticas, não mais do que esta Câmara deveria discutir termos de moralidade e religião." Discurso sobre o Test Act, 1790.

P. 157, l. 7. *Inexperientes em todos os seus negócios e assuntos, sobre os quais se pronunciam com tanta confiança.* "Façam experiências, como bons filósofos, e ergam sobre elas um sistema legislativo!" Esse é um exemplo da sabedoria do Rev. Robert Robinson, mais um desses eclesiásticos políticos; foi um dia famoso como ministro batista em Cambridge.

L. 15. *A sugestão dada a um nobre e reverendo teólogo leigo.* O Duque de Grafton, em ataque ao qual Junius e Burke se uniram vinte anos antes. Ele recentemente escreveu um panfleto sobre o tema da Liturgia e Subscrição, intitulado "Sugestões etc., submetidas à séria atenção do Clero, da Nobreza e da Gente Boa, recém-reunidos". Price chama-o de "um panfleto atribuído a um grande nome e que dignificaria qualquer nome". É notável principalmente por ter pedido a Apologia do Bispo Horsley para a Liturgia e o Clero da Igreja da Inglaterra. Mathias alude ao "*pio* Grafton", e à sua hostilidade à Igreja em seus "Empreendimentos Literários", Diálogo iv. l. 191, a que ele acrescenta uma nota: "Ver as *Sugestões* do Duque – bastante amplas". Mais uma vez, na l. 299:

With Symonds, and with Grafton's Duke Would vie,
A Dilettante in Divinity.

(Com Symonds, e com o Duque de Grafton competiria,
Um Diletante em Divindade.)

[303] O Dr. John Symonds era professor de História Moderna em Cambridge. Ao mesmo tempo em que desprezava "as ordens inferiores do povo", por "afundar em um entusiasmo pela religião recém-revivida" (aludindo aos metodistas), Price opôs-se à reforma da Liturgia e dos Artigos, e recomendou aos insatisfeitos que "montassem um culto separado para si próprios".

L. 15. *teólogo leigo.* O Duque tinha opiniões unitaristas. Além de alguns textos dele próprio, ele foi útil à informação religiosa imprimindo para circulação popular a célebre revisão de Griesbach do Novo Testamento.

L. 16. *cargo elevado em uma de nossas Universidades.* Comp. Junius, Carta XV. O Duque era Chanceler da Universidade de Cambridge. É bem conhecida a Ode de Gray para a sua posse no cargo. O texto sugere a impropriedade de esse cargo ser ocupado por um frequentador do templo unitarista do Dr. Disney, na Essex Street.

L. 17. *a outros teólogos leigos de categoria.* A alusão é ao amigo e patrono de Price e Priestly, o Marquês de Lansdowne (Conde de Shelburne), que também tinha opiniões unitaristas.

L. 19. *Seekers.* Os Seekers [aqueles que buscam] eram uma seita puritana que não professava nenhuma forma determinada de religião. Sir Harry Vane era seu líder.

L. 20. *no velho respertório da igreja nacional (old staple)* – como em Shakespeare, = material, especialmente usado para tecidos de lã. "Spun into the primitive staple of their frame", Quarta Carta sobre uma Paz Regicida. Comp, infra p. 402, l. 8.

L. 22. *a aperfeiçoar o não conformismo.* Comp. nota vol. i. p. 240, l. 1.

P. 158, l. 9. *ministro calculista.* Aludindo aos esforços de Price como aritmético político.

L. 10. *grandes pregadores.* Salmo xlviii. v. 11. A repetição de *grandes* é irônica, aludindo à alta posição desses *teólogos leigos.*

L. 13. *hortus siccus.* Herbário; uma coleção de ervas secas.

L. 14. *barão corajoso.* Milton, *L'Allegro*, l. 119.

L. 15. *desta cidade.* A obra foi escrita na casa de Burke, na Gerrard Street, Soho.

L. 16. *ronda uniforme de suas insípidas dissipações.* Aludindo à temporada londrina, que nessa data começava no final do outono e terminava com o fim da primavera. Comp. a homilia de Johnson sobre o Encerramento da temporada, *Rambler* nº 124 (25 de maio, 1751).

L. 17. *Mess-Johns* = párocos, no sentido *familiar*. *Mess* é uma corruptela arcaica de *Magister* [mestre]. O termo é de origem escocesa. Comp. Fergusson (o precursor de Burns), *Hollow-fair*:

See there is Bill-Jock and auld Hawkie,
And yonder's Mess-John and auld Nick.

(Lá está o Bill-Jock e o velho Hawkie,
E acolá o Mestre-John e o velho Nick.)

P. 159, l. 6. *Utinam nugis,* etc. Juv. *Sát.* iv. 150.

L. 10. *é quase o único rei legítimo* etc. Pela forma insolente das palavras com que Price diz que teria congratulado o rei por sua recuperação, "em um estilo muito diferente do da maioria das saudações". (p. 25), aludido infra, p. 179.

[304] **L. 14.** *fervor* = arroubo.

Ibid. *século XII.* Burke alude ao pontificado de Inocêncio III, 1198-1216. Comp. a condensação da *Hist. Ing.* Livro iii, cap. 8. "Aos poucos, a sentença de excomunhão foi detonada contra o rei (João). No mesmo ano, a mesma sentença foi pronunciada contra o Imperador Oto; e esse papa ousado não teve medo de, a uma só vez, levar a extremos os dois maiores príncipes da Europa... Tendo primeiro liberado os súditos ingleses de seu voto de vassalagem, por um atrevimento extraordinário ele depôs formalmente João de seu trono e dignidade; ele convidou o rei da França a tomar posse da coroa confiscada", etc.

P. 160, l. 15. *se habituariam gradualmente.* Comp. infra p. 228, l. 22.

L. 19. *condo et compono* etc. Hor. *Epist.* I. 1.12

P. 161, l. 16. *em um período remoto, eletivos.* "Reges ex nobilitate... sumunt". Tácito, *Germ.* c. 7. Bolingbroke, N. Bacon, etc., dão muita importância ao fato conforme aplicado aos reis saxônicos, e a Estêvão e João após a Conquista.

L. 22. *e enquanto as condições legais,* etc. Comp. infra, p. 169, l. 27.

L. 26. *colégio eleitoral.* O título coletivo dos nove Eleitores do Império. "Colégio" (*collegium*) é usado em seu sentido técnico no direito romano.

P. 162, l. 24. *vidas e fortunas.* Uma fórmula muito antiga, cujas palavras originais sobrevivem no alemão "Mit Gut und Blut". Assim também a oitava seção da Carta de Direitos: "Que apoiarão, manterão e defenderão as ditas Majestades... com suas vidas e propriedades, contra quaisquer pessoas que sejam", etc. Isso explica a referência na sentença seguinte. A expressão recorda as um dia comuns petições "de vida e propriedade" feitas à coroa por organismos públicos.

P. 163, l. 5. *Revolução* de 1688. Deve-se reconhecer que a argumentação que Burke começa aqui, e sustenta com muita força e engenhosidade ao longo de vinte páginas, é um fracasso completo. O Sr. Hallam refutou em quase todos os pontos. Deve-se lembrar que Burke está escrevendo não como juiz, ou um historiador filosófico, mas como um advogado. Ele concebia que a constituição ficaria ameaçada pelos dogmas da Sociedade, se estes recebessem crédito geral, e resolveu emprestar todo o peso de sua autoridade e de sua habilidade como debatedor para apoiar os pontos de vista opostos (comp. o parágrafo conclusivo da obra).

L. 8. *confundem todas as três.* Burke, usando a expressão de Sir Joseph Jekyl, diz que a Revolução de 1688 "foi, na verdade e em substância, uma revolução não feita, mas impelida". Na Revolução de "quarenta anos antes", que bom-senso e boa-fé por parte de um homem poderiam ter evitado, a *letra* de nossas liberdades foi reiterada tão rigorosamente quanto pelos antigos Whigs, ou por Burke.

L. 19. *Declaração de Direitos.* Comumente chamada de a Carta de Direitos. Foi impressa no Apêndice aos *Select Charters* do Professor Stubbs, p. 505.

[305] **l. 20.** *pedra angular.* Comp. vol. i p. 179, l. 22.

L. 26. *Alguns anos após este período.* 12 & 13 G. III. cap. 2. Por este Decreto a Coroa foi conferida, após a morte de Guilherme III e Ana, sem descendência, à Princesa Sofia, filha caçula de Elizabeth, Rainha da Boêmia (filha de James I) e seus herdeiros naturais, sendo protestantes. Burke não menciona o Decreto 6 Ana, cap. 7, o qual afirma o direito de legislatura de regular a descendência da Coroa e torna traição sustentar o contrário.

P. 164, l. 19. *previsões delirantes, em estilo cigano* – i.e. manifestações ignorantes, a esmo. Burke chamava a nomenclatura republicana dos meses de "gipsey jargon" ["jargão cigano"].

L. 21. *a sabedoria da nação* – i. e., a opinião reunida de políticos sábios.

Ibid. *caso de necessidade – norma legal.* Comp. o Fragmento de Discurso sobre as Leis de Uniformidade: "Quando a tirania é extrema, e os abusos do governo intoleráveis, os homens recorrem aos direitos naturais para livrar-se deles. Uma vez que o fizerem, o mesmíssimo princípio de necessidade dos negócios humanos, para estabelecer alguma outra autoridade que preserve a ordem dessa nova instituição, deve ser obedecido, até eles se tornarem intoleráveis; e não tolerarão que se alegue a liberdade original contra essa instituição. Ver Holanda, Suíça."

L. 24. *um pequeno e temporário desvio – sucessão hereditária regular.* Isso não é digno de Burke. Hallam diz, com muita verdade: "Nossa nova linhagem de soberanos mal se aventurava a ouvir falar de seu direito hereditário... . Esta foi a maior mudança que atingiu nossa monarquia com a queda da Casa dos Stuarts. As leis não foram tão substancialmente alteradas quanto ao espírito e sentimentos do povo. Donde os que só têm olhos para o primeiro foram propensos a subestimar a magnitude desta revolução. As máximas fundamentais da constituição, tanto no que diz respeito ao rei quanto ao súdito, parecem quase as mesmas; mas a disposição com que foram recebidas e interpretadas foi inteiramente outra." A verdade dessa última afirmação é inegável.

L. 27. *Privilegium non transit in exemplum.* Uma máxima do direito civil. "Privilegium" é usado no sentido técnico de um decreto que tem por objetivo pessoas particulares, diferentemente de uma medida pública. "C'est un grand mal", diz Pascal, "de suivre l'exception au lieu de la règle. Il faut être sévère et contraire à l'exception."

P. 165, l. 3. *o fato de não ter sido feito nessa ocasião,* etc. "Os Comuns", diz Hallam, "não negavam que o caso era de eleição, embora se tenham recusado a admitir que a monarquia tornava-se assim perpetuamente eletiva."

L. 9. *mas na de sua esposa.* Pelo que, como disse Bentinck, o príncipe se teria tornado "o escudeiro de sua esposa".

L. 10. *a primogênita da prole... reconheciam como indubitavelmente dele.* A alusão é à alegada ilegitimidade do príncipe nascido em 1688. Até esse infausto acontecimento, que precipitou a Revolução, a princesa era a provável herdeira da coroa. Ao aquiescer à Revolução, os [306] Tories ficaram obrigados a pressupor a verdade dessa alegação totalmente sem fundamento. A transmissão da coroa à princesa foi tão inteiramente admitida pelos Lords na convenção que eles omitiram o importante artigo que declarava o trono vacante, em seu abandono por James.

L. 14. *escolha... ato de necessidade.* Se isso foi realmente dito a sério, é um sofisma que dificilmente confundiria um escolar inteligente. Duas coisas diferentes são indicadas pelo termo "choice" ["escolha"].

P. 166, l. 8. *reinar sobre nós,* etc. O melhor comentário sobre isso é que foi preciso um decreto específico do Parlamento (segundo de G. e M. cap. 6) para permitir à rainha exercer o poder régio estando o rei ausente da Inglaterra.

P. 167, l. 10. *repetindo, como de uma rubrica.* Um processo que sempre angariou o respeito de Burke, em questões da constituição. Comp. vol. i. p. 267, l. 26, etc.

P. 168, l. 3. *limitação da coroa.* No sentido técnico, alusão ao fato de a sucessão ter sido condicionada à profissão de fé protestante (ver § 9 da Declaração).

L. 8. *por si própria e por toda a sua posteridade, para sempre.* É impossível defender Burke nessa leitura literal da Declaração, na qual ele segue o autêntico Tory Swift (*Examiner,* nº 16). Esse ensaio de Swift ilustra a diferença entre o real toryismo e o whig-toryismo de Bolingbroke. A palavra "eternamente", copiada do primeiro [Act I] de Elizabeth, é mera redundância, como na expressão "herdeiros eternamente" em relação à propriedade privada. O direito do Parlamento a regulamentar a sucessão estava bem estabelecido demais para fazer valer a pena usar o recurso desse rodeio verbal. "O Parlamento", diz Sir Thomas Smith (Secretário de Estado no tempo de Elizabeth), "*dá forma de sucessão à Coroa.* Resumindo, tudo que algum dia o povo de Roma pudesse fazer ou *in centuriatis comitiis* ou *tribunitiis,* o mesmo pode ser feito pelo Parlamento da Inglaterra." *Commonwealth of England,* p. 77, ed. 1633. Priestley observou que Burke, negando ao Parlamento essa competência, se tornara passível da acusação de alta traição, sob uma lei criada por seu próprio ídolo, Lord Somers; e Lord Stanhope declarou a intenção de pedir seu *impeachment* por isso. O direito de obrigar a posteridade foi negado, por motivos gerais, por Locke, *Treatise Concerning Government,* Livro ii, cap. viii. 116, a quem Swift faz alusão no *Examiner*: "Advogados podem explicar isso, ou chamá-las de palavras formais, como quiserem; e pensadores podem dizer que tal obrigação é contra a natureza do governo; mas um simples leitor, etc.".

Ibid. A questão quanto ao poder de um povo de obrigar sua posteridade é discutida e resolvida, segundo a opinião de Burke, em uma famosa passagem de *Absalom and Achitophel.*

L. 11. *Whig melhor do que Lord Somers,* etc. Nota, vol. i p. 148, l. 34. Ver o panegírico de Burke aos "Old Whigs": "Eles não eram *umbratiles doctores,* homens que estudaram uma constituição livre apenas em sua anatomia e sobre sistemas mortos. Eles a conheceram viva, e em ação." Burke realmente [307] presume demais sobre a ignorância de seus leitores. A mera folha de rosto de *Judgement of Whole Kingdoms and Nations,* de Lord Somers, o qual afirma "os Direitos do Povo e do Parlamento Britânico a resistir e demitir seus reis por mau governo", é resposta suficiente para essa tirada. Ao longo destas páginas, Burke exibe o ardor e a preocupação do advogado, e não a calma judiciosa do crítico.

L. 17. [*ajudada pelos poderes*]. Burke geralmente usa *with* para expressar o instrumento. Nós hoje dizemos "*by* the powers". Comp. p. 178, l. 9, etc.

L. 24. *difícil... impor limites à mera competência abstrata do poder supremo.* A distinção entre competência abstrata e moral tinha um lugar importante nos raciocínios de Burke sobre a questão norte-americana. Comp. vol. i. p. 254, e ver a nota.

P. 169, l. 4. *Câmara dos Lords – não moralmente competente, etc.* "O legislativo não pode ter nenhum poder de transferir sua autoridade de fazer leis, e colocá-la em outras mãos". – "A Câmara dos Lords não é moralmente competente para se dissolver, nem para abdicar, se o desejasse, à sua parcela na legislatura do reino." Essas passagens são citadas, a primeira, de Locke, a última, de Bushel, por Grattan, em seu Discurso contra a União, 8 de fev., 1810. O argumento é meramente um ocioso *non possumus*; e o veredicto de gerações sucessivas foi contrário à dedução que Grattan tirou dele.

L. 11. *constituição – partes constituintes.* A velha doutrina "constitucional" é aqui expressa muito claramente. Houvesse Burke vivido um século depois, teria visto que ela fracassou completamente, quando veio a ser geralmente aplicada. Nenhum princípio está hoje mais bem estabelecido do que o da unidade e indivisibilidade da soberania nacional.

L. 22. *não mudando a substância – descrevendo as pessoas – mesma força – igual autoridade.* Burke não dá mais força a suas sutilezas com essa paródia do Credo de Atanásio. No entanto, algumas linhas adiante, ele acautela seus leitores contra se deixarem prender "nos labirintos da sofística metafísica!"

L. 25. *communi sponsione reipublicae.* O Organizador não relembra esta frase como uma citação. Foi possivelmente inventada por Burke para expressar com mais peso o que queria dizer.

P. 170, l. 2. *labirintos da sofística metafísica.* Ver nota ao vol. i. p. 215, l. 11. O clamor contra a "sofística metafísica" não foi invenção de Burke. É um tópico predileto de Bolingbroke e outros políticos que se opunham ao Whiguismo filosófico da Escola de Locke.

L. 6. *extrema emergência.* O Sr. Hallam diz, com muita verdade, que esse ponto de vista, o qual "imagina alguns casos extremos de tirania intolerável, alguns, de certo modo, loucura de despotismo, como a única desculpa e mitigação de resistência", é meramente uma "pretendida modificação dos princípios servis de obediência absoluta".

l. 25. *estados.* i. e. os Lords e os Comuns; o Parlamento inglês em sua forma original sendo uma imitação dos Estados Gerais da França. Nossa Liturgia até recentemente falava dos "Três Estados do Reino da [308] Inglaterra reunidos no Parlamento". Comp. Milton, sobre a Assembleia em Pandemonium:

> The bold design
> Pleas'd highly those infernal States, and joy
> Sparkl'd in all their eyes.
>
> *Par. Perd.* ii. 386.

L. 26. *moléculas orgânicas de um povo dispersado.* A ideia é plenamente explicada na Primeira Carta sobre uma Paz Regicida; "O organismo político da França existia na majestade de seu trono, na dignidade de sua nobreza, na honra de sua fidalguia, na santidade de seu clero, na reverência de sua magistratura, no peso e consideração devidos à sua propriedade fundiária nas diversas comarcas, no respeito devido à sua substância móvel representada pelas corporações do reino. Todas essas *moleculae* particulares reunidas formam a grande massa do que é verdadeiramente o organismo político em todos os países."

P. 171, l. 12. *Algum tempo após a conquista,* etc. "Cinco reis dos sete que se seguiram a Guilherme, o Conquistador eram usurpadores, pelo menos segundo as noções modernas" (Hallam). Os fatos parecem ser como se segue. Mesmo em sucessão privada, a transmissão de uma herança como entre o irmão e o filho do dono não era determinada por algum preceito legal fixo, na época de Glanvil. O sistema de Tanistry, que prevaleceu na Irlanda até a época de James I, e sob o qual a terra passava para o "mais velho e mais valoroso" do mesmo sangue, o que era comumente determinado por eleição, estava então parcialmente em vigor. Nenhum método melhor, diz o Sr. Hallam, poderia ter sido concebido para garantir uma reserva perpétua de litígios civis. O princípio de herança *per stirpem*, que uma política judiciosa gradualmente estabeleceu para os bens privados, foi estendido à Coroa pelos advogados por volta de meados do século XIII. Eduardo I foi proclamado imediatamente após a morte de seu pai, embora ausente, na Sicília. Entretanto, alguma coisa do velho princípio pode ser rastreada nessa proclamação, feita em seu nome pelos guardiães do reino, onde se afirma que a Coroa da Inglaterra "coube a ele por sucessão hereditária e pela vontade de seus nobres". Essas últimas palavras foram omitidas na proclamação de Eduardo II, desde cuja época a Coroa foi absolutamente hereditária. A questão foi assim decidida no período em que a constituição inglesa, segundo o Professor Stubbs, assumiu sua forma definitiva e permanente. Para ilustrações da questão tiradas da história antiga, ver Grotius, *De Jure Bell. et Pac.*, Liv. ii. cap. 7, § 24.

L. 14. *o herdeiro* per capita – *o herdeiro* per stirpes. A distinção é produzida assumindo-se dois pontos de vista diferentes: um encarando a coroa como direito da *família* reinante, o outro, como direito da *pessoa* reinante. No primeiro caso, quando o membro reinante da família morria, o total dos membros da *família* (*capita*) reentrava em posse dos direitos de família, e a coroa cabia aos "mais velhos e mais valorosos". No segundo caso, a coroa cabia ao herdeiro ou representante legal da pessoa reinante (*per stirpem*). Por herdeiro *per capita* Burke refere-se ao "mais velho e mais valoroso" do mesmo sangue. Em outra parte, seguindo os [309] juristas modernos, ele chama o direito desse herdeiro de "o direito de consanguinidade", e o do herdeiro linear de "o direito de representação", por estar ele no lugar do dono anterior e assim *represen-*

tando-o (Condensação da *Hist. Ing.* Livro iii, cap. 8). Burke com sagacidade rastreou o antigo princípio de Tanistry [o princípio celta de transmissão hereditária] em alguns detalhes da lei feudal. "Pelo que é muito singular, e entendo ser de outro modo inexplicável, uma garantia colateral obrigada sem quaisquer bens sendo transmitidos, onde a linear não obrigava, a não ser que alguma coisa fosse transmitida; e isso substitui invariavelmente na lei, até este século" (Id., Livro ii, cap. 7). Garantias colaterais foram privadas desse efeito por 4º de Ana, cap. 16, § 21.

L. 17. *o princípio patrimonial sobrevivia,* etc. Burke fala dos reis antes da Conquista. "Exemplos muito frequentes ocorrem onde o filho de um rei falecido, se menor de idade, era inteiramente relegado, e seu tio ou algum parente mais distante ascendia à Coroa; mas não há uma única instância em que a eleição tirou-a do sangue real" (Cond. *Hist. Ing.*, Liv. ii, cap. 7).

L. 19. *multosque per annos,* etc. Virg. *Geórg.* iv. 208. A citação foi usada como uma divisa no nº 72 do *Spectator,* e na Dedicatória da *Dissertation on Parties,* de Bolingbroke.

L. 26. *eles tomam o desvio... pelo princípio.* Não estava nos planos de Burke argumentar aqui contra o princípio eletivo; mas no *Annual Register* de 1763, por ocasião das então iminentes eleições de um Rei da Polônia e um Rei dos romanos, ele diz: "Essas duas soberanias eletivas não só ocasionaram muitos males àqueles que vivem sob elas como também frequentemente envolveram uma grande parte da Europa em sangue e confusão. De fato, esses exemplos existentes provam, acima de qualquer especulação, a infinita superioridade, em todos os respeitos, da monarquia hereditária; uma vez que é evidente que o método da eleição constantemente produz todas aquelas divisões intestinas a que, por sua natureza, ele parece tão sujeito, e também falha no que é um de seus principais objetivos, e que dele se poderia esperar, garantir o governo por muitas sucessões nas mãos de pessoas de méritos extraordinários e capacidade incomum. Descobrimos por experiência que os reinos onde o trono é uma herança tiveram, em sua série de sucessão, não menos príncipes competentes para governá-los do que a Polônia ou a Alemanha, que são eletivos."

P. 172, l. 5. *arrastam os corpos de nossos antigos soberanos para fora do sossego de seus túmulos.* A alusão é aos ultrajes cometidos pelos cavaleiros *Roundhead* [membros do Partido Parlamentar da Inglaterra, no tempo de Cromwell (N. do T.)] na Catedral de Winchester. Pode também haver uma alusão à pilhagem da Abadia de Faversham, na dissolução dos mosteiros, quando os restos mortais do Rei Estêvão foram desenterrados e atirados no Swale, para se apossarem de seu caixão de chumbo. Comp. em *Draft of Letter to Markham* (1770): "Minhas paixões não serão despertadas, ou pelo lado da parcialidade, ou pelo do ódio, pelos que jazem em seu frio chumbo, calados e inócuos, na capela de Henrique, ou nas igrejas do Castelo de Windson ou La Trappe – *quorum Flaminia tegitur cinis atque Latina*".

[310] **L. 7.** *"desonrar e desqualificar retroativamente.* À maneira da lei chinesa de proscrição, pela qual seu efeito se estende aos ancestrais de um homem, mas não a seus descendentes.

L. 18. *estatuto* de tallagio non concedendo – (Anno 1297). Não originalmente um estatuto, embora assim referido no preâmbulo à Petição de Direitos, tendo os juízes decidido, em 1637, que era um Estatuto. Ver *Select Charters,* de Stubbs, p. 487. Comp. vol. i. p. 237, l. 33.

L. 19. *petição de direito.* Ver *Select Charters,* de Stubbs, p. 505.

P. 173, l. 4. *a lei,* etc. Burke, como era de esperar, volta-se para a Lei de Transmissão [da Coroa para a Princesa Sofia], sem dizer uma palavra sobre o motivo que levou à sua promulgação, ou seja, a falta de descendência, não da Rainha Mary, mas do próprio Guilherme. A limitação final da Carta de Direitos foi aos próprios herdeiros de Guilherme: de forma que, após a morte de Mary, houvesse ele casado com mais alguém, e tido um filho, a coroa teria saído por completo da família real inglesa.

L. 25. *cepa e raiz de herança – administradora temporária de um poder.* Isso muda o argumento para uma posição diferente. As doutrinas da Revolution Society obviamente referiam-se ao último motivo de escolha. Mas Burke não teria sustentado que o mérito de Guilherme como administrador não teve influência sobre a nação inglesa, quando o associaram a Mary no trono.

P. 174, l. 2. *é filha,* etc. Outros, no entanto, mais próximos na linhagem de sangue, mas de fé católica, foram preteridos: especialmente os da família Palatina, sobre cujos ancestrais, tendo sido fortes defensores da religião protestante, achava-se provável que, pelo menos alguns deles, pudessem voltar a ela.

P. 175, l. 10. *Alguns anos atrás,* etc. Burke inspira mais atenção quando confessa seu motivo para toda essa mistificação deliberada. Sofisma nenhum era gritante demais para os ouvidos do público; mas a oportunidade que fez de Burke, pelo momento, um casuísta Tory deve ter-lhe parecido de fato crítica.

L. 26. *exportam para os senhores em porões ilícitos.* A alusão é à Lei de Navegação. Ver vol. i. p. 179, e nota. "Bottom" [significando "porão" (de navio), do holandês *Bodem*] é o termo técnico antigo para "navio".

Ainda é usado em expressões mercantis como "foreign bottoms", e sobrevive no termo "bottomry" ["bodemeria" (termo jurídico náutico: ainda sob influência da raiz holandesa)], aplicado ao adiantamento de dinheiro do seguro do navio para os propósitos da viagem.

P. 176, l. 11. *garantia da estabilidade e perpetuidade,* etc. A passagem que se segue é adequada a ser citada aqui como sendo uma expressão completa da ideia do texto, e ao mesmo tempo que foi a escolhida por De Quincey como a passagem mais característica das obras de Burke, do ponto de vista literário. É também uma ilustração necessária ao argumento à p. 210, ll. 4-6.

> Essas são ideias *deles,* essa a religião *deles;* e essas as leis *deles.* Mas quanto ao *nosso* país e à *nossa* raça, enquanto a bem-compacta estrutura de nossa Igreja e Estado, o santuário, o santo dos santos daquele direito jurídico, defendido por reverência, defendido por poder, ao mesmo tempo um templo e uma fortaleza, permanecer inviolado à testa do Sião britânico – enquanto a monarquia britânica, cercada, não como limitada, mas como defendida pelas ordens do estado, vier, como [311] o altaneiro Castelo de Windsor, erguendo-se na majestade da proporção, e cingido pelo duplo cinturão de suas torres iguais – enquanto essa enorme estrutura vigiar e guardar a terra sujeitada* – até então os outeiros e diques da baixa e fértil planície de Bedford nada terão a temer das picaretas de todos os igualitaristas da França. Enquanto nosso soberano senhor, o rei, e seus fiéis súditos, os Lords e os plebeus deste reino – o cordão triplo, que ninguém pode partir; o franco compromisso** sole-

* A alusão é obviamente à vista impressionante do Castelo de Windsor e do vale do Tâmisa, desde as terras altas do Buckinghamshire, onde ficava a casa de campo de Burke, onde esta Carta foi escrita. Existe alusão semelhante ao efeito imponente de um castelo antigo na Quarta Carta sobre uma Paz Regicida.

** Sistema (*Frank-pledge*) vigente sob a instituição de pagamento do dízimo, em que cada homem era responsável pelo procedimento dos demais; o *frank-pledge* era um dos pilares da sociedade inglesa (N. T.).

ne, declarado e constitucional desta nação, as firmes garantias das vidas uns dos outros, e dos direitos uns dos outros, as garantias diversas e conjuntas,* cada qual em seu lugar e ordem, para todo tipo e toda qualidade de propriedade e dignidade; enquanto essas coisas durarem, até lá o Duque de Bedford está seguro; e estamos todos seguros juntos – os importantes, dos danos da cobiça e dos espólios da voracidade; os humildes, da mão de ferro da opressão e do acicate insolente do desprezo. Amém! E que assim seja! E assim *será* –

Dum domus Aeneae Capitoli immobile saxum
Accolet; imperiumque pater Romanus habebit.

Carta a um Nobre Senhor, p. 53.

L. 20. *É comum entre eles discutir*, etc. Mas comp. Hallam, *Const. Hist.* cap. xiv. "Desde a extinção das pretensões da Casa dos Stuarts e outros eventos do último meio século, vimos aquelas doutrinas desacreditadas de direito hereditário irrevogável reviver sob outro nome, e alguns estiveram dispostos a deturpar as transações da Revolução e a Lei de Transmissão da Coroa como se não equivalessem a uma deposição do soberano reinante, e a uma eleição de uma nova dinastia pelos representantes da nação em parlamentos." O Sr. Hallam gostaria de ser entendido como afirmando explicitamente (em contradição a Burke) o que já havia sido declarado por Paley (ver *Princ. of Moral and Political Philos.* p. 411), que a grande vantagem da Revolução foi o que muitos encararam como seu demérito, e outros mais como o seu infortúnio – que ela rompeu a linha de sucessão. Após declarar precisamente os votos, e destacar a impossibilidade de

* Comp. p. 394, l. 25.

reconciliá-los com uma elaboração como a de Burke, ele continua, dizendo: "Foi só recorrendo a uma espécie de lei suprema, e ao que eu posso chamar de lei hiperconstitucional, uma mistura de força e consideração pelo bem nacional, que é a melhor sanção do que é feito em revoluções, que o voto dos Comuns poderia ser defendido. Eles procederam não pelas regras estabelecidas do governo inglês, mas pelos direitos gerais da humanidade. Eles se valeram não tanto da Magna Carta quanto do pacto original da sociedade; e rejeitaram Coke e Hale por Hooker e Grotius." Hallam efetivamente subscreve as críticas contidas na terceira, quarta e quinta Cartas do Dr. Priestley sobre essa questão. Comp. Grotius, Liv. ii. c. 7, § 27.

[312] **l. 21.** *desacreditados fanáticos da escravidão.* A alusão é a Heylin, Filmer etc. Priestley, que é seguido por Hallam (comp. nota à p. 170, l. 6), acusa Burke de propor princípios equivalentes, em efeito, aos da não resistência e da obediência passiva. (Prefácio às Cartas.)

L. 26. *novos fanáticos,* etc. Rousseau atacou Grotius tão injustificadamente quanto Filmer fizera. Podemos exclamar muito frequentemente, com Burke: "Era de pensar que, no mundo moral, nunca se tenha ouvido falar desse negócio de meio-termo!"

P. 177, l. 2. *mais sanção divina,* etc. Seria supérfluo demonstrar a inexatidão dessa noção.

P. 178, l. 15. *rompido o contrato original – mais do que prevaricação.* Isto é, seu uso da palavra pretendia que se entendesse um grau de má conduta mais elevado do que o do Dr. Price. O argumento na realidade importa em não mais do que uma crítica ao inglês do Dr. Price.

P. 179, l. 3. *representação popular* = a Câmara dos Comuns. Comp. vol. i. p. 118, l. 17.

L. 4. *grande decreto constitucional seguinte* – a Lei de Transmissão [da coroa para a Princesa Sofia], 12 e 13 G. III, cap. 2: "Ficou determinado", diz o Sr. Hallam, "que essa disposição fosse acompanhada de seguranças adicionais para a liberdade do súdito. A Carta de Direitos foi considerada apressada e incompleta: algumas questões de grande importância foram omitidas, e nos doze anos que se passaram desde então, novos abusos exigiam novos remédios". Um desses abusos era o número de funcionários e pensionistas da Câmara (comp. nota ao vol. i. p. 138, l. 27).

L. 7. *nenhuma concessão – sujeita a* impeachment. Algo em que Burke sempre insistiu fortemente como uma importante garantia de liberdade constitucional. Comp. vol. i. p. 120, l. 33, e nota.

L. 10. *pedido prático de* impeachment: insistentemente arguído por Burke como garantia da liberdade constitucional. Comp. vol. i. p. 120, l. 33 e nota.

L. 19. *mais exatamente como servidor*, etc. A ideia de que um funcionário governante é um servidor e de que a soberania nacional é inalienável foi fortemente reiterada por Rousseau no *Contrato Social* (Liv. ii. cap. 1. 2). É um progresso da doutrina Whig, mantido por Burke, que governo consiste em um pacto entre o rei e o povo, como partes contratantes em pé de igualdade, e que nenhuma das duas tem a liberdade de romper enquanto suas condições originais forem cumpridas. Comp. a *Table-Talk*, de Selden, título "Contratos": "Se nossos pais perderam sua liberdade, por que não nos podemos esforçar por recuperá-la?" Resp. "Devemos examinar o contrato; se foi feito corretamente, devemos honrá-lo: se uma vez aceitarmos que podemos recuar de contratos por qualquer inconveniência que [313] possa vir a acontecer, nenhum negócio será cumprido." A doutrina do Dr. Price havia sido advogada pelo menos dois séculos antes por Althusins (ver Bayle), que sustentou: "omnes reges nihil aliud esse quam magistratus", "quod summa reipublicae cujusvis jure sit penes solum populum", etc. "Error pestilens", é o comentário de Conringius, "et turbando orbi aptus!"

L. 24. *Haec commemoratio,* etc. Ter. *And.* Ato i. cena I. l. 17. O camareiro Sósia, não mais escravo, nessas palavras indigna-se por seu senhor lembrá-lo da mudança de sua condição. As réplicas de Burke ao Dr. Price, que enchem o resto da página, são em seu mais eficaz estilo parlamentar.

P. 180, l. 18. *Reis, em um determinado sentido,* etc. Comp. vol. i. p. 118, l. 10.

P. 181, l. 1. *falar apenas a linguagem primitiva da lei.* Comp. vol. i. p. 268, l. 11.

L. 7. *o Justicia de Aragón.* Ver a explanação de Aragón por Hallam. Suas funções não diferiam em essência das do presidente do Supremo Tribunal da Inglaterra, tal como divididas entre os juízes do Tribunal Superior de Justiça, mas na prática eram muito mais extensas e importantes. A função remonta ao ano 1118, mas só depois das Cortes de 1348 foi dotada de uma autoridade que "acabou demonstrando ser uma barreira contra a opressão mais adequada do que qualquer outro país se podia gabar". Desde essa época, ele ocupava o cargo vitaliciamente. Representava punição para qualquer um receber cartas do rei na iminência da execução de processo do *justiza.* Ver a narrativa de Hallam da bem-sucedida resistência do *justiza* Juan de Cerda a João I: "Uma instância de firmeza e integridade judicial para a qual, no século XIV, talvez nenhum país da Europa poderia apresentar um paralelo." *Middle Ages,* cap. iv.

L. 22. *Que esses senhores,* etc. Selden dá como significado original da máxima de que o rei não pode cometer erros o de que "nenhum processo pode ser movido contra ele" (no Direito Consuetudinário).

L. 25. *lei estatutária positiva afirmando que ele não é.* Burke claramente alude a uma provisão na Lei para condenar os regicidas, 12 Car. II. cap. 30, que diz o seguinte: "E fique aqui declarado que, pelas leis indiscutidas e fundamentais do reino, nem os Pares deste reino, nem os Comuns, nem ambos juntos no Parlamento ou fora dele, nem o povo coletiva ou representativamente, nem quaisquer outras pessoas algum dia tiveram, têm, ou deveriam ter, algum poder coercivo sobre as pessoas dos soberanos deste reino". É muito natural que Burke não tenha achado adequado indicar precisamente esta "lei estatutária positiva".

P. 182, l. 1. *As leis são obrigadas,* etc. O "inter arma leges silent" ["cercadas de armas as leis se calam" (N. do T.)], de Cícero.

L. 5. *Justa bella quibus necessaria.* Burke, como de hábito, cita de memória: "Justa piaque sunt arma, quibus necessaria; et necessaria, quibus nulla nisi in armis spes salutis". [Justas e pias são as armas, quando necessárias; e necessárias quando em nada, a não ser nas armas, há esperança de salvação (N. do T.)] Lívio, Liv. ix. cap. 1. A passagem é mencionada por Sidney, e também no famoso panfleto *Killing no Murder:* "As armas dele (de Cromwell) de fato foram armas pias", etc., p. 8.

L. 13. *tênue, obscura,* etc. Comp. notas, vol. i. p. 105, l. 13, e p. 225, l. 30.

[314] **L. 27.** *uma revolução será o ultimíssimo recurso,* etc. "Confesso que os eventos na França corrigiram diversas opiniões que eu

tinha... Mal posso imaginar a condição de um povo, em que eu não preferisse que ele continuasse, em vez de correr às armas, e buscar reparação por meio das infelicidades desconhecidas de uma revolução". Fox, *Discurso sobre a Suspensão da Lei do Habeas Corpus,* 1794.

P. 183, l. 1. *A terceira categoria,* etc. Sobre isso, Burke não gasta tanta força desnecessária. Achando que tinha melhor a fazer do que descer a minúcias com o Dr. Price, ele logo passa para o negócio propriamente dito do livro. Ele evita efetivamente *negar* os direitos humanos, mas alega que os ingleses não tiveram o ensejo de insistir neles.

P. 184, l. 3. *Eles tentam demonstrar,* etc. Semelhantemente os norte-americanos baseavam suas pretensões à liberdade em lei e precedente.

L. 18. *direitos do homem – direitos dos homens da Inglaterra.* "Nossos ancestrais, em sua maior parte, assumiram sua posição não sobre uma teoria geral, mas sobre a constituição particular do reino. Eles afirmaram os direitos, não do homem, mas dos ingleses." Macaulay, *Essay on Mackintosh's History of the Revolution.* O próprio Burke, no entanto, alude aos "direitos comuns do homem, diferentemente dos disputados direitos e privilégios de homens livres", na "Letter to the Sheriffs of Bristol". E todo inglês familiarizado com a literatura de sua própria época deve ter entendido que Burke exagerava. Os "direitos humanos" eram um tópico Whig comum. O bispo Warburton, por exemplo, diz em um de seus Sermões que chamar um rei inglês de "Ungido do Senhor" é "uma violação dos direitos do homem".

L. 20. *e outros homens profundamente cultos.* A alusão é a Coke e Glanvil. Comp. vol. i. p. 238, l. 7.

L. 22. *teorias gerais.* Alude-se aqui a Hooker e Grotius. Ver também o Livro I. de Selden, *De Jure Naturae et Gentium secundum disciplinam Hebraeorum.*

P. 185, l. 21. *O senhor observará*, etc. Burke aqui conclui suas citações dos arquivos da constituição inglesa e passa a suas "Reflexões" sobre a Revolução na França. Ele efetua a transição em três parágrafos, nos quais se empenha por elevar-se, de imediato e sem esforço, à plena "altura de seu grande argumento". Esses três parágrafos, evidentemente compostos com grande esforço, resumem as conclusões das páginas anteriores quanto à substância, e quanto ao estilo são reguladas de modo a preparar para a gravidade e a força que caracterizam a própria seção da obra.

L. 22. *política uniforme.* Comp. nota ao vol. i. p. 180, l. 17.

L. 23. *legado inalienável.* "Major hereditas venit unicuique nostrum a jure et legibus, quam a parentibus" é o famoso dístico de Cícero, aposto a Coke segundo Littleton.

Ibid. *deixado para nós por nossos antepassados e a ser transmitido à nossa posteridade.* Os vivazes versos de Catão (Ato III) eram familiares a Burke:

> Lembrai-vos, ó meus amigos! das leis, dos direitos,
> Do generoso plano de poder transmitido
> De época a época, por nossos renomados antepassados
> (Pagos tão caro, ao preço de tanto sangue derramado),
> Oh, que ele nunca pereça em vossas mãos,
> Mas seja transmitido piamente a vossos filhos.

P. 186, l. 1. *unidade, diversidade.* Comp. vol. i. p. 255, l. 11.

L. 3. *uma Câmara dos Comuns e um povo.* Observe-se a reivindicação aqui insinuada, sugerida pela teoria Whig do Parlamento, de Burke. Entende-se hoje que os direitos da Câmara dos Comuns não são distinguíveis dos direitos do povo, e são imediatamente reduzíveis a eles.

L. 7. *de seguir a natureza, o que é sabedoria sem reflexão,* etc. Comp. infra p. 250, l. 9, p. 258, l. 16, etc. Assim também na Terceira Carta sobre uma Paz Regicida: "Nunca houve um abalo ou discórdia entre sentimento genuíno e boa política. Nunca, não, nunca a Natureza disse uma coisa e a Sabedoria outra". Uma tradução literal de Juvenal, *Sát.* xiv. l. 321:

Numquam aliud Natura, aliud Sapientia dixit.

A fórmula é tomada emprestada da filosofia estóica, tão popular em Roma. Burke tinha com frequência em mente a descrição de seu autor preferido, Lucano:

Hi mores, haec duri immota Catonis
Secta fuit; servare modum, finemque tenere,
Naturamque sequi, patriaeque impendere vitam;
Non sibi, sed toti genitum se credere mundo.

Phars. II. 380, etc.

O uso que Burke faz da ideia é, no entanto, um remanescente de seu estudo dos Ensaístas. Ver o *Spectator*, nº 404. Ela ocorre mais de uma vez nos Ensaios de Chesterfield no *World*. A doutrina é bem colocada por Beccaria: "Não é só nas belas-artes que a imitação da natureza é o princípio fundamental; é a mesma coisa na boa política, que não é senão a arte de unir e dirigir para o mesmo fim os sentimentos naturais e imutáveis da humanidade."

L. 8. *Um espírito de inovação.* Burke quer dizer um espírito de *Reforma.* "Não há como, nesta época, repetir-se demais – linha por linha; preceito por preceito; até que se torne corrente como um provérbio – *inovar não é reformar*". *Carta a um Nobre Senhor.*

L. 9. *resultado de uma disposição egoísta, etc.* Isso bem poderia ser ilustrado pelas tentativas de inovação da constituição na primeira parte do reinado (ver vol. i., passim), e pela história dos Stuarts. "Carlos II", diz Clarendon, "tinha em sua natureza tão pouca reverência e estima por antiguidade, e na verdade desprezava tanto antigas ordens, formas e instituições, que a objeção de novidade mais promovia do que obstruía qualquer proposição."

L. 10. *Jamais terá expectativa de posteridade,* etc. "Vous vivez tout entiers dans le moment présent; vous y êtes consignés par une passion dominante: et tout ce qui ne se rapporte pas à ce moment vous parait antique et suranné. Enfin, vous êtes tellement en votre personne et de coeur et d'esprit, que, croyant former à vous seuls un point historique, les ressemblances éternelles entre le [316] temps et les hommes échappent à votre attention, et l'autorité de l'expérience vous semble une fiction, ou une vaine garantie destinée uniquement au crédit des vieillards." Madame de Staël, *Corinne,* liv. xii.

L. 17. *arranjo de família – inalienabilidade eterna [mortmain].* Pela qual uma propriedade fundiária é garantida inalienavelmente (sujeita a importantes restrições legais) em famílias e corporações (no sentido legal) respectivamente.

L. 18. *em um tipo de inalienabilidade eterna* (mortua manus, mainmorte). Existe uma alusão à explicação fantasiosa do termo, "que se chama de *mortmain* pela semelhança com a pega da mão de um agonizante, pois o que ele então segura só solta depois de ter morrido" (Co. Litt. 2b). A posse era realmente assim chamada porque não prestava nenhum serviço ao senhor superior.

L. 24. *Nosso sistema político*, etc. Comparar com estas graves conclusões a opinião de Bacon; "As coisas que por muito tempo andaram juntas são, por assim dizer, confederadas dentro de si mesmas... Seria bom, portanto, se os homens, em suas inovações, seguissem o exemplo do próprio tempo, que de fato inova grandemente, mas sossegadamente, e por graus, mal sendo percebido." *Essay on Innovations*. Comp. Hooker, *Eccl. Pol.* Livro i. cap. 10, par. 9, último artigo.

P. 187, l. 1. *grande e misteriosa incorporação*. Comp. vol. i. p. 288, l. 12.

L. 6. *nunca somos totalmente novos*, etc. Comp. Introd. ao vol. i. p. 29, l. 20, etc. Comp. também a teoria do verdadeiro Contrato Social, p. 192 infra.

L. 16. *...nossos sepulcros e nossos altares*. O germe do argumento pode ser encontrado no 14º dos *Sermões Póstumos* de South: "E nisso surge a admirável sabedoria de Deus, ao modelar a grande economia do mundo, de tal modo unindo vantagens públicas e privadas que as afeições e disposições de espírito que são mais propícias à segurança do governo e da sociedade, são também mais vantajosas para o homem em sua condição pessoal." O argumento é ampliado no *Bridgewater Treatise*, do Dr. Chalmers.

P. 188, l. 2. *uma nobre liberdade*. O epíteto não é usado no sentido moral, mas indica um caráter *aristocrático*. A imagem, no entanto, não tem a intenção de degradar, mas de elevar o caráter da liberdade popular.

L. 9. *sua idade*. Mas ver a nota ao vol.i. p. 138, l. 13, e Arist. *Pol.*, Liv. ii. c. 5.

L. 21. *possuíam em algumas partes,* etc. Burke leva adiante a ideia do último parágrafo, comparando a massa da nação a um nobre que sucede à sua propriedade paterna.

L. 26. *praticamente tão boa quanto se poderia desejar.* Era mesmo? Esta pergunta foi muito debatida antes da reunião dos Estados Gerais. Os revolucionários queriam uma constituição, ao que as classes privilegiadas responderam que a França já tinha uma constituição muito boa, à qual nada estava faltando, salvo uma restauração ao seu vigor original. Esse paradoxo é apoiado por Burke. Um estadista tão afastado da suspeita de preconceito quanto J. J. Mounier é totalmente de outra opinião. Burke comparou os Estados Gerais [317] ao Parlamento inglês. Comp. p. 170, l. 24, p. 178, l. 22. Nada, no entanto, poderia estar mais distante da constituição deste último, composto, nos Comuns, de proprietários eleitos por proprietários e, nos Lords, de uma magistratura pessoal transmissível por herança: e nunca foi uma nação governada, mesmo que temporariamente, por uma constituição mais absurda que essa dos revividos Estados Gerais. "Supposons, contre toute vraisemblance, que les ordres séparés eussent age de consent, et que la paix n'eut point été troublée par leurs prétentions respectives, ils auroient sanctionné cette monstrueuse composition d'états-généraux. Ils auroient décidé, qu'on réuniroit périodiquement tous les François âgés de plus de vingt cinq ans, pour délibérer séparément, les uns comme nobles, les autres comme plébéiens, sur tous les intérêts de l'état, non seulement dans chaque ville, mais encore jusques dans le dernier village, pour rédiger par écrit leurs demandes et leurs projets, et les confier à des députés, soumis dans l'assemblée des réprésentants aux ordres de ceux qui les auroient choisis. Ainsi l'on auroit établi une aristocratie violente et une démocratie tumultueuse, dont la lutte inévitable n'eut pas tardé de produire l'anarchie et un bouleversement général." Mounier, *De l'influence attribuée aux philosophes*, etc., p. 90. Sir P. Francis, em uma carta a Burke, indicou o erro que Burke comete aqui.

L. 27. *Estados*, i. e. Estados-Gerais.

P. 189, l. 9. *objeto de conciliação.* Comp. vol. i, p. 178, l. 29.

L. 10. *composições.* Comp. nota ao vol. i. p. 124, l. 17.

P. 190, l. 4. *desgraçados servis e malnascidos.* Note-se a variação de uma opinião inicial no vol. i. p. 107, l. 16. A passagem de Rousseau citada na nota a esse ponto pode ser apropriadamente refutada aqui, afirmando-se, nas palavras de Burke, a firme política da monarquia francesa, que havia subsistido e até mesmo sido fortalecida pela geração ou o apoio de repúblicas. As repúblicas suíças cresceram sob a guarda da monarquia francesa. As repúblicas holandesas saíram da casca e foram nutridas sob a mesma incubação. Em seguida, uma constituição republicana foi, sob a influência da França, estabelecida no Império, contra as pretensões de seu chefe; e, enquanto os protestantes republicanos eram esmagados na pátria, os monarcas franceses obtinham seu estabelecimento final na Alemanha, como uma lei do Império, pelo tratado de Vestfália. Ver a Segunda Carta sobre uma Paz Regicida (1796).

L. 7. *escravos fugidos.* A expressão [*maroon slaves*] é emprestada das Índias Ocidentais Francesas.

L. 8. *casa de servidão.* Êxodo, xx. 2.

L. 25. *voltassem os olhos para seus vizinhos desta terra.* Mas como era impossível, insiste muito adequadamente De Tocqueville, fazer como fizera a Inglaterra, e gradualmente mudar o espírito de instituições antigas pela prática! Por nenhuma maquinação humana, o trabalho de séculos pode ser feito em um ano. O francês sentia-se a cada hora prejudicado em sua fortuna, seu bem-estar, ou seu orgulho, por alguma antiga lei, algum costume político, ou algum remanescente do poder antigo, e não via a seu alcance remédio aplicável ao mal [318] particular – para ele, as únicas alternativas eram tudo suportar, ou tudo destruir.

P. 191, l. 18. *nunca pode eliminar.* Comp. post, p. 471, 472.

L. 22. *não mais feliz.* Comp. post, p. 279.

Ibid. *uma carreira fácil e tranquila.* Isso é pintar favoravelmente demais as possibilidades da crise. Qualquer poder capaz de efetivamente controlar os interesses antagonistas poderia ter dirigido essa carreira; mas onde se iria encontrar esse poder?

P. 192, l. 7. *Todas as outras nações,* etc. Comp. Burnet, *History of his own Time,* vol. I, sobre esta característica na revolução boêmia.

L. 10. *outros ritos de religião – maneiras mais severas.* A alusão parece ser especialmente à nação inglesa.

l. 20. desmoralizou completamente *o tom de concílio indulgente,* etc. i. e. lançado em desfavor. Comp. infra, p. 247, l. 5 e seg.

L. 22. *seus tópicos mais fortes* = os melhores argumentos em seu favor.

P. 193, l. 15. *remédio do estado.* Comp. p. 226, l. 19.

L. 16. *Eles viram,* etc. note-se a força da antítese. A seção toda é um ótimo exemplo do estilo mais possante de Burke.

L. 28. *falência nacional foi a consequência.* Controverso. Ver nota ao vol. i. p. 167, l. 2.

P. 194, l. 5. *valores* = tipos de dinheiro (fr. *espèces*) i. e., ouro e prata.

L. 7. *foram escondidos na terra de onde vieram.* O germe dessa figura grave e majestosa vem da Parábola dos Talentos. Existe uma passagem nas *Drapier's Letters*, de Swift, escreve Arthur Young, que explica totalmente por que os cômputos do ouro e da prata desaparecem tão absolutamente na França; troco apenas *Wood's pence* por *assignats*. "De minha parte, já decidi o que fazer; tenho uma loja muito boazinha de miudezas e sedas, e em vez de receber *assignats* pretendo fazer escambo com meus vizinhos, o açougueiro, o padeiro e o cervejeiro, e o resto, mercadorias por mercadorias; e o pouco ouro e prata que eu tenho, vou guardar como se fosse o meu próprio sangue, até chegarem tempos melhores; até eu estar quase morrendo de fome, e então eu adquiro *assignats*." *The Example of France, a Warning to Britain*, terceira edição, p. 127. O *louis d'or* (20 *livres*) chegou uma vez a valer 1.800 *livres* em *assignats*! Muito ouro e prata foi a princípio guardado escondido, mas durante o ano de 1791 o tesouro da França começou a ser levado para a Inglaterra. Ao preço de 3 por cento. Títulos da dívida pública, que durante os cinco anos anteriores tiveram o valor médio de £ 75, naquele ano chegaram a £ 88.

L. 13. *As ruínas recentes da França.* O resto da Europa estava, nessa ocasião, sob a ilusão extraordinária de que a França se encontrava realmente em ruínas; nas palavras de Burke, "politicamente inexistente". Essa crença explica em parte o espanto e o terror que logo a sucederam.

L. 21. *o último recurso, reservado*, etc. Comp. ante, p. 182, l. 27, e post, p. 252, l. 2. Burke quer dizer que insurreição e derramamento de sangue são o remédio extremo do Estado, e só devem ser usados em último recurso, quando tudo [319] o mais não funcionou. Uma expressão semelhante é posta por Fielding na boca de Jonathan Wild: "Nunca fazer mais maldade do que era necessário, pois que maldade era uma coisa preciosa demais para ser desperdiçada." Comp. Lucano, Livro vii: "Ne quâ parte sui pereat scelus."

L. 24. *Seus pioneiros* – os filósofos e economistas.

L. 28. *as fivelas de seus sapatos.* Aludindo às "doações patrióticas" de peças de prata. Ver p. 453.

P. 195, l. 13. *de dez mil vezes maior consequência,* etc. "Eles (os jacobinos) estão sempre considerando as distribuições formais de poder em uma constituição; a base moral eles consideram como nada. Minha opinião é muito diferente; considero a base moral como tudo; os arranjos formais, por mais que promovam os princípios morais de governo e mantenham pessoas irremediavelmente más como sujeitas à lei, e não como legisladores, como sendo de pouca importância. O que significa cortar e embaralhar as cartas, se o baralho continua o mesmo?" Quarta Carta sobre uma Paz Regicida.

P. 196, l. 1. *estendem suas mãos sacramentais – promessa de revelação.* A alusão é à prática da Igreja (ver Atos dos Apóstolos, cap. viii).

L. 7. *talento – experiência prática dos negócios de estado.* "Nous n'avons jamais manqué de philosophes et d'orateurs", diz De Sacy, em sua crítica à *Histoire des États-Généraux,* de Rathery; "nous n'avons eu faute que d'hommes d'état".

L. 12. *os que querem conduzir,* etc. Esse cânone foi o resultado da observação de Burke do Parlamento inglês. Comp. vol. i. nota à p. 208, l. 28. Para os paralelos na vida grega e romana, ver Platão. *Rep.,* Livro vi. p. 493, e Cícero, *Rep.*, Livro ii.

P. 197, l. 14. *seiscentas pessoas.* A dupla representação do *Tiers État,* advogada por Sieyès e D'Entragues, já havia sido admitida nas assembleias das províncias. Era agora adotada por Necker com vista a contrabalançar a influência das ordens privilegiadas e dobrar sua resistência egoísta e impolítica à taxação, e sua determinação geral a contrariar a política régia.

L. 22. *logo se resumia a esse corpo.* Os estados se reuniram em 5 de maio, e o Terceiro Estado em 17 de junho, e por moção de Sieyès constituiu-se a Assembleia Nacional. "O decreto memorável de 17 de junho", diz o Sr. Mignet, "continha o germe do 4 de agosto."

L. 24. *uma proporção muito grande,* etc. A intervenção do advogado em muitos decretos da vida civil, e a complexidade dos diferentes corpos do direito consuetudinário (*coûtumes*), em número de 300, que prevaleciam nas diferentes partes do país,* sempre incharam muito os números da profissão. [320] "Sous le regne du Roy François premier de ce nom, un Villanovanus fit un Commentaire sur Ptolomée, dedans lequel il disoit, qu'en ceste France il y avoit plus de gens de robbe longue, qu'en toute l'Allemagne, l'Italie, et l'Espagne; et croy certes qu'il disoit vray". Pasquier, *Les Recherches de la France,* Liv. xx. c. 38. Montaigne, por volta da mesma época, observa (*Ess.,* Liv. i. cap. 22) que os advogados poderiam ser considerados como um Quarto Estado. Como eram os advogados que estavam mais bem informados sobre os erros do povo, e somente eles possuíam o conhecimento indispensável para falar em seu favor, eram muito apropriados representantes do povo. Burke tem em mente, é claro, a situação na Inglaterra, em que os fidalgos rurais, lidando dignamente com as pessoas e usufruindo de sua simpatia e confiança, sempre forneceram a maioria de seus representantes. Mas como poderia ele ter suposto que o povo francês iria ou poderia declarar os proprietários de terras como seus representantes?

---

* Nous avons en France plus de loix que tout le reste du monde ensemble et plus qu'il ne fauldroit à regler touts les mondes d'Epicurus. *Ut olim flagitiis, sic nunc legibus laboramus.*" Montaigne, *Ess.,* Liv. iii, cap. 13.

L. 25. *a maioria dos membros que compareciam.* Isso não pode estar correto; 652 membros tomaram seus assentos, divididos do seguinte modo:

2 Sacerdotes.
12 Cavalheiros.
12 Prefeitos ou Vereadores.
162 Magistrados de diferentes tribunais.
272 Advogados.
16 Médicos.
176 Comerciantes, homens de dinheiro e fazendeiros.

652

L. 26 *advogados profissionais.* Comp. nota ao vol. i. p. 241, l. 10. As observações do Dr. Ramsay em sua *History of the American Revolution,* sobre a parcela de advogados na revolta, são citadas muito a propósito na segunda Carta de Priestley a Burke, em resposta a essas observações. Ver também vol. i. p. 249, ll. 8-11.

L. 29. *Não... de magistrados de distinção.* Os magistrados dos supremos tribunais e dos bailiados pertenciam à ordem da Nobreza, e sua representação era em número de 28; e, ainda que fossem elegíveis, dificilmente os eleitores do Terceiro Estado lhes teriam confiado seus interesses. Mas 162 magistrados de outros tribunais estavam entre os representantes do Terceiro Estado. "La députation des communes", diz Mounier, "était à-peu-près aussi bien composée qu'elle pouvoit l'être, et il est difficile qu'elle le soit mieux, tant qu'on séparera la représentation des plébéiens de celle des gentilshommes." *Recherches sur les causes, etc*. Vol. i. p. 257.

P. 198. l. 3. *membros inferiores – da profissão.* Sobre as queixas contra advogados praticantes no parlamento, e sua exclusão no 46º de Eduardo III, ver Hallam, cap. viii. Parte 3. Comp. o Parliamentum Indoctorum, ou Parlamento inculto, de Henrique IV. No *Draught for a Proclamation* [321] *for a Parliament,* de Bacon, ele adverte os eleitores: "Em terceiro lugar, e por fim, a terem a verdadeira sensatez de não desvalorizar ou rebaixar a câmara... com advogados de má reputação e estima." Ver geralmente, sobre esse assunto, o debate nos Comuns, novembro de 1649, nas *Memoirs* de Whitelock.

L. 4. *destacadas exceções.* Havia um ou dois advogados de profunda cultura e em ampla prática, como Camus. Havia outros, como Mounier e Malouet, que se distinguiam pela sabedoria e moderação de seus pontos de vista políticos.

L. 9. *vi distintamente – tudo que viria a seguir.* Comparar com os parágrafos que se seguem, nos *Thoughts on French Affairs,* sob o título "Effect of the Rota". Paine nega que esses fossem os pontos de vista de Burke na época e diz que era impossível fazê-lo acreditar que haveria uma revolução na França: sendo sua opinião que os franceses não tinham nem ânimo para empreendê-la, nem firmeza para sustentá-la. Essa era a opinião dos estadistas mais bem informados desde o fracasso de Turgot. Comp. nota à p. 364, l. 26.

P. 199, l. 7. *arrojados, sutis, ativos,* etc. Comp. vol. i. p. 242, l. 3.

L. 13. *inevitável.* Ver p. 198, l. 9.

L. 27. *supereminente autoridade,* etc. – Controverso. Comp. nota ao vol. i. p. 167, l. 2.

L. 28. *rústicos roceiros – comerciantes.* Ver na remissão [176], à p. 197, l. 25.

P. 200, l. 3. *comerciantes – nunca conheceram coisa alguma além de seu escritório de contabilidade.* As Memórias dos *bourgeois* Hardy, Barbier e Marais fornecem valiosas ilustrações da visão das coisas adotadas por homens pacíficos de vidas úteis e uniformes, bem como mostras de que suas ideias eram limitadas por seu escritório de contabilidade. Não há motivo para achar que eles fossem exceções em sua classe.

L. 10. *bem razoável.* Essa expressão deixou de ser clássica na Inglaterra, mas sobrevive na América. Havia apenas 16 médicos na Assembleia.

L. 11. *Essa faculdade não tinha,* etc. As coletâneas francesas estão cheias de piadas sobre a profissão médica. Burke possivelmente pensava na constante ridicularização da faculdade de medicina por seu autor francês preferido, Molière. Comp. infra, p. 458, l.13.

L. 26. *natural interesse fundiário.* Mas como era pouco racional esperar isso! O interesse fundiário natural estava por certo suficientemente representado na nobreza.

L. 28. *operação segura de causas adequadas,* etc. Burke achava que a Câmara dos Comuns era e deveria ser muito mais do que o implicado na ideia vulgar de uma "representação popular"; que ela continha em seu interior uma combinação muito mais sutil e artificial de partes e poderes do que geralmente se supunha; e que seria exigir muito do sossego de um homem contemplativo exibir inteiramente o funcionamento de seu mecanismo. Ver a Carta a um Membro da Assembleia Nacional.

P. 201, l. 3. *distinção...* política (no original, *politic = political*). Ver p. 152, l.10.

[322] **L. 17.** *Não pode escapar à observação.* Ver o personagem do Sr. Grenville, vol. i. p. 185, e notas.

L. 26. *Afinal,* etc. Os defeitos das observações procedentes não prejudicam a censura contida no parágrafo conclusivo, que foi amplamente estabelecida pelos acontecimentos. O olhar de Burke era com frequência rápido demais para ser absolutamente exato, mas era infalível em seu augúrio do rumo essencial de um movimento.

P. 202, l. 4. *ou dissolvida?* Burke escreve como se estivesse falando na Câmara.

L. 8. *violadores da lei na Índia,* etc. Ver o Discurso sobre o Nababo das Dívidas de Arcot, no qual Paul Benfield, que fez (incluindo a si próprio) não menos de oito membros do Parlamento, e outros, são tratados em um rompante de ironia indignada sem paralelo na literatura profana.

P. 203, l. 7. *simples curas da roça* (curés). Não no sentido moderno de um *assistente,* mas no antigo e apropriado sentido de um clérigo *beneficiado* ou seu *substituto* (vicaire). O dicionário Bailey traz: Cura, um pároco, ou vigário de uma paróquia etc. A ordem do clero era representada por 48 arcebispos e bispos, 35 abades ou cônegos e 208 curas ou padres de paróquias. A renda de um *curé* beneficiado era em média de £ 28 por ano: a de um *vicaire,* cerca de metade dessa soma.

L. 11. *irremediável pobreza.* A Revolução, diz Arthur Young, foi um indubitável benefício para o baixo clero, que compreendia cinco sextos do total. Eles não eram representados numerosamente em demasia, se a representação significasse alguma coisa.

L. 21. *daqueles por quem,* etc., i. e., os advogados.

P. 204, l. 11. *Homens de qualidade, turbulentos e descontentes.* Essas observações, aplicando-se ao Duque de Orleans, Mirabeau, Talleyrand, os dois Lameths, Duport, d'Aiguillon, de Noailles, etc., visavam indiretamente nobres ingleses contemporâneos, da classe do Duque de Bedford, Lord Lansdowne, Lord Stanhope e Lord Lauderdale, os quais, embora inflados com exagerados sentimentos Whig de liberdade, há muito rejeitaram o princípio Whig de agir em conexão, e efetivamente arruinaram o poder político do partido a que professavam pertencer. Comp. vol. i. p. 150 seg.

L. 16. *Ser afeiçoado à subdivisão*, etc. Comp. Pope, *Essay on Man*, iv. 361 seg.

L. 17. *o primeiro princípio dos sentimentos de afeição pública.* Ver p. 168, l. 12 e seg. O argumento pode ser rastreado em Cíc. *De Officiis*, Liv. i. c. 17. Desde o tempo de Burke, tornou-se um lugar-comum. O Dr. Blair escreveu um sermão inteiro a respeito. Assim também Robert Hall: "A ordem da natureza é sempre do particular para o geral. Como nas operações do intelecto passamos da contemplação de indivíduos para a formação de abstrações gerais, assim também, no desenvolvimento das paixões, de semelhante maneira avançamos das afeições públicas às afeições privadas; do amor por pais, irmãos e irmãs àquelas considerações mais expandidas que abrangem a imensa sociedade da espécie humana." Sermão sobre a Infidelidade Moderna. Por outro lado, as afeições [323] privadas são atacadas com as mesmas armas metafísicas, mas com um objetivo muito diferente, por Jonathan Edwards e Godwin.

L. 18. *primeiro elo*, etc. Comp. nota ao vol. i. p. 148, l. 1.

L. 27. *o então Conde de Holland.* "Isso (resgatando Lord Goring, e não Lord Hallam) nos pode acautelar contra a afetação da popularidade, quando se vê o resultado dela nesse nobre cavalheiro, que era tão cheio de generosidade e solicitude para com todos os tipos de pessoas, sempre tão pronto a ajudar os oprimidos e a defender os direitos do povo quanto qualquer outra pessoa de sua qualidade nesta nação. E, no entanto, essa pessoa foi entregue, pelos representantes do povo, para ser executada por traição; e um outro lord, que nunca fez profissão de ser amigo da liberdade, tanto a civil quanto a espiritual, e que superava o conde tanto em seus crimes quanto ficava abaixo dele em sua popularidade, a vida desse lord foi poupada pelo povo." (Whitelock, 8 de março, 1649.) Os favores prodigamente conferidos a ele eram uma recompensa por ter concedido, como presidente do Supremo Tribunal em trânsito, as reivindicações ilegais feitas por Carlos I, por força dos direitos florestais (comp. vol. i. p. 77, l. 7). Ele tornou-se um dos líderes do partido do Parlamento, mas abandonou-os, e pagou com a própria vida. Hallam acusa-o de ingratidão tanto para com o rei quanto para com a rainha.

P. 205, l. 17. *quando homens de posição,* etc. A alusão é, mais uma vez, aos nobres que patrocinavam a Revolution Society.

P. 206, l. 1. *o terror era o ornamento de sua era.* Burke talvez tivesse em mente o famoso epitáfio de Richelieu (comp. p. 207, l. 1), feito por Des Bois, no qual ele é descrito como "Tam saeculi sui tormentum quam ornamentum".

> Born to subdue insulting tyrant's rage,
> The ornament and terror of the age.
>
> Halifax, *Lines on William III*

(Nascido para dobrar a fúria insolente de tiranos,
O ornamento e o terror daqueles anos.)
(Halifax, *Versos sobre Guilherme III*)

L. 6. *grandes homens maus.* Assim também, Pope, *Essay on Man,* iv. 284:

Cromwell, condenado à eterna fama.

Burke talvez tivesse em mente Milton, *Par. Perd.*, ii. 5:

Satan exalted sat, by merit rais'd
To that bad eminence.

(Estava Satã sentado, por mérito exaltado
Àquela má eminência.)

L. 7. *um poeta favorito.* Waller: "Panegírico ao Lord meu Protetor." Após a Restauração, Waller fez um panegírico sobre Carlos; e quando o rei observou satiricamente que o panegírico a Cromwell era melhor, ele respondeu, com arguto servilismo, que os poetas se saíam melhor tratando de ficção do que da verdade. Waller vinha a ser parente do protetor por meio de sua mãe, uma irmã de John Hampden. Burke era conhecedor da história dos Wallers, pela circunstância de que sua propriedade ficava na mesma paróquia que a deles (Beaconsfield).

L. 21. *anjo destruidor.* Comp. vol. i. p. 214, l. 23.

L. 22. *se abateu sobre o país – comunicou-lhe a força e energia,* etc. Semelhantemente, Junius, 6 de fev., 1771: "Com todos os seus crimes, ele (Cromwell) tinha o espírito de um inglês. A conduta de tal homem deve sempre ser uma exceção a regras vulgares. Ele possuía capacidades suficientes para reconciliar contradições, e fazer uma grande nação ser ao mesmo tempo infeliz e formidável". [324] Na Carta a um Membro da Assembleia Nacional, a política de Cromwell é ilustrada por sua rejeição a homens medíocres de seu próprio partido e por sua escolha de Hale como seu presidente do Supremo.

P. 207, l. 4. *ver como a França depressa,* etc. A França sempre se destacou pelos poderes internos mais elásticos. Burke em tempos posteriores citou em ilustração disso os versos:

Per damna, per caedes, ab ipso
Ducit opes animumque ferro.

L. 7. *não destruíram* a mentalidade *de seu país.* Mackintosh retruca com essa figura solene aos ministros que Burke, após a Revolução, concebeu ser seu dever apoiar.

L. 14. *paralisia.* Burke escreveu *palsy;* em fr. *paralysie,* hoje geralmente em desuso, sendo preferido o termo original, *paralysis.*

L. 24. *niveladores.* Um termo (*levellers*) aplicado aos jacobinos ingleses do período da Commonwealth.

L. 28. *sobrecarregam o edifício.* Burke usa *load* = overload. Assim também Oldham, primeira sátira aos jesuítas:

Vassals to every ass that loads a throne.
(Vassalos de todo rabo de asno que preenche um trono.)

P. 208, l. 5. *floreio oratório.* Burke usa "oratorial *flourish*". A grafia assim é correta.

L. 9. *ocupação de um cabeleireiro,* etc. Comp. Arist. *Pol.* Liv. iii. c. 5.

L. 17. *daquele* espírito *sofista*, etc. Comp. nota ao vol. i. p. 193, l. 6.

P. 209, l. 1. *Coitado do país*, etc. O apoio de Burke à Lei da Fé (o Test Act) foi mencionado para demonstrar como havia pouco sentido prático nessa tirada. A questão aqui, entretanto, é de incapacidade política, e não religiosa. O termo "religiosos" (l. 2) só aparece para aludir à igreja estabelecida.

L. 11. *sorteio ou rodízio.* Harrington, o negociante de constituição inglês, fez desse último um princípio essencial de seu esquema. Milton, entretanto, queria "que essa roda, ou roda parcial no estado, fosse, se possível, evitada, como tendo afinidade demais com a roda da fortuna". Dificilmente se dará crédito a que um membro prático do Parlamento, e um pensador astuto como Soame Jenyns, aprovasse o princípio de sorteio e deliberadamente propusesse haver um ministério anual escolhido tirando a sorte entre 30 membros seletos da Câmara dos Lords e 100 da Câmara dos Comuns! Ver seu "Scheme for the Coalition of Parties", 1782. Burke bem poderia chamar esse de "um dos períodos mais críticos em nossos anais" (Carta a um Nobre Senhor). Houvessem ocorrido as então propostas reformas parlamentares, Burke achava que "não a França, mas a Inglaterra, teria tido a honra de abrir a dança da morte da Revolução Democrática. Outros projetos, exatamente coincidentes no tempo com este, atingiam a existência mesma do reino, sob qualquer constituição" (ib.).

L. 15. *caminho para a eminência e o poder, a partir de uma condição obscura... não deveria se tornar fácil demais.* Há aqui possivelmente uma alusão à geração precedente, e à carreira de homens como Lord Melcombe. O caminho sempre foi bastante fácil na Inglaterra; e por essa época na maioria dos outros países. Struensee governara a Dinamarca. Escritores se haviam atarefado em vão para descobrir o [325] avô de L'Hôpital. No dia em que os Estados Gerais se reuniram na França, três de oito ministros que compunham o gabinete (Necker, Vergennes e Sartine) não eram de berço nobre.

L. 20. *virtude... nunca é posta à prova, senão por alguma dificuldade* – περὶ τὸ χαλεπωτερον αἰεὶ καὶ τέχνη γίνεται καὶ αρετή. Arist. *Ét.* Liv. ii c. 3. Comp. p. 366, l. 22 seg.

L. 24. *sua capacidade, bem como sua propriedade.* "O jacobinismo", escreveu Burke vários anos depois, quando todo o mundo civilizado tremia de medo a essa palavra, sem entender muito bem o que ela queria dizer, "é a revolta dos talentos empreendedores de um país contra a propriedade desse país."

P. 210, l. 4. *As grandes massas que excitam a cobiça,* etc. Comp. a Carta a um Nobre Senhor, na qual a vasta propriedade do Duque de Bedford é usada para ilustrar essa doutrina. O extrato dado em uma nota anterior (à p. 176, l.11) contém a substância de seu argumento.

L. 18. *O poder de perpetuar nossa propriedade em nossas famílias,* etc. Burke alude à prática de assentamentos familiares.

L. 21. *enxerta benevolência,* etc. Ver a moção relativa ao Discurso feito do Trono, 14 de junho de 1784, no qual esse fato é usado em justificativa da desaprovação, expressa pelos Comuns, da corrupção e intimidação empregadas pelos ministros e Lords. O poder judicial dos Lords é historicamente rastreado por Hallam, cap. xiii.

P. 211, l. 15. *constituição de um reino – um problema de aritmética.* Não obstante o sarcasmo, que se tornou muito popular, o princípio é hoje reconhecido, não só na Inglaterra, mas na maioria dos governos constitucionais.

That British liberty's an empty name
Till each fair burgh, numerically free,
Shall choose its members by the Rule of Three.

Canning. *New Morality.*

(Que a liberdade britânica é um nome vazio / Até que, numericamente livre, cada bela cidade, / Vier a escolher seus membros pela Regra de Três). A teoria de Rousseau, no entanto, referia-se não à regra de três; mas à regra da *raiz quadrada!* Ver *Contrato Social*, Liv. iii. cap. I.

L. 17. *poste de luz.* (Lanterne), aludindo às execuções sumárias pela turba (ver infra, p. 240), que começaram, durante os levantes que antecederam o 14 de julho, castigando ladrões, arrastando-os até o Grève, e enforcando-os nos postes com as cordas que eram usadas para prender os lampiões (*lanternes*). De Launay, De Losme Solbay e Flesselles foram logo em seguida "linchados" do mesmo modo.

P. 212, l. 9. *houver concluído o seu trabalho... alcançado sua ruína.* Comp. uma expressão semelhante, vol. i. p. 207, l. 11.

L. 24. *desmembrado seu país.* Comp. infra, p. 271, l. 28.

P. 214, l. 6. *vigilância zelosa.* Comp. nota ao vol. i. p. 76, l. 30. A alusão é, evidentemente, à "bela árvore das Hespérides", a qual

Laden with blooming gold, had need the guard
Of dragon-watch and uninchanted eye.

(Carregado com ouro florescente, precisava do guarda
Da vigília do dragão e do olho não enfeitiçado.)

– Comus, l. 393

[326] **L. 18.** *bondade meiga* [milky *good-nature* = *childish* (infantile). Assim também "milky gentleness", Shakespeare, *Rei Lear*, Ato I, cena 4. Comp. vol. i. p. 100, l. 10, "milkiness of infants". A expressão parece ter sido adotada do *Spectator* (nº 177), falando de boa índole constitucional, "que o Sr. Dryden, em algum lugar, chama de uma *milkiness of blood*"]. [Todas essas imagens, com seus múltiplos significados, remetem mais uma vez a Shakespeare, e o famoso "milk of human kindness", de Lady Macbeth (*Macbeth*, Ato I, cena 5), em que o fluido da bondade (*the milk/o leite*) se contrapõe ao fluido da ira e da coragem e ousadia para o crime (o sangue) (N. do T.).]

L. 19. *heroica fortaleza por parte dos pacientes.* Comp. nota ao vol. i. p. 149. l. 27. Essa ideia, repetida com frequência por Burke, é derivadas dos *Thoughts on Various Subjects*, de Pope e Swift: "Nunca conheci homem algum em minha vida incapaz de suportar os infortúnios dos outros perfeitamente como um cristão."

L. 24. *Nossa monarquia*, etc. Já na próxima página ver-se-á que o Dr. Price designou como a queixa fundamental do povo inglês a inadequação da representação popular. Poderia Burke querer realmente ser entendido como declarando que uma reforma do Parlamento da Inglaterra levaria às mudanças aqui relacionadas? Em caso positivo, qual é o sentido do alto louvor que ele passa a dispensar ao povo inglês por sua firmeza de temperamento? No entanto, é supérfluo destacar todos os excessos lógicos de um advogado muito inflamado.

L. 27. *deverão ser eliminados (done away).* Rigorosamente correto. Assim também to do out, do up, do off, do on (dout, dup, doff, don), etc. A expressão moderna, to "do away *with*", "pôr de lado", pôr fora", "dar fim a", surgiu de confusão com a expressão interjetiva "Away with". ["Fora daqui! Tirem daqui! Fora (com isso)!]. Spenser: To do away vain doubt, and needless dread. (Acabar com as dúvidas inúteis e os temores desnecessários.)

L. 28. *Câmara dos Lords será considerada inútil.* Aludindo à Resolução dos Comuns, 6 de fev. 1649, "De que a Câmara dos Lords no Parlamento é inútil e perigosa, e deveria ser abolida." Nesse dia os lords se reuniram e suspenderam a sessão "até as dez horas de amanhã". Esse amanhã, diz o Sr. Hallam, foi o 25 de abril de 1660.

P. 215, l. 7. *imposto territorial rural – imposto do malte – poderio naval.* O imposto sobre a terra e a tarifa do malte eram os únicos impostos incluídos na previsão de "modos e meios" para levantar os "recursos" que sustentavam a marinha, material bélico de artilharia, o exército e a miscelânea de serviços. Tomados juntos, esses impostos faziam muito mais do que pagar pela marinha, que então custava cerca de dois milhões e meio anualmente.

L. 15. *no aumento.* i. e. na forma de um aumento.

L. 28. *raça chata e indolente – mediocridade de liberdade.* Comp. Carta a Elliott: "Meus louvores do governo britânico, sobrecarregado com todos os seus estorvos; atrapalhado com seus pares e sua carne bovina; seus párocos e seu pudim; seus comuns e sua cerveja; e sua liberdade servil e tediosa de ir e vir conforme se tiver vontade", etc.

P. 216, l. 3. *começaram fingindo admirar,* etc. Não havia grande coisa nisso. A excelência da constituição britânica consistia em sua base moral, e não na formal, na unidade, no cordial reconhecimento e na justiça substancial que subsistiam entre classe e classe, e isso estava além do alcance dos políticos franceses. Encarando formalmente, não só os líderes franceses, mas também alguns filósofos ingleses, não sem uma certa justiça, sempre "a consideraram com um solene desprezo". É esta base moral que [327] Burke, seguindo seu mestre Aristóteles, está sempre apontando como a essência da estabilidade e da vida políticas.

L. 5. *os amigos de sua Assembleia Nacional,* etc. A teoria da constituição inglesa foi atacada sistematicamente, pela primeira vez, por Bentham, em seu Fragmento sobre Governo, 1775.

L. 8. *descobriu,* etc. É notório que a Inglaterra, nessa época, não era livre no sentido em que ela vem sendo há quarenta anos.

L. 15. *representação é parcial – possui liberdade apenas parcialmente.* Durante diversos anos essas frases foram tão incutidas nos ouvidos da nação inglesa ao ponto de se tornarem proverbiais para os espirituosos. Sobre o princípio abstrato de que todos os homens nasceram livres, Soame Jenyns diz: "Isso está tão longe de ser verdade, que a primeira infringência da liberdade deles é simplesmente nascer, o que lhes é imposto sem sua aquiescência, dada ou por eles próprios ou por seus representantes." *Disquisition on Government and Civil Liberty.*

P. 217, l. 6. *tratam a parte mais humilde da comunidade com o maior desprezo.* Em lugar nenhum podem ser encontrados exemplos mais flagrantes disso do que em Milton. Quando ele descobre ou imagina que a massa do povo está com ele, trata-os com o maior respeito; quando existe uma reação, ou uma chance disso, eles se tornam "o vulgo estúpido e objetivo" – "o povo, exorbitante e excessivo em todas as suas noções" – "a louca multidão" – uma coisa miserável, crédula e iludida, chamada o vulgo" (*Eikonoklastes*) – "uma multidão, pronta a recair, ou então a rastejar de volta à sua um dia abjurada e detestada servidão da monarquia" – "a multidão irrefletida" (*Mode of Establishing a Free Commonwealth*) – "o laicato simples" (*Tenure of Kings*). O brando

Spenser chama o povo de "os muitos velhacos". Assim também o coro em Samson:

> Não chamo de homem a ralé comum,
> Pessoas que, vagando extraviadas,
> Crescem e perecem como as moscas no verão,
> Cabeças sem nome, nunca mais lembradas.

"Tout peuple", escreveu Marat, "est naturellement moutonnier" (*Journal de Marat,* 5 de março de 1793). Sobre o desprezo dos demagogos do mundo antigo por seu público, comp. o ensaio de Arbuthnot (de Swift?) "Concerning the Altercation or Scolding of the Ancients".

L 12. *sob o qual durante muito tempo prosperamos.* Ver o *Book of Fallacies,* de Bentham, ou a resenha dele, por Sydney Smith, para uma consideração desse argumento batido.

L. 13. *perfeitamente adequada,* etc. "Caso haja uma dúvida, se a Câmara dos Comuns representa perfeitamente a totalidade dos comuns [dos plebeus] da Grã-Bretanha (creio que não há dúvida alguma), está fora de questão que os Lords e os Comuns juntos expressam a opinião do povo todo para a coroa e o mundo." Terceira Carta sobre uma Paz Regicida.

P. 218, l. 15. *Essa câmara não é de todo representativa do povo, nem mesmo como "simulação" ou na "forma".* Em conflito direto com toda a história constitucional, Selden sustenta que os Lords "reúnem-se pela nação". Nos *Present* [328] *Discontents* (vol. i. p. 118, l. 11), Burke sustenta o ponto de vista de Selden (ver Introd. ao vol. i. p. 20). Seria ocioso afirmar que os pontos de vista de Burke não sofreram nenhuma mudança: mas a mudança certamente não foi produzida pela Revolução na França. Datava da reivindicação apresentada pelos rivais Whig do partido de Burke, quando no poder, e falando a partir do Trono, de transmitir a opinião do povo à Câmara dos Comuns, de uma maneira que implicava desconfiança e recriminação; e essa reivindicação era apoiada pela doutrina de que os Lords representavam o povo, tanto quanto os Comuns. Burke separou, especialmente para refutação, nessa ocasião, a seguinte passagem do Discurso de Lord Shelburne, de 8 de abril de 1778; "Nunca me submeterei às doutrinas que ouvi hoje do chanceler presidente da Câmara dos Lords, de que os da outra Câmara [a dos Comuns] são os únicos representantes e guardiães dos direitos do povo; sustento abertamente o contrário – digo que esta Casa [Câmara dos Lords] *é igualmente composta de representantes do povo.*" Não era que as exigências da guerra partidária induzissem Burke a abandonar sua posição; era que a doutrina estava agora animada de um sentido inteiramente diverso. Sua afirmação nos *Present Discontents,* e sua negação quatorze anos depois, foram feitas com a mesma intenção, a de impedir a liberdade de ser ferida em suas formas (ver *Moção relativa ao Discurso feito pelo Trono,* 1784). Seria mais correto manter a forma Whig das palavras e dizer que a Coroa e os Lords são *fideicomissários* para o povo.

L. 21. *se edifica... sobre uma base não mais sólida,* etc. Comp. vol. i. p. 213, l. 28, p. 270, l. 31.

L. 27. *Alguma coisa eles precisam destruir,* etc. Burke alterou o começo desse parágrafo, que na primeira edição diz assim: "Alguns deles são tão inflamados com suas teorias religiosas particulares que dão mais do que meras sugestões de que a queda dos poderes civis, com todas as terríveis consequências dessa queda, contanto que elas pudessem ser úteis a suas teorias, poderia não lhes ser inaceitável", etc. Isso foi feito para tornar mais clara a séria acusação aqui levantada contra Priestley, que foi o início da perseguição que acabou por expulsá-lo do país.

P. 219, l. 7. *parece totalmente certa.* Convencido, entretanto, somente pelo inofensivo entusiasmo que acha necessário atribuir um significado específico às visões do vidente no Apocalipse. Foi só em 1794 que o Dr. Priestley apresentou essa justificativa para isso.

L. 8. *um homem... de grande autoridade.* O Dr. Priestley. A passagem problemática é aquela que conclui sua formidável *History of the Corruptions of Christianity*, e termina as considerações dirigidas aos defensores do estabelecimento civil da religião, e especialmente ao Bispo Hurd. É o seguinte: "Não é nada além da *aliança* do reino de Cristo com os reinos deste mundo (uma aliança que nosso Senhor rejeitou expressamente Ele próprio) que apoia as mais flagrantes corrupções do cristianismo; e talvez devamos esperar pela queda dos poderes civis, até que essa aliança anormalíssima seja rompida. Calamitosa, sem dúvida, será essa ocasião. Mas que convulsão no mundo político deveria ser objeto de lamentação, se [329] for acompanhada de evento tão desejável? Que o reino de Deus, e de Cristo (que concebo ser o implicado na prece do Senhor), venha a nós verdadeira e plenamente, ainda que todos os reinos do mundo devam ser afastados, a fim de abrir caminho para tal!" A publicação disso em 1782, em, ou muito próximo de, um dos períodos mais críticos de nossa história pátria, quando um entusiasmo religioso que já havia reduzido grande parte da metrópole a cinzas ameaçava aliar-se a um elemento político igualmente formidável (comp. com p. 209, l. 11), justifica boa parte da vituperação que se seguiu quando Burke chamou a atenção para ela.

L. 10. *aliança entre Igreja e Estado.* A famosa doutrina do Bispo Warburton, aludida em post, p. 266, l. 14 e seg.

L. 11. *queda dos* poderes civis. Não haveria como confundir o significado disso. Imediatamente antes, Priestley andara perguntando: por que o luteranismo e o anglicanismo foram estabelecidos, enquanto os anabatistas de Münster e os socinianos foram perseguidos? "Qual o motivo, não sei, mas sei que as opiniões de Lutero e Cranmer tinham a sanção dos *poderes civis.* Que as de Socinus e outros da mesma época, e que eram igualmente bem qualificados para julgar por si mesmos, não tinham."

L. 12. *Calamitosa, sem dúvida,* etc. O Dr. Priestley, em 28 fev. 1794, dia marcado para um jejum geral, pregou no Encontro de Gravel-pit, em Hackney, um sermão intitulado "The Present State of Europe compared with Ancient Prophecies", no qual repete e justifica o parágrafo problemático e previne sua congregação contra os "perigos para os poderes civis da Europa, em consequência de sua ligação com sistemas eclesiásticos anticristãos". Ele também desculpou-se por isso em uma carta datada de Northumberland, 10 de nov. de 1802, dirigida ao editor da *Monthly Magazine,* dizendo que aquele parágrafo não fora escrito para a Inglaterra, mas para a Europa de um modo geral, "especialmente aqueles Estados europeus que foram parte do Império Romano, mas estavam então em comunhão com a Igreja de Roma... Além de que, o fato de que a interpretação de profecias deveria ser livre para todos é a opinião, creio, de todo comentarista de que esses estados estão fadados à destruição". Em um Apêndice ao Sermão do Jejum, ele fez imprimir um longo extrato das *Observations on Man*, de Hartley (1749), em que a queda dos poderes civis e eclesiásticos era prevista com frieza semelhante. "Seria grande temeridade", diz Hartley em sua conclusão, "determinar uma hora para que prorrompa a tempestade que paira sobre nossas cabeças, como é cegueira e insensatez não ver, nem ter consciência de que ela pode cair; e, no entanto, essa insensata cegueira sempre acompanhou todos os Estados que caíam".

L. 21. possuídos *por essas noções.* No sentido de possessão diabólica. "Um homem obstinado", diz Butler, "não possui opiniões, mas elas o possuem; pois uma vez possuído por um erro, é como o demônio, só pode ser expulso com grande dificuldade."

L. 24. *sólido teste da longa experiência.* Comp. nota à p. 217, l.12, ante.

L. 27. *armaram secretamente uma mina... "os direitos do homem".* Locke e Sidney foram os fundadores da escola dos "Direitos do Homem", e primeiro [330] fizeram os Direitos do Inglês, em teoria, subordinados às pretensões gerais à liberdade em favor do *homem.* O argumento de Sidney é, primeiro, que todos os homens têm por natureza certos direitos e, segundo, que os ingleses sempre desfrutaram desses direitos. Mas como era possível para os franceses fazer reivindicação semelhante? Os "direitos humanos" eram literalmente a única base de raciocínio sobre a qual poderiam fundar-se suas pretensões. Na Inglaterra, por outro lado, as regalias particulares dos súditos estavam tão bem estabelecidas que o próprio Sidney apoia a grande massa de seus argumentos nos direitos do homem... inglês. Ele fica sujeito, tanto quanto Burke, à acusação que Rousseau levanta contra Grotius: "Sa plus constante manière de raisonner est d'établir toujours le droit par le fait."

P. 220, l. 16. *Illa se jactet in aula,* etc. Virg. *En.* i. 140.

L. 18. *do Levante* = um tempestuoso vento do Oriente, que sopra do chamado Levante até o Mediterrâneo.

L. 19. *fazer irromperem as fontes do fundo do oceano.* Comp. nota ao vol. i. p. 186, l. 10.

L. 22. *os verdadeiros direitos do homem.* As observações justas e profundas que se seguem são um ótimo exemplo daquele "dom de sabedoria abrangente" em que Burke era tão rico, e expressava com força e simplicidade de construção incomuns.

P. 221, l. 1. *como entre seus companheiros*– i. e., como entre eles próprios e seus colegas.

L. 4. *meios de tornar frutífera essa operosidade* – i. e., a ocupação do solo, sem prejuízos dos direitos do proprietário. Comp. vol. i. p. 247, l. 26.

L. 5. *aquisições de seus pais.* Sem prejuízos, é claro, do direito do genitor de dispor delas ele próprio. Comp. ante, p. 210, l. 18.

L. 6. *instrução na vida, consolação na morte* – aludindo à instituição da Igreja.

L. 11. *Nessa parceria,* etc. Essa ilustração feliz é uma reflexão posterior, e não consta na primeira edição.

L. 17. *negar que esteja entre os direitos originais,* etc. Igualdade de poder se poderia até negar que estivesse entre as *possibilidades* físicas da sociedade civil.

L. 20. *estabelecida por convenção.* Burke aqui admite as doutrinas fundamentais com relação ao Contrato Social e passa a demonstrar como elas mudam de significado na prática.

P. 222, l. 1. *Um dos primeiros motivos da sociedade civil,* etc. O processo é rastreado com sua habitual clareza por Hooker, *Ecc. Pol.* Livro i § 10. Burke parece ter em mente o discípulo de Hooker, Locke,

Treat. of Government, Livro ii. cap. 7. § 90; "Pois, sendo o fim da sociedade civil evitar e remediar as inconveniências do estado de natureza, que se seguem necessariamente de cada homem ser juiz em seu próprio caso", etc.

L. 3. *juiz em causa própria.* Comp. vol. i p. 252, l. 8 e a "Letter to the Sheriffs of Bristol", na qual o argumento tirado desse princípio é estendido e aplicado às relações de Estados entre si próprios. "Quando alguma comunidade está subordinadamente ligada a uma outra, o grande perigo [331] dessa ligação é o extremo orgulho e autocomplacência da superior que, em todas as questões controversas, provavelmente decidirá em seu próprio favor", etc.

L. 9. *direitos de um Estado civil e de um Estado incivil ao mesmo tempo.* Comp. Lucrécio, v. 1147:

> Acrius ex ira quod enim se quisque parabat
> Ulcisci, quam nunc concessum est legibus aequis,
> Hanc ob rem est homines pertaesum vi colere aevum.

Outras ilustrações tiradas dos clássicos são dadas em Grotius, Liv. ii. c. 20.

L. 12. *garantir alguma liberdade, ele entrega em confiança sua liberdade toda.* "Il me semble que l' homme, sortant de l'état naturel, pour arriver à l'état social, perd son indépendance pour acquérir plus de sûreté. L'homme quitte ses compagnons des bois qui ne le gênent pas, mais qui peuvent le dévorer, pour venir trouver une société qui ne les dévorera pas, mais qui doit le gêner. Il stipule ses intérêts du mieux qu'il peut, et lorsqu'il entre dans une bonne constitution, il céde le moins de son indépendance, et obtient le plus de sûreté qu'il est possible." Rivarol, *Journal Politique.* Liberdade é uma acomodação entre independência e segurança. Essa "entrega em confiança" parece a entrega, no contrato de seguro, de uma porção de sua propriedade para a garantia do todo.

L. 14. *não se faz em virtude de direitos naturais.* Comp. nota ao vol. i. p. 100, l. 23.

L. 24. *mas também que na sua massa e corpo,* etc. "Com todo o respeito pelas assembleias populares, diga-se", escreve Swift, "é difícil recordar uma loucura, enfermidade ou vício a que um só homem esteja sujeito, e da qual um corpo de comuns, ou coletivo ou representado, possa estar totalmente isento." *Contests and Discussions in Athens and Rome,* cap. iv.

L. 27. *força fora deles próprios.* Compare-se isso com o sofisma trivial de Sieyès: "Il ne faut pas placer le régulateur hors de la machine." Burke diz com verdade em outra parte: "Um homem ignorante, que não é tolo o bastante para interferir em seu relógio, é, entretanto, suficientemente confiante para achar que pode com segurança fazer em pedaços e remontar à sua vontade uma máquina moral de outro aspecto, importância e complexidade, composta de bem outros maquinismos, molas, balanços e forças que cooperam e se contrapõem. Os homens pouco pensam em como agem imoralmente, metendo-se com o que não compreendem." Rivarol diz, com o mesmo ponto de vista: "Rien ne ressemble moins à une balance que la machine du gouvernement; rien ne ressemble moins à un equilibre que la marche des corps politiques", etc. *Oeuvres,* vol. iv. p. 265.

P. 223, l. 2. *restrições aos homens – entre seus direitos.* Comp. ante, p. 152, l. 11.

L. 14. *complicada habilidade.* Comp. nota à p. 222, l. 23.

L. 18. *recrutas* = novos suprimentos de nutrição.

L. 19. *De que adianta,* etc. Observar a forte semelhança com Aristóteles.

L. 27. *reais efeitos de causas morais.* "Moral" é usado aqui, como comumente por Burke, como o contrário de "físico".

[332] **P. 224, l. 11.** *mais experiência do que alguma pessoa consegue ganhar em sua vida inteira.* A teoria democrática parece dizer que o julgamento político chega para um homem com a puberdade. A verdade é que, como a sabedoria prática em questões particulares, ela não chega para quem não se tenha laboriosamente empenhado por ela, e, portanto, para a maioria das pessoas não chega em absoluto.

L. 14. *pôr abaixo um edifício.* "Construir", escreveu Burke seis anos antes, "é uma questão de habilidade; para demolir, força e fúria são suficientes." Expressões semelhantes são usadas por Soame Jenyns.

L. 17. *utilidade comprovada* = provada.

L. 18. *como raios de luz.* Uma ilustração admirável. Comp. a observação de Bacon de que a compreensão humana não é uma "luz seca", mas imbuída das cores da vontade e das paixões.

P. 225, l. 2. *ignorantes crassos de seu ofício.* Comp. infra, p. 356, l. 1.

L. 15. *na proporção em que são metafisicamente verdadeiras,* etc. Burke assume um paradoxo corrente na época. Soame Jenyns: "É uma verdade segura, porém estranha, que em política todos os princípios especulativamente certos são praticamente errados; o motivo disso é que eles partem do pressuposto de que todos os homens agem racionalmente; o que, não sendo de modo algum verdade, tudo se erige sobre um falso fundamento e, na experiência, vem abaixo." *Reflections on Several Subjects.* "Metafísica" era comumente usado como um termo de reprovação pelos autores ingleses, conforme a promulgação da filosofia de Locke, e especialmente assim usado pelos Ensaístas.

L. 20. *equilíbrio, meio-termo.* Comp. vol. i. p. 278, l. 29.

L. 24. *denominações.* No sentido aritmético = números.

L. 26. *direito – poder.* Comp. nota à p. 168, l. 24, ante.

P. 226, l. 3. *primeira de todas as virtudes, a prudência* = Φρόνησις. Comp. Arist. *Ét.* Liv. vi c. 8, etc. Em obra anterior, Burke chama a prudência "o Deus deste mundo inferior", talvez em alusão a Juv. *Sát.* x. 365.

L. 6. *Liceat perire poetis,* etc. Hor. *Da Arte Poet.* 465, 466.

Ibid. *um deles.* Empédocles. A alusão é evidentemente a ele, mais no seu caráter filosófico do que no poético.

L. 9. *ou clérigo.* A alusão é ao Dr. Price, como se pode ver pela abertura do parágrafo seguinte. Burke quer dizer que, ao final de uma carreira respeitável, Price estava fazendo papel de tolo, como o filósofo da lenda. Comp. Butler, *Fragmentos:*

Empedocles, to be esteem'd a God,
Leapt into Aetna, with his sandals shod,
That b'ing blown out, discover'd what an ass
The great philosopher and juggler was,
That to his own new deity sacrific'd,
And was himself the victim and the priest.

(Para ser considerado um Deus, Empédocles
Pulou na boca do Etna, com as sandálias ainda nos pés,
E, sendo cuspido fora, descobriu que jumento
Era o grande filósofo e trapacento
Que, ao seu próprio deus sacrificante
Era, ele próprio, a vítima e o oficiante.)

Assim também Milton, *Par. Perd.*, iii. 469:

Others came single; he who to be deem'd
A god, leap'd fondly into *Aetna* flames,
Empedocles.

(Outros vieram sozinhos; ele que, para ser julgado
Um deus, pulou amorosamente nas chamas do *Etna,*
Empédocles.)

[333] **L. 22.** *cantárida.* Escaravelho que, reduzido a pó, se acredita tenha propriedades terapêuticas e estimulantes.

L. 24. *relaxa... a fonte.* Burke emprega com frequência essa imagem, que esteve muito em voga na época em que a ilustração mais habitual de um governo era alguma peça de mecanismo inanimado.

P. 227, l. 1. *cum perimit saevos,* etc. Juv. vii. 151.

L. 4. *Quase todos os republicanos de boa criação* – i. e., *radicais.* Comp. vol. i. p. 76, l. 11, etc., e nota. Os Whigs Bedford, os Whigs Grenville (exceto seu líder, Lord Temple) e finalmente o partido de Lord Chattam haviam cedido sucessivamente à atração do partido da Corte. Esse republicanismo aristocrático, estendendo-se até a igualdade de posição social e de propriedade, parece ter estado muito em voga no reinado de Ana, quando foi frequentemente promovido no Parlamento, fortalecido pelo raciocínio abstrato a que Burke era tão hostil. Sua aceitação era comumente atribuída aos textos de Locke; mas é fácil rastreá-lo até causas muito anteriores e mais gerais. Políticos Whigs frequentemente assumiram um tom democrático, em reinados sucessivos, a fim de conciliar o favor popular.

L. 8. *aqueles de nós,* etc. O partido de Rockingham.

L. 10. *A hipocrisia,* etc. Comp. vol. i. p. 151, l. 2 e nota.

L. 17. *resistência civil e legal.* Comp. com esse parágrafo a passagem de "Letter to the Sheriffs of Bristol" na qual o sistema partidário é defendido contra os ataques "dos que se fazem de fortes defensores da liberdade". Esse nivelamento moral é um princípio servil. Ele leva à obediência passiva prática muito melhor do que todas as doutrinas que a flexível acomodação da teologia ao poder algum dia produziu. Ele corta pela raiz não só qualquer ideia de resistência pela força, como também até de oposição civil.

L. 20. *a não fazer caso de nenhum princípio público.* Ver a descrição do processo de Ratting ao final das "Observations on a late State of the Nation" (1769).

P. 229, l. 8. *bem-colocadas afinidades.* Comp. nota ao vol. i. p. 153, l. 2.

L. 22. *Pisgá de seu púlpito.* Deuteronômio, xxxiv. 1.

P. 230, nota. *Um outro desses veneráveis senhores.* Quem era este não se evidencia. O Sr. Rutt, o laborioso organizador e anotador do Dr. Priestley, nota a citação, mas não dá nenhuma informação. O escritor aludido talvez possa ser a pessoa citada na nota de rodapé da p. 258.

P. 231, l. 4. *Peters não colheu os frutos,* etc. Ele foi julgado na Restauração e executado com outros regicidas em Charing Cross.

P. 232, l. 12. *indigna de um homem.* Um epíteto característico em Burke.

L. 14. *bem-nascida = generoso, liberal.* Gr. εὐΦυής.

L. 17. *procissão de selvagens americanos.* Uma reminiscência das leituras de Burke na preparação de uma de suas primeiras obras, *Account of European Settlements in America*. Ver essa obra, parte ii. cap. 4.

L. 18. *entrando em Onondaga.* Uma aldeia indígena na parte ocidental do que [334] é hoje o estado de Nova York, a qual era a estação central dos missionários jesuítas franceses, em cujas narrativas essas cenas são descritas. Ver "Relation de ce qui est passé, etc., au pays de la Nouvelle France és années 1655 et 1656", por J. de Quens, e Bancroft, *Hist. U. S.* vol. iii. p. 143 seg.

L. 21. *mulheres tão ferozes quanto os próprios selvagens.* "As mulheres, esquecendo a natureza humana, bem como a feminina, e transformadas em algo pior que as Fúrias, desempenham seus papéis e até superam os homens, nessa cena de horror." *Sett. in America*, vol. i. p. 198. É desnecessário ilustrar isso com os incidentes da Revolução.

P. 233, l. 3. *em uma situação.* De absoluta dependência da vontade de uma organização de multidões de gentalha.

L. 11. *república estrangeira.* A cidade de Paris.

L. 12. *cuja constituição*, etc. O governo municipal de Paris, que saíra das mãos dos 300 eleitores, era nessa época dividido entre 60 departamentos. Cada departamento era uma caricatura de um estado democrático grego, era considerado por seus habitantes como um poder soberano, e aprovava resoluções que tinham força de lei dentro de seus limites geográficos. Essa divisão em 60 departamentos foi inicialmente introduzida a fim de facilitar a eleição para os Estados Gerais; mas os meios fáceis que ela proporcionava de convocar com pouca antecedência a população de cada distrito, e de transmitir um aspecto de regularidade e unanimidade a seus trabalhos, fizeram dela um sistema útil demais para ser descartado. Boa parte daquela aparência de ordem e governo que caracteriza o primeiro ano da Revolução deve-se mais a esse dispositivo do que àquela autocontenção que tornou "a anarquia tolerável" em Massachusetts. (Ver vol. i. p. 244-45).

L. 12. *emanou nem de uma carta de seu rei,* etc. Tendo brotado de disposições temporárias e mecânicas. Necker, no entanto, por um grave erro político, reconhecera os 300 eleitores como um organismo legal. Suas funções propriamente ditas iam apenas até a escolha de representantes nos Estados Gerais; e lhes foi confiado poder pelo povo no 13 de julho meramente porque eles eram o único organismo em que o público poderia imediatamente confiar.

L. 14. *um exército recrutado nem pela autoridade,* etc. Os Guardas Nacionais, formados às pressas após a demissão de Necker em 11 de julho. "Trinta mil cidadãos, totalmente desacostumados a armas, logo eram vistos armados em todos os pontos, e com umas poucas horas de treinamento assumiram alguma aparência de ordem e disciplina. A Guarda Nacional agora mostrava os benefícios de seus recentes progressos e educação; eles chegaram em um corpo para oferecer seus serviços ao povo."

L. 16. *Nela fazem suas sessões,* etc. A primeira edição representava *todos* os membros moderados como tendo sido expulsos. "Lá eles se reúnem, depois que uma turma de assassinos expulsou todos os de mentes moderadas e autoridade moderadora entre eles, e deixou-os como uma espécie de resíduos e refugos, sob a aparente liderança daqueles em que eles nem sequer fingem [335] ter alguma confiança. Lá eles se reúnem, em um simulacro de legislação, repetindo em resoluções palavras de quem eles detestam e desprezam. Eles próprios cativos, obrigam um rei cativo", etc. Sr. de Menonville, membro do partido moderado, escreveu a Burke em 17 de novembro, destacando a imprecisão dessa e de algumas outras afirmações; e Burke, na edição seguinte, corrigiu-a. "Alguns dos erros que o senhor me aponta em minha carta impressa são erros, realmente. Um apenas acho ser substancial. Foi corrigido na edição que tomo a liberdade de enviar-lhe." Carta a um Membro da Assembleia Nacional, 19 de janeiro, 1791. Nessa carta, ele lhe dava plenas satisfações por meio de um candente panegírico. "Senhor, eu de fato os encaro como verdadeiros mártires; encaro-os como soldados que agem muito mais no espírito de nosso comandante em chefe e capitão de nossa salvação do que aqueles que os deixaram; embora eu deva primeiro examinar-me muito minuciosamente e saber que posso fazer melhor, antes de poder responder *a eles*". Ele prossegue elogiando o Abade Maury, Cazalès, etc., que permaneceram em seus postos, para justificar aqueles que, como Mounier e Lally-Tollendal, o abandonaram.

L. 25. *decididas antes de serem debatidas.* Os clubes mandavam nos departamentos de Paris e, por meio deles, na Assembleia Nacional.

P. 234, l. 1. *todas as condições sociais, línguas e nações.* Aristocratas e clérigos se uniam e até assumiam a liderança nessas assembleias. Alemães, italianos, ingleses, suíços e espanhóis podiam ser encontrados entre eles. A maior parte do Comitê Central, no Evêché [Bispado], não era de franceses.

L. 6. *Academias... montadas em todos os lugares de afluência de público.* A alusão é aos *Conciliabules.* "Os parisienses", diz Mercier, "queriam imitar os ingleses, que se reuniam em tavernas e discutiam os mais importantes negócios de Estado; mas isso não pegou, porque todo mundo queria presidir nessas reuniões."

L. 16. *Envolvendo em seus braços,* etc. Burke refere-se às circunstâncias que acompanharam a condenação, por uma falsificação de letras de câmbio, dos irmãos Agasse, que ocorreu em meados de janeiro de 1790. O Dr. Guillotin, algum tempo antes, propusera à Assembleia infligir a pena de morte de um modo indolor e livrar os parentes do criminoso da mácula da delinquência. O Abade Pepin, nessa ocasião, obteve a decretação da última dessas mudanças; e, enquanto os criminosos esperavam sob sentenças de enforcamento, seu irmão e seu primo, com vistas a marcar esse triunfo da liberdade, foram promovidos a tenentes da Companhia de Granadeiros do Batalhão da Guarda Nacional para o distrito de St. Honoré, ocasião em que, em desafio à decência pública e ao sentimento natural, foram publicamente festejados e cumprimentados. Ver o Ensaio do Sr. Croker sobre a Guilhotina na *Quarterly Review* de dezembro de 1843.

L. 26. *desmoralizam* [no original: *explode them*]; Lat. explodo. Comp. "exploding hiss", *Par. Perd,* x. 546.

P. 235, l. 1. *galeria... plenário.* Aludindo à Câmara dos Comuns inglesa.

L. 3. *nec color imperii,* etc. Lucano, *Phars.* ix 207 (*erat por erit*). Tirado dos lúgubres [336] presságios postos na boca de Catão, na morte de Pompeu; dos quais também foram tirados os versos citados no vol. i. p. 206.

L. 4. *Eles têm um poder... para subverter e destruir.* A alusão parece ser à expressão tão comum no Apocalipse (ver cap. xiii. 7, etc.).

L. 5. *nenhum de construir.* Ver a Segunda Parte da obra, em que seus esforços para construir são criticados.

L. 10. instituto = instituição.

LL. 20-22. "*Un beau jour*". "*Que a nave do estado*", etc. Bailly e Mirabeau, infra, p. 240, nota.

L. 26. *massacre de cavalheiros inocentes em suas casas.* Foulon e Berthier, que foram, entretanto, mortos *à la lanterne,* em Grève, "com toda circunstância de refinado insulto e crueldade que pudesse ser exibida por uma tribo de canibais".

P. 236, l. 1. *o sangue derramado não era o mais puro.* A observação de Barnave, quando Lally-Tollendal estava descrevendo a cena horrenda, e Mirabeau disse-lhe que "era uma hora para pensar em vez de sentir".

L. 10. *felicitação pelo atual Ano Novo.* Aludindo à saudação dirigida ao rei e à rainha em 3 de janeiro por uma delegação de 60 membros da Assembleia. "Eles (a Assembleia) aguardam ansiosos o dia feliz em que, mostrando-se em um corpo diante de um príncipe amigo do povo, apresentarão a ele um conjunto de leis calculado para a sua felicidade e a felicidade de todos os franceses; quando a respeitosa afeição deles rogará a um rei bem-amado que esqueça os desregramentos de uma época tempestuosa", etc.

L. 22. *atavios (frippery).* No sentido correto de roupas velhas, reformadas para serem novamente vendidas. Comp. as palavras francesas *friper, fripier, friperie.*

Ibid. *ainda seguimos a moda antiga.* "Essas modas francesas, que em anos recentes puseram seus princípios, tanto com respeito a religião quanto a governo, um pouco em questão". Lord Chesterfield, *The World*, nº 146 (1755).

P. 237, l. 3. *juiz comum de Newgate*; no original, *ordinary* = capelão.

L. 10. *lesa-nação – leze nation:* o novo nome dado pela Assembleia ao crime de traição à nação, e que foi levado ao conhecimento do Chatelet. É imitado do nome *lèse majesté* (laesa majestas, traição).

L. 17. *bálsamo de mentes magoadas (balm of hurt minds). Macbeth*, Ato ii. cena 2.

P. 238, l. 4. *a sentinela à sua porta.* Sr. de Miomandre. "Após resistir bravamente por alguns minutos, e achando-se completamente dominado, ele abriu a porta da rainha e gritou a plenos pulmões: *Salvem a rainha, querem tirar-lhe a vida! Estou sozinho enfrentando dois mil tigres!* Logo depois tombou, coberto de ferimentos, e foi largado como morto."

L. 7. *abatido.* Ele se recuperou, no entanto, de seus ferimentos.

L. 9. *perfurou... a cama.* Isso foi negado. É impossível dizer se é verdade.

L. 20. *Dois foram escolhidos,* etc. Sr. de Huttes e Sr. Varicourt, dois dos guardas.

[337] **P. 239, l. 7.** *um dos antigos palácios.* As Tulherias, onde o rei estava enquanto Burke escrevia.

P. 240, l. 7. *quinta monarquia.* Comp. nota à p. 219, l. 8, ante. A quinta monarquia era o sonho de uma grande seita de entusiastas no tempo dos puritanos.

L. 9. *no meio desta alegria.* Uma alusão a Lucrécio, iv. 1129:

... medio de fonte leporum
Surgit amari aliquid, quod in ipsis floribus angat.

L. 14. *Um grupo de regicídio... Que lápis firme, etc.* Burke previu claramente até demais o que iria acontecer. Em seu próprio trabalho sobre a questão francesa, a "Letter to a Member of the National Assembly", ele repete sua crença de que iam assassinar o rei assim que ele não fosse mais necessário a seus desígnios. Ele achava, no entanto, que a rainha seria a primeira vítima deles. Comp. infra, p. 243, l. 20. Na Segunda Carta sobre uma Paz Regicida, ele defende sua previsão dessa questão. "Foi acidente, e a momentânea depressão daquela parte da facção, que deu ao marido a feliz prioridade na morte."

P. 243, l. 18. *matrona romana.* Burke tinha em mente alguma história como a de Lucrécia.

L. 19. *que, em último extremo,* etc. Aludindo ao fato de a rainha andar por toda parte carregando veneno.

L. 21. *Faz agora,* etc. Burke a Sir P. Francis, 20 fev., 1790: "Volto a dizer-lhe que recordar o modo como vi a rainha da França, no ano de 1774, e o contraste entre aquele brilhantismo, esplendor e beleza, com a prostrada homenagem de uma nação a ela – e a cena abominável de 1789, que eu estava descrevendo, arrancaram *mesmo* lágrimas de mim, que me molharam o papel. Essas lágrimas voltavam-me aos olhos quase sempre que eu olhava a descrição; e ainda podem voltar. O senhor não acredita nesse fato, nem que esses sejam meus reais sentimentos: mas que é tudo fingido ou, como o senhor o expressa, pura afetação."

L. 24. *logo acima do horizonte.* Comp. uma imagem semelhante no vol. i. p. 208, l. 1.

P. 244, l. 1. *títulos de veneração,* i. e. o de rainha.

L. 2. *pungente antídoto.* Comp. nota à p. 243, l. 19.

L. 8. *a era da cavalaria já passou.* Essa famosa passagem teatral talvez tenha sido tratada asperamente demais pelos críticos. O lamento pela cavalaria é tão velho quanto o surgimento do que encaramos como ideias modernas. Ver as famosas estrofes de Ariosto sobre a lealdade e a franqueza dos velhos tempos cavalheirescos.

L. 9. *Sophisters = sofistas.*

L. 11. *generosa lealdade.* Alguns leitores do Sr. Taine podem ter-se surpreendido com seu comentário sobre o termo *lealdade* – "MOT INTRADUISIBLE, qui désigne le sentiment de subordination, quand il est noble" (*Les Ecrivains Anglais Contemporains*, p. 318). Como essa ideia foi completamente apagada da cabeça dos franceses! A palavra "loyauté" tem um sentido diferente.

Ibid. *orgulhosa submissão.* A "modestie superbe" do cortesão é mencionada por Montesquieu, Liv. iv. cap. 2.

[338] **L. 14.** *o espírito de uma liberdade exaltada.* Essa conclusão impregna os textos de Bolingbroke sobre história inglesa medieval, especialmente o reinado de Eduardo III. Ela coincide também com a famosa conclusão de Gibbon, de que o espírito de liberdade respira por meio das instituições feudais. Assim também na Segunda Carta sobre uma Paz Regicida: "Em todos esses antigos países, o Estado era feito para o povo, e não o povo em conformidade ao Estado.... Esse plano abrangente virtualmente produziu um grau de liberdade pessoal nas formas mais adversas a ela. Essa liberdade foi formada, sob monarquias denominadas absolutas, em um grau desconhecido para as antigas nações."

L. 16. *matriz de sentimentos civis e empresas heroicas, acabaram-se.* "Ces vertus mâles qui nous seraient le plus nécessaires et que nous n'avons presque plus – un véritable esprit d'indépendance, le goût des grandes choses, la foi en nous-mêmes et dans une cause". De Tocqueville, Prefácio a *Ancien Régime*, p. ix.

L. 17. *aquela castidade da honra.* Bowles, *Versos a Burke*:

No, Burke! thy heart, by juster feelings led,
Mourns for the spirit of high Honour fled;
Mourns that Philosophy, abstract and cold,
With'ring should smite life's fancy-flowered mould;
And many a smiling sympathy depart,
That graced the sternness of the manly heart.

(Não, Burke! Teu coração, comandado por sentimentos mais justos, / Lamenta o espírito da alta Honra evadida; / Lamenta que a Filosofia, abstrata e fria, / Contorcendo-se possa ferir o florido e fantasioso húmus da vida; / E muitos desvios simpáticos e sorridentes / Que adornaram a severidade do coração do homem.)

L. 18. *sentia uma mácula como uma ferida* – uma reminiscência de South. "And if the conscience has not wholly lost its native tenderness, it wil not only dread the infection of a wound, but also the aspersion of a blot". Sermão lxiv (*Deliverance from Temptation the Privilege of the Righteous*).

L. 19. *envolvia qualquer coisa que tocasse.* Uma alusão à famosa expressão do Epitáfio de Johnson para Goldsmith, geral e incorretamente citado como "Nihil tetigit quod non ornavit".

L. 20. *perdia metade de seu mal,* etc. Uma das velhas frases de Burke, tomada emprestada dos ensaístas. Em *Sett. in America*, vol. i. p. 200, ele diz que a civilização, se "reduziu a força de algumas das virtudes naturais", pelo luxo que a acompanha, "retirou igualmente o ferrão de nossos vícios naturais, e abrandou a ferocidade da raça humana, sem debilitar a coragem". Comp. p. 328, l. 5. Assim também a Quarta Carta sobre uma Paz Regicida: "As virtudes, ou formadas ou aperfeiçoadas, os vícios refinados mitigados, de uma grande capital". Comparar de modo geral com esta famosa passagem a seguinte, da Quarta Carta sobre uma Paz Regicida: "A moral, por assim dizer – o decoro, o grande destacamento de guarda do sexo, e o orgulhoso sentimento de honra, que torna a virtude mais respeitável onde ela existe, e esconde a fragilidade humana onde possa não haver virtude, serão expulsos desta terra de decência, modéstia e reserva." A passagem é espertamente plagiada por Macaulay, *Ess. on Hallam*: "Procuramos em vão por aquelas qualidades que dão encanto aos erros de naturezas elevadas e ardentes, pela generosidade, a ternura, a delicadeza cavalheiresca, que enobrecem os apetites como paixões e transmitem ao próprio vício uma parte da majestade da virtude."

[339] **L. 27.** *Foi isso que deu seu caráter à Europa moderna.* "A cavalaria, unindo-se ao gênio de nossa política, provavelmente sugeriu aquelas peculiaridades na lei das nações pelas quais os Estados modernos se distinguem dos antigos." Ensaio do Dr. Fergusson sobre a *História da Sociedade Civil* (1767), p. 311.

P. 245, l. 14. *a obediência liberal.* Vol. i. p. 288, l. 27.

L. 15. *branda assimilação* = digestão. Duas das frases de Milton são aqui mescladas. *Par. Perd.*, v. 4, 5, 412.

L. 18. *roupagem decente da vida,* etc. A noção é de Johnson. "A vida", ele disse, "é bastante árida, por certo, com todos os seus atavios; sejamos, portanto, cautelosos com o modo como a despimos." *Mrs. Piozzi's Anecdotes.* É curioso rastrear aqui a influência que Johnson, com seu zelo pela subordinação, seu ódio por inovação, e sua reverência pela época feudal, exerceu sobre Burke em seus primeiros anos.

L. 19. *ideias adicionadas,* etc. Bowles, em seus *Versos a Burke,* diz da cavalaria –

Her milder influence shall she still impart,
To decorate, but not disguise, the heart:

To nurse the tender sympathies that play
In the short sunshine of life's early way;
For female worth and meekness to inspire
Homage and love, and temper rude desire.

(Sua suave influência ela ainda pode ceder / Para decorar, mas não para dissimular, o coração: / Para embalar as ternas simpatias que brincam / No breve fulgor do alvorecer da vida; / Para o valor feminino e a bondade de inspirar / Homenagem e amor, e mitigar o rude desejo.)

L. 20. *que o coração possui e o entendimento ratifica.* Aqui parece haver uma reminiscência do Sermão sobre os Pobres, do Bispo Horsley (Sermão xxxv), 18 de maio, 1786: "Pois embora eu não admita prontamente que a prova de obrigação moral não pode, em instância alguma, ser completa, a não ser que se faça a ligação entre a ação que o coração naturalmente aprova, e que um correto entendimento dos interesses da humanidade recomendaria (ao contrário – para julgar praticamente sobre certo e errado, devemos mais sentir do que filosofar; e deveríamos agir mais por sentimento do que por política), entretanto, certamente aquiescemos com maior alegria com o nosso dever quando percebemos como o útil e o justo estão unidos na mesma ação."

P. 246, l. 8. *corações frios e entendimentos turvos.* Um bom paralelo às observações de Burke sobre os filósofos pode ser encontrado no quarto Livro da Duncíade, que prefigura a ruína da sociedade por homens dotados de

Um cérebro de penas e um coração de chumbo.

Pope e Burke estão de acordo em fazer a decadência moral e a intelectual seguirem juntas sob a ilusão de melhora.

L. 10. *leis devem ser mantidas apenas por seus próprios terrores... Nada resta que atraia a afeição por parte da nação.* Sobre esse assunto, ver as sábias doutrinas do Bispo Horsley, Sermão xii.

L. 15. *só o que se vê é o cadafalso.* Uma curiosa coincidência com um antigo poeta italiano:

[340] Vanno al giardino....
Risiede in mezzo il paretaio de Nemi
D'un pergolato, il quale a ogni corrente
Sostien, con quatro braccia di cavezza
Penzoloni, che sono uma bellezza.
Lippi, *Malmantile Racquistato,* cant. vi. est. 50.

(Vão ao jardim...
Ergue-se em meio o *paretaio de Nemi*
De uma parreira, sustida por correntes,
Com quatro braços de rédeas
Pendulantes, que são uma beleza.)

"Paretaio de Nemi" é gíria para cadafalso ou patíbulo (de forca).

L. 17. *mecânica.* No original, *mechanic* = mechanical, in malam partem.

L. 25. *Non satis est,* etc. Hor. *De Arte Poét.* 99. Uma máxima do *Spectator* (nº 321). Comp. p. 412, l. 15 seg.

P. 247, l. 1. *Mas o poder,* etc. Se, na sentença conclusiva, lermos "governantes", em vez de "reis", temos uma convincente afirmação de um processo histórico vulgar que estava para se repetir na França.

P. 247, l. 6. *libertando reis do medo*, etc. A ideia é emprestada de Hume: "Mas a história e a experiência, nos tendo desde então convencido de que sua prática (do tiranicídio) aumenta o zelo e crueldade dos príncipes, um Timoleon e um Bruto, embora tratados com indulgência por conta da preferência de suas épocas, são hoje considerados modelos muito impróprios para imitação." *Dissertation on the Passions*. Observe-se que Burke segue a moda de sua época, tratando "reis" como uma espécie política. Selden, mais profundo em suas distinções, diz: "Os reis são todos indivíduos, este ou aquele rei: não existe a espécie 'reis'."

L. 12. *Reis serão tiranos*, etc. Esse parágrafo é citado pelo Dr. Whately, em sua *Rhetoric*, como um ótimo exemplo de Método. Comp. nota ao vol. i, p. 123, l. 30.

L. 20. *estado de prosperidade se devia ao espírito de nossos velhos costumes.* Comp. as reflexões de Cícero no início do Livro Quinto da República, que começa com o verso de Ênio,

Moribus antiquis res stat Romana virisque.

L. 27. *Nada é mais certo*, etc. O acréscimo feito a essa conclusão por Hallam, embora não reiterado por Burke nessa passagem, é bastante conforme a seus pontos de vista gerais: "Existem, se me permitem dizê-lo, três espíritos poderosos, que de tempos em tempos passavam sobre a face das águas e davam um impulso predominante aos sentimentos e energias morais da humanidade. São os espíritos da LIBERDADE, da RELIGIÃO e da HONRA. São a ocupação principal da cavalaria nutrir o último destes três." *Middle Ages*, cap. ix, parte ii.

P. 248, l. 1. *neste nosso mundo europeu.* A Primeira Carta sobre uma Paz Regicida contém uma notável descrição da unidade de lei, educação e maneiras na Europa da Idade Média. "Nenhum cidadão da Europa poderia ser totalmente um exilado em nenhuma parte dela. Nada mais havia do que uma agradável variedade, para recrear e instruir a mente, enriquecer a imaginação e aperfeiçoar o coração. Quando um homem viajava, ou residia, por saúde, por lazer, negócios ou necessidade, longe de seu próprio país, nunca se sentia exatamente no exterior."

[341] **L. 13.** *pisoteado sob os cascos de uma multidão suína.* A ideia é derivada de S. Mateus, vii.6. A muito criticada expressão "multidão suína" (ou "multidão imunda") em seguida tornou-se uma espécie de brinde de saudação por parte dos jacobinos ingleses.

Nota [a.]. Esta nota, bem como as publicadas às p. 291, 293, 295, 297 e 334, parece ter sido acrescentada por um editor subsequente, a partir de um exemplo da obra usado pelo autor em seus últimos anos.

P. 249, l. 18. *se os senhores os conseguiram conosco.* Essa visão não é condizente com um conhecimento comparativo dos fatos da história inglesa e continental. Burke talvez esteja aludindo à lendária cavalaria da Corte de Artur, da qual a Bretanha teve a sua parte.

L. 19. *nos senhores os rastreamos melhor.* O Sr. Hallam chama a França de "a fonte da cavalaria".

L. 20. *gentis incunabula nostrae* (cunabula). Virg. *En.* iii. 105. O autor talvez tivesse em mente a expressão de Cícero, "Montes patrios, incunabula nostra". *Ep. Att.* ii. 15.

L. 21. *quando sua fonte é obstruída,* etc. Esse presságio não se verificou. É provável que Inglaterra e Alemanha transmitam às futuras gerações boa parte do que vale a pena preservar do espírito da cavalaria.

P. 250, l.1. *uma revolução em sentimentos,* etc. "Il y a une révolution générale qui change le goût des esprits, aussi bien que les fortunes du monde." Rochefoucauld, *Maximes.* Burke chegou ao ponto de dizer que a atual equivalia a uma "revolução na constituição da mente humana". O fato é que a base sentimental sobre a qual se assentava a estima das instituições políticas estava acabando. O verdadeiro modo de encarar a questão é à luz da mudança na opinião pública inglesa entre 1815-1830.

L. 5. *forçado a pedir desculpas.* Note-se a intensidade e a força da expressão.

L. 9. *por este simples motivo.* A frase é do *Essay on Man,* de Pope.

Ibid. *porque é natural,* comp. p. 258, l. 16.

L. 20. *nossas mentes... são purificadas,* etc. Da famosa definição de Tragédia na *Poética* de Aristóteles, cap. vi. 2. A obra sobre o Sublime e o Belo mostra sinais do estudo da *Poética.* Comp. também *Rhet.* Liv. ii. cap. 8; *Pol.* Liv. viii. 7. 3.

P. 251, l. 1. G*arrick... Siddons.* Burke era um fã entusiasta do teatro. O primeiro, famoso ator, estava entre seus amigos mais queridos. Quarta Carta sobre uma Paz Regicida: "Meu sempre querido amigo, Garrick, que foi o mais aguçado observador da natureza que já conheci."

L. 13. *como um dia o fizeram no da antiguidade.* A alusão, como claramente demonstrado pelo contexto, é à "proposição hipotética" posta por Eurípides na boca de Etéocles (*Phoen.* 524): εἴπερ γὰρ αδικειν χρὴ, τυραννύσος πέρι, κάλλιοτον αδικειν, τἄλλα δ' εὐσεβειν χρεων. Cícero (*De Off.* iii. 21) diz que César repetia frequentemente esses versos. Mas a memória de Burke falha quando ele diz que o público ateniense os "rejeitou". Os que esse público assim condenou foram outros mais inofensivos que ocorriam em uma fala de Belorofonte: εἰ δ' ἡ Κύπρις τοιῦτον οΦδαλμοις πρᾳ, οὐ θαῦμ', ἔρωτας μυρίους αὐέΦειν. Ver Sêneca, *Epist.* 115, Dindorf, *Fr. Eur.* nº 288, e *Dramatic Literature*, de Schlegel, Lect. viii.

P. 252, l. 9. *medo, mais terríveis que a vingança.* Uma impressionante profecia dos horrores do Reinado do Terror.

L. 22. *a cancelar suas prerrogativas, e a convocar seu povo a partilhar de uma liberdade,* etc. Se levarmos em conta as transações entre o rei e o parlamento de Paris, isso é uma patente deturpação. Essas suspensões de prerrogativas foram arrancadas do rei pelo parlamento. Esse organismo acusou o rei de ter formado um sistema fixo para a derrubada da constituição estabelecida, em vigor desde 1771. Burke, no entanto, alude à instituição das assembleias de províncias e ao trabalho feito pela Assembleia dos Notáveis (a abolição da *corvée,* e das restrições ao comércio interno, especialmente o do milho). Os Notáveis também receberam um projeto para abolir as *gabelles.*

L. 27. *uso da força... os remanescentes de sua autoridade.* Aludindo à prisão de magistrados.

P. 253, l. 8. *erguem os olhos com uma espécie de temor,* etc. A alusão é evidentemente a Frederico, o Grande.

L. 9. *sabem manter-se firmes,* etc. = know how. A expressão é francesa. "Il est affreux", diz Mounier, "penser qu'avec une âme moins bienfaisante, un autre prince eût peut-être trouvé les moyens de maintenir son pouvoir." *Rech. sur les causes,* etc., p. 25.

L. 14. *alistados;* no original: *listed = enlisted.*

L. 24. *já se disse com verdade ser ele consolador para a mente humana.* A alusão é ao belo coro de *Samson Agonistes:*

"O how comely it is, and reviving
To the spirits of just men long oppress'd,
When God into the hands of their deliverer
Puts invincible might", etc.

("Ó como é gracioso e revigorante
Para o espírito dos justos há muito oprimidos,
Quando Deus nas mãos de seus libertadores
Coloca um poder invencível", etc.)

L. 28. *Luís XI.* O fundador do sistema absolutista, completado por Luís XIV. Seu caráter indica abundantemente o autêntico tirano. Ver Commines, e a "Crônica Escandalosa".

P. 254, l. 1. *Carlos IX.* Que autorizou e participou pessoalmente do massacre de São Bartolomeu, 1572.

L. 2. *assassinato de Patkul.* O patriota livônio, entregue a ele por Augusto da Polônia, mediante um tratado, e judicialmente assassinado em 1707. Ver a *História de Carlos XII,* de Voltaire.

L. 3. *assassinato de Monaldeschi.* Um cavalheiro italiano que foi um favorito da rainha, em vingança por ter sido deixado de lado, escreveu um livro em que as intrigas dela eram reveladas. Ela fez com que o arrastassem à sua presença, [343] e então o assassinassem, 10 out. de 1657. Leibniz, para sua vergonha, foi um dos apologistas desse crime, que ocorreu em Fontainebleau.

L. 6. *Rei dos franceses.* O título de Rei da França, achava-se, tinha um sabor de usurpação feudal.

P. 255, l. 1. *flor de lis no ombro.* A notória Lamotte, cujo livro escandaloso saiu em Londres, em 1788. Ela foi marcada com a flor de lis e a palavra *voleuse* [ladra] nos ombros.

Ibid. *Lord George Gordon preso em Newgate.* Esse maníaco malévolo foi condenado em 6 de junho de 1787, entre outras coisas por difamação contra a rainha da França; mas antes da hora marcada para apresentar-se, a fim de receber sua sentença, ele fugiu para o continente. Logo estava de volta e, em agosto, fixou residência em uma das ruas mais imundas de Birmingham, onde se tornou um proselitista da religião e assumiu os trajes e as maneiras dos judeus. Foi preso lá em 7 de dezembro por um mandado por desacato ao tribunal, e enviado para Newgate, onde suas extravagâncias foram por algum tempo um tópico de divertimento público, como se pode ver pelos jornais contemporâneos.

L. 2. *proselitismo público.* Ele havia assumido o nome e título de Ilmo. Dr. Israel Bar Abraham George Gordon. Cultivou uma barba comprida e recusou-se a admitir em sua presença qualquer judeu que não tivesse uma. Ver uma carta ridícula sobre o assunto no *Public Advertiser,* 16 out. de 1789.

L. 4. *sublevado uma malta,* etc. Essa é uma descrição suave dos terríveis levantes de No-Popery. Ao cair da noite de terça-feira, 6 de junho de 1780, trinta e seis incêndios podiam ser vistos ardendo em diferentes partes de Londres. "Durante a noite inteira, homens, mulheres e crianças ficaram correndo para cima e para baixo com os bens e pertences que mais queriam preservar. O tremendo rugido provocado pelos autores dessas cenas horríveis era ouvido num momento, e no momento seguinte os pavorosos estrondos dos mosquetes dos soldados, atirando aos pelotões e dos pontos mais diversos; enfim, tudo servia para imprimir na mente ideias de anarquia universal e iminente desolação." *Ann. Register.*

L. 17. *O Dr. Price nos mostrou,* etc. Em seu *Treatise on Reversionary Payments* e outras obras de economia.

P. 256, l. 12. *durante quarenta anos.* Burke chegou a Londres no início de 1750.

L. 22. *tentam esconder sua total falta de consequência,* etc. Burke sem dúvida tinha em mente uma passagem dos Sermões de Hurd sobre profecia, o Sermão xii: "Uns poucos homens de destaque fazem barulho no mundo: e esse clamor, sendo ecoado em todos os lados pelos círculos rasteiros de seus admiradores, desorienta os incautos à opinião de que o espírito de irreligião é universal e incontrolável." Assim também Canning, Speech at Liverpool, 18 de março, 1820: "Um certo número de tribunos itinerantes do povo, autoescolhidos para essa elevada função, assumia o nome e a autoridade de qualquer parte que achasse conveniente escolher como local de reunião; sua tribuna era fixada, às vezes aqui, às vezes ali, de acordo com a veneta da multidão, ou a paciência dos magistrados; mas a proposta e o proponente eram em todas as partes [344] quase iguais; e quando, por uma espécie de ventriloquismo político, a mesma voz se fazia ouvir saída de meia dúzia de cantos diferentes do país, assumia-se imprudentemente que isso era uma 'concórdia de sons harmônicos', compondo a voz unida do povo da Inglaterra!"

L. 26. *gafanhotos... o campo vibrar com seus trilos importunos.* Do autor preferido de Burke, Virgílio:

> Ubi quarta sitim coeli collegirit hora,
> Et cantu *querulae* rumpent arbusta cicadac.
>
> *Geórg.* iii. 327.

Ver também Ecl. ii. 13, Culex 151, etc. "Importuno" é um epíteto favorito de Burke. Comp. vol. i. p. 204, l. 2. A ilustração é um remanescente da história de Boccalini sobre o viajante insensato que apeava de sua montaria para matar os gafanhotos que perturbavam suas meditações durante a jornada. Ver *The Craftsman*, nº 73 (1727).

L. 27. *milhares de grandes cabeças de gado... ruminam a erva e ficam em silêncio.* Uma daquelas imagens fortes e caprichosas, tão frequentes nos textos tardios de Burke, e que ao crítico moderno parecem ridículas ou forçadas. Nesses pontos particulares Burke talvez tenha um direito a ser julgado por nenhum outro padrão senão ele próprio.

P. 257, l. 11. *Condeno semelhante hostilidade. Occultatio* retórico (comp. vol. i. nota à p. 172, l. 17). A partir da p. 350, l. 4, vemos que Burke já havia começado a contemplar aquela cruzada que anunciara nas Cartas sobre uma Paz Regicida.

L. 13. *Já tivemos um rei da França,* etc. João, o Bom, feito prisioneiro na batalha de Poitiers, 19 set. de 1356.

Ibid. *o senhor leu,* etc. Na *Crônica,* de Froissart.

L. 14. *vencedor no campo.* Eduardo, o Príncipe Negro. No século passado, quando o principal objetivo da política inglesa era triunfar sobre a França, o Príncipe Negro foi naturalmente exaltado como um herói de primeira classe. Comp. Warton, Ode xviii:

The prince in sable steel that sternly frown'd,
And Gallia's captive king, and Cressy's wreath renown'd.

(O príncipe em aço negro severamente sombrio,
E o cativo rei da Gália, e a ilustre coroa de Cressy.)

L. 16. *não mudamos essencialmente.* A persistência ou continuidade do caráter nacional inglês, a que Burke aqui alude, não seria matéria desinteressante de estudo. Talvez seja isso, tanto quanto qualquer outra coisa, que torna os monumentos de nossa literatura realidades mais vivas e expressivas do que os de qualquer outra. Para nenhum inglês, Chaucer e Shakespeare, Addison e Fielding podem algum dia tornar-se letra morta.

L. 20. *generosidade e dignidade de pensamento,* etc. Bolingbroke fala nessa veia do reinado de Eduardo III, que era então considerado o auge do antigo estilo de vida nacional inglês. Comp. Johnson, "London":

> Illustrious Edward! From the realms of day,
> The land of heroes and of saints survey.
>
> (Ilustre Edward! Dos reinos do dia,
> Observa a terra dos heróis e dos santos.)

Uma história mais exata classifica esse período particular menos elevadamente. O Professor Stubbs considera-o caracterizado por um "esplêndido vazio formal... a vida, o gênio, o espírito de tudo sufocando e desgastando-se sob o íncubo da [345] falsa cavalaria, da extravagância cruel e da ânsia de guerra" (*Select Charters,* p. 418). Um autor moderno disse sobre os enganosos atrativos da Idade Média que eles parecem o colorido brilhante de alguns quadros antigos – *il ne leur reste plus que le vernis.* Toquemnos, e seu esplendor vira poeira. A cavalaria foi apenas a flor perecível da vida nacional: sucedeu-a o fruto da civilização substancial.

É tão raro podermos detectar qualquer real variação de opinião em Burke, mesmo entre suas obras iniciais e as mais recentes, que vale a pena observar que, no início de *Account of European Settlements in America,* ele declara que as maneiras da Europa antes do Renascimento eram "totalmente bárbaras". "Uma coragem desenfreada e romântica nas partes norte e ocidental da Europa, e uma política malévola nos Estados italianos, era o caráter daquela época. Se examinarmos as maneiras das cortes, parece haver apenas marcas muito tênues de cultivo e polidez. O encontro entre nosso Eduardo IV e seu irmão da França, no qual estavam ambos engaiolados como animais selvagens, mostra disposições muito distantes de um autêntico senso de honra, ou de quaisquer ideias justas de polidez e humanidade."

L. 21. *Sutilizamos... de selvagens.* Uma expressão semelhante ocorre na caracterização dos espartanos por Goguet, inserida por Burke no *Annual Register* de 1760. No volume para 1761, ele alude a isso como "o caráter de uma nação famosa melhorado, se podemos dizer assim, por alguém intitulado filósofo, em brutos". O filósofo é Licurgo, o ídolo de Rousseau. "O projeto", escreve Mercier, "era formar uma raça de homens inteiramente nova; e fomos transformados em selvagens". *New Picture of Paris,* cap. 3. Matthias, *Pursuits of Literature,* iv. 11:

But chief, Equality's vain priest, Rousseau,
A sage in sorrow nursed and gaunt with woe –
. . . .
What time his work the citizen began,
And gave to France the social savage, Man.

(Mas chefe, o inútil pregador da Igualdade, Rousseau, /
Um sábio tratado pela mágoa e emaciado pela dor –.... /
A que tempo a sua obra iniciou o cidadão /
E deu à França o selvagem social, o Homem.)

L. 22. *Rousseau... Voltaire... Helvetius.* O espírito de livre-pensamento, que dá caráter tão distintivo ao século passado, não era de modo algum produto daquele século. Vinha sendo militante há pelo menos 200 anos antes de, em meados daquele século, tornar-se triunfante. Ele veio da Itália, com o Renascimento. Lanoue, em seus *Discours* (1585), calcula os ateus na França em um milhão. O Padre Mersenne, em 1636, chega aos 50.000 apenas em Paris; "Quae (Lutetia) si luto plurimum, multo tamem magis atheismo foetet." Ver mais sobre esse assunto na Introduction, do Sr. Aubertin, e comp. especialmente a seção de Burton sobre "Religious Melancholy in defect".

L. 25. *não há descobertas a serem feitas em moralidade.* Assim na Carta ao Sr. de Menonville Burke insiste em que, para efetuar uma real reforma, deve ser apagado qualquer vestígio "daquela filosofia que pretende ter feito descobertas na *terra australis* da moralidade". Essa carta contém o julgamento final de Burke sobre Rousseau.

L. 27. *entendidos muito antes de termos nascido.* Comp. ante, p. 184, l. 21.

[346] **P. 258, l. 1.** *tumba silenciosa... petulante loquacidade.* Assim também a Antologia:

Πολλὰ λαλεις, ἄνδρωπε, χαμαὶ δὲ τίδῆ μετὰ μικρόν,
Σίγα, καὶ μελέτα ζων ἔτι τὸν δάνατον.

L. 9. *borradas.* No original: *blurred* = borrados, rabiscados.

L. 12. *corações verdadeiros, de carne e sangue,* etc. Ezequiel, xi. 19.

P. 259, l. 14. *muitos de nossos homens de especulação.* Aludindo à escola dos ensaístas ingleses, com Addison à testa; e especialmente ao dr. Johnson. Ver especialmente o *World* n°s 112-114. Os *Essays in the World,* de Lord Chesterfield, que apareceram nos dias de juventude de Burke, evidentemente atraíram sua atenção. Os seguintes extratos são do nº 112, que começa com a citação de uma das generalizações pomposas e superficiais de Bolingbroke sobre o tema do preconceito, e é interessante por sua relação com esse texto: "É certo que não houve uma época em que a prerrogativa da razão humana tenha sido mais livremente afirmada, nem os erros e preconceitos mais competentemente atacados e desmascarados pelos melhores autores, do que agora. Mas o princípio de busca e detecção não pode ser levado longe demais, ou pelo menos tornado geral demais? E uma prudente discriminação de casos não deveria ser levada em consideração? Um preconceito não é de modo algum um erro (embora seja geralmente considerado assim); ao contrário, pode ser uma verdade absolutamente não questionada, embora ainda seja um preconceito naqueles que o assumem sem nenhum exame, em confiança, e o nutrem por hábito. Há até mesmo alguns preconceitos, fundamentados em erros, que deveriam ser ajudados, ou talvez estimulados; e seus efeitos são mais benéficos à sociedade do que sua revelação teria a possibilidade de ser... O grosso da humanidade não tem nem tempo nem conhecimento suficiente para raciocinar direito; por que então se deveria de todo ensiná-la a raciocinar? O instinto honesto não os predisporá, e preconceitos saudáveis não os orientarão muito melhor do que meio raciocínio?... Preconceitos honestos, úteis, simples e despretensiosos... em si mesmos verdades incontroversas e demonstráveis, e deveriam, portanto, ser cultivados, mesmo em sua feição mais grosseira."

L. 27. *hábito... série de atos desligados.* A distinção é uma parte importante do sistema moral de Aristóteles, *Ét.*, Liv. ii. iii.

P. 260, l. 12. *em guerra irredimível com todos os sistemas.* Comp. infra, p. 265, l. 1. Ler o começo do famoso artigo da *Encyclopédie* sobre *Fundações*, escrito por Turgot. Há indicações, em obras subsequentes, de que Burke o leu. O autor, não contente em expor os abusos e pontos fracos de velhas instituições, confessadamente se esforça "para despertar uma aversão por novas fundações".

Ibid. *guerra irredimível.* Uma curiosa expressão de Lívio, que parece haver-se fixado na memória de Burke. "Ex quibus pro certo habeat, Patres, adversus quos tenderet, bello inexpiabili se persecuturos." Liv. iv. c. 35. Ela é repetida à p. 331, l. 11, e na Carta ao Sr. Baron Smith.

L. 18. *espécie singular de pacto.* O Bispo Horsley, depois de rastrear a teoria do pacto original de governo no *Crito* de Platão, diz: "É notável que esse pacto fictício, que em tempos modernos foi feito sobre a base da doutrina incondicional de resistência, tenha sido [347] fundado por Platão na pessoa de Sócrates como a fundação da doutrina oposta da obediência passiva do indivíduo". *Serm.* xliv. 30 jan. de 1793.

P. 261, l. 16. *recusou-se a mudar sua lei,* etc. Ao que Bolingbroke alude em suas *Remarks on the History of England.* Ver Blackstone, vol. iv. cap. 8, e especialmente Milman, *History of Latin Christianity,* Livro xiii. cap. 6: "O Parlamento com uma voz indignada declarou a rendição do reino por João írrita e nula, pois sem a autorização do Parlamento, e contrária ao juramento de coração do rei (40 Ed. III).... O Parlamento mostrou-se igualmente decidido contra o outro abuso (a concessão de ricos benefícios a estrangeiros). O primeiro Estatuto de Provisores tinha sido decretado no reinado de Eduardo I (35 Ed. I). Duas vezes já, no reino de Eduardo III (em 1351 e 1353), essa lei foi restabelecida, com as penalidades superando umas às outras em severidade. Foi [agora em 1373] declarado que a Corte de Roma não poderia fazer a indicação para nenhum bispado ou benefício na Inglaterra." "No ano de 1390 (15 Ric. II), os Comuns exigiram a renovação do Estatuto de Provisores nos termos mais veementes."

L. 26. *devemos prover como ingleses.* Comp. ante, nota à p. 154, l. 10. Burke considerava o resto da Europa "ligado por uma articulação" com o edifício político da França.

P. 262, l. 5. *uma cabala, intitulando-se filosófica.* O termo "filosófico" então implicava, como talvez ainda implique na França, descrença no cristianismo. A caracterização da filosofia por Coleridge, posta em voga por Voltaire, D'Alembert, Diderot, etc., é dada aqui não porque seja totalmente justa, mas porque ilustra os pontos de vista de Burke, pelos quais ela foi sem dúvida inspirada:

> Buliçosa, lasciva e revolucionária, essa sabedoria francesa nunca fez mais do que arranhar a superfície do conhecimento. Como economia política, em seu zelo pelo aumento da comida, ela habitualmente deixava de lado as qualidades e até as sensações dos que dela se iriam alimentar. Como filosofia ética, não reconhecia deveres que não pudesse reduzir a cálculos de devedor e credor nos livros-razão do amor-próprio, em que não era prata de lei moeda que não pudesse ser transformada em sensações agradáveis. E mesmo em seu auge de autocomplacência como arte química, estou enormemente enganado se ela desde o comecinho não confundiu os produtos de destruição, *cadavera rerum*, com os elementos de composição: e muito certamente ela comprou bem caro umas poucas invenções brilhantes ao custo de

perder qualquer comunhão com a vida e o espírito da natureza. Como o processo, vejam o resultado! – uma frivolidade insensível alternando-se com um sentimentalismo igualmente frouxo – um desprezo ignorante pela antiguidade – um abandono da autodisciplina moral – um amortecimento do senso religioso, mesmo nas formas menos reflexivas da piedade natural – uma reprovação desdenhosa de todas as consolações e alívios secretos vindos do alto* – e como o *caput mortuum* [348] da natureza humana se evaporava uma natureza francesa de ganância, leviandade, ferocidade e presunção. *The Statesman's Manual*, Appendix C.

L. 15. *Collins, Toland,* etc. Tudo que vale a pena saber sobre esses autores pode-se ler no ensaio de Mark Pattison no ensaio intitulado *Tendencies of Religious Thought in England, 1688-1750*. O mais representativo da seita era Tindal. Comp. Pope, *Imit. of Horace,* i. 6:

But art thou one whom new opinions sway,
One who believes as Tindal leads the way?
Who virtue and church alike disowns,
Thinks that but words, and this but brick and stones?

(Mas serás alguém sobre quem novas opiniões ganham domínio,
Alguém que acredita quando Tindal mostra o caminho?
Que a virtude e a Igreja renega com dolo,
Dizendo que uma é só palavras, e a outra só pedra e tijolo?)

L. 16. *Quem hoje lê Bolingbroke?* Comp. infra, p. 311, l. 20. Escreveu-se que Burke é pouco generoso com seu mestre literário. Alguns, no entanto, consideravam suas obrigações para com Bolingbroke mais insignificantes do que em geral se supõe, e

* Coleridge toma essas belas expressões emprestadas do Coro em *Samson Agonistes*.

encaram Addison como seu genitor literário. Comp. nota à p. 259, l.14. O "Belo e Sublime" certamente tem a marca de muito estudo de Addison, tanto quanto ao estilo quanto com relação à substância. Burke repete sua opinião sobre Bolingbroke na Primeira Carta sobre uma Paz Regicida: "Quando eu era muito jovem, uma moda generalizada dizia-me que eu devia admirar alguns dos textos contra aquele ministro (Sir R. Walpole). Um pouco mais de maturidade ensinou-me igualmente a desprezá-los."

L. 19. *poucos sucessores.* A alusão é a Hume.

Ibid. *cripta de família de "todos os Capuletos". Romeu e Julieta,* Ato iv. cena I:

Thous shalt be borne to the same ancient vault,
Where all the kindred of the Capulets lie.

(Serás levada para a mesma tumba antiga,
Onde jazem todos os parentes dos Capuletos.)

L. 23. *Nunca agiram corporativamente.* Em Burke, um sinal certo de serem excrescências anormais e indignas da sociedade civil. Vide *Present Discontents.* Essa observação sobre os livres-pensadores ateus é feita pelo próprio Bolingbroke! Burke tem em mente o coro de Samson:

If any be (atheists) they walk obscure;
For of such doctrine never was there school,
But the heart of the fool,
And no man therein doctor but himself.

(Sejam quais forem [ateus] andam no obscurantismo;
Pois de tal doutrina nunca houve uma escola,
Senão o coração dos tolos,
E nenhum doutor lá dentro a não ser ele mesmo.)

P. 263, l. 6. *simplicidade nativa e retidão de entendimento.* Os ingleses são notáveis por uma arraigada antipatia a toda chicana e sofisticação. Boas ilustrações variadas do caráter inglês são o autor de *Hudibras,* conforme refletido em seus textos, o Sir Roger de Coverly, de Addison, os personagens principais de Fielding, o retrato do Dr. Johnson escrito por Boswell e o "Christopher North" do *Blackwood's Magazine* (Professor John Wilson).

L. 8. *os homens que sucessivamente obtiveram autoridade entre nós.* Burke evidentemente alude a Sir Robert Walpole, Lord Chatham e Lord Rockingham, negando, por implicação, o mesmo mérito aos que ocuparam o poder desde a morte de Rockingham.

L. 13. *não há ferrugem de superstição,* etc. Assim também Bacon, *Essay of Atheism*: "Eu preferia [349] crer em todas as Fábulas da *Lenda,* e do *Talmude,* e do *Corão,* do que nessa desmiolada estrutura universal."

L. 22. *templo... fogo ímpio.* Aludindo ao fogo sagrado no altar de Vesta, em Roma; possivelmente também a *Números,* cap. xvi.

P. 264, L. 7. *grego – armênio – romano – protestante.* Burke fala em outra parte das "quatro grandes divisões do cristianismo", tendo evidentemente a mesma intenção que aqui. (Carta a W. Smith, Esq.) Ele era de opinião de que "as três religiões mais ou menos predominantes em variadas partes destas ilhas deveriam todas, em subordinação às instituições legais, conforme vigentes nos diversos países, ser acolhidas, protegidas e cultivadas; e que na Irlanda particularmente a religião católica romana deveria ser tida em alto respeito e veneração... e não tolerada como um mal inevitável". A caracterização de Burke por Shackleton, que, devemos lembrar, era um quacre, contém a seguinte passagem notável: "Ele crê que os papistas estão errados, duvida que os protestantes estejam totalmente certos. Ele não teve a boa graça de achar que a Igreja o levaria à certeza indubitável da verdadeira religião, não conspurcada pela mistura de invenções humanas." Detectamos aqui a linha de pensamento que foi adotada por Coleridge e posta em prática por Irving. Comp. a Doutrina de Tolerância, infra, p. 343-345.

P. 265, l.16. *os romanos antigos.* A alusão é à constituição do decenvirato; o Estado visitado foi Atenas, na era de Péricles. Niebuhr duvidou da história, mas acabou recuando dessa opinião.

L. 20. *nossa instituição da igreja.* Nenhum estudante de história admitirá que esta seja uma exposição justa da opinião pública contemporânea. É totalmente oposta aos pontos de vista da escola de Warburton, que incluía os clérigos mais ponderados e práticos da época.

L. 27. *augusta estrutura... templo sagrado.* O "templum in modum arcis" de Tácito, falando do templo de Jerusalém a que se alude na passagem citada na nota à p. 176, l. 11.

P. 267, l. 9. *encargo de confiança.* Comp. nota ao vol. i. p. 118, l. 10.

L. 23. *janíssaros.* Comp. nota ao vol. i. p. 96, l. 1.

P. 268, l. 9. *a coisa mais desavergonhada*, etc. Comp. a Sátira de Dryden aos holandeses. Ver os argumentos dos atenienses aos melianos, Tucídides, Livro v. cap. 85.

L. 12. *as pessoas em geral nunca deveriam*, etc. Comp. vol. i. p. 74, p. 251, etc. "Quicquid multis peccatur inultum est", Lucano, *Phars.* v. 260. A citação foi empregada por Burke em seu apelo por misericórdia para os revoltosos condenados de 1780. Ele recorre com frequência à doutrina geral.

L. 21. *falsa mostra de liberdade* – "Falsa species libertatis", da passagem de Tácito (*Hist.* i. 1) citada in vol. i. p. 125, l. 23.

P. 269, l. 10. *vontade e razão são a mesma coisa.* A doutrina de que razão e vontade são idênticas na mente divina é uma conclusão dos escolásticos frequentemente usada pelos teólogos ingleses.

L. 16. *conferirão esse poder... somente àqueles que,* etc. Comp. p. 195, l. 21 seg.

P. 270, l. 3. *inquilinos vitalícios.* I. e. os que têm direito vitalício a receber os aluguéis.

[350] **L. 6.** *alienar o legado inalianável.* A expressão habitual para privar formalmente pessoas, a quem foram feitos legados, dos benefícios desses legados. Por um legado vinculado, rigorosamente falando, uma propriedade é legada a pessoas e seus herdeiros naturais; mas eliminar o vínculo também anula todos os interesses contingentes suplementares.

Ibid. *o desperdício da herança.* A expressão técnica para dano permanente causado a uma propriedade fundiária, como demolir casas, cortar madeira, etc.

L. 15. *se poderia ligar com a outra.* Comp. ante, p. 185.

L. 17. *ciência da jurisprudência.* Na Primeira Carta sobre uma Paz Regicida, Burke diz que Lord Camden partilhava suas opiniões sobre essa questão. "Ninguém, em um negócio público ou privado, pode adivinhar por que regra ou princípio seus julgamentos deverão ser dirigidos; nem se há de encontrar um professor em alguma universidade, ou um advogado em algum tribunal, que arrisque uma opinião sobre o que é ou não é lei na França, em qualquer caso que seja." Ele continua fazendo uma observação sobre aquela negação de todos os princípios de direito público que tornaram a República Francesa uma fora-da-lei na Europa.

L. 19. *razão dos séculos.* Uma justificativa semelhante da lei por parte de um charlatão petulante é atribuída ao Dr. Johnson. Ver a de Blackstone, vol. iii, cap. 22.

L. 21. *Autossuficiência pessoal,* etc. Assim também Daniel:

For self-opinion would be seen more wise
Than present counsels, customs, orders, laws;
And to the end to have them otherwise
The Commonwealth into confusion draws,
As if ordain'd to embroil the world with wit,
As well as grossness to dishonour it.

(Pois a opinião própria seria considerada mais sensata
Que os atuais conselhos, costumes, ordens, leis;
Porque, afinal de contas, mantê-los de outra forma
Seria arrastar a Comunidade para a confusão,
Pois ordenar que se envolva o mundo em espiritualidade
Bem como em grosseria, seria desonrá-lo.)

Coro da Tragédia de Philotas.

P. 271, l. 23. *que ninguém se aproximasse a fim de examinar,* etc.

If ancient fabrics nod and threat to fall,
To patch their flaws, and buttress up the wall,
So far is duty; but here fix the mark:
For all beyond it, is to touch the ark.

(Se as antigas edificações inclinam e ameaçam ruir,
Que emendem suas brechas e amparem suas paredes;
Assim é o dever; mas, aqui, que se altere o objetivo:
Pois acima de tudo é preciso alcançar a arca.)

Dryden, *Absalom and Achitophel.*

P. 272, l. 2 *picar esse genitor idoso em pedaços.* Assim também *in Speech on Parliamentary Reform,* 1782: "Encaro com reverência filial a constituição de meu país, e nunca a picarei em pedaços ou a porei no caldeirão de algum mago, a fim de fervê-la, com a mistura de seus componentes, de volta à jovialidade e ao vigor." Aludindo à lenda das filhas de Pélias, rei da Tenália, que "por conselho de Medeia, o picaram em pedaços e o puseram para ferver com não sei que ervas em um caldeirão, mas não conseguiram fazê-lo reviver", Hobbes, *De Corpore Politico,* Parte ii, cap. 8. Hobbes, como Burke, usa a história para ilustrar "picar a Nação em pedaços, sob pretexto ou esperança de reformá-la". Cowley emprega-a de um modo semelhante, em seu famoso *Essay on the Government of Oliver* [351] *Cromwell.* Era uma óbvia ilustração para os eventos de 1789. Comp. infra, nota à p. 312, l. 27, e p. 433, l. 14.

L. 15. *É uma parceria,* etc. Um ótimo exemplo do modo de Burke de pegar um princípio abstrato usado e abusado e corrigi-lo em sua aplicação, enquanto amplia e intensifica sua significação. Burke expõe as falácias envolvidas no uso francês do termo *Société,* que literalmente significa "sociedade" [tanto "grupamento humano", quanto "parceria" comercial].

L. 17. *não podem ser alcançados em muitas gerações.* O germe desse argumento profundo pode ser encontrado em Cícero, mas nunca foi usado de forma tão competente, nem feito valer tão fortemente quanto nessa passagem.

P. 273, l. 27. *"Quod illi principi"*, etc. Do sonho de Cipião, *Cic. de Rep.*, Liv. vi. A passagem é usada como uma divisa na folha de rosto de *Law of Nations*, de Vattel, uma autoridade favorita de Burke.

P. 274, l. 3. *da cabeça e do coração.* Comp. ante, p. 245, l. 15.

L. 4. *grande nome* – Cipião.

L. 5. *nome maior* – Cícero.

L. 11. *casta e origem* – (No original, *cast* = casta, nascença).

L. 25. *oblação do próprio estado, como uma digna oferenda*, etc. Talvez reminiscência de uma passagem do Serviço da Comunhão.

P. 275, l. 1. *dignidade de pessoas.* A alusão é aos variados dignitários eclesiásticos, do Bispo para baixo.

P. 277, l. 13. *parcela tão ampla – mundo moderno.* Burke usa a palavra moderno em seu sentido estrito = o mundo de hoje. A "parcela ampla e antecipada" não tem a intenção de estender-se além da época de Hooker e Bacon. Em qualquer sentido mais extenso, exceto nos nomes de uns poucos escolásticos, e casos muito raros, como Chaucer, seria difícil justificar a alegação.

P. 278, l. 11. *propriedade da Igreja... propriedade privada.* Em seu *Speech on the Petition against the Acts of Uniformity* (1772), Burke afirmava o contrário. Ele sustentava então que a Igreja era uma sociedade voluntária, favorecida pelo Estado, e dotada por este com os dízimos, como uma taxa pública.

L. 15. *Euripo.* O estreito entre a Beócia e a Eubeia. O Mediterrâneo sendo em geral quase sem marés, a periódica subida e descida das águas, aqui e no Estreito de Messina, era um permanente enigma para os antigos.

Ibid. *fundos e ações.* "Actions", fr. = quotas de um capital conjunto (alemão *Actien*).

L. 22. *mera invenção,* etc. Comp. a famosa frase: "Si Dieu n'existait pas, il faudrait l'inventer."

P. 279, l. 6. *pregado aos pobres.* S. Lucas vii. 22, etc.

L. 9. *grande número de infelizes.* No original "the miserable great" (*great* = ricos, poderosos). "Pessoas grandes", diz South, "a não ser que seu entendimento também seja muito grande, são, entre todas as outras, as mais infelizes." Assim também Gray, "Ode on the Spring":

How vain the ardour of the crowd –
How low, how little are the proud,
 How indigent the great!

(Como o ardor da turba é vão –
Quão baixos, quão pequenos são os altivos,
Quão indigentes os grandes são!)

[352] **L. 23.** *Eles também se encontram entre os infelizes.* Crabbe consola o pobre, enumerando algumas das tristezas dos ricos:

Ah! go in peace, good fellow, to thine home,
Nor fancy these escape the general doom;
Gay as they seem, be sure with them are hearts
With sorrow tried, there's sadness in their parts;
If thou could'st see them, when they think alone,
Mirth, music, friends, and these amusements gone;
Could'st thou discover every secret ill

That pains their spirit, or resists their will;
Could'st thou behold for saken love's distress,
Or envy's pang at glory or success,
Or beauty, conscious of the spoils of time,
Or guilt alarm'd when memory shows the crime;
All that gives sorrow, terror, grief and gloom –
Content would cheer thee trudging to thine home.

Crabbe, "Amusements".

(Ah! Vai em paz, bom cidadão, para o teu lar, / Sem pensar que eles [os ricos] escapam ao juízo final; / Embora pareçam alegres, saibas que em seus corações / Há dor amargurada, tristeza em suas funções; / Se pudesses vê-los, quando refletem a sós, / Júbilo, música, amigos, esses divertimentos desapareceriam; / Se pudesses descobrir cada mal secreto / Que punge os seus espíritos, ou resiste às suas vontades; / Pudesses contemplar as aflições do amor / Ou o pungir da inveja diante da glória ou do sucesso, / Ou a beleza, consciente dos estragos do tempo, / Ou a culpa alarmada quando a memória mostra o crime; / Tudo o que dá tristeza, terror, dor ou abatimento – / Tu te rejubilarias a caminho de teu lar.)

L. 24. *dor pessoal.* O prazer da riqueza, diz South, está tão longe de atingir a alma que mal perfura a pele. "O que um homem não daria para obter uma libertação, ou melhor, apenas uma pequena trégua das dores extremas da gota ou do cálculo renal? E, no entanto, se ele pudesse pagar seu médico com ambas as Índias, nem arte nem dinheiro conseguiriam redimi-lo, ou apenas resgatá-lo de sua infelicidade. Ninguém, por ser rico, sente menos um pouco as agonias de dor e as torturas de sua doença atual (seja ela qual for). Suas riquezas de fato podem tê-las ocasionado, mas não podem aliviá-las. Febre de ninguém arde mais suavemente por ele tomar seus xaropes em uma taça de ouro." Ver o resto disso, o argumento conclusivo do excelente sermão "On Covetousness".

P. 280, l. 1. *grassam sem limite.* Isso nos lembra alguma coisa das lúgubres observações de Pascal sobre o instinto secreto que leva o homem a buscar diversão e emprego em algo fora de si próprio.

L. 14. *O povo da Inglaterra sabe,* etc. Essas considerações são repetidas dos primeiros políticos da Igreja. "Onde a riqueza é tida em tão grande admiração como geralmente, nesta idade de ouro, ela é, que sem ela perfeições angélicas não conseguem livrar-se do extremo desprezo, com certeza tornar os bispos mais pobres do que eles são devia fazê-los ser de menos consideração e estima do que deveriam ser." Hooker, *Eccl. Pol.,* Liv. vii. cap. xxiv. 19. Assim também, South, Sermão iv. (*Ecclesiastical Policy the Best Policy*): "O vulgo não tem essa mentalidade lógica, a ponto de ser capaz de abstrair tais concepções sutis e de saber separar o homem do ministro, ou de considerar a mesma pessoa sob uma dupla condição, e assim reverenciá-lo como religioso, enquanto o despreza como pobre... Que o ministro seja humilde e abjeto, e seu interesse inconsiderável, o Verbo há de sofrer por ele. A mensagem ainda encontrará recepção de acordo com a dignidade do mensageiro." Swift, *Project for the Advancement of Religion:* "Pois acontece que homens devotados ao prazer, que nunca vão à igreja, nem costumam ler livros de devoção, [353] formam suas ideias sobre o clero a partir de uns poucos pobres passantes que eles costumam observar nas ruas, ou esquivando-se para fora da casa de alguma pessoa de qualidade, onde são contratadas pela senhora da casa a dez xelins por mês... E que alguns pensadores achem o que quiserem, é certo que os homens devem ser levados a amar e estimar o clero, antes que possam ser convencidos a abraçar com amor a religião. Ninguém dá valor ao melhor remédio, se receitado por um médico cuja pessoa ele odeia e despreza."

L. 21. *Se essa pobreza fosse voluntária,* etc. Hazlitt, *Essay on the Want of Money*: "O livro de Echard sobre o Desprezo do Clero é infundado. É por certo suficiente para qualquer grupo de indivíduos, elevado acima de qualquer carência de fato, que seus caracteres sejam não meramente respeitáveis, mas sagrados. A pobreza, quando é voluntária, nunca é desprezível, mas assume um aspecto heroico."

P. 281, l. 1. *Os que hão de instruir a ignorância presunçosa,* etc. "Com que cara um mísero lacaio há de enfrentar a figura solene de um magnata tirânico? Com que esperança de sucesso ele se aventurará a impedir as extravagâncias perversas de um galante rufião? Terá ele a audácia de contradizer a opinião ou proibir as práticas desse ricaço, ou daquele vizinho poderoso, por cujos donativos, talvez, ele é aliviado, e mantido por seus favores?" Barrow, *Consecration Sermon on Psalm* cxxxii. 16. Para uma instância notável da dívida dos políticos modernos para com Burke, compare-se com essa passagem o *Speech de Sir R. Peel at the Glasgow Banquet,* 1837.

L. 8. *Não! Faremos com que se exalte sua fronte mitrada,* etc. "Cristo ia querer seu corpo, a Igreja, não magro e desprezível, mas farto e sustentado com eficiência, exposto ao mundo com as belezas da plenitude e as proporções mais enobrecedoras." South, *Posthumous Sermons,* n. ii.

L. 21. *Pode ver um bispo de Durham*, etc. O argumento é tirado do que ele em outra parte chama de "as excelentes objeções do excelente Berkeley". "Se as rendas distribuídas para o estímulo da religião e do ensino fossem feitas hereditárias nas mãos de uma dúzia de Lords leigos, e de tantos plebeus muito melhorados, o público ficaria muito melhor por causa disso?" *Queries*, nº 340. Semelhantemente, Swif, *Arguments against Enlarging the Power of the Bishops*: "Nunca fui capaz de imaginar que inconveniência resultaria para o público por mil ou dois mil anuais estarem nas mãos de um bispo protestante, mais do que se estivessem nas mãos de uma pessoa leiga. O primeiro, geralmente falando, vive tão pia e hospitaleiramente quanto a outra, paga suas dívidas tão honestamente quanto e gasta o mesmo de sua renda entre seus locatários; além disso, se eles forem seus inquilinos imediatos, pode-se distingui-los à primeira vista, por seus hábitos e cavalos, ou, se formos a suas casas, pelo seu modo de vida confortável."

L. 25. *deste Conde ou daquele Fidalgo.* O argumento é argutamente ampliado por Sydney Smith, em sua Segunda Carta ao Arquidiácono Singleton: "Pegue, por exemplo, a Catedral de Bristol, cujas propriedades todas têm um custo equivalente a manter uma matilha de cães para caçar raposas. Se tudo isso estivesse nas mãos de um [354] fidalgo rural, em vez de nas de um prelado, chantre, diácono, cônego e sacristão, haveria chefe de caça, cachorreiro, capatazes e entocadores; o velho fidalgo, cheio de opiniões idiotas e líquidos fermentados, e um cavalheiro jovem de luvas, coletes e culotes; e quantas gerações levaria até que fortuita confluência de patetas produzisse um homem como o Professor Lee, um dos prebendados de Bristol, e de longe o mais eminente orientalista da Europa?"

L. 26. *muitos cães e cavalos não são mantidos,* etc. O leitor poderia imaginar estar diante de Cobbett, em vez de Burke. Burke era um amigo sincero dos pobres que viviam perto de sua propriedade. Ver Prior, *Life of Burke,* cap. xiv.

P. 282, l. 2. *É melhor cultivar, etc.* O princípio foi proposto pelo Bispo Horsley em seu Sermão sobre o pobre que não deixa sua terra (Deut. xv.11), 18 de maio, 1786. Ele sustenta que o modo de socorro melhor e mais natural é por contribuições voluntárias. "A lei deveria ter o cuidado de não fazer demais."

L. 10. *De mais e de menos são traição contra a propriedade.* Esse marcante aforismo é de um tipo peculiar a Burke. Comp. nota ao vol. i. p. 186, l. 20.

P. 283, l. 5. *Acreditaremos então que esses reformadores,* etc. "Se eles abusarem dos bens da Igreja para pompa e vaidade, essas culpas não perdoamos neles; só queremos que se considere se essas culpas lhes cabem realmente, ou então são apenas levantadas contra eles pelos que ficam embasbacados após um espólio e, portanto, não são juízes competentes do que é moderado e do que é excessivo... . Se o remédio para a doença é bom, que seja imparcialmente aplicado. *Interest reipublicae ut re suâ quisque bene utatur.* Que todos os estados passem a viver de suas moderadas pensões, que seus benefícios eclesiásticos e terras sejam tirados deles, sejam eles quem forem, em quem se descobrir que essas amplas posses foram uma questão de grave abuso, isso seria justo? Famílias nobres achariam isso razoável?" Hooker, *Eccl. Pol.* Liv. vii. xxiv. 24. Assim também Crabbe, "Religious Sects":

"In pomp", they cry, "is England's Church arrayed,
Our cool reformers wrought like men afraid –

We would have pulled her gorgeous temples down,
And spurned her mitre, and defiled her gown –
We would have trodden low both bench and stall,
Nor left a tithe remaining, great or small!"
Let us be serious – should such trials come,
Are they themselves prepared for martyrdom?

("Em pompa", exclamam, "a Igreja da Inglaterra se atavia, / Nossos tíbios reformadores vestidos como homens temerosos – / Teríamos derrubado seus templos suntuosos, / Repelido sua mitra e conspurcado suas vestes – / Teríamos espezinhado seus bancos e seus púlpitos, / Sem deixar sobrar seus dízimos, vultosos ou mínimos!" / Sejamos sérios – se tais julgamentos ocorressem, / Estariam eles preparados para o martírio?)

L. 24. *taça de suas abominações.* Apocalipse de S. João, xvii. 4.

L. 28. *egoísta alargamento da mente,* etc. Comp. nota ao vol. i. p. 151, l. 2.

P. 284, l. 21. *rudemente arrancados – harpias da usura.* A alusão é a Virg. *En.* iii. 212, seg.

P. 285, l. 15. *academias do Palais Royal.* O jardim do Palais Royal, cercado de restaurantes e lojas, era e ainda é conhecido local de reunião – o fórum dos oradores de praça pública e dos boateiros. O Sr. [355] Carlyle chama-o de *Satan-at-home.* O Clube dos Jacobinos tirou seu futuramente muito famoso nome do fato de se reunir no saguão de um convento de monges da ordem de São Tiago de Compostela.

P. 286, l. 14. *masmorras e jaulas de ferro de seus antigos senhores.* A alusão é às crueldades de Luís XI, assim descritas por Commines: "Il est vray qu'il avoit fait de rigoureuses prisons, comme cages de fer et autres de bois, couvertes de plaques de fer par le dehors et par le dedans, avec terribles ferrures de quelques huict pieds de large, et de la hauteur d'un homme et un pied de plus. Le premier qui les devisa fut l'évesque de Verdun, qui en la première qui fut faite fut mis incontinent, et y a couché quatorze ans". *Mém.* Liv. vi. cap. 12.

P. 289, l. 12. *Assentamentos de famílias.* Em linguagem técnica francesa, *substitutions fidei-commissaires,* ver p. 443, l. 9 (deve ser distinguido do uso desses termos no direito civil). Diversos costumes, entretanto, incluindo os da Normandia e da Bretanha, os desautorizavam. A lei sobre o assunto foi estabelecida por um decreto em 1741. Na *Encyclopédie,* eles são encarados, como muitas outras instituições, como úteis em seu tempo mas inadequados para a época. O autor do artigo aprova as restrições inglesas aos legados, que proíbem seu vigor além da vida de uma pessoa, viva no momento em que foram feitas, e vinte e um anos depois. "On dit que le droit coutumier d'Angleterre abhorre les successions à perpettuité; et en conséquence, elles y sont plus limitées que dans aucune autre monarchie de l'Europe." O autor também vê com inveja a proteção dos arrendatários contra as transmissões por herança, que era peculiar à Grã-Bretanha. Na França, a proteção do arrendatário contra herdeiros e compradores antigamente estendia-se apenas a nove anos a partir do começo do arrendamento, Luís XIV tendo fixado esse curto limite a fim de tornar mais frequentemente exigível o imposto sobre alienações. Entre as reformas de Turgot, esse período foi aumentado para vinte e sete anos, mas o enciclopedista considera isso muito curto.

L. 14. *o jus retractus* = *droit de retrait,* ou direito de recuperação, geralmente conhecido como *prélation.* A lei francesa admitia mais de vinte espécies desse direito, as mais importantes das quais eram o *Retrait Seigneurial* e o *Retrait Lignager.* Pelo primeiro, o senhor poderia a qualquer momento readquirir compulsoriamente terras alienadas que um dia fizeram parte de seu feudo. Pelo último os herdeiros de um dono de terra poderiam igualmente readquirir qualquer porção da propriedade de seu ancestral que ele tivesse alienado. Esses direitos prevaleciam não só no *pays coutumiers,* mas no *pays de droit écrit.* Comp. a Assises de Jerusalém.

Ibid. *massa de propriedade fundiária possuída pela coroa... inalienavelmente.* As propriedades privadas do monarca antigamente eram distinguidas das propriedades da coroa, e podiam ser alienadas, mas depois do Decreto de Moulins (*Ordonnance du domaine,* 1566), a distinção desapareceu, e todas as propriedades que de algum modo passassem ao monarca se uniam às terras da coroa. A política de não alienação, no entanto, data de uma época anterior a São Luís. Era um dos pontos mais fracos do *ancien régime,* e foi [356] competentemente atacada no *Traité de la Finance des Romains,* 1740, antes que os enciclopedistas apresentassem seus argumentos contra ela e Turgot formulasse seu sábio plano para aboli-la. As terras da coroa eram frequentemente alienadas, mas essas alienações estavam sempre sujeitas ao *jus retractus.*

L. 16. *vastas propriedades das corporações eclesiásticas.* Sua riqueza foi muito exagerada. Alguns a estimaram em metade, outros, em um terço da renda nacional, ou seja, os rendimentos de aluguéis do reino. Condorcet, em sua *Vida de Turgot,* calcula-a em menos de um quinto.

P. 290, l. 8. *não nobres ou recém-enobrecidos.* "Les gens d'esprit et les gens riches trouvaient donc la noblesse insupportable; et la plupart la trouvaient si insupportable qu'ils finissaient par l'acheter. Mais alors commençait pour eux un nouveau genre de supplice; ils étaient des anoblis, des gens nobles, mais n'étaient pas gentilshommes." Rivarol, *Journal Politique.*

P. 291, l. 12. *duas academias da França.* A famosa Académie des Sciences (*A* Academia) e a Académie des Inscriptions, assim chamada porque seu dever especial era criar inscrições em honra do *grand Monarque,* e em celebração de seus vários triunfos civis e militares.

Ibid. *vasto empreendimento da Encyclopaedia.* Começada em 1751 por Diderot e D'Alembert. Havia *Encyclopaedias* desde meados do século XVI, mas a presente obra, na qual pode ser encontrada a primeira forma de "Positivismo", propunha purgar o mundo do conhecimento e da prática de tudo que era obsoleto ou prejudicial. Foi republicada (1782 seg.) em seções, sob o título de *Encyclopédie Méthodique.* "Tinha a intenção de conter esboços, ao mesmo tempo exatos e elementares, dos temas do conhecimento humano, e de expor as verdades mais seguras, úteis e importantes nos diferentes ramos da ciência. Deveria, além disso, conter uma discussão de cada questão que interesse aos instruídos e aos humanitários; opiniões da máxima universalidade ou celebridade, com a origem e o avanço dessas opiniões, e os argumentos, sejam justos ou falaciosos, com que foram apoiados." Condorcet, *Vida de Turgot,* cap. ii. Poderia ter sido acrescentado que a obra baseava-se nos esforços de Ephraim Chambers, e a princípio pretendia ser pouco mais do que uma tradução de seu dicionário.

L. 16. *Buscaram esse objetivo com um grau de zelo,* etc. Ver o *Ensaio sobre as Ciências,* de Rousseau.

P. 292, l. 10. *seu próprio fanatismo.* O tom da *Encyclopédie,* no entanto, está muito longe do fanatismo aberto. Os jacobinos ingleses ultrapassaram seus modelos. Diz-se que a London Corresponding Society decidiu que a crença perniciosa em um Deus deveria ser uma exceção a seu princípio geral de tolerância! (Sir J. Mackintosh, no *British Critic*, ago. 1800). O que Burke quer dizer é bem ampliado pelo Dr. Liddon: "A religião não deixa de influenciar os acontecimentos entre os que rejeitam suas alegações: ela desperta as mais fortes paixões, não meramente em seus defensores, mas em seus inimigos. A alegação de ter comunhão com um mundo invisível irrita, quando não conquista e satisfaz. O ateísmo foi repetidas vezes um fanatismo: foi alternadamente missionário [357] e perseguidor; excita-se ao nível de paixão pela presença mesma da paixão sublime a que se opõe." *Some Elements of Religion*, Lect. i.

L. 21. *perseguição confusa e opressiva.* Aludindo às ações contra os enciclopedistas, iniciadas quando sete volumes haviam sido publicados, e enfraquecidas por serem levadas a cabo por dois grupos tão opostos quanto jesuítas e jansenistas. Os primeiros haviam proposto contribuir com os artigos teológicos, e ficaram mordidos por terem sido rejeitados. O Parlamento de Paris, no final, nomeou uma comissão para supervisionar a publicação. É notável que o artigo sobre a Alma, que foi designado nas *Mémoires* como o mais ofensivo de todos, tenha acabado por ser escrito por um diplomado da Sorbonne, cuja ortodoxia era impecável! Essa perseguição provocou uma união mais estreita entre a maioria dos membros da *secte Encyclopédique*, mas privou-os da assistência de outros, em particular de Turgot.

P. 293, l. 23. *em suas sátiras.* Ver as obras menores de Voltaire, Diderot, etc.

P. 295, l. 14. *nova moralidade.* A expressão foi adotada por Canning como título para seu famoso poema satírico no *The Anti-Jacobin.*

L. 26. *controladores gerais.* Burke poderia ter excetuado dessa denúncia abrangente um que perdeu o cargo, em parte pela oposição desesperada dos banqueiros que seus predecessores empregaram – Turgot. Quando Turgot teve de renunciar, e sua política prudente e liberal foi invertida, passou a haver um único sentido na França. Eram mais os *agricultores* gerais que deveriam ter sido assim estigmatizados.

P. 296, l. 4. *Sr. Laborde.* Jean Joseph (Marquês) de Laborde, um rico comerciante de Bayonne, empregado extensamente como banqueiro e contratante financeiro pelo governo de Luís XV, primeiro na Guerra dos Sete Anos. Era espanhol de nascimento, e seu verdadeiro nome era Dort. Ele tirou o nome de Laborde de uma propriedade à qual estava ligado o marquesado insistentemente instado pelo Duque de Choiseul. Adquiriu enorme riqueza, principalmente talvez, como Burke insinua, por seus empregos públicos. Retirou-se dos negócios quando Choiseul caiu em desgraça. Foi condenado durante o terror devido à exportação de lingotes de ouro e prata com a suposta intenção de desvalorizar os *assignats,* e guilhotinado em 18 de abril de 1794.

L. 8. *Duque de Choiseul.* Ministro, 1758-1770. Mencionado no vol. i. p. 108.

L. 13. *de ter estado em Paris,* etc. Essa circunstância volta a ser aludida, em relação à partilha da Polônia, na Segunda Carta sobre uma Paz Regicida. Ver a próxima nota.

L. 14 . *Duque d'Aiguillon.* O mais rico *seigneur* da França depois do rei, e um dos poucos membros da *noblesse* que assumiram a causa da Revolução na Assembleia. Foi Ministro das Relações Exteriores de Luís XV, depois da queda de Choiseul. É imortal na história, devido ao fato de que, por sua política apática e deplorável, não foi oferecida nenhuma oposição à partilha da Polônia, sempre um instrumento da França, e cuja ruína, acha-se, uma ação decidida por parte da França poderia ter evitado. "Si Choiseul avait été encore là", disse Luís XV, "ce partage n'aurait pas eu lieu." Ele destacou-se em seus últimos anos, durante os quais foi-lhe confiado o governo da Bretanha, escondendo-se em um moinho, quando os ingleses desembarcaram em St. Cast, de lá saindo, para repulsa dos invasores, "coberto não de glória, mas de farinha". O "Livre Rouge" diz que ele por duas vezes quase provocou uma guerra civil e a ruína do estado, e duas vezes escapou do cadafalso.

L. 16. *despotismo protetor.* A mão protetora era de Madame du Barry.

L. 19. *Os membros da nobre família de Noailles foram durante longo tempo servidores,* etc. Por dois séculos e meio. O Marechal de Noailles destacou-se especialmente na Guerra da Sucessão austríaca, 1742-1748, e em seguida como ministro. Seu filho, Louis, Duque de Noailles, se notabilizou como agente privado de Luís XVI. Vale a pena citar uma de suas tiradas. O rei Luís disse que os agricultores gerais eram os que seguravam o Estado: "Sim, Sire – como a corda segura o enforcado." Ele morreu pouco depois da execução do rei, e sua viúva, filha e neta foram guilhotinadas logo em seguida, em 22 de julho de 1794. Burke, aqui, alude particularmente ao Visconde de Noailles, um filho mais moço, que tomou parte de destaque, com o Duque d'Aiguillon, nos debates da Assembleia, particularmente nos trabalhos do 4 de agosto.

L. 23. *Duque de Rochefoucauld.* François Alexandre Frédéric, Duque de Rochefoucaud-Liancourt, geralmente chamado Duque de Liancourt, eminente como economista político.

L. 27. *ele faz bom uso,* etc. Ver *Travels in France,* de Arthur Young, vol. i. p. 62.

P. 297, l. 2. *de Rouen.* Ver a nota [e]. Dominique de la Rochefoucauld, o Arcebispo, descendia de um ramo pobre e desconsiderado da família. Ele foi presidente da Ordem do Clero, nos Estados Gerais de 1789.

L. 9. *crudelem illam hastam.* Cícero, aludindo às vendas dos confiscos de Sila: "Nec vero unquam bellorum civilium semen et causa deerit, dum homines perditi hastam illam cruentam et meminerint et sperabunt." *De Officiis,* ii. 8, 29. Assim também a Quarta Filípica, 4, 9: "Quos non illa infinita hasta satiavit."

P. 298, l. 8. *Henrique VIII.* No original, Harry *the Eight.* "Harry" é simplesmente a forma antiga e francesa de pronunciar "Henry".

L. 12. *roubar as abadias.* O Sr. Hallam é de opinião que a alienação das terras das abadias foi no todo benéfica para o país. Sua opinião, no entanto, foi provavelmente modificada por sua doutrina de que a propriedade de uma corporação não se encontra em pé de igualdade com a de indivíduos privados. Bolingbroke considera isso uma medida política.

P. 304, l. 11. *oferta de uma contribuição.* O Arcebispo, em nome do clero, ofereceu uma renúncia incondicional dos dízimos, se lhes fosse [359] permitido conservar as terras da Igreja. Essa medida de conciliação foi desaprovada por Sieyès.

P. 306, l. 5. *Banco de descontos.* A Caisse d'Escompte, planejada pelo magistral estadista Turgot, enquanto inspetor geral, e levada a efeito por seu sucessor.

L. 22. *velha e independente magistratura dos parlamentos.* A posição do rei, dos parlamentos e do povo será mais bem entendida pelas palavras de Mounier: "Dans la plupart des états de l'Europe, les différens pouvoirs se sont livrés des combats à mort, ou ont fait des traités de partage, de sorte que les sujêts savent clairement quels sont ceux qui ont le droit de commander, et dans quels cas ils doivent obéir. La France seule, peut-être, offroit le spectacle extraordinaire de deux autorités alternativement victorieuses ou soumises, concluant des trèves, mais jamais de traités définitifs; et dans le choc de leur prétentions, dictant au peuple des volontés contraires. Ces deux autorités étoient celle du roi et celle des parlements ou tribunaux supérieurs". *Recherche sur les causes etc.*, pp. 10, 11.

P. 308, l. 1. *espécie de luvas.* Alude à prática de conceder arrendamentos vitalílicos ou de anos a aluguéis baixos, em consideração de uma multa, ou *luva,* ou a quantia bruta total, paga no começo do termo de contrato.

L. 2. *espécie de presente.* "Gift" (*donum*) é usado no direito feudal e no sentido técnico. A palavra *dedi* geralmente implicava serviços a serem prestados pelo recebedor e seus herdeiros ao doador e seus herdeiros. Era de maior abrangência do que outros termos, e era considerado pelos advogados "a mais adequada palavra de enfeudamento".

L. 9. *devastação.* Ver a segunda nota à p. 270, l. 6.

L. 10. *mãos habituadas... usura.* Burke evidentemente pensa nos *soucars* da Índia. Ver *Speech on Nabob of Arcot's Debts.*

P. 309, l. 1. *defensores de servidão.* Burke aqui responde por antecipação às recriminações que a obra atraiu para ele por parte dos Whigs e Revolucionários ingleses.

L. 12. *riqueza hereditária... dignidade.* A Câmara dos Lords.

L. 14. *órgão adequado e permanente.* A Câmara dos Comuns.

L. 23. *democracia pura... única forma tolerável.* A doutrina austera de Sieyès. Pode-se dizer agora que o mundo pensante da Europa desaprendeu totalmente esse dogma especulativo, produto de conhecimento e raciocínio superficiais.

P. 310, l. 1. *via direta... oligarquia.* O presságio foi cumprido pelo estabelecimento do Cinco de Frutidor (o Diretório).

L. 4. *Não reprovo nenhuma forma de governo,* etc. As opiniões contidas nestas linhas são desenvolvidas no Apelo dos Novos aos Velhos Whigs. "Ele (Sr. Burke) nunca afrontou todas as repúblicas. Nunca se professou amigo ou inimigo de repúblicas ou de monarquias em abstrato. Ele achava que as circunstâncias e os hábitos de cada país, o que é sempre perigoso e produtivo das maiores calamidades pela força, devem decidir quanto à forma de seu governo. Não há nada em sua natureza, sua disposição, ou [360] suas faculdades, que fizesse dele um inimigo de qualquer república, moderna ou antiga. Longe disso. Ele estudou a forma e o espírito das repúblicas muito cedo na vida, e fez esses estudos com muita atenção; e com uma cabeça imperturbada por afeição ou preconceito. Ele está de fato convencido de que a ciência do governo seria muito fracamente cultivada sem esse estudo. E o resultado dessa investigação, em sua mente, foi e é que nem a Inglaterra nem a França, sem infinito prejuízo para ambas, tanto no evento quanto na experiência, poderiam ser levadas a uma forma republicana; mas que tudo de republicano que possa ser introduzido com segurança em qualquer das duas deve erguer-se sobre uma monarquia." A história do sentimento político nos dois países justifica plenamente esse ponto de vista.

L. 7. *muito poucas, e muito particularmente circunstanciadas.* A confederação suíça ainda sobrevive e o reino da Holanda é na verdade uma república, como já era no tempo de Burke. As repúblicas de Gênova e Veneza eram também existentes quando Burke escreveu. As repúblicas italianas estabelecidas por Bonaparte (Liguriana, Cisalpina, Romana, Partenopeia, etc.) foram de curta duração.

L. 10. *mais familiarizados com elas.* E seu veredicto foi unanimemente contra eles. Um estudo de Tucídides, Platão e Aristóteles demonstrará quão pouca homenagem a democracia pura recebeu das melhores mentes da época em que foi mais bem entendida.

Nota. L. 21. *amigo muito culto.* Sem dúvida, o Dr. French Laurence.

P. 311, l. 20. *Bolingbroke... escritor presunçoso e superficial.* Ver nota ante, p. 262, l. 16. Não somente Burke, mas também Pitt aprenderam muito de Bolingbroke. O pai de Pitt recomendou-lhe que estudasse partes dos textos de Bolingbroke e os aprendesse de cor.

L. 23. *uma observação.* "Entre muitos motivos determinantes para que eu prefira a monarquia a qualquer outra forma de governo, este é um dos principais: quando a monarquia é a forma essencial, ela pode ser mais fácil e mais proveitosamente temperada com aristocracia, ou democracia, ou ambas, ou qualquer das duas, do que essas, quando são as formas essenciais, podem ser temperadas com monarquia. Parece-me que a introdução de um real poder monárquico permanente, ou de alguma coisa mais do que o mero espetáculo dele, em qualquer dessas formas, deverá destruí-las e extingui-las, como uma luz maior extingue uma menor. Enquanto pode facilmente ser demonstrado e a forma autêntica de nosso governo demonstrará, sem buscar nenhum outro exemplo, que poderes aristocráticos e democráticos muito consideráveis podem ser enxertados em uma cepa monárquica, sem diminuir o brilho, ou restringir o poder e a autoridade do príncipe, o suficiente para alterar em algum grau a forma essencial". – *Patriot King*, p. 98. Assim também o Diácomo Lockier, nas *Anecdotes* de Spence: "Qualquer coisa que é boa, seja em monarquias ou em repúblicas, pode ser desfrutada em monarquias limitadas. A força toda da nação está pronta para ser virada em um sentido, como em monarquias [absolutas]; e as regalias do povo podem estar tão bem garantidas quanto em repúblicas."

P. 312, l. 2. *o parasita bajulador de ontem.* Talvez uma crítica dura a [361] alguns dos *savants*. Mais de um artigo da *Encyclopédie* foi escrito no palácio de Versalhes.

L. 12. *cheio de abusos.* Burke omite um elo importantíssimo da cadeia de causas que levaram à Revolução. O grande sistema de abusos foi completamente penetrado, e um plano gradual e abrangente para remediá-lo havia sido iniciado por Turgot. Os princípios que orientaram esse grande homem na preparação desse plano já haviam sido experimentados, afirmados e desenvolvidos. Eles deram a chave para as reformas do presente século no nosso e em outros países. Mas só deixaram Turgot permanecer no cargo vinte meses, e quase tudo que ele teve tempo de efetuar foi feito ao contrário. As classes interessadas, a nobreza, o clero, parlamentos e agricultores gerais foram fortes demais para ele. Se alguém poderia ter feito o que Burke culpa os franceses por não fazerem, esse alguém era ele. O que restaria senão uma convulsão generalizada, procedendo de fontes inferiores, se a opressão fosse de todo abolida? Irritado pela hesitação, o retrocesso e a desconfiança, o povo perdeu toda a fé em seu governo estabelecido; e tratando com a monarquia, que eles gostariam de algum modo de preservar, naturalmente foram a extremos nas salvaguardas que providenciaram para as concessões que haviam extorquido. Os fatos parecem reforçar a conclusão de

Mackintosh de que, sob tais circunstâncias, o *choque* de uma revolução é necessário para a realização de grandes reformas.

L. 24. *A França toda era de diferente opinião,* etc. Verdade; mas os *Cahiers* davam a entender, claramente até demais, o que fumegava latente por baixo. Eles afirmam repetidamente, na parte do *Tiers État,* o direito de propriedade, e exigem para ele a proteção da lei, como uma coisa que estava sob séria ameaça. Eles provam que todo princípio de sociedade havia se tornado universalmente motivo de questionamento, e que opiniões muito variadas eram nutridas quanto ao que deveria ser feito. Eles revelam um espírito harringtoniano em cada canto do reino. Ninguém que os lê pode deixar de ver na "Declaração dos Direitos Humanos" sua inevitável sequela.

L. 26. *projetos para a reforma,* etc. Mais do que isso – eles estão cheios de ideias abstratas, da paixão por definição, uniformidade e governo de papel. Os *Cahiers,* no mais breve sumário ou índice de assuntos, são perfeitamente confusos. O Sr. de Tocqueville, no entanto, insiste que quem quiser entender a Revolução deve estudar incessantemente toda a série de fólios.

L. 27. *sem a mais pálida sugestão,* etc. Calonne chega mais perto do alvo: "C'est d'abord une puérilité que d'argumenter du mot *régénérer le royaume,* qui se trouve dans quelques-uns des cahiers, et peut-être aussi dans quelques phrases employées par le Roi; comme si l'on pouvoit en conclure que le Roi et les cahiers, en se servant de cette expression métaphorique, auroient entendu que l'Assemblée devoit culbuter la Monarchie de fond en comble, et créer un gouvernement absolument nouveau. 'Régénérer' est un terme de religion, qui loin de présenter l'idée d'une destruction universelle, n'annonce qu'une salutaire vivification. Le baptême régénère l'homme en effaçant la

[362] tâche qui le souilloit, et non en détruisant son existence; mais dans le sens de la révolution, régénérer c'est anéantir. Une telle interprétation rappelle l'histoire de ce Roi de Thessalie que ses filles égorgèrent", etc. (*Comp.* supra nota à p. 272, l. 3.). As pessoas viam que o reino precisava de "regeneração", e quando estavam por fazê-la resolveram que ela deveria ser completa e total.

P. 313, l. 1. *uma única voz.* Isso mal se justifica. A independência americana certamente despertara esperanças semelhantes na França. Nem teria sido possível para o impulso a uma república brotar e amadurecer em tão pouco tempo.

L. 14. *Taehmas Kouli Khan.* O usurpador militar cujas aventuras foram um romance para o mundo ocidental na juventude de Burke e terminaram na prostração nacional da Pérsia, da qual o país nunca se recuperou.

L. 20. *a própria raça humana se desfaz e perece diante dos olhos do observador.* "Os homens enfraquecem", diz Bacon, "onde o cavalo do turcomano põe os cascos." Talvez Burke tivesse em mente a descrição da miraculosa derrota infligida aos filisteus por Jônatas: "E os sentinelas de Saul em Gibeá de Benjamim *olharam*; e viram, a multidão *se dissolvia* e *fugia*", etc. I Sam. xiv.16.

P. 314, l. 2. *estado de sua população.* O aumento da população, tomado em ligação com a desigualdade de impostos e dos fardos dos pobres, deveria ter sido considerado entre as causas da Revolução.

P. 315, l. 12. *Extensões consideráveis dela são estéreis.* Calculava-se, em 1846, que quase um sétimo das superfícies todas consistia em extensões improdutivas de areia, turfa, etc., ficando principalmente perto das costas marítimas da Gasconha e do Languedoc, na Champanhe e na Flandres francesa.

L.16. *Generalité de Lisle.* Uma Généralité era o distrito sob os cuidados oficiais de um intendente-geral. Lille era populosa porque fora parte de Flandres, cuja próspera condição, em comparação com a da França, foi conspícua na Idade Média. Na Bélgica, a densidade da população ainda é mais do dobro da média da França; a primeira tendo 166, e esta última 70 habitantes por quilômetro quadrado.

P. 316, l. 15. *todos os domínios britânicos.* Burke só quer dizer as Ilhas Britânicas.

P. 317, l. 3. *moedas sonantes.* No original, *species* (plural).

P. 318, l. 4. *quando considero a face do reinado da França.* Essa página ciceroniana vale bem a pena estudar pelo seu método e o modo como as expressões que formam o veículo da reflexão são variados. A força do argumento é muito aumentada tendo em mente que esse magnífico aspecto das coisas havia sido produzido principalmente pela política de Luís XIV. A descrição de Thompson da civilização francesa claramente proporcionou a Burke algumas sugestões:

.... Diffusive shot
O'er fair extents of land, the shining road:
The flood-compelling arch: the long canal,
[363] Through mountains piercing, and uniting seas:
The dome resounding sweet with infant joy,
From famine saved, or cruel-handed shame,
And that where valour counts his noble scars.

"Liberty", Parte V, 471.

(...Uma observação difusa / Sobre as belas extensões de terras, a estrada reluzente: / O arco que detém as enchentes: o longo canal, / [363] Cortando entre as montanhas e unindo os mares: / A abóbada ressoando doçura com a alegria das crianças, / Salvas da fome, ou do opróbrio de uma mão cruel, / É nisso que a coragem justifica suas nobres cicatrizes.)

L. 5. *multidão e opulência de suas cidades.* Então muito maior, em comparação com a Grã-Bretanha. As Ilhas Britânicas hoje contêm o dobro de cidades com mais de 100.000 habitantes do que a França.

Ibid. *útil magnificência de suas espaçosas estradas principais,* etc. Em cujo respeito a França estava pelo menos meio século à frente da Inglaterra. Os principais "*grands chemins*" foram feitos pelo governo nos tempos de Luís XIV e XV. Imaginava-se que poderiam facilitar uma invasão, ideia de que se ri à pândega na *Encyclopédie*. É certo que facilitaram a Revolução.

L. 6. *oportunidade.* No original, opportunity = opportuneness.

L. 7. *seus canais... artificiais,* etc. Canais foram construídos na Itália, nos séculos XI a XIII e começaram a ser construídos quase tão cedo quanto isso nos Países Baixos. O principal canal francês foi o de Briare, unindo o Sena e o Loire, iniciado em 1605 e concluí-do em 1642.

Ibid. *abrindo as conveniências... através de um continente sólido.* Alude ao canal do Languedoc, a maior obra desse tipo no continente, que se estende de Narbonne a Toulouse e forma uma comunicação entre o Atlântico e o Mediterrâneo. Foi começado e acabado por Pierre Paul de Piquet, no reinado de Luís XIV, e custou mais de 1.300.000 esterlinas. Corneille, diz Sir J. Stephen, celebrou a união dos dois mares em alguns versos nobres, cujo único defeito é que dizem demais sobre Luís XIV e absolutamente nada sobre Riquet ou Colbert.

L. 10. *portos e enseadas... aparato naval.* Especialmente as estações navais de Brest, Toulon e Cherbourg. A marinha da França foi mais uma criação de Colbert.

L. 12. *fortificações.* A maioria delas projetada e executada mediante vasta despesa por S. le Prestre de Vauban, ao qual e a outros escritores franceses, como Blondel, Belidor, etc., a fortificação moderna e a engenharia militar em geral devem sua origem quase exclusivamente.

L. 14. *barreira impenetrável.* Ele tem em mente sobretudo a "fronteira de ferro" em direção à Holanda.

L. 16. *nível de completa perfeição,* etc. Especialmente a videira, mal conhecida na Gália antes da conquista romana.

L. 20. *e em certos particulares para ninguém perde.* Burke alude à manufatura inglesa de seda, que foi eclipsada pela França, em consequência, como foi demonstrado pelo Sr. Huskisson, do sistema proibitivo estabelecido para beneficiar os tecelães de Spitalfields.

L. 21. *grandes fundações de caridade.* O Hôtel-Dieu, a École Militaire, os Invalides, etc., de Paris; as Dames de la Charité, ordem fundada por São Vicente de Paula, redentoristas, lazaristas e os numerosos corpos dos Hôpitaliers, etc., etc.

[364] **L. 22.** *estado de todas as artes.* A França no século passado estava à frente de toda a Europa nas artes – pintura, arquitetura, decoração e música.

L. 23. *homens que ela criou,* etc. Tomaria espaço demais rastrear isso em seus detalhes e comparar a França, nesse respeito, com o resto da Europa. Seria uma tarefa fácil e interessante para o estudante.

Ver "Colbert e Richelieu", do Dr. Bridges, onde, entretanto, o valor do intelecto francês é superestimado.

P. 319, l. 11. *Quem tenha examinado*, etc. Mas o caráter do monarca era contra o que Burke julga ser o espírito da monarquia. "Il commençait toutes les reformes par justice, et n'en achevant aucune par indolence, et par abandon de lui-même, irritant la passion d'innover sans la satisfaire, faisant entrevoir le bien sans l'opérer. Roi populaire dans les rues, il redevenait Roi gentilhomme à Versailles – reformateur auprès de Turgot et de Necker, honteux de ses reformes dans la societé brillante et legère de Marie Antoinette; Roi constitutional par goût, Roi absolu par habitude", etc. – De Sacy.

L. 13. *sério esforço no sentido da prosperidade*, etc. Apesar, no entanto, e não em consequência, das instituições que Burke estava defendendo. Após a paz de 1763 (ver vol. i. *Present Discontents*) um espírito de reforma havia brotado e se espalhado por todas as partes da Europa, mesmo até Constantinopla. A agricultura e o comércio foram os objetos especiais desse movimento na França. "Uma outra característica não menos louvável (dos tempos atuais) é aquele espírito de reforma e melhoria, sob os diversos artigos de legislação, da administração da justiça, a mitigação das leis penais, a concessão de alguma atenção maior ao conforto e à segurança das ordens inferiores do povo, com o cultivo daqueles decretos mais geralmente úteis à humanidade, e particularmente o estímulo público à agricultura como uma arte, e que se está tornando predominante em todas as partes da Europa." *Annual Register*, 1786.

L. 22. *censurável grau de facilidade.* "Se em muitos respeitos a força de opiniões consagradas, nos tempos atuais, foi muito prejudicada e talvez um âmbito amplo e indiscriminado demais dado à especulação nos domínios de antiguidade e prática, é, no entanto, uma justa causa de triunfo que o preconceito e o fanatismo tenham sido as primeiras vítimas. Felicidade será se os golpes contra as fundações e as escoras apenas sacudirem fora as sobrecargas inúteis que pesam sobre o edifício. E este, devemos esperar, será o caso." Ibid.

L. 27. *pecou mais por leviandade e falta de julgamento,* etc. Por exemplo, a tentativa de aliviar subitamente as classes trabalhadoras das desvantagens a elas impostas pelo sistema de corporações industriais. Promessas irrefletidas e pomposas sobre muitos outros pontos foram feitas em nome do rei, o que estimulou a oposição das classes privilegiadas. Na contenda de 1772 entre o rei e o Parlamento de Toulouse, este último acusou o governo de colocar em perigo os meios de subsistência [365] do povo, com suas medidas precipitadas. O rei retorquiu que a inquietação pública era causada pela ambição do Parlamento e pela ganância das classes ricas. Desse modo, foi totalmente inculcada no povo a ideia de que todos os seus problemas eram causados pelos interesses de um ou outro dos poderes acima deles.

P. 320, l. 9. *perpetuamente repisam as doações a favoritos,* etc. Burke alude na nota à publicação de extratos do famoso *Livre Rouge.* Calonne mostra que dos 228 milhões de *livres* incluídos nas prestações de contas desse livro para dezesseis anos, sob diferentes ministros, 209 milhões se explicavam por outros motivos (subsídios estrangeiros e dinheiro para o serviço secreto, despesas de administração, despesas pessoais do rei e da rainha, pagamento das dívidas dos irmãos do rei, indenizações etc.). O panfleto, circulando com tanto zelo e empenho, compõe-se principalmente de reflexões sobre as pessoas pensionadas e exposições de suas vidas e serviços. Encontramos, por conta de Mirabeau, 5.000 *liv.* em 1776, para o "manuscrito de uma obra escrita por ele, intitulada *Des Lettres de Cachet*"; e 195.000 *liv.* em 1789, "sob a palavra de honra [!] para contrapor-se aos planos da Assembleia Nacional".

L. 16. *se deva passar.* No original, *told* = counted. Daí "tale", p. 320, l. 21 [sua *história*].

L. 24. *consideráveis ondas de emigração.* Isso foi antes do início da grande onda de emigração, ocasionada pelo decreto contra deixar o país, em 1791, pronunciando uma sentença de morte civil e confisco de bens contra o emigrante.

P. 321, l. 2. *liberdade circeana.* Ver Hom. *Od.* Liv. x. etc.

L. 8. *instruídos acadêmicos de Laputa,* etc. A sátira, tanto de Butler quanto de Swift, foi muito empregada contra o que era chamado de "virtuosismo", ou o cultivo da filosofia minuciosa e da ciência natural, na infância dessas duas ocupações. Swift antecipa com curiosa previsão a situação de um país sob o domínio exclusivo de filósofos.

P. 323, l. 11. *os da Alemanha, no período,* etc. – i. e. após a morte de Frederico II, em 1250. "Todo nobre exercia à roda de seu castelo uma independência licenciosa; as cidades eram obrigadas a buscar proteção contra seus bloqueios e confederações; e do Reno e do Danúbio até o Báltico, os nomes de paz e justiça eram desconhecidos." – Gibbon.

L. 13. *Orsinis e Vitellis.* Talvez esses nomes particulares tenham sido escritos sem suficiente reflexão. Os Orsinis eram de fato destacados em Roma, no século XII; mas os Vitellis só foram conhecidos no século XV, como *condottieri,* e os Orsinis derivam do mesmo modo sua maior celebridade. As duas famílias se associaram em resistência ao Papa Alexandre VI. Isso foi muito tempo após o período em que cavaleiros dedicados a roubar "costumavam sair em investidas de seus refúgios fortificados", etc. Burke aparentemente, como seu tradutor Gentz, achava que eles ficaram famosos nas guerras dos guelfos contra os gibelinos.

L. 16. *Mamelucos.* Que constituíram uma república militar no Egito e na Síria.

Ibid. *Nayres da costa do Malabar.* Os nayres são a casta militar que [366] durante muito tempo teve nessa costa o poder de mando, e ainda são numerosos e influentes. Eles não são rigorosamente uma casta nobre, como Burke faz supor, mas, como algumas outras castas inferiores, assumiram as funções e os direitos de uma casta nobre. Eles foram reduzidos em 1763 por Hyder Ali, pela queda de cujo filho e sucessor, Tippoo Sultan, diante das armas inglesas, a costa de Malabar passou para a Companhia das Índias Orientais.

L. 18. *Equidade e Misericórdia.* Eram ambas personificadas como divindades costeiras na antiga Roma.

L. 27. *guerra civil entre os vícios.* Comp. infra, p. 356, l. 25, p. 369, l. 4, etc.

P. 324, l. 11. *respiram o espírito de liberdade tão calorosamente,* etc. Não universalmente verdadeiro, embora não injustificável como uma afirmação de caráter geral.

L. 21. *princípios de uma constituição britânica.* A qual foi proposta como um modelo por Maury, Lally-Tollendal, Mounier, etc. A hostilidade do partido vitorioso a qualquer coisa semelhante à constituição inglesa parecia um traço de união entre eles e os jacobinos ingleses, contra os quais esta obra é principalmente apontada.

P. 325, l. 13. *nunca abandonando por um momento,* etc. O Sr. Depont, a quem a obra era dirigida, fez objeção à severidade dessa parte do caráter de Henrique IV, e Burke, em uma carta a ele sobre o assunto, justifica seu ponto de vista. O "cadafalso" (l. 16) alude à execução do Marechal de Biron. "Se ele achou que o Sr. de Biron era capaz de provocar cenas como as que temos visto ultimamente, e de produzir a mesma anarquia, confusão e aflição em seu reino, como preliminar do estabelecimento daquela tirania tão humilhante quanto opressiva, que agora vemos a ponto de ser estabelecida na França, sob o nome de uma constituição, ele fez bem, muito bem, em cortá-lo fora na infância crua e imatura de suas traições. Ele não teria merecido a coroa que usou, e usou com tanta glória, se houvesse tido escrúpulos, por toda a discrição preventiva da lei rigorosa, de punir esses traidores e inimigos de seu país e da humanidade. Pois, acredite em mim, não há virtude onde não há sabedoria. Uma grande, ampliada, protetora e preservadora benevolência a tem, não em seus incidentes e circunstâncias, mas em sua própria essência, para exterminar do mundo o vício, a desordem e a opressão." *Correspondência*, iii. 160. A carta foi publicada ao final da Tradução de Dupont.

L. 18. *mereceu.* = *earned* (Lat. *mereor*).

P. 326, l. 12. *além do que é comum em outros países.* O contraste aplica-se especialmente à Inglaterra, onde a *noblesse*, como um corpo, não existia, e a maior parte da nobreza é originária da classe média, na realidade plebeus com pequenas coroas de baronetes em seus brasões.

L. 14. *prestativos* = *officious* – i. e., dispostos a fazer serviços de gentileza. Assim também, o Epitáfio do Dr. Johnson para Levett;

Officious, innocent, sincere,
Of every friendless name the friend.

(Prestimoso, inocente, sincero,
Amigo de todo aquele que não tem um amigo.)

L. 23. *Atacar alguma pessoa.* Uma forma de afronta não muito comum neste país.

[367] **L. 26.** *ataques feitos à propriedade,* etc. A isso pode-se dizer que era bem compreendido que a nobreza já possuía tantas vantagens injustas que esses ataques estavam fora de questão, no estado existente de sentimento e informação entre as classes inferiores.

P. 327, l. 4. *Onde a franquia de suas terras era por aluguel.* Pareceria até que o inquilino desfrutava a esse respeito de uma segurança desconhecida para a lei britânica. "Pareillement de même que la bonne foi ne permet pas au vendeur de vendre au-delà du juste prix, elle ne permet pas aussi au bailleur d'imposer par le bail la charge d'une rente trop forte qui excède le juste prix de l'héritage." Pothier, *Traité du Contrat de Bail à Rente,* p. 34. Em acréscimo, o aluguel dado em depósito para uma locação comumente podia ser resgatado, por uma cláusula especial, a uma soma especificada ou, na falta desta, mediante uma avaliação.

L. 7. *sociedade com o fazendeiro.* Conhecida como *métairie,* o agricultor sendo chamado de *métayer.* A forma habitual era que o dono da terra adiantava o gado, sementes etc. necessários para levar adiante o cultivo, e recebia como sua parte metade da produção. Esse contrato primitivo é completamente utilizado na Índia, no Brasil e em outros países agrícolas atrasados.

L. 16. *boa parte do governo civil,* etc. Ver De Tocqueville, *De l'Ancien Régime.* O governo civil saíra quase inteiramente das mãos da nobreza para as do poder central; e os direitos e privilégios feudais que em outros tempos foram alegremente cedidos a eles quando tinham a responsabilidade de administração e polícia foram consequentemente resistidos e cedidos de má vontade.

L. 26. *Uma imitação absurda,* etc. "Anglomanie", que foi ficando cada vez mais em voga ao longo do século. Ver a divertida descrição disso no início da *Hist. da Revolução na França,* do Sr. Carlyle. Anteriormente, o clamor era contra nós seguirmos o exemplo dos franceses,

> Whose manners still our tardy apish nation
> Limps after, in base awkward imitation.

> (Cujos costumes ainda nossa atrasada e simiesca nação
> Segue, manquejando, em vil e deselegante imitação.)

Shakespeare, *Ric. II.*

P. 328, l. 8. *Os plebeus,* etc. Comp. ante, nota à p. 290, l. 8.

L. 14. *menos do que na Alemanha.* Onde o preconceito ainda subsiste em toda a sua força. A primeira pergunta feita a estrangeiros naquele país é "Sind Sie von Adel?" [Vocês são da nobreza?] É corrente lá o ditado de que há três corpos cuja força reside em sua coesão corporativa: os judeus, os jesuítas e a nobreza.

P. 329, l. 3. *A forte luta,* etc. Ver o *Bridgewater Treatise,* de Chalmer, Capítulo sobre "The Affections which conduce to the well-being of Society".

L. 8. *ordem civil.* Aqui, um duplo sentido talvez tenha faiscado pela mente de Burke – "ordem" significando uma combinação arquitetônica, bem como um estado de regulação política.

L. 9. *capitel coríntio.* A coríntia é a mais graciosa e ornamental das ordens da arquitetura grega clássica.

Ibid. *Omnes boni,* etc. Cíc. *Pro P. Sextio,* ix. 21.

[368] **L. 14.** *dar corpo à opinião,* etc. Se o sistema de uma tal instituição deveria não sofrer revisão, em um estado de sociedade totalmente diverso é, obviamente, uma outra questão. "C'est une terrible chose que la Qualité", diz Pascal, "elle donne à un enfant qui vient de naitre une considération que n'obtiendraient pas cinquante ans de travaux et de virtus." Burke nada diz da tendência, inerente na nobreza por descendência, a afundar abaixo do nível de sua fonte. Young, *Sat.* I:

> Men should press for ward in fame's glorious chase;
> Nobles look backward, and so lose the race.

> (Os homens deviam avançar na gloriosa perseguição da fama;/
> Os nobres olham para trás, e assim perdem a corrida.)

L. 25. *Foi com a mesma satisfação,* etc. Ao longo destas páginas, Burke confunde de propósito duas questões distintas. "O Sr. Burke fundamentou sua eloquente apologia puramente no *caráter individual e moral deles* (do clero). Isso, no entanto, é totalmente não relativo à questão; pois não estamos discutindo que lugar eles deveriam ocupar na sociedade como indivíduos, mas como um corpo. Não estamos considerando o demérito de cidadãos que é conveniente punir, mas o espírito de um corpo que é político dissolver. Não estamos argumentando que a Nobreza e o Clero eram, em sua condição privada, maus cidadãos, mas que eram membros de corporações que não poderiam ser conservadas com segurança para a liberdade civil" – Mackintosh.

P. 331, l. 22. *sem cuidado ela pode ser usada,* etc. A História não deveria ser escrita sem um forte viés moral. Burke em outra parte censura a maneira fria com que Tácito e Maquiavel narram crime e opressão. Macaulay é, a esse respeito, um bom modelo.

P. 332, l. 6. *ventos e ondas procelosas,* etc.

Long were to tell troublous storms that toss
The private state, and make life unsweet.

(Seria longo contar as tormentas que perturbam
O estado privado, e tornam a vida desagradável.)
Spenser, *Faery Queene,* Livro ii. c. 7, est. 14.

L. 8. *Religião,* etc., *os pretextos.* "Se homens disserem que pegaram em armas por alguma coisa que não religião, eles poderiam ser forçados a abandonar essa coisa pela razão; mas abandonar a religião nunca poderão, pois não acreditarão, diga-se o que se disser. O *arcanum* mesmo do pretextar religião em todas as guerras é que alguma coisa se pode encontrar em que todo mundo possa ter interesse. Nisso, o cavalariço tem tanto interesse quanto o senhor. Fosse por terras, um tem mil acres e o outro, apenas um; não se aventuraria tanto aquele que tem mil. Mas a religião é igual para ambos. Se todos possuíssem terras igualmente, por uma *lex agraria,* então todo mundo diria que luta por terras." – Selden, *Table-talk.*

L. 23. *Homens sensatos aplicarão,* etc. Comp. vol. i. p. 75 seg.

P. 335, l. 21. *Se o seu clero,* etc. Uma daquelas passagens tão comuns em Burke, que impressionam por sua própria temperança e prendem a atenção por seu espírito brando e tolerante.

L. 28. *através de todas as suas divisões.* Não de classe, mas de seita e país.

P. 336, l. 8. *Devo tolerar fraquezas,* etc. Note-se o epigrama, que aparece também nos *Tracts on the Popery* Laws, de Burke. "A lei pune delinquentes não porque eles não sejam sujeitos bons, mas porque são [369] intoleravelmente maus. Ela de fato suporta, e deve suportar, os vícios e loucuras dos homens, enquanto eles não golpeiam efetivamente na raiz da ordem."

P. 337, l. 1. *atarraxando rigidamente o direito na injustiça.*

In vain thy reason finer webs shall draw,
Entangle justice in her net of law,
And right, too rigid, harden into wrong.

Pope, *Essay on Man*, iii. 191.

(Em vão tua razão lançará finas teias
Para envolver a justiça em seu aranhol,
E o certo, rígido demais, retorcer em errado.)

Pope, *Ensaio sobre o Homem*, iii. 191.

L. 5. *ambição de soberania intelectual*, etc. É claro que Burke tem em mente como um objeto secundário os Revolucionários contra os quais a obra toda é voltada. O entusiasmo deles parecia-se, em grau elevado, com o dos Reformistas protestantes. Burke em seguida propôs isso mais claramente, demonstrando que a Revolução foi uma revolução de dogma especulativo, e que a guerra contra ela era uma guerra contra a mais formidável das forças oponentes, uma *doutrina armada.*

L. 16. *dois grandes grupos.* Católico e protestante.

L. 26. *Quando minhas oportunidades*, etc. Burke fala de quase vinte anos antes. Ele se refere ao assunto em seu *Remarks on the Policy of the Allies.* Pode-se dizer que a predominância do livre-pensamento não se creditava ao clero, e que os membros da nobreza emigrante eram igualmente seguidores dos filósofos. "O ateísmo do novo sistema, em oposição à piedade do antigo, é um dos argumentos mais fracos que já ouvi em favor desta cruzada política." Sheridan, *Speech on the Address on the War with France*, 12 fev., 1793.

P. 338, l. 28. *cidade de província.* Auxerre.

P. 339, l. 1. *o bispo.* Sr. de Cicé, sob cuja proteção o jovem Burke viveu por algum tempo em Auxerre. Quando o bispo tornou-se um empobrecido e envelhecido emigrante para a Inglaterra, os Burkes puderam retribuir sua bondade.

Ibid. *três clérigos.* Um dos quais parece ter sido o Abade Vaullier. *Correspondence*, vol. i. p. 426.

L. 8. *Abbé Morangis.* Dupont grafa o nome, em sua tradução, "*Monrangies*".

L. 26. *cento e vinte Bispos.* O número exato de Arcebispos e Bispos era 131, dos quais quarenta e oito tinham assento na Assembleia. A Assembleia os reduziu a oitenta e três (atribuindo um para cada departamento), que é o número agora existente.

P. 340, l. 2. *eminente depravação.* Esses exemplos podem ter sido raros, mas foram postos preeminentemente em destaque por sua existência em meio à sociedade de Paris. Clermont, o Abade de St. Germain des Prés, na geração precedente foi uma instância notória. Ele desfrutava de 2.000 benefícios, cuja venda tornou uma prática. Ele dedicava seus rendimentos, entre outros objetivos, à educação de *danseuses*. Talleyrand foi uma óbvia instância contemporânea.

L. 24. *pensionário.* No original, *pensionary = stipendiary,* os salários dos altos funcionários da Igreja representando ônus para a nação.

P. 341, l. 2. *nada de ciência ou erudição.* Certamente a Igreja galicana nada mais mostrou que se pudesse comparar com o tempo de Luís XV.

L. 18. determinaram (*ascertained*).

L. 27. *a intenção de ser apenas temporária.* Não era senão temporário; mas é exagero dizer que tinha a intenção de sê-lo.

P. 342, l. 12. *egoísmo iluminado.* Uma ideia tomada emprestada, como muitas outras, dos filósofos ingleses, mas levada a suas consequências pelos franceses, especialmente por Helvetius.

L. 17. *Educação Cívica.* Ver as ideias sobre Educação Pública ao final da obra de Helvetius *De l'Esprit.*

L. 21. *princípio de eleição popular.* Burke, é claro, tem em mente a discussão da questão pelo Dr. Johnson em seu *Tract on Lay Patronage*: "Mas é evidente que, como em qualquer outra eleição popular, haverá contrariedade de julgamento, e acrimônia de paixão; uma paróquia, a toda e qualquer vacância, se dividiria em facções, e a disputa pela escolha de um ministro porá vizinhos uns contra os outros, e levará discórdia às famílias. O ministro aprenderia todas as artes de um candidato, lisonjearia uns, subornaria outros... e é difícil dizer que encarniçamento de malignidade prevaleceria em uma paróquia em que essas eleições por acaso fossem frequentes, e a inimizade de oposição se reacendesse antes de haver esfriado."

P. 343, l. 17. *Burnet diz,* etc. *History of his own Time,* Livro iii.

P. 344, l. 6. *sob a influência de um espírito partidário,* etc. A alusão é em particular a Cranmer.

L. 10. *como se disporiam com igual fortaleza,* etc. Isso deve ser tomado com alguma reserva. "Toute opinion est assez forte pour se faire épouser au prix de la vie", diz Montaigne. O ardor sectário com frequência é mais impetuoso quanto mais estreito o ponto de escape.

L. 21. *justiça e misericórdia são partes substanciais da religião.* Miqueias vi. 8: "O que o Senhor exige de ti, senão agir justamente, amar a misericórdia, e caminhar humildemente com teu Deus?"

P. 345, l. 4. *dogmas religiosos – todos de importância.* Comp. ante, nota à p. 264, l. 7. Ver especialmente os *Tracts on the Popery Laws.* Talvez o julgamento de Bacon, com que Burke aquiesceu, preferindo o extremo da superstição ao do livre-pensamento, possa ser reconsiderado à luz da experiência moderna. O Rev. R. Cecil, um sacerdote arguto e filosófico, achava menos dos perigos da Infidelidade do que dos do Papismo. "O Papismo rebaixa e adultera o Cristianismo; mas a Infidelidade é uma fornalha, na qual ele é purificado e refinado. Os danos causados a ele pelo Papismo são reparados pelos próprios ataques da Infidelidade." *Remains,* p. 136.

L. 12. *causa comum – inimigo comum.* A da religião contra não religiosos por princípio. A experiência, no entanto, mostra que o perigo foi exagerado. Não obstante a predominância flutuante do livre-pensamento em diferentes sociedades da Europa desde a Renascença italiana, em parte alguma ele cravou raízes de modo a ameaçar a religião da nação, pelo [371] fato de que ele não pode adaptar-se às necessidades morais da massa da humanidade. "A Infidelidade", diz o Sr. Cecil, "é um suicídio; ela morre por sua própria malignidade; ela é *conhecida* e *estudada por todos.* Nunca foi essencialmente prejudicado por ela quem estivesse fortificado com uma pequena porção do genuíno espírito da Cristandade – sua contrição e sua docilidade."

P. 346, l. 10. *Vejo, em um país muito próximo de nós,* etc. Comp. nota à p. 154, l. 9. Burke aqui também se arroga o direito de censurar a política interna injusta de uma nação vizinha.

L. 15. *um dos maiores de nossas próprios advogados.* Não consigo destacar alguma passagem nas obras de Domat na qual a segunda tese, aqui atribuída a ele (l. 17), seja sustentada. Burke estava aparentemente citando de memória. Por mais frequentes que sejam seus enganos verbais, raramente ele comete engano de ordem material. Aqui, no entanto, parece haver um grave erro de memória. A doutrina de Domat é que os postulados da sociedade podem ser divididos em (1) leis imutáveis, (2) leis arbitrárias. Ele identifica o princípio de prescrição com o primeiro, a determinação de seus limites com o segundo. *Civil Law in its Natural Order,* livro iii. tít. 7. seç. 4. Burke talvez estivesse pensando em Cícero, que repete as noções comuns quanto ao fim da sociedade ser a segurança da propriedade: "Hanc ob causam maxime, ut sua tenerent, respublicae civitatesque constitutae sunt." *De Off.* liv. II. c. 21. seç. 73 (ver também o c. 23).

L. 19. *Se a prescrição for uma vez abalada,* etc. Os temores de Burke eram desnecessários. O princípio nunca foi abalado, nem jamais foi seriamente ameaçado.

P. 348, l. 11. *anabatistas de Münster.* Originalmente organizados na Holanda, esses fanáticos foram admitidos pelos cidadãos de Münster após a expulsão de seu bispo. Münster viu a comunidade de bens e esposas executada, e um alfaiate que tomou para si dezessete esposas proclamado Rei do Universo.

L. 14. *justa causa de alarme.* A política de Lutero, que firmemente preservou a causa da Reforma livre de revoluções políticas, manteve-as em isolamento.

P. 349, l. 6. *mais bem governado.* Encarado do ponto de vista da oligarquia *bourgeoise,* não do camponês.

P. 350, l. 3. *estandartes consagrados,* etc. Dois dos membros da Sociedade Patriótica, em Nantes, foram mandados à Revolution Society para levar-lhes um desenho de uma faixa usada no festival daquela primeira Sociedade, no mês de agosto, trazendo o lema "Pacte Universel" e uma representação das bandeiras da Inglaterra e da França unidas por uma fita em que estava escrito: "A l'union de la France et d'Angleterre." Embaixo estava escrito: "To the Revolution Society in London." Os mensageiros foram respeitosamente recebidos e festejados pelo comitê da Sociedade. Esses fatos foram submetidos à Sociedade no relatório do comitê apresentado na reunião de 4 nov., 1790.

L. 7. *conveniente travar guerra contra eles.* Antecipando a política mais tarde tão diligentemente defendida por Burke.

[372] **P. 351, l. 24.** *terremoto geral no mundo político.* Comp. ante nota à p. 219, l. 12. Burke quase repete os vaticínios de Hartley.

L. 25. *confederações e correspondências.* Seria longo demais recapitular a história sem importância da sociedade secreta dos *Illuminati,* e do pânico exagerado que sua detecção produziu. Os *Illuminati,* um corpo nada pequeno, e composto de membros de alguma posição na sociedade, surgiram na Baviera, sob o Dr. Adam (Spartacus) Weishaupt e Barão (Philon) Knigge. Seus dogmas eram uma versão política do inofensivo divertimento social da franco-maçonaria, não mal-adaptado ao espírito da época e não possuindo, exceto para si próprios, nenhum significado real. Foram traídos por quatro descontentes por infringir o decreto eleitoral de 1781 contra sociedades secretas, o qual foi inspirado pelas mesmas suspeitas que ainda proíbem os católicos romanos de serem membros de fraternidades semelhantes. Weishaupt foi destituído de sua Cátedra de Direito em Ingoldstadt, e as lojas da *Illuminaten-Orden* foram fechadas em 1785. A melhor exposição dos *Illuminati,* sua constituição, doutrina e cerimônias, pode ser encontrada nas *Mémoires pour servir à l'histoire du Jacobinisme* do Abade Barruel, Parte 3. Muitos livros foram publicados para denunciar a suposta conspiração, entre os quais o pioneiro foi o que Burke aqui menciona primeiro. O título é: *Einige Originalschriften des Illuminatenordens, welche bey dem gewesenem Regierungsrath Zwack, durch vorgenommene Hausvisitation zu Landshut den 11 und 12 Octob. 1786, vorgefunden worden.* Ver também, em inglês, a obra de Robison, *Proofs of a Conspiracy formed by Freemasons, etc., against all the Religions and all the Governments of Europe.* A falta de fundamentos ao pânico foi demonstrada por Mounier, *De l'influence attribuée aux philosophes, aux francs-maçons et aux illuminés sur la Royaume de France,* Tübingen, 1801.

P. 352, l. 11. *justiça... a grande política regular.* Uma adaptação da não muito eminente máxima "Honestidade é a melhor política".

L. 14. *Quando os homens são estimulados* etc. O princípio abstrato é admitido por Mackintosh, com uma justa censura à sua falsa aplicação: "O Estado é o proprietário das Rendas da Igreja, mas sua fé, pode-se dizer, é empenhada àqueles que entraram para a Igreja, pela continuação dessas receitas, em nome de terem abandonado todos os outros interesses. O direito do Estado de dispor como quiser dos rendimentos de quaisquer futuros padres pode ser confessado enquanto houver alguma dúvida quanto a se ele é competente para mudar a fortuna daqueles a quem prometeu uma certa receita vitalícia. Mas esses temas distintos foram confundidos, pois simpatia por indivíduos em sofrimento pode influenciar as opiniões em uma questão geral – porque sentimento pela degradação da hierarquia pode ocupar o lugar de argumentação para estabelecer a propriedade da Igreja."

P. 353, l. 13. *como os sofistas o representam,* i. e., como um caso de deixar um abuso crescer e prosperar, ou de cortá-lo pela raiz. O "meio-termo" mencionado por Burke seria aparar suas exuberâncias e enxertar nele melhores rebentos.

[373] **L. 16.** *Spartam nactus es; hanc exorna.* A versão de Erasmo (Adag. 2501) da citação, familiar na literatura romana, dos dois primeiros versos de Eurípides, preservados por Estobeu:

Σπάρτην ἔλαχες, κείνην κόσμει'
Τάς δὲ Μυκήνας ἡμεῖς ἰδίᾳ.

Eles são do *Telephus* (Dind. Frag. 695), e são aparentemente palavras de Agamenon a Menelau. Ver Cíc. *Ep. Att.* I. 20. IV.6, e Plut. Περὶ τἀς εὐθνμίας. A passagem foi mal traduzida por Erasmo, e o significado errado é mantido na alusão de Burke. Κοσμεῖν significa *governar,* e não *melhorar* ou *decorar.* O original é equivalente a "Cuide da sua própria vida".

P. 354, l. 7. *influência.* No original, *purchase* = *leverage.*

L. 20. *Os ventos sopram,* etc., S. João, iii. 8. Burke alude ao caso do marinheiro que não consegue controlar as forças motrizes das quais ele depende, e quer dizer que o político deve semelhantemente encarar seu poder e matéria-prima motrizes como produzidos por alguma força fora de seu controle.

P. 355, l. 12. *vapor... eletricidade.* A previsão contida nessas linhas, escritas muito antes de o vapor ter sido aplicado com sucesso à navegação, é absolutamente notável. A eletricidade fora descoberta pelo filósofo inglês Gilbert dois séculos antes, mas ainda não fora aplicada a nenhuma finalidade prática.

P. 356, l. 7. *Os senhores derivam benefícios,* etc. Burke alude às Paixões, conforme descritas por seu moralista preferido:

The surest virtues thus from passions shoot,
Wild nature's vigour working at the rost.

Essay on Man, II. 183.

(As virtudes mais firmes derivam pois das paixões,
O vigor da natureza selvagem operando para estimulá-las.)

Ensaio sobre o Homem, II. 183.

Pope prossegue derivando todas as virtudes das duas fontes do orgulho e da vergonha.

L. 15. *Superstição é a religião,* etc. Assim também Lord Chesterfield no *World*: "Cerimônia é a superstição da boa educação, bem como da religião; e, no entanto, sendo uma fortaleza externa de ambas, não deveria absolutamente ser demolida."

L. 24. *Munera Terrae.* A expressão homérica usada por Horácio, Liv. II, Ode 14, l. 10, para expressar as condições da existência mortal. Burke quer dizer com *munera terrae* os elementos mundanos da vida em oposição a seus elementos imperecíveis.

L. 25. *Sabedoria não é o mais severo retificador da loucura. São as loucuras rivais,* etc. Comp. Young, Sátira II:

He scorns Florello, and Florello him;
This hates the *filthy* creature, that the *prim*:

Thus in each other both there fools despise
Their own dear selves, with undiscerning eyes;
Their methods various, but alike their aim,
The sloven and the fopling are the same.
Ye Whigs and Tories! thus it fares with you,
When party-rage too warmly you pursue;
[374] Then both club nonsense and impetuous pride,
And folly joins whom sentiments divide.
You vent your spleen, as monkies when they pass
Scratch at the mimic monkey in the glass,
While both are one; and henceforth be it known,
Fools of both sides shall stand for fools alone.

(Ele desdenha de Florello, e Florello dele; / Este odeia a criatura *imunda*, aquele o *afetado*: / Assim cada qual despreza no outro suas tolices / Suas próprias caras pessoas, com olhos que não discernem; / Seus métodos variam, mas o objetivo é o mesmo, / O desleixo e o mau jeito são os mesmos. / Esses *Whigs* e *Tories*! Então isto acontece contigo, / Quando adotas com ardor os ardores do partido; / [374] Assim ambos castigam a toleima e o orgulho impetuoso, / E a insensatez atinge aquele que divide seus sentimentos. / Manifestas teu rancor, como os macacos que se coçam / Diante de um espelho para o macaco que os imita, / Ao passo que são o mesmo; assim, portanto, fica sabendo / Que os idiotas de ambos os lados não passam de idiotas.)

Mackintosh, aludindo aparentemente a essa passagem de Burke, concorda com Montesquieu que, sob maus governos, um abuso em geral limita um outro. "Mas quando o abuso é destruído, por que preservar o mal que serviu de remédio? Superstição certamente alivia o despotismo da Turquia; mas, se um governo racional pudesse erigir-se naquele império, poderia com confiança rejeitar a ajuda do Corão e desprezar os avisos dos muftis [juristas profissionais que interpretam a lei religiosa muçulmana (N. T.)]".

P. 357, l. 20. *Em toda comunidade próspera* etc. A famosa doutrina dos economistas franceses da escola fisiocrata, popularizada alguns anos antes por Adam Smith. Os argumentos aqui baseados neles por Burke serão avaliados diferentemente por pessoas diferentes. Eles não têm nenhuma influência imediata no ponto principal da obra, e certamente são opostos – e formam uma censura permanente – à política deliberada da Inglaterra na Reforma.

P. 358, l. 19. *tão utilmente empregados,* etc. O argumento recebe uma virada surpreendente. Burke compara o mosteiro e os monges com a fábrica e seus "empregados", então sobrecarregados e degradados. A atenção pública estava justamente começando a ser atraída para a condição dos operários das fábricas, e em 1802 o primeiro Sir Robert Peel conseguiu aprovar a primeira das Leis Fabris.

P. 361, l. 9. *sejam isolados,* etc. A frase é técnica. Um bispo é um exemplo de uma "corporação de um só".

L. 10. *suscetíveis de uma orientação pública,* etc. Isso foi feito, de um modo notável, no desmantelamento dos conventos estrangeiros por Henrique V, quando suas receitas foram amplamente aplicadas para fins de educação. Foi feito também, e em menor medida, na Reforma inglesa. A Igreja e a Educação, entretanto, nessa ocasião, foram beneficiadas em menor grau que a nobreza.

L. 17. *abades comendatários.* Os que recebiam benefícios inferiores *in commendam* à guisa de pluralidade, um abuso que cresceu, como muitos outros, a partir das reivindicações da Santa Sé no século XII. Comp. nota à p. 340, l. 2.

L. 20. *Será que algum saqueador filosófico,* etc. O Bispo Berkeley, Guizot e o Dr. Arnold propuseram a substância desse excelente argumento, que se apoia na natureza popular e acessível da preferência da Igreja.

P. 362, l. 22. Começa aqui a Segunda Parte da obra, que parece ter sido retomada após um intervalo de alguns meses, correspondente à Sessão Parlamentar de 1790. No começo da sessão, diversas medidas liberais foram introduzidas; mas, atrapalhada pela consideração da predominância do jacobinismo, a Resolução de Fox em favor dos dissidentes, contra as Leis da Fé [o Test Act, que obrigava os que iam ocupar cargos públicos na Inglaterra a fazer profissão de fé sob juramento (N. T.)] e das Corporações, recebeu a oposição de Burke, que citou [375] passagens de Price e Priestley e provou que os dissidentes não estavam dando "a mínima" para a revogação dessas Leis (o que ele disse que teria postulado dez anos antes), mas que o objetivo aberto deles era a abolição dos dízimos e do Culto Público de Estado. Hood também foi derrotado em sua moção por uma Lei Parlamentar de Reforma.

P. 363, l. 12. *Fiz uma resenha,* etc. Burke passa a criticar o trabalho positivo da Assembleia e, em primeiro lugar, após algumas observações gerais, a tratar da natureza dos corpos em que os cidadãos se deveriam organizar para o desempenho de suas funções políticas (p. 371). "Nesta parte importante do assunto", diz Mackintosh, "o Sr. Burke cometeu alguns erros fundamentais. Ela é mais ampla, inteligente e corretamente tratada pelo Sr. de Calonne, de cuja obra esta discussão forma a parte mais interessante."

P. 364, l. 1. *Assumiram um outro* etc. Como o Velho Parlamento fez na Inglaterra, e como a atual Assembleia (1874) fez na França. Essas tomadas de posição são, sob circunstâncias justificativas, necessidades políticas no sentido mas estrito. Comp. p. 364, l. 17.

L. 7. *Os seus decretos mais consideráveis,* etc. Isso introduz, como quem não quer nada, a interessante questão da competência das maiorias, que Burke tão filosoficamente considera em conexão com a doutrina da Aristocracia Natural, no Apelo dos Novos aos Velhos Whigs. Ele diz que (1) uma incorporação produzida por unanimidade e (2) um acordo unânime, e para que a ação de uma mera maioria, digamos de um, passe como ação do todo, são necessários para dar autoridade a maiorias. A natureza, fora da sociedade civil, nada sabe sobre esse "todo construtivo": e em muitos casos, como no júri inglês, e antigamente em um conselho nacional polonês, era exigida unanimidade absoluta. "Esse modo de decisão (por maiorias), em que vontades podem ser quase tão iguais, em que, de acordo com as circunstâncias, o número menor pode ser o grupo mais forte, e em que a razão aparente pode estar toda para um lado, e do outro haver pouco menos do que um apetite impetuoso – tudo isso deve ser o resultado de uma convenção muito particular e especial, confirmada em seguida por longos hábitos de obediência, por uma espécie de disciplina em sociedade e por uma mão forte, investida de um poder estável, permanente, para impor essa espécie de vontade geral construtiva."

L. 26. *Fazer uma revolução,* etc. Burke não sabia que a Revolução vinha sendo prevista e exigida desde meados do século. Os fracassos de Turgot estimularam expectativas; mas os reformistas já há alguns anos estavam desanimados e cansados de esperar. "Os homens não acreditavam mais", diz Michelet, "que sua chegada estivesse próxima. Longe do Mont Blanc, você o vê; quando em sua base, não o vê mais." Mably, em 1784, achava o espírito público fraco demais para fazê-la acontecer. Jamais se perguntou na França quais os motivos para uma revolução; a única pergunta era quem deveria sofrer com o que era inevitável.

P. 365, l. 15. *um pleiteante,* i. e. não um orador, mas alguém que minuta os *apelos* ou documentos formais usados em ação legal, de acordo com precedentes estabelecidos.

[376] **P. 366, l. 13.** *eloquência em seus discursos.* Havia na Assembleia muito falar fluente, porém mais sermões sinistros. Discursos prontos eram a moda. Diz-se de Mirabeau que em mais de uma ocasião ele fez discursos inteiramente tirados dos de Burke.

L. 14. *eloquência pode existir,* etc. A famosa sentença de Salústio sobre Catilina: "Satis eloquentiae; sapientiae parum."

L. 17. *homens vulgares.* Burke alhures cumprimenta a vigilância, o engenho e a atividade dos jacobinos.

P. 367, l. 4. *Pater ipse colendi,* etc. Virg. *Geórg.* i. 121.

L. 18. *As dificuldades,* , etc. Comp. vol. i. p. 170, l. 20.

P. 368, l. 1. *O seu populacho.* No original: Your *mob.* "Your" é expletivo.

L. 4. *o frenesi da fúria e da loucura,* etc. Assim também no *Preface to Motion,* 14 de junho, 1784: "Sua demolição (uma Câmara dos Comuns independente) realizou-se em um momento; e foi a obra de mãos vulgares. Mas construir é uma questão de habilidade: para demolir, força e fúria são suficientes." As tendências da época muitas vezes instigavam avisos semelhantes. "Um tolo ou um maluco, com uma vela de um vintém, é capaz de causar uma conflagração em uma cidade que o mais sábio de seus habitantes pode não conseguir extinguir." S. Jenyns, *Reflections.*

L. 6. *Os erros,* etc. Esse parágrafo é no tom mais veemente de Burke, o de um filósofo político experiente, denunciando desdenhosamente a superficialidade da falsa cultura.

L. 10. *ama a indolência e odeia o sossego.* O epigrama pertence a Tácito, *Germ.* 15: "Mira diversitate naturae, cum iidem homines sic ament inertiam et oderint quietem."

L. 17. *estender-se.* No original, *expatiate.* No sentido hoje quase em desuso = vagar ao léu (*divagar*). Milton, *Par. Perd.*, I. 774. Assim também Pope, *Essay on Man*:

The soul, uneasy, and confined from home,
Rests, and *expatiates,* in a life to come.

(A alma, contrafeita, e confinada de seu abrigo,
Repousa, *expatriada,* numa vida futura.)

P. 369, l. 21. *o verdadeiro legislador,* etc. Apontado contra o frio e matemático Sieyès.

L. 22. *amar e respeitar sua espécie, e temer a si mesmo.* Ecoado por Shelley, "Hymn to Intellectual Beauty:"

Whom, Spirit fair, thy spells did bind
To fear himself, and love all human kind.

(A que, formoso Espírito, teus feitiços te constrangem
A temer a ti mesmo, e amar a humanidade inteira.)

L. 25. *arranjo político,* etc. Burke aqui traz para a questão os resultados de sua experiência pessoal. Estas páginas contêm axiomas fundamentais de política prática.

P. 370, l. 5. *até agora nunca vi, etc.* Assim também South: "Deus de ninguém encheu tanto o intelecto que não tenha deixado nele alguns vazios que às vezes possam mandá-lo buscar suprimento em mentes de um nível inferior... Que nada, as maiores capacidades são às vezes das mais medíocres."

L. 19. *composição,* i. e. multiplicidade combinada.

L. 23. *a própria obra exige a colaboração de mais mentes do que uma época pode fornecer.* A noção comum era a de que deveríamos completar alguma coisa [377] pela qual a posteridade agradecerá nossa previsão. Fazemos melhor em dar um tal arranjo a nossos trabalhos que a posteridade possa penetrar neles, ampliar e completar o que conseguimos.

L. 28. *alguns dos filósofos.* Os Escolásticos. "Natureza plástica" ou "virtude plástica" é uma expressão com que eles pretendiam expressar a faculdade generativa ou vegetativa.

P. 371, l. 14. *tirado suas opiniões,* etc. Principalmente os comediantes, p. ex., a ridicularização de Molière contra a medicina e de Steele contra o direito.

L. 21. *os que são habitualmente empregados* etc. "Olhando continuamente para o alto, nossas próprias mentes ficarão mais elevadas; e assim como um homem, permitindo-se os hábitos de escárnio e desprezo pelos outros, por certo descerá ao nível do que ele despreza, assim também os hábitos opostos de admiração e reverência entusiástica pela excelência conferem a nós próprios uma porção dessas qualidades que admiramos." Dr. Arnold, *Preface to Poetry of Common Life*.

L. 27. *indispostos* (natural, de caráter). No original: *complexional* = constitucional, como à p. 475, l. 7.

P. 372, l. 2. *atividade* quadrímana, i. e., como a de um macaco, irresponsavelmente destrutiva. Helvetius observou, a seu modo peculiar, a necessidade típica dos macacos, presente nas crianças, de atividade perpétua mesmo depois que suas carências básicas foram satisfeitas. "Les singes ne sont pas susceptibles de l'*ennui* qu'on doit regarder comme un des principes de la perfectibilité de l'esprit humain."

L. 3. *paradoxos de escritos eloquentes.* Burke segue o Bispo Warburton ao tratar todos os escritores que insinuaram ideias revolucionárias como meros comerciantes de paradoxos. Cardan parece ter sido o primeiro: depois dele vem Bayle, cuja opinião de que nem religião nem sociedade civil eram necessárias à raça humana é tratada como um paradoxo divertido por Warburton, *Divine Legation*, vol. i. p. 76. A alusão imediata é a Rousseau, cujos "Paradoxos reles" haviam sido há muito tempo revelados por Warburton no segundo Livro da "Alliance between Church and State". Burke aqui mantém a opinião expressada trinta anos antes, no *Annual Register*, ao resenhar a carta de Rousseau a D'Alembert. Ele achou que os paradoxos que ela continha foram, como sua própria *Vindication of Natural Society*, planejados como sátira. Ele o acusa de "uma tendência ao paradoxo, o que é sempre a ruína de uma cultura sólida... Uma sátira à sociedade civilizada, uma sátira ao conhecimento e à erudição, pode ser uma diversão tolerável para uma fantasia engenhosa; mas, se levada mais longe, ela não poderá fazer nada além (o que, dessa maneira, por certo é demais) do que abalar nossas noções de certo ou errado, e induzir gradualmente ao ceticismo universal". O Sr. Lecky diz de Rousseau: "Ele foi um desses escritores eminentemente privados do julgamento que permite aos homens discriminar sem exagero entre verdade e falsidade, e, no entanto, eminentemente dotados daquela faculdade lógica que lhes permite defender as opiniões que adotaram. Ninguém mergulhou mais imprudentemente no paradoxo, ou sustentou esses paradoxos com mais consumada habilidade". *Hist. of Rationalism,* vol. ii. p. 242.

L. 9. *Cícero descreve Catão ridiculamente,* etc. No Prefácio aos *Paradoxa.* Ver também a *Oration Pro Muraena.*

[378] **L. 14.** *"pede nudo Catonem".* Hor. *Ep.* i. 19. 12-14:

Quid? si quis vultu torvo ferus, et pede nudo,
Exiguaeque togae simulet textore Catonem,
Virtutemne repraesentet moresque Catonis?

i. e., a roupa não faz o filósofo, como o capuz não faz o frade. "Video barbam et pallium – philosophum nondum video." A relação da alusão com a questão é mais recôndita do que o habitual em Burke.

Ibid. *Disse-me o Sr. Hume,* etc. Burke parece errar ao tomar essa declaração de Rousseau a Hume, qualquer que possa ter sido seu propósito exato, como uma séria rejeição dos fins ostensivos de seus textos. Se algum dia um homem veio a ser vítima de seus próprios erros, foi certamente Rousseau. "Não é impossível", diz Mackintosh", que, ao cerrar fileiras em torno da excentricidade de seus paradoxos, ele pudesse, em um momento de alegre efusão, ter falado deles como uma espécie de capricho, e uma experiência com a credulidade humana."

L. 26. *Acredito estivesse Rousseau vivo,* etc. Isso é bastante provável a partir de algumas passagens de seus textos. A seguinte, por exemplo, sobre os reformistas metafísicos, poderia ter sido escrita pelo próprio Burke: "Du reste, renversant, détruisant, foulant aux pieds tout ce que les hommes respectent, ils ôtent aux affligés la dernière consolation de leur misère, aux puissants et aux riches le seul frein de leurs passions; ils arrachent du fond des coeurs le remords du crime, l'espoir de la vertu, et se vantent encore d'être les bienfaiteurs du genre humain. Jamais, disent ils, la verité n'est nuisible aux hommes.[1] Je le crois comme eux; et c'est, à mon avis, une grande preuve que ce qu'ils enseignent n'est pas la verité."

P. 374, l. 9. *corretivos... aberrações.* A alusão é ao uso da bússola na navegação, como fica implícito na página seguinte.

L. 13. *Neles, frequentemente vemos,* etc. Muitas vezes repetido por Burke, a partir de Aristóteles.

P. 375, l. 2. *como seus jardineiros ornamentais.* O Jardin Anglais, com seus montículos de terra, arbustos e caminhos sinuosos, a essa altura mal se havia tornado popular no continente, embora o modelo de Kent não fosse desconhecido. O estilo mecânico francês, a que Burke alude, foi invenção de Le Nôtre, que projetou os jardins de Versalhes.

L. 13. *a mensuração quadrada,* etc. Burke erra ao afirmar que essas divisão e subdivisão geométricas algum dia ocorreram. Esses planos foram discutidos, mas todas as novas divisões eram limitadas por

---

[1] Alusão à máxima do Abade de Fleury: "Les lumières philosophiques ne peuvent jamais nuire". (As luzes filosóficas jamais podem prejudicar.)

fronteiras naturais. Burke não achou conveniente corrigir o erro quando este lhe foi apontado, não o considerando substancial.

L. 26. *sobre o sistema de Empédocles.* A alusão parece ser à obscura noção desse filósofo de quatro sucessivos estágios de geração. Ver Ritter e Preller, *Hist. Philos.* nº 175.

[879] **Ibid.** *e Buffon.* Aludindo à subordinação das ordens, gêneros e espécies, aplicada ao mundo animal por Buffon, p. ex., a ordem dos animais carnívoros inclui diversos gêneros, entre eles o *felis,* que abrange várias espécies, como o leão, o tigre e o gato. A aplicação desse princípio em política é diretamente contrária à concepção de Burke de um Estado, que encarava a divisão política como *lateral,* e rolando, por assim dizer, em estratos sobre toda a extensão da terra.

P. 376, l. 14. *dividindo sua representação política e civil em três partes.* É direito observar que o Sr. Pitt, organizando a nova representação da Irlanda, em 1800, adotou duas dessas bases, as de população e de contribuição, considerando que, tomadas juntas, elas formavam melhor base de cálculo do que qualquer das duas separadamente, embora nem tentasse alegar que o resultado da combinação pudesse ser considerado exato.

L. 19. *de uma terceira, para seu dote.* Alude à dotação legal de um terço dos bens de raiz do marido, a que uma viúva tem direito.

P. 377, l. 3. *Mas, devagar – por graus regulares, ainda não* (por *aproximação* regular). Pope, *Moral Essays,* Ep. iv. l. 129.

P. 381, l. 10. *como os historiadores representam a atuação de Sérvio Túlio,* etc. Burke provavelmente leu os comentários céticos de Beaufort, que foram desenvolvidos por Niebuhr, sobre o início da história romana.

P. 387, l. 17. *Hominem non sapiunt.* Marcial, x. 410:

... hominem pagina nostra sapit.

P. 388, l. 4. *governos assim existem*, etc. Burke alude à América, à Holanda e à Suíça.

L. 7. *efeito de necessidade.* De escapar, em cada caso de tirania externa.

L.13. *tratam a França exatamente como um país de conquista.* Essa observação ousada e original é bastante verdadeira. Uma conquista fora conseguida, e pretendia-se que fosse consolidada.

P. 390, l. 3. *facies Hippocratica.* O velho termo médico para o aspecto produzido no semblante pela tísica, conforme descrito por Hipócrates – as narinas afiladas, os olhos cavos, têmporas frouxas e caídas, lóbulos das orelhas contraídos, o cenho ressecado e franzido, compleição pálida ou lívida. Era tido como prognóstico de morte certa. Assim também na sátira de Armstrong, "Taste":

Pray, on the first throng'd evening of a play
That wears the *facies Hippocratica*, etc.

(Reze, na primeira noite lotada de uma peça
Que tenha a *facies Hippocratica, etc.*)

L. 5. *Os legisladores*, etc. Suspeito que esse parágrafo foi escrito pelo jovem Burke. Ver nota de rodapé da p. 291.

L. 7. *metafísica de um estudante.* Deve-se notar que, em 1790, isso implicava em Oxford (a que aparentemente se alude aqui) alguma coisa muito diferente do que implica na época atual. Ver uma divertida descrição do progresso antigamente necessário para colar grau: "doing generals", "answering under-bachelor", "determining", "doing quodlibets", "doing austins", etc. in *Essays* de Vicesimus

Knox, nº 77. Ver também uma Paródia metafísica, de Porson, na *Vida de Porson,* de Watson.

[380] **L. 12.** *Estavam cônscios,* etc. Esses pontos de vista são resumidos nas opiniões de Aristóteles.

P. 391, l. 20. *sua mesa categórica.* Os políticos franceses, no entanto, davam pouca importância à lógica aristotélica. Não consigo achar que Burke tenha escrito essa réplica trivial.

P. 392, l. 15. *se a monarquia alguma vez voltar a,* etc. Como esses presságios notáveis viriam a se cumprir com exatidão, logo seria compreendido sob Bonaparte.

P. 394, l. 23. *um depositário em confiança para o todo, e não para as partes.* Em sua política interna, entretanto, a Câmara dos Comuns funcionava como um depositário em confiança para o interesse agrícola.

L. 26. *seguranças diversas e unidas.* Comp. a passagem citada à p. 506, l. 22 – p. 507, l. 3.

P. 395. l. 8. *Poucos esquentam a cabeça,* etc. Comp., entretanto, nota à p. 376, l. 14, ante.

L. 11. *por ideias diferentes.* Referindo-se mais aos meios pelos quais os candidatos eram eleitos do que à base sobre a qual a representação era distribuída. Burke sempre atacou a compra e venda corrupta dos eleitores, que estava tão firmemente estabelecida na opinião geral que a Lei de Reforma, de Pitt, baseava-se no princípio de que a nação deveria comprar dos distritos o direito de redistribuir os assentos.

P. 397. l. 4. *Limbus Patrum.* A fronteira ou terreno exterior entre o paraíso e o purgatório, conforme definido por Tomás de Aquino. Comp. a nota do Sr. Hales à *Areopagítica,* de Milton, p. 13, l. 6.

L. 9. *como limpadores de chaminés.* As chaminés eram limpas mandando-se uma criança subir por elas. Conforme a criança crescia e se tornava adulta ficava, é claro, desqualificada para seu negócio. Ver o ensaio de Sydney Smith sobre o assunto, 1819.

P. 400, l. 9. *Reverteram a bondade de Latona,* etc. *Oras et littora circum.* Alude à lenda grega de que Delos era uma ilha vagante pelo oceano, fixada em seu lugar no instante em que Latona deu à luz Apolo e Diana. Virg. *En.* iii. 75:

Quam pius arcitenens, *oras et littora circum*
Errantem, Gyaro celsa Myconoque revinxit.

L. 15. *um venerável bispo.* Talleyrand, Bispo de Autun.

L. 18. *não um bom,* etc. Burke, entretanto, era certamente tanto bom quanto velho agricultor. Era dedicado à agricultura, e cultivou suas próprias terras, em Beaconsfield, até a sua morte.

L. 24. *estímulo* – no sentido objetivo = esperança.

Ibid. *Diis immortalibus sero.* Burke segue a pista de Bolingbroke ao aludir ao belo sentimento de Cícero, *De Senect.* vii. 25. A morte segurando um cabo de arado é um ornamento de Burke.

P. 401, l. 13. *Beatus ille.* O famoso Epodo de Horácio e sua conclusão humorística, imitado com felicidade por Somerville (1692-1742):

Thus spoke old Gripe, when bottles three
Of Burton ale, and sea-coal fire,
[381] Unlock'd his breast; resolved to be
A gen'rous, honest country 'squire.
That very night his money lent
On bond, or mortgage, he called in,
With lawful use of six percent;
Next morn – he put it out at ten.

(Assim falou o velho Gripe, quando três garrafas
De cerveja Burton, mais uma lareira quente,
[381] Abriram-lhe o peito, decidido a ser
Um honesto e generoso proprietário rural.
Naquela mesma noite ele resgatou
Seu dinheiro aplicado em ações e hipotecas
Com juros legais de seis por cento;
Na manhã seguinte – ele retirou tudo.)

P. 402, l. 10. No Mississippi e nos Mares do Sul. Ver post, p. 468.

P. 404, l. 24. *abaixa,* no original, *falls* = makes to fall.

P. 405, l. 18. *atoleiro sérvio. Par. Perd.*, ii. 592. Comp. vol. i. p. 254, l. 28.

P. 407, l. 2. *desmontadas.* No original, *hackled* = cut small. Holandês, *hakkelen.*

L. 14. *em vez de serem todos franceses,* etc. A suspeita de Burke não se justificou. Os franceses certamente se ufanam da unidade implícita em seu nome nacional, e os savoiardos e alsacianos participam desse entusiasmo.

L. 20. *Começamos nossas afeições públicas,* etc. Comp. ante, p. 204, e vol. i. p. 148, l. 1. Aqui há também uma alusão aos belos versos de Pope já citados.

P. 409, l. 11. *Nunca, antes desta época* etc. Não sei se o δῆμος ἔσχατος de Aristóteles foi algum dia realizado, mas a ideia foi certamente formada por ele.

P. 413, l. 23. *Seu governo supremo,* etc. Comp. vol. i. p. 100, l. 27.

P. 415, l. 2. *atacá-los nas partes vitais.* Comp. p. 159, l. 8.

P. 418, l. 26. *sed multae urbes,* etc. Juv. x. 284.

L. 27. *Ele agora tem assento,* etc. Em outubro de 1790, quando esse panfleto foi publicado, Necker não estava mais sentado sobre as ruínas da monarquia francesa, tendo renunciado ao cargo em 9 de setembro.

P. 421, l.10. *não eram totalmente livres,* etc. Ver isso amplamente ilustrado na divertida *Histoire du Parlement de Paris,* de Voltaire, publicada em 1769.

L. 27. *o vício das antigas democracias,* etc. Ver nota de rodapé p. 310.

P. 422. l. 3. *reduziu o respeito* etc. A diferença entre o sentimento político inglês e o francês foi epigramaticamente expressa como se segue: os franceses respeitam a autoridade e desprezam a lei; os ingleses respeitam a lei e desprezam a autoridade.

P. 425, l. 15. *e bem equipado,* i. e., se bem supridos com todo o equipamento necessário.

L. 18. *lobo pelas orelhas.* A famosa expressão de Tibério "lupum se auribus tenere", Suet. *Tib.* 25. A imagem foi mais de uma vez usada por Burke, com efeito impressionante em um debate parlamentar.

L. 23. *Sr. de la Tour du Pin.* Era um homem de pontos de vista moderados e fortemente apegado à monarquia. Necker o indicou para ministro da Guerra em meados de 1789. Ele renunciou, com todo o resto do ministério, exceto Montmorin, pouco depois que o livro de Burke foi publicado.

P. 426, l. 11. *Dirigindo-se* etc. As alusões do extrato que se segue são aos motins dos regimentos de Metz e Nancy. Ver *Hist. of the Rev.*, de Carlyle, livro ii.

[382] **P. 430, l. 19.** *comitia.* A filiação do termo *comices* foi introduzida para mostrar o que ele envolve.

P. 433, l. 3. *grandes raposas políticas – cortam o caminho de seu avanço no Estado.* Aludindo a uma prática obsoleta nas universidades.

L. 14. *firme e peremptória.* A expressão é tirada de *Christian Morals,* de Browne.

L. 16. *grande climatério.* O 63º ano (7 x 9 = 63) da vida humana.

L. 19. *Si isti mihi largiantur,* etc. Levemente alterado de Cíc. *De Senect.* xxiii. 83. O sentimento original ocorreu em um dos livros preferidos de Burke, *Christian Morals,* Parte III, § 25, e foi adotado por Prior como epígrafe para seu poema "Solomon".

P. 438, l. 5. *até que algum general popular,* etc. Uma previsão semelhante foi feita por Schiller, o qual achava que algum general popular da República se elevaria a senhor não só na França, mas em uma grande parte da Europa. Isso se cumpriu à risca com Bonaparte.

P. 440, l. 25. *As colônias afirmam-se,* etc. Os presságios de Burke quanto às colônias se cumpriram com exatidão na terrível história da Revolução de Santo Domingo.

P. 443, l. 17. *imagem e inscrição.* S. Lucas xx. 24.

P. 444, l. 11. *coisas bípedes tão depenadas.* A famosa definição grega de um homem, nas palavras usadas por Dryden em sua célebre descrição de Achitophel.

P. 447, l. 20. *systasis de Creta.* Ver uma descrição no tratado *De Fraterno Amore,* de Plutarco. As cidades cretenses abandonaram suas dissensões internas e se uniram para defesa quando atacadas por um inimigo comum. Isso foi chamado συγκρητίζειν, donde a palavra "sincretismo".

P. 448, l. 15. *A receita do Estado,* etc. Essa admirável exposição da natureza das receitas, e sua relação com a ação nacional, não deveria ser passada por cima como parte da seção meramente crítica da obra. Ela possui real significação histórica, pois as grandes reformas de Pitt na receita estavam justamente entrando em operação.

P. 451, l. 1. *Cedo quî vestram*, etc. Névio, citado in Cíc. *De Senect.* c. vi. 20. É necessário reportar-se ao contexto: "Quod si legere aut audire voletis externa, maximas respublicas ab adolescentibus labefactas, a senibus sustentatas et restitutas reperietis.

Cedo, quî vestram rempúblicam tantam ámisistis tám cito?

Sic enim percontantur, ut est in Naevii ludo: respondentur et alia, et haec in primis:

Proveniebant orátores noví, stulti, adolescéntuli."

P. 453, l. 10. *Fulano de tal – Beltrano e Sicrano.* Comp. vol. i. p. 129, l. 16.

L. 18. *Tiraram uma peruca velha, enorme e cheia de cachos*, etc. A alusão é às ofertas de placas de prata feitas a Luís XIV pela corte e a cidade de Paris, na crise financeira produzida pela longa guerra de 1709. Ver Saint Simon, *Mémoires*, vol. vii. p. 208. "Cet expédient", diz Saint Simon, "avait [383] déjà été proposé et rejeté par Pontchartrain lorsqu'il était contrôleur-général qui, devenu chancelier, n'y fut pas plus favorable." Não obstante o fato de que o rei esperava que todos mandassem sua placa, a lista de doadores elevou-se a menos de cem nomes: e o resultado ficou muito abaixo da expectativa do rei. "Au bout de trois mois, le roi sentit la honte et la faiblesse de cette belle ressource, et avoua qu'il se repentait d'y avoir consenti." Saint Simon confessa que mandou apenas uma parte das suas, e escondeu o resto.

L. 25. *ao que me recordo, por Luís XV.* Em 1762, perto do fim da calamitosa Guerra dos Sete Anos. "La France alors était plus malheureuse. Toutes les ressources étaient épuisées: presque tous les citoyens, à l'exemple du roi, avaient porté leur vaisselle à la monnaie." Voltaire, *Siècle de Louis XV*, cap. 35.

P. 458, l. 13. *Mais si maladia, etc.* Do cômico interlúdio do *Doente Imaginário* de Molière, no qual o exame de um bacharel para o diploma de médico é conduzido em latim macarrônico. O candidato já deu a famosa resposta à pergunta, "Quare opium facit dormire?" "Quia est in virtus dormitiva" etc. Ao ser interrogado quanto ao remédio para diversas doenças em sucessão, ele dará a mesma resposta:

Clysterium donare,
Postea segnare,
Ensuita purgare.

O que é repetido após a pergunta final no texto. Burke com felicidade compara a ignorância que fez do *assignat* a panaceia do Estado a esse flagrante barbarismo na arte da medicina.

L. 25. *prelado pio e venerável.* Amarga ironia com Talleyrand.

P. 465, l. 11. *clube em Dundee.* O *Friends of Liberty* de Dundee, cujos trabalhos ganharam alguma notoriedade um ano ou dois depois. Em 1793, o ministro unitarista Palmer foi degredado por sete anos por escrever e publicar uma mensagem sediciosa trazendo o nome dessa sociedade.

P. 467, l. 6. Credat *quem quiser*. Horácio, *Sát.* liv. i. v. 100.

P. 468, l. 2. *fuçando. (nuzzling* = seguindo cegamente pelo *nariz).* Assim também Pope:

The blessed Benefit, not there confin'd,
Drops to the third, who nuzzles close behind.

(O bendito Benefício, não mais ali confinado,
Cai para o terceiro, que fuça bem atrás.)

L. 9. *lampejos de razão – sólida escuridão.* Pope, *Dunciade,* iii. 226:

...a ray of reason stole
Half through the solid darkness of his soul.

(...um lampejo de razão roubado
Passa através da sólida escuridão de sua alma.)

Assim também Dryden, *Mac Flecknoe*:

Some beams of wit on other souls may fall,
Strike through, and make a lucid interval, etc.

(Alguns raios de saber podem cair em outras almas,
E nelas penetrar, criando um lúcido intervalo, etc.)

P. 470, l. 1. *dessas regiões atlânticas.* A alusão é às Cartas de Bailly sobre o tema da lendária ilha de Atlântida.

L. 2. *atingida pelo porrete frio e seco, paralisante. Par. Perd.*, x. 293:

The aggregated Soyle
[384] Death with his Mace petrific, cold and dry,
As with a Trident smote.

(O agregado Soyle
[384] Morre atingido pela maça fria, seca e petrificante,
Como um golpe de Tridente.)

P. 471, l. 25. *tontinas.* Loterias em grupos de vidas, chamados *tontinas* por causa de seu inventor. Foram adotadas na Inglaterra, e na sessão que precedeu a publicação desta obra uma porção delas foi convertida em anuidades comuns.

P. 472, l. 11. *nome onirreparador.* Dryden, do famoso personagem de Achitophel, diz que ele

> Assumed a patriot's all-atoning name.

> (Adotou um nome patriótico de todo apropriado.)

L. 18. *Sentimentos de liberdade grandiosos,* etc. Ver especialmente Lucano, Livro VII. Esse poeta foi excluído da coleção de clássicos, editada "para o uso do Delfim", por conta de seus princípios tiranicidas. Corneille registra sua preferência por Lucano a Virgílio.

L. 21. *Velho como eu sou,* etc. talvez uma alusão ao Catão de Addison, Ato II:

> You have not read mankind; your youth admires
> The throes and swellings of a Roman soul,
> Cato's bold flights, th' extravagance of virtue.

> (Não entendestes a humanidade; vós jovens admirais
> Os transpasses e arrebatamentos da alma romana,
> Os intrépidos vôos de Catão, a extravagância da virtude.)

L. 22. *Corneille.* Ver "Cinna" (Clarendon Press Series).

L. 25. *fronte severa,* etc. Talvez uma reminiscência de Thompson, "Liberty", Livro III:

> The passing clouds
> That often hang on Freedom's jealous brow.

(As nuvens errantes / Que não raro pairam sobre o cenho severo dos que aspiram à liberdade.)

P. 475, l. 26. *um de nossos poetas.* Addison, no célebre solilóquio de Catão, Ato v. cena I:

Eternity! Thou pleasing dreadful Thought!
Through what Variety of untry'd Being,
Through what new Scenes and Changes must we pass!

(Eternidade! Ó mortal e deleitoso Pensamento!
Por quais variedades do Ser desconhecido,
Por quais novas Cenas e Mudanças deveremos passar!)

P. 476, l. 9. *arranca de sua parte,* etc. A alusão é ao processo contra Hastings.

Índice

B

C

D

E

F

G

J

K

L

M

Q

R

S

T

V

Este livro foi impresso na Edigráfica.